作家书信日记与新文化运动的发生

Writers' Letters and Diaries
and the Occurrence
of the New Culture Movement

吴辰◎著

中国社会科学出版社

图书在版编目（CIP）数据

作家书信日记与新文化运动的发生/吴辰著．—北京：中国社会科学出版社，2022.7
ISBN 978-7-5227-0216-2

Ⅰ.①作… Ⅱ.①吴… Ⅲ.①五四运动—研究 Ⅳ.①K261.107

中国版本图书馆 CIP 数据核字(2022)第 091166 号

出 版 人　赵剑英
责任编辑　郭晓鸿
特约编辑　宗彦辉
责任校对　朱妍洁
责任印制　戴　宽

出　　版　中国社会科学出版社
社　　址　北京鼓楼西大街甲 158 号
邮　　编　100720
网　　址　http://www.csspw.cn
发 行 部　010-84083685
门 市 部　010-84029450
经　　销　新华书店及其他书店

印　　刷　北京明恒达印务有限公司
装　　订　廊坊市广阳区广增装订厂
版　　次　2022 年 7 月第 1 版
印　　次　2022 年 7 月第 1 次印刷

开　　本　710×1000　1/16
印　　张　19
插　　页　2
字　　数　293 千字
定　　价　108.00 元

目 录

CONTENTS

绪　论

1. 新文化运动：作为现代中国文学的开端

作为现代中国文学比较公认的逻辑起点之一，[①] 新文化运动几乎出现在任何一本对现代中国文学进行历时性叙述和研究的著作之中，其所起到的作用和所占的位置也是其他文学现象所无法替代的。王瑶所著的《中国新文学史稿》在绪论中就开宗明义地对新文化运动的作用及意义下了一个定论："中国新文学的历史，是从'五四'的文学革命开始的。它是中国新民主主义革命三十年来在文学领域中的斗争和表现，用艺术的武器来展开了反帝反封建的斗争，教育了广大的人民。"[②] 王瑶对于新文化运动的观点实际上代表了一个以革命话语为主导的年代，在这个年代中，新文化运动的重要性通过其与新民主主义革命的关系而展现出来，成为革命话语主导之下的文学发生的必然起点。而在反思革命的年代里，新文化运动的意义仍然重大，在钱理群、温儒敏、吴福辉所著的《中国现代文学三十年》中，新文化运动的发生被称作

---

① 所谓"之一"是由于对现代中国文学逻辑起点的界定实际上是有着许多其他意见的，如丁帆所提出的"民国文学"理论构架以及其实践、王德威等人所提出的"没有晚清，何来'五四'"的观点、严家炎等人所实践着的"20世纪中国文学史"的观点等。这些不同的观点在其所构建的理论框架内都有着充分的合理性和可操作性，但是，由于本文实际上是对新文化运动的发生做出研究，并不涉及具体的文学史书写，所以，文中对每一种文学史建构方式的优势和局限并不做具体的评议，而是倾向于综合利用和分析各种文学史书写背后的认知和观念。但是，在总体的叙述上，由于以新文化运动作为现代中国文学的逻辑起点的著述和资料目前较多，也较为成熟，所以，姑且以其作为一种线索。

② 王瑶：《王瑶全集·第三卷》，河北教育出版社1990年版，第34页。

“在中国文学史上树起了一个鲜明的界碑，表示着古典文学的结束，现代文学的起始”,[①] 即使是以现代性或者文学性为标准，新文化运动对于中国文学和文化的发展依然是有着重大的作用。这也从侧面说明了一个问题，即新文化运动是多层面、多视角、多维度的。

即使是那些对“新文化运动是现代中国文学的开端”持有不同意见的研究者，也并没有否定新文化运动对于整个现代中国文学的意义。倡导“民国文学”的丁帆发现了1912—1919年的中国文学对于新文化运动的建构和生成作用，将现代中国文学的上限提早了七年。但同时丁帆也认为，将现代中国文学的上限提前，其目的在于“研究这七年文学的作家作品、文学现象和文学思潮，并且厘清它们与‘五四’新文学直接和间接的内在关联性”,[②] 而这正说明了即使是在“民国文学”的研究框架内，新文化运动仍然具有一种类似于坐标系和地标一样的意义，对于在“民国文学”的大框架下所呈现的一些文学景观，很大程度上还是要回到新文化运动的时代语境中去进行参照和考量。王德威提出的“没有晚清，何来‘五四’”的论点，实际上更是离不开新文化运动对于一种话语体系和文学史言说范式的建构，在王德威的理论设想中，“‘五四’运动以石破天惊之姿，批判古典，迎向未来，无疑可视为‘现代’文学的绝佳起点。然而如今端详新文学的主流‘传统’，我们不能不有独沽一味之叹。……文学与政治的紧密结合，是现代中国文学的主要表征，但中国文学的‘现代性’却不必化约成如此狭隘的路径”。[③] 虽然王德威一再声明这一理论构想的提出本是无意做翻案文章的，但其字里行间所带有的“翻案”味道还是很浓的。在王德威的理论设想中，通过以晚清文学对于新文化运动起点性意义的否定和颠覆，就可以建构一套告别革命的现代中国文学研究体系，从而对源自革命时代的文学叙事伦理做出整体性和全面性的颠覆。抛开王德威这套理论设想中对立意识形态操控的可能性不谈，单就其理论设

① 钱理群、温儒敏、吴福辉：《中国现代文学三十年》，北京大学出版社1998年版，第3页。

② 丁帆：《新旧文学的分水岭——寻找被中国现代文学史遗忘和遮蔽了的七年（1912—1919）》，《当代文坛》2011年第s1期。

③ ［美］王德威：《被压抑的现代性——晚清小说新论》，宋伟杰译，北京大学出版社2005年版，第5页。

想本身而言其对研究新文化运动的意义则显得尤为重要。因为他若是想“沽”得其他“味”，就需要对目前所“独沽”的这“一味”有着全面而细致的考察，而且，对于其他“味”的“沽”，也要建立在对这“一味”的“独沽”的基础上。也就是说，王德威对于现代中国文学逻辑起点的大幅度提前，并不能对新文化运动的意义构成丝毫的损害，反之，其话语体系的构建还要大量依靠新文化运动所带来的一套价值观念作为其立论的起点，这反而从侧面证明了新文化运动的重要与不可代替。

研究是要有固定角度的，而研究对象却有着多重角度和多个侧面。对于新文化运动这样一个重要的研究对象，在现代中国文学领域，研究者对其进行研究的切入角度是不一而足的。

首先，是对于史料本身的研究。新文化运动自发生以来，其所积累的各种文献档案、作家作品、书信、日记、出版信息以及回忆录等浩如烟海，由于时间的推移和种种的历史原因，许多史料都处于尚待被整理发掘的境地，有一些史料甚至因某些原因被当事人或后来人有意无意地篡改，所以，对史料去伪存真则成为新文化运动研究中最为基础，也是至关重要的一方面。这需要研究者对原始文献进行大量阅读，并且具备文献学的基本素养。此外，新史料的发掘和旧史料在不同侧面上的重新整理，对于文学史某一部分的书写以及作家文学面貌的构建都起着至关重要的作用。例如，魏建在《〈创造〉季刊的正本清源》中就敏锐地指出对于现代中国文学史上颇具盛名的《创造》季刊，研究者不但没有弄清楚其办刊性质、发刊时间，甚至连该刊物的刊名都一度有谬误；[①] 而在1975年，广州中山大学图书馆在协助中文系重新注释鲁迅《而已集》时，对于鲁迅佚文《庆祝沪宁克复的那一边》的发现，[②] 更是为研究大革命前后鲁迅的思想动态找到了切实的依据，其意义之重大毋庸赘言。这种基于史料的发掘而做出的带有基础研究性质的探寻有着重要的意义，它承接着新文化运动产生以来对现代中国文学研究的优良传统，使现代中国文学研究更具有学理性和科学性。近年来，史料的发掘越发地被人重视，

① 魏建：《〈创造〉季刊的正本清源》，《文学评论》2014年第4期。

② 参见鲁迅《庆祝沪宁克复的那一边》，《中山大学学报》（社会科学版）1975年第3期。

这意味着一种“学风的改善”和“学术研究的重大进步”,[①] 而现代中国文学史料的发掘与整理也成了一门正在发展中的学问，并越来越带有“显学”的味道。其中，马良春、朱金顺两位老一辈学者所做出的开拓性贡献是显而易见的，而近年来，由刘增杰所编著的《中国现代文学史料学》则集前辈学者研究之大成,[②] 系统性、理论性地阐释了史料整理的方法和作用。值得注意的是，对于新文化运动研究领域中的史料，仍存在着诸多问题：首先，正如樊骏在论及现代中国文学的史料工作时所指出的那样，“它本身就是一项宏大的系统工程，一门独立的复杂的学问；那么就不难发现迄今所做的，无论是就史料工作理应包罗的众多方面和广泛内容，还是史料工作必须达到的严谨程度和科学水平而言，都还存在许多不足”。[③] 其次，史料的发掘目前还面临着一种琐碎化和过度阐释的问题，新文化运动所能产生的史料数量是一定的，随着一些具有根本性意义的史料被逐渐发掘，其对现代中国文学所能产生的影响也必将从宏观走向微观，那些足以决定现代中国文学史走向的史料未被发掘的可能性是很低的。而那些正在发现过程中的史料也未必一定要放在重写文学史的框架下去加以运用，其发现和整理本身已经蕴含了很大的价值。把一些过于琐碎的史料置于改写文学史的宏大愿景下加以考量，不但牵强，而且对于史料本身的价值也有所损害。

其次，是对于新文化运动及其产生的文学实绩进行思想性的研究。这类研究的数量相对较多，其基本思路是通过对一部或多部作品的解读，来分析作品背后所蕴含着的某些思想以及对当时与当下的价值。这种研究有一定的时代局限性，其中，较有代表性和启发性的著作多产生于 20 世纪 80—90 年

---

① 魏建：《〈创造〉季刊的正本清源》，《文学评论》2014 年第 4 期。

② 关于现代中国文学史料工作的系统性的动议，最早出现于马良春所著的《关于建立现代史料学的建议》（《中国现代文学研究丛刊》1985 年第 1 期）；而朱金顺于 1986 年出版的《新文学资料引论》（北京语言大学出版社 1986 年版）则可以被看作较早的一本关于现代中国文学史料整理工作的专著；樊骏在其著名的《这是一项宏大的系统工程——关于中国现代文学史料工作的总体考察》（《新文学史料》1989 年第 1 期）中也对现代中国文学的史料工作多有涉及，并站在文学史研究的大的立场上对其提出了一些颇有指导性意义的意见；而刘增杰则是始终致力于“中国现代文学史料学”的具体学科建构，其专著《中国现代文学史料学》（中西书局 2012 年版）一书可谓该领域的集大成之作。

③ 樊骏：《这是一项宏大的系统工程——关于中国现代文学史料工作的总体考察（上）》，《新文学史料》1989 年第 1 期。

代。在当时特定的语言环境中，开掘新文化运动对于新民主主义革命话语之外的意义和价值成为一种普遍的追求，于是，对于新文化运动时期作家作品的再发现与再发掘就成为一个十分重要的学术增长点。尤其是在“文化大革命”之后，随着海外汉学研究界将张爱玲、钱钟书、沈从文等作家重新“介绍”给国内，一种基于本土意识而对新文学以及新文化运动作出新的发掘和阐释就成为摆在研究者眼前的重中之重了。在当时特殊的时代背景下，产生了大量通过具体作家作品而对新文化运动的思想性做出的分析，它们通常也带有很大的超越性。其中，可供参考的代表性著作有王富仁所著的《中国反封建思想革命的一面镜子：〈呐喊〉〈彷徨〉综论》，这本著作是在王富仁博士学位论文的基础上形成的，其意义正如李何林所作的序中所言：“能运用马列主义的立场、观点、方法和中国‘五四’实际相结合；能运用比较广博的中外历史、文学史和有关哲学的知识，从思想革命这个角度阐发了《呐喊》《彷徨》的革命意义。并且说明了这个思想革命是政治革命的折射，是政治革命的先决问题。”① 作为王富仁的博士导师，李何林的这番话说得比较晦涩，但是，从中仍然可以看出这本著作的主要价值就在于把鲁迅从一个政治人物的枷锁中解脱了出来，还原了鲁迅作为一位文学家和思想家的本来面貌，更重要的是，王富仁在其著作中提供了一套以文学作品本身为中心的研究范式，这为此后很长一段时间的文学研究提供了思路。钱理群、温儒敏、吴福辉等人编著的《中国现代文学三十年》从本质上也是这类研究的一个范例，书中对于作家作品的研究和叙述往往是由作品切入的，通过对作品的分析和考察，进而对作家的思想脉络进行梳理，并勾勒出一条清晰的线索。例如在该书对于巴金的研究中，带动整体论述过程的就是巴金的创作，全章分为三节：“青春的赞歌：巴金前期小说创作”、“《家》的杰出成就”以及“深沉的悲剧艺术：巴金后期小说创作”，各部分均以作品为主体，通过对具体作品的分析来论述作家各个时期思想上的不同，从而还原一个比较真实的巴金，而不是一

① 王富仁：《中国反封建思想革命的一面镜子：〈呐喊〉〈彷徨〉综论》，北京师范大学出版社1986年版，第4页。

个符合政治叙事需要的被抽象了的符号。① 这种倾向文学作品思想性的研究对于现代中国文学整体研究的发展是至关重要的，但是，它也具有明显的过渡阶段的性质。首先，现代中国文学领域内的作家或者作品的总数是一定的，经过一段时间的研究，大部分作品的解读已经经过了多种尝试，在现有方法论体系下进行再解读的可能性逐渐变小。其次，在 20 世纪 80 年代末大量西方思想资源涌入中国的情况下，如果对研究方法缺乏一种正确的理解，就会使研究陷入单就作品而论作品的误区之中，这样就很容易使文学研究成为理论的注脚，失却其学理性意义。这也是 20 世纪 90 年代现代中国文学研究领域大量出现诸如“××视角下的某作品”，或者“××主义对某作品的解读”这样并不深入的研究成果的原因之一。

最后，是对新文化运动具体过程的研究。这类研究的聚焦点不在于具体文本，而在于文本产生时所面临的宏观政治文化环境。研究者通过某种特定的价值取向或者多种价值取向的结合，使现代中国文学的作家作品、文学现象等被一种更加宏观和有广泛意义的理念所统御，形成了一种通过当时的社会语境反观文学的研究方式，这类研究强调社会语境与文学现象的双向互动，较为真实地还原了历史语境及其内在的精神面貌。这种研究方式较之前面两种研究方式，更注重机制性和生成性的内容，强调多种理论和价值观的互动，旨在还原一种多侧面、多维度的生态性的环境，并将作家作品以及各种文学现象置于这种生态性的大环境中做出考量，从而使研究更加立体、全面。同时，在还原历史语境与文学生态的过程中，大量史料的运用也使得研究成果更具有说服力和学理性。这类研究的代表有姜涛所著的《公寓里的塔：1920 年代中国的文学与青年》，此书以“代际”这一客观事实出发，并以之为视角，来对新文化运动前后“文学青年”这一群体的出现做出考察。对于“代际风貌”这一较为主观的研究对象，姜涛采用了大量史料作为支撑，并制成了表格，使数据的呈现更加明晰。姜涛在前言中对其研究有过一个方法论层面上的总结：“‘大文学史’构想的提出与实施，表明原有学科规范的打破与

① 参见钱理群、温儒敏、吴福辉《中国现代文学三十年》，北京大学出版社 1998 年版，第 199—208 页。

重构，中国现代文学研究已经从一门审美性的历史学科，转变为一门综合性的历史文化学科。……然而，在满足学科自身展开和知识积累的需要之外，要想保持研究中的内在紧张感，保持一种对历史认识再问题化的能力和意愿，怎么理解‘返回’‘打通’一类方法，可能十分关键。如果‘现场’仅仅指向某种抽象、静态的历史客观，‘返回’只是为了释放丰富性和差异性，为既定的文学史图像增添更多的细节或‘花边’，那么研究的历史性可能恰恰会被暗中抹擦。能够回到一种动态的具体情境中，而非从后设的认识出发，去把握事件、人物、观念的生成逻辑，去锻造一种在情境中提出问题的能力，去把握历史理解中价值思考的契机，应该是‘返回’的本意所在。”[①] 姜涛所提出的这一系列理论构想对现代中国文学研究的走向有着较为重要的参考意义，也显示出了这种聚焦政治文化环境生成与流变的研究方式及其类型研究之间的不同。王晓明主编的《二十世纪中国文学史论》则是这种类型研究中较早的一本著作，王晓明预言“当社会的巨变走到如此深远叵测的地步，当这巨变毫不在意地踩破二十年来我们获得的几乎所有理论的时候，现代文学研究就必须自我蜕变，在基本的理论预设上，也因此在整个学科的范围、对象和方法上，都做出重大的改变”。[②] 由于时代的局限性，在21世纪前后，王晓明等积极倡导文学研究转型的研究者们并未如愿看到一部在现代文学研究自我蜕变之后所产生的真正成熟的著作。而他们的预想在姜涛等人那里得到了迟来的回应和实践，也从另一个方面说明了这一理论预想，在正确性和可行性背后的复杂。从王晓明的《二十世纪中国文学史论》的编著上，可以看出，其对于现代中国文学的观察和研究的视角是多维度的，而且每一个维度都是动态的，强调历时和共时互相结合，更重要的是，观察现代中国文学的各维度之间都是可以互相打通的，研究者更倾向于将现代中国文学所处的话语场域看作一个完整的体系，牵一发而动全身，在各部分、各角度的不断生成与建构中使现代中国文学不断地被完型。这种研究类型还有一个重要的优势，

---

① 姜涛：《公寓里的塔：1920年代中国的文学与青年》，北京大学出版社2015年版，第22—23页。

② 王晓明主编，罗岗、倪伟、倪文尖、薛毅编选：《二十世纪中国文学史论·上卷》，东方出版中心2003年版，第2页。

就是其重点是研究现代中国文学生成的机制，而正因为机制内在的生成性，使得它可以在不同的历史语境下显示出指导意义和独特价值来。也就是说，这类研究最终的价值取向是对当下历史语境的反思与重构，它始终保持着文学史研究与当下社会构建之间的良好互动，寻找已经逝去的文学史现象和正在发生中的新的历史事实之间的对话。这或许正是现代中国文学寻求自身突破和不断保持生机的重要途径。

在对新文化运动进行研究的过程中，无论采用上述哪一类研究方法，历时性的研究和梳理都是必要的。新文化运动的每一个阶段都以其内容的丰富性及明显的时代特征，可以被抽出来做单独的研究和论述。所谓正本清源，新文化运动的开端中也蕴含了现代中国文学在之后几十年发展过程中所将面临的种种问题与可能性，故此，对新文化运动做发生学意义上的研究是一件十分重要的工作。

就目前的研究成果来说，几乎每一本和新文化运动有关的著作都会对新文化运动的开端有一个简要的描述。在《中国现代文学三十年》一书中，提供了一种有关新文化运动发生的较为通用的观点，即新文化运动的发生“确有其历史背景，并在相当程度上利用了晚清以来文学变革的态势与思想资源”，“清末民初域外小说翻译大盛，更是刺激和启迪了新旧时代交接中的中国作家”，再加上先驱们以“整体性歧化”的策略引入西方的话语资源以及以北京大学和《新青年》杂志为核心的所谓“一校一刊”的人事资源的聚合，这一系列的文学现象共同构成了文化运动的开端。① 朱德发在其所著的《中国五四文学史》中直接点明了新文化运动兴起的背景是十分复杂的，他较早地发现了一个重要的事实，即新文化运动“决非是单因子决定的，它有着复杂的背景，即具有深刻的历史根据和现实根据”，② 这看似简单的一句话背后所蕴含的洞见和对于新文化运动的研究所能起到的指导性意义是巨大的，多因子决定的新文化运动意味着多个侧面与多个层次，可以说，朱德发关于新文

① 参见钱理群、温儒敏、吴福辉《中国现代文学三十年》，北京大学出版社 1998 年版，第 1—7 页。

② 朱德发：《中国五四文学史》，山东文艺出版社 1986 年版，第 56 页。

化运动研究的论述，为此后的研究打下了良好的基础。但是，在对新文化运动进行历时性或者总体性研究的同时捎带论及其发生或开端的研究成果，其着眼点毕竟不在于“开端”或“发生”本身。在不溢出整体论述框架的原则下，虽然许多研究成果对新文化运动发生的原因都有着较为精辟的论述，但是毕竟无法充分展开，所以，一种单单聚焦于新文化运动发生本身的研究也是十分必要的。

现有的研究成果已经客观而雄辩地向研究者们展示了新文化运动的发生可能存在着多种维度和多种层次。学术界对新文化运动在发生学维度上的集中关注始于2000年前后，在新文化运动研究领域整体上算是比较晚的，但其成果却十分丰富，迄今为止已经有不少的研究者从不同的侧面，用不同的方式来向人们阐释这段历史，并获得了引人瞩目的成绩。其中，陈方竞的《对五四新文化、新文学运动发生根基的再认识》可以算得上这类研究中比较早的一篇了。这篇论文通过对鲁迅、周作人等曾经求学于章太炎门下的浙江籍知识分子在新文化运动初期种种行迹的考察来证明章太炎及其学说对五四新文化、新文学运动的发生所起到的“根基性”的作用，[①] 并指出五四新文化和新文学运动的发生和进展是在北京大学这个所谓“变革的中心”内部经由“众声喧哗”而产生的深层次的多重对话而形成的。[②] 陈廷湘在《重释五四运动发生的观念基础》一文中一改通常研究聚焦于某个历史事件或文学现象而对新文化运动的发生进行研究的范式，运用新史学的研究方法，从观念的构建开始，将新文化运动还原到了一种观念史的维度，并指出巴黎和会中国方面的失败不仅使得中国民众对于山东主权的收复等具体问题大失所望，并且还摧毁了中国知识分子心中对“公理和人道”的认知，而由新文化运动走向五四运动的根本原因则蕴藏其中。在研究者看来，“当这种共同理想（至少是运动参与者的共同理想）和乐观情绪遭遇到巴黎和会传来的对山东问题不公

① 参见陈方竞《对五四新文化、新文学运动发生根基的再认识（上）》，《海南师范大学学报》（社会科学版）2003 年第 5 期。

② 参见陈方竞《对五四新文化、新文学运动发生根基的再认识（下）》，《海南师范大学学报》（社会科学版）2003 年第 6 期。

处置消息的冲击时，一场早已被赋予伟大意义的民众运动便不可避免地发生了”。[①] 这种以观念史来研究文学史以及社会运动史的方法大大拓展了研究的空间，呈现出了一种多元的新文化运动时期的历史画面，以一段历史时间内社会心态的必然性来代替具体历史事件的偶然性，使研究成果更具有说服力。与陈廷湘的研究成果类似的还有熊玉文的《巴黎和会、谣言与五四运动的发生》，其主要论点为“巴黎和会期间，中日之间的外交冲突和中国南北政府及各种力量围绕和会展开的争斗催生出众多谣言，它们所制造出来的紧张和压力，既把亲日派推到舆论的风口浪尖，又与真实的外交危机信息一道把国人的心理推向崩溃的边缘。在此信息环境下，梁启超一封平常的电报激起了五四运动的发生。”[②]

更多的研究者则更倾向于以一种或多种情感来统筹新文化运动的发生，其中有代表性的是周仁政的《情感表现与五四文学——中国现代文学发生史研究》，他认为“情感表现作为与‘文以载道’相对立的观念范畴，是现代文学秩序确立的基础”，[③] 该研究从现代中国文学发生过程中出现的种种情感模式入手，分析新文化运动起源时期所面临着的种种情感类型，从而获得了一种对于现代中国文学的新的言说维度。这类研究归根结底是要把历史事件还原为“人”所参与的历史事件，以人的经历、情绪以及人所处的时代语境和文化场域来带动文学研究，朱鸿召的《在人的旗帜下——论五四文学的背景、发生和发展》在开掘“人”之于新文化运动的意义等方面，则显得十分突出。作者认为“中国现代社会历史、人生的复杂性、丰富性和严峻性，使当事者难以保持对自身历史状况的清醒理性认知，甚至政治功利，世俗观念或者道德意识，总是自觉不自觉地骚扰侵袭着作家审美意识的确立。从审美创作论的角度看，这种文学绝大多数是不成熟的。但恰恰是这种历史所给予的不成熟的文学，从内容到形式，从风格到缺陷的各个方面，都显示出丰富

---

① 参见陈廷湘《重释五四运动发生的观念基础》，《中国现代社会心理和社会思潮学术研讨会论文集》，2004 年。

② 熊玉文：《巴黎和会、谣言与五四运动的发生》，《民国档案》2012 年第 4 期。

③ 周仁政：《情感表现与五四文学——中国现代文学发生史研究》，《文学评论》2010 年第 3 期。

具体的人生历史内容和艺术表现特征，真实地记述了我们民族从‘东亚病夫’到‘东方巨人’的精神心理，为人类社会走出封建中世纪，迈进近现代社会历史提供了新鲜生动的‘这一个’人生范例”。[①] 由以上论述中不难看出，只有将人从抽象的“类”中剥离，还原成为具体的“个”，才能将文学研究还原到“人”的维度。

人的精神集中体现于其信仰上，谭桂林所著的《〈新青年〉的信仰观念与五四新文学传统建构》一文以《新青年》为中心，对新文化运动前后各个历史阶段中社会及知识界的信仰状况、信仰资源及信仰观念进行考察，发掘了新文化运动以国民信仰建构为主题的另一条重要线索，考察了国民信仰观念的生成对新文化运动前后的话语场域产生影响的过程，并以鲁迅为例，探讨了“信仰纯粹性”对于鲁迅信仰形成的重要结构性作用，对当下中国国民的精神走向有着一定的指导意义。[②]

除此之外，更多的研究者们则倾向于通过一些更加细节性的问题来切入对新文化运动发生的研究，虽然这种研究在有关新文化运动研究的整体意义上来看略微偏于片面化，但是它们所呈现出新文化运动中的种种侧面却共同构成了一个立体的和发展中的新文化运动，其中比较有代表意义的研究列举如下：[③] 岳凯华的《五四激进主义的缘起与中国新文学的发生》注意到了新文化运动产生时所面临的激进主义社会文化氛围，并以之为起点，深入挖掘了这种激进主义产生的理论根基、革命策略、内在的民主精神、科学观念、民间追求以及激进主义偏激的限度等问题，将对一种社会情绪的解读扩展为对新文化运动的全面而细致的分析。[④] 张冀的研究则与岳凯华呈现出了一种逻辑上的紧密联系，在《晚清民初尚武思潮的缘起与五四激进主义发生》一文中，张冀向上追溯了新文化运动激进主义的中国根源，将新文化运动发生的

---

① 朱鸿召：《在人的旗帜下——论五四文学的背景、发生和发展》，《社会科学研究》1992 年第 5 期。

② 参见谭桂林《〈新青年〉的信仰观念与五四新文学传统建构》，《中国现代文学研究丛刊》2016 年第 7 期。

③ 在对此类研究做出综述的时候，部分参考了陈建守所编著的《德/赛先生：五四运动研究书目》（中华新文化发展协会 2011 年版）。

④ 参见岳凯华《五四激进主义的缘起与中国新文学的发生》，岳麓书社 2006 年版。

内因向着历史的更深处推进。[①] 陈方竞的《鲁迅与浙东文化》一书则从地域文化入手，以鲁迅为主要考察对象，细致梳理了浙东文化与新文化运动生成之间的关系，[②] 张梦阳在评价这本著作时说："五四新文学究竟是在什么背景下发生的？历来是中国现代文学研究界关注的问题。惯常的看法，是认为这场新文化革命是受西方文明影响、批判中国传统文化的胡适等先进知识分子引发的。这虽然说明了一方面的道理，但是如仅限此论，则未免以偏概全，不能全面反映历史的本来面目。最近，陈方竞先生著的《鲁迅与浙东文化》一书，从新的视角对这一问题进行了新的理性透视，认为五四新文学发生的重要背景之一，来自鲁迅故乡的浙东文化，令人耳目一新。"[③] 这个评价不仅是对于陈方竞著作的肯定，更是对之前所流行的过于宏观和笼统的新文化运动研究状况的反思。杨早的著作《清末民初北京舆论环境与新文化的登场》则力求还原新文化运动发起之前北京一地的文化场域、舆论环境和传媒生态，以外部研究的视角切入新文化运动，努力建构一种重新描述新文化运动产生时的可能性图景，为重建新文化运动发生时北京一地的社会心态起到了很大的作用。[④] 栾梅健的《二十世纪中国文学发生论》则从一个较为宏大的视野去描绘新文化运动发生前后的社会图景，著作从经济、文化和人才三个方面入手，对诸如传播媒介、稿费制度、社会形态、文学主题、作家代际等具体方面做了细致入微的分析。由于囿于著作时代较早，以及史观的保守，该著作对于新文化运动的研究并未将具体的人置于中心位置，但是其中所包含的线索性的内容却为后来的研究者提供了很大的思考空间。[⑤]

在关于新文化运动发生的研究中，数量最多的是关于西方文化对于新文化运动发生的影响，这类研究中值得一提的是赵稀方的《翻译现代性：晚清至五四的翻译研究》，该著作以坚实的理论功底带动对于新文化运动进程中翻

---

① 参见张冀《晚清民初尚武思潮的缘起与五四激进主义发生》，《华中科技大学学报》（社会科学版）2010 年第 4 期。

② 参见陈方竞《鲁迅与浙东文化》，吉林大学出版社 1998 年版。

③ 张梦阳：《五四新文学发生背景的理性透视》，《中华读书报》2000 年 10 月 25 日第 11 版。

④ 参见杨早《清末民初北京舆论环境与新文化的登场》，北京大学出版社 2008 年版。

⑤ 参见栾梅健《二十世纪中国文学发生论》，广西师范大学出版社 2006 年版。

译的研究，提出了“翻译现代性”的观点，为新文化运动的起源与发展在理论高度上找到了新的依据。[①] 不过，综观这类研究，存在着两个具体的问题：第一是过于显在，新文化运动受到西方文化的影响是显而易见的，导致此类研究很多只停留在现象本身而无法深入；第二是过于宏观，强大的理论支持的代价就是牺牲一些文学现象背后的具体细节，这导致此类研究中的大多数停留在宏观而表象的程度，从方法论意义上，可深入的余地颇为有限。这类研究中还有一篇颇为有意思的论文，即周伦佑的《五四新文学发生史的一种理解——意象主义诗歌的中国源头及其对五四新文学的反哺式影响》，作为20世纪80年代第三代诗人的代表人物和“非非主义”的发起者，周伦佑将其先锋态度导入了对于学术的研究和探寻之中。他提出，五四新文学运动从本质上属于一种“移置式变构”，关于“移置式变构”的内涵，周伦佑这样界定：“这里所说的‘移置式变构’指横向移置，即从别的国家或民族的文学一书中移置一种文学艺术形式过来，借以变构本国、本民族业已僵化的文学艺术形式，并把这种从国外移置来的文学艺术形式发展成一种新的文学艺术形式”。在周伦佑看来，这种形式上的“移置性变构”内在是一种“反哺式变构”，即“五四文学对于中国传统文学，就不完全是胡适等人通过移置西方文学观念、方法和形式而促成的一次‘移置性变构’，而是从中国古典诗歌吸取养料的西方意象主义诗歌，再通过对胡适的反影响而对中国传统文学实行的一次反哺式变构。五四新文学革命的变构基因和动力原本就存在于作为变构对象的中国传统文学内部”。[②] 周伦佑以其诗人的身份做出这样的论断，虽显得有些武断和天马行空，但是却为研究者们提供了一种思考空间，促使研究者重新审视新文化运动的发生与传统文化之间的关系。

在对新文化运动的发生进行研究的学者之中，李宗刚自2005年开始，就对这一领域的各个侧面展开了研究，并一直持续到现在。李宗刚的研究中涉

---

① 参见赵稀方《翻译现代性：晚清至五四的翻译研究》，南开大学出版社2012年版。

② 周伦佑：《五四新文学发生史的一种理解——意象主义诗歌的中国源头及其对五四新文学的反哺式影响》，《暨南学报》（哲学社会科学版）2016年第5期。

及了新文化运动与战争语境规范、[①] 新文化运动与新式教育、[②] 新文学运动与父权缺失[③]等多个方面，尤其值得称道的是有关新文化运动与父权缺失和新文化运动与新式教育的研究。在研究父权缺失对新文化运动发生的影响时，李宗刚敏锐地发现了新文学运动的倡导者身上普遍存在一种父权缺失的现象，并通过大量的史料对此加以分析和考辨，研究了父权缺失与五四文学创建主体的确立之间的内在联系，并重新对“精神导师”之于新文化运动倡导者们的意义进行研究，从而得出了一种对现代中国文学的发展有着普遍性意义的结论。[④] 新式教育与新文化运动之间的紧密关系虽然是一个显而易见的内容，但是长久以来，却少有研究者涉足其中。李宗刚通过对新式教育的发生、发展以及新文化运动是如何产生于新式教育并利用新式教育形成的一套新的话语和宣传空间来达到自身的建构等方面进行研究，从北京大学的建立、科举制度的废除、课程设置与学生构成以及公共领域的教育想象为线索，找寻出了一条新式教育与新文化运动之间联系的新纽带，使学界对新文化运动的研究向着一个更新的领域前进。[⑤]

从既有研究的概述中可以看出，对于新文化运动发生的研究虽然较之新文化运动其他方面的研究起步略微迟缓，但是近年来已经成为一种新的研究趋势和方向。要想更加深入和透彻地理解和研究新文化运动以及五四新文学，这种对于其发生学意义上的正本清源显然是非常必要的。同时，通过以上概述也不难发现，由于新文化运动的发生是一个机制性的东西，其所具有的侧面、维度以及生成过程中因与当时乃至当下不断对话而形成的空间是巨大的，目前的研究无论是从广度还是从深度上还有继续深入发掘的可能性与空间。尤其是对于新文化运动发生的一些更加细致和微观的研究，目前还是比较欠缺的，如对于新文化运动的发生与作家书信、日记之间的关系之研究，虽然

① 李宗刚：《在战争语境规范下发生的五四文学》，《东方论坛》2006 年第 4 期。

② 李宗刚：《新式教育与五四文学的发生》，齐鲁书社 2006 年版。

③ 李宗刚：《父权缺失与五四文学的发生》，《文史哲》2014 年第 5 期；李宗刚：《父权缺失与五四文学的发生》，人民出版社 2016 年版。

④ 李宗刚：《精神导师与五四文学的发生》，《中山大学学报》（社会科学版）2015 年第 2 期。

⑤ 参见李宗刚《新式教育与五四文学的发生》，齐鲁书社 2006 年版。

多数已有的著作已经有所提及，但目前专门性的研究只有刘克敌的《从蔡元培日记看其人际交往与新文化运动发生之关系》一篇，“论文运用‘西马’日常生活批判理论中有关日常交往活动的论述，通过对蔡元培日记等私人材料的分析，尝试厘清浙籍文人群体与新文化运动发生演变的复杂关系，指出仅仅从政治思想和社会变革角度审视新文化运动发生演变的不足之处”。[①] 刘克敌的研究十分深入，为此后从日记、书信角度对新文化运动进行的相关研究打下了很好的基础，提供了丰富的理论借鉴。但是，从蔡元培一人的角度来观察新文化运动的发生只是一个开端，随着以书信、日记这个角度对新文化运动发生的研究渐渐起步，更多作家的书信和日记将被重新审视，而一种更加微观和细致的对新文化运动的研究也将为更多研究者所借鉴和运用。

2. 书信日记：研究新文化运动的一个途径

关于书信和日记的研究，在研究方法、理论基础以及研究进展状况等方面还是存在着一些略微的差别的。

日记研究，有着其特殊的理论。就国内而言，自古以来就有日记研究的传统。严格意义上的日记可以远溯到唐代李习之的《来南录》，而清代李慈铭的《越缦堂日记》、翁同龢的《翁同龢日记》、王湘绮的《湘绮楼日记》、叶昌炽的《缘督庐日记》甚至有着“四大日记”之称，可见在中国传统文化界对日记这一特殊的文本就已十分重视。但是现代中国的日记并不是完全承续了古代日记的发展道路，和新文学相似，现代中国的日记更多地将对于外部世界和日常生活的描摹内化，更加直白地面对自己的内心，也融入了更多个人对时代、个人对现代民族国家建设的思考。可以说，借由新文化运动而产生新文学和现代中国人的日记是两个异构而同质的文本呈现形式，甚至，新文学的开端就有着日记的影子：从晚清小说界革命中出现的薛福成的《出使日记》和梁启超的《新大陆游记》；到新文化运动的开篇之作《狂人日记》，再到郁达夫和创造社诸君所习惯使用的日记体笔法，不难看出，在现代中国文

---

① 刘克敌：《从蔡元培日记看其人际交往与新文化运动发生之关系》，《海南师范大学学报》（社会科学版）2013 年第 6 期。

学中，作家对日记是有着在文体意义上的高度自觉的。民国时期，关于日记的理论和经验俯拾即是，如1933年上海南强书局出版的阿英所编《日记文学丛谈》、夏丏尊在《文章作法》中对于日记这一文体的强调、周作人所作《日记和尺牍》、郁达夫的《日记文学》《再论日记》等。

新文化运动发生时，正值新旧时代的交接。在这样一个时代中，作家的日记不仅仅是对于已经发生了的事情的回顾和梳理，更是一种参与者对于现代民族国家建构想象的具体表现。日记中所展现出的作家不为人知的另一面对于研究新文化运动发生阶段的历史真实是非常重要的，通过日记能够看到当时整个文学生态的缤纷和复杂，这与通常经典文学史的宏观表述还是有着很大不同的。从20世纪80年代开始，《新文学史料》有计划地刊出了一些日记。虽然一些参与者的日记明显能看出后期加工过的痕迹，但是仍有着极其重要的文献价值。20世纪90年代之后，日记的价值随着上文所述一系列出版行为和研究思路的转向而日渐凸显出来，日记在研究中的利用率渐渐上升，但是这一时期对于日记的利用往往是一种工具性的，是作为文本分析的佐证使用的，日记本身的主体地位并没有很好地被凸显出来。90年代末，随着《天涯》杂志持续至今的“民间语文”专栏对于接近“原生”状态的日记和口述等资料的收录，日记作为文学研究对象的主体性地位开始受到了研究者们的关注，程韶荣的《中国日记研究百年》① 和钱念孙的《论日记和日记体文学》② 是众多研究中较早对日记的主体性地位展开探索的论文，随后赵宪章的《日记的私语言说与解构》③ 更是将日记研究的理论上升到了一个较高的程度，日记中所承载的思想内容和文学价值也越来越被研究者们所重视，而日记作为社会思想史的一个侧面，其中所包蕴的巨大价值也正在为研究界所发现。在这些前期研究成果的基础上，出现了一些关于日记研究的硕士和博士学位论文，如山东师范大学邓渝平2009年的硕士学位论文《五四文学家日

① 程韶荣：《中国日记研究百年》，《文教资料》2000年第2期。
② 钱念孙：《论日记和日记体文学》，《学术界》2002年第3期。
③ 赵宪章：《日记的私语言说与解构》，《文艺理论研究》2005年第3期。

记研究》、[①] 东北师范大学刘玲玲 2009 年的硕士学位论文《民国时期教授的生活研究——以〈吴宓日记〉为个案》、[②] 东北师范大学白雪 2013 年的硕士学位论文《叶圣陶日记中的语文教育思想研究》[③] 等，博士论文主要有兰州大学张高杰 2008 年所著的《中国现代作家日记研究——以鲁迅、胡适、吴宓、郁达夫为中心》,[④] 另外，人民日报出版社出版的四卷本“书脉日记文丛”和济南大学所办的同人性刊物《日记报》也是对于这一领域的积极探索，而虞坤林所编订的《二十世纪日记知见录》[⑤] 等更是为这一领域的进一步研究提供了宝贵的工具。

从整体上看，对于现代中国作家的日记研究在新时期以后起步较晚，而且在起步之后其主体性地位一直没有得到很好的确认，但是一旦起步，其起点却较高，研究也较为深入，对于资料的编订也有很多值得称道的地方。不足之处在于较少有新的研究理论的产生和译介产生，中国古代对于日记的研究方法和西方的研究理论并未很好地介入日记的研究领域之中，这使现有研究相较于现代中国文学的其他领域呈现出了一种理论性的欠缺。日记研究需要一种理论上的指导，尤其是面对“反右运动”“文化大革命”等中华人民共和国成立后所经历的独特命运，日记的保存和修改都有重要的研究价值。故而，产生一种适合于中国语境的日记研究和编订理论是势在必行的。

书信之于现代中国文学的情况与日记的情况相似。晚清就有林则徐、彭玉麟、张之洞、李鸿章四人的家书并称为“四大名人家书”，而新文学发轫时期的许多有分量的作品，如淦女士的《隔绝》、冰心的《一封信》都是以书信体的形式呈现的。在新文学领域中，书信承载了语体文的部分功能，并可以直接将读者带入与作者心灵沟通的氛围中去，而建立在新文学基础上的现代中国文学作家的书信史是有着独特的意义。许多作家都保存有大量的书信，

---

① 邓渝平:《五四文学家日记研究》，硕士学位论文，山东师范大学，2009 年。

② 刘玲玲:《民国时期教授的生活研究——以〈吴宓日记〉为个案》，硕士学位论文，东北师范大学，2009 年。

③ 白雪:《叶圣陶日记中的语文教育思想研究》，硕士学位论文，东北师范大学，2013 年。

④ 该论文已由中国社会科学出版社编辑出版。张高杰:《中国现代作家日记研究——以鲁迅、胡适、吴宓、郁达夫为中心》，中国社会科学出版社 2014 年版。

⑤ 虞坤林编订:《二十世纪日记知见录》，国家图书馆出版社 2014 年版。

这些书信中最有价值的是家书和与某些亲历事件当事人的通信。通过对这些信件进行解读，可以进一步还原历史事件的真相，更重要的是，书信呈现的是一种心灵真实。人是一切社会关系的总和，人与人之间所形成的交往关系中就不可避免地有着亲疏远近和层级关系，通过研究作家与不同身份的他者之间的书信，可以大致整理出一条新文化运动参与者之间关系的脉络来。对书信的研究在20世纪50年代中国大陆就已经开始，这一时期主要是对一些在政治上有着方向性意义的作家日记进行整理和考释，其中关于鲁迅、郭沫若、茅盾等人书信的研究又占到了很大的比重。这种对于个别作家书信的重点研究而忽视了对一个文化语境之下作家书信的整体性把握的状况一直延续到21世纪前后。1999年汉语大词典出版社出版了《现代作家书信集珍》① 一书。书中收录作家往来书信400余封，是当时书信研究所参考的重要辑录材料，稍后嘉应大学学报发表了赖贤传的《书信、日记魅力管窥》,② 更是较早地从主体地位对书信之于文学研究的意义做出了详细的评述。

2004年黑龙江大学吴源的硕士学位论文《第一人称叙事：书信体与非书信体》③ 与书信有关，属于这一领域涉足较早的一篇，作者注意到人称变换在书信中的重要意义，有着一定的理论高度；2006年暨南大学牛继华的硕士学位论文《近百年来私人书信中称呼语的社会语言学考察（1919—2006)》④ 中，作者将书信中的称呼语作为考察对象，来探寻其中所蕴含的人事、社会变迁。目前博士论文关于这方面的研究较少，代表性著作有南京师范大学万宇于2007年所著的《中国现代学人论学书信研究》⑤。关于现代中国文学中作家书信的研究，其主体性并没有真正确立，大多数书信还是作为研究中的佐证材料，大多数关于书信研究的对象还是“书信体小说”。21世纪以后，尤其是近年来，关于书信的研究渐渐开始丰富，研究质量也有着较大的提升，

---

① 刘衍文、艾以主编《现代作家书信集珍》，汉语大词典出版社1999年版。

② 赖贤传：《书信、日记魅力管窥》，《嘉应学院学报》2001年第2期。

③ 吴源：《第一人称叙事：书信体与非书信体》，硕士学位论文，黑龙江大学，2004年。

④ 牛继华：《近百年来私人书信中称呼语的社会语言学考察（1919——2006)》，硕士学位论文，暨南大学，2006年。

⑤ 万宇：《中国现代学人论学书信研究》，博士学位论文，南京师范大学，2007年。

书信作为一种文本之外的重要的“副文本”，其意义正在被研究者们渐渐地发掘。

关于日记与书信的研究，还涉及手稿和版本的问题。手稿的研究在西方是思想研究领域中十分重要的组成部分，如马克思的《巴黎手稿》等。在现代中国文学研究领域中，对于手稿的挖掘和整理也有着十分卓著的成就，2002 年上海展出了上百名作家的手稿，中国现代文学馆也在下大力气去收集手稿。手稿中的修改、涂抹，甚至是笔迹的颜色等都可以从侧面反映出作者当时的心绪。对手稿的利用有着许多困难，其专业性和对知识储备的要求都是一般研究者所无法达到的，所以目前对手稿的研究较少。但是近年来陆续出版的鲁迅、郭沫若、钱钟书、周作人等一些文学大家的手稿，至少为研究者保存了一种历史的真实，以俟后人继续发掘。版本学一直是古典文献学中的重要内容，古文经书和今文经书之间的版本问题甚至成为了儒家思想中根本性的问题。而现代中国文学中版本的问题被注意得比较晚，对于原始版本的校对工作也进行得并不是很顺利，再加上一些新文化运动的参与者在不同年代对自己的书信和日记进行了涂毁和修改，导致在研究中经常出现记录与时代不相符合的情况。目前，版本问题在现代中国文学中也较少有人涉及，但是能够预见的是，它正在逐渐地为研究者们所重视。

在现代中国文学发展的过程中，新文化运动是一个不能被绕过的重要阶段。无论是将其作为逻辑起点或是置于整个发展过程的中间，新文化运动对现代中国的政治、经济、文化的影响都是巨大的。长久以来，研究者都在试图用不同的方法来探索和阐释新文化运动，新文化运动并不是一个平面的存在，它的立体和多元使它有着无尽的阐释空间；在新文化运动中所形成的对信仰的建构与坚守、对国家的关怀、对真理与科学的追求，都使得它在不同的时代始终保持着一种能动性，它能够与不同时代产生充分的互动，并对当下现实起到指导和借鉴作用：无论是革命的，或是审美的，都可以在新文化运动的发展与实绩中找出可供借鉴的东西。

由于革命思维和战争话语的延宕，对于新文化运动的研究总是处于某种宏大的叙事之下，研究者们更倾向于发现其中的“意义”，以便寻求革命胜利的“历史必然性”依据，对大量存在于历史进程之中的细节，乃至有所龃龉的地方，则选择了遗忘和忽视。尤其是新文化运动中非常重要的新文学，更是被纳入了革命历史书写的大框架之中，只留其主干，至于那些逸出的旁枝，则在一段时间内基本被清理干净。

随着20世纪80年代后期“重写文学史”的文学研究思路在学界盛行，研究者将对新文化运动的研究纳入了“现代性”的范畴进行整合，对一些曾经被埋没在革命历史脉络之中的作家作品进行了发掘和整理，给新文化运动研究注入了新的活力。但是，以现代性为研究基点在方法论上并没有超越革命历史叙述，它是以一种告别革命的姿态进行着对“革命”的“革命”，从而导致其研究的视角被局限于一元之内，对新文化运动的立体和驳杂并无法很好地表述。

20世纪90年代之后，批评家们通过结合封闭式阅读和考究历史“元叙述”这两种研究方法，试图通过谱系学、原型批评、解构主义等具有深刻哲学意味的现代性目光，去审视曾经被认为不兼容于新时期的作品，对其文学编码的机制进行解构。批评家试图在对个别文本重新阐释的基础上，以文学作品生产和消费过程中所产生的裂隙来探寻对被大叙述所设想出的历史忽视的部分进行重新解读的可能性。即使是“再解读”，其使用的视域仍然是一种接近“宏大”的叙述策略，是一种以理论带动批评的方式，站在理论高度，很容易俯瞰全景，却不容易发现其中的微景观，而且潜意识中所预设的对前一个时代的反拨也成了不可回避的“意识形态”，其中解构有余而建构不足，这也就是在“再解读”最为轰轰烈烈的时候，其主要参与者却一再反思这种方式能否建构起整体性文学图景的原因。

随着中国现当代文学学科渐渐走向成熟，史料的重要意义也随之凸显出来，特别是对于新文化运动时期产生的文学而言，想要尽可能地还原与再现当时语境中生活着的作家们的创作心态和社会活动动机，对史料的发掘和运用更是必不可少的。目前，随着大量的史料被发掘，学术界对于新文化运动以及新文学的研究已经十分深入，并且取得了令人瞩目的成绩。但是，由于史料所涉及的是一个极为宽泛的范畴，在一些史料被重视的同时，另一些史料却往往被研究者忽视，作家书信和日记正是这些容易被忽视的史料中重要的组成部分。近些年来，从历史研究领域开始，一种新的历史观越来越为研究者所重视，这种新的史学观念重新定义了空间，将地理空间、社会空间和个人空间同时纳入了研究视野，其中，研究者更重视的是“个人空间”，即在历史大潮中的个人化体验及其对整个历史进程所具有的生成性作用。与在公众面前表现出的具有表演和自居性质的叙事相比，个人空间中所具有的真实性和史料价值要高出很多。文学史对于文学生态的描述也同样需要一种将镜头拉近后的微视角观察，挖掘活生生的人在历史建构过程中所起到的作用，还原一种个人和时代之间生成性的互动关系。目前在对新文化运动以及五四新文学的研究中，作家书信和日记的史料价值往往仅被当作历史事件的注脚，其主体性并未得到很好的发掘。而实际上，书信和日记与新文化运动以及五四新文学在很大程度上可以被视作同质异构的，其中包含的情绪解放、思想解放以及真诚的主题所形成的互文性是值得研究者进行深入研究的。

总的来说，以参与者的书信和日记为中心去研究新文化运动的发生是一项比较有意义的工作，其合理性和可行性都较高。在樊骏、刘增杰等倡导下，对史料的重视也成了现代中国文学研究的一个共识。书信、日记作为第一层级的史料，其重要意义也不断地被认识和发现。但是到目前为止，对书信和日记的综合利用还不是很多，所以本书试图在前人研究的基础上有所推进，通过参与者的书信和日记对新文化运动前后的文学和文化场域进行建构，以细节和个人化的方式对文学史“宏大叙述”进行一种补充和注释。

第一章　现代民族国家意识下的新文化运动

新文化运动不仅仅是停留在文学或者狭义文化层面上的运动，它还是一场关乎社会各个层面的全面的运动，正是由于新文化运动带有很强的社会实践性，它与20世纪10年代中国社会之间的关系不应是单向度的因果联系，而更应是一种互相生成的关系：一方面是虽然必须正视一些偶然性社会因素对于新文化运动产生的意义，但是就其最主要的原因来说，20世纪10年代的社会经济文化语境才是造就新文化运动的主要原因；另一方面则是新文化运动的发生大大地改变了20世纪10年代的社会经济文化语境，新文化运动在进行中所产生的一系列变化对当时的社会产生了一定的影响，推动着历史的前进。总之，20世纪10年代的政治、经济、文化等种种因素一起造就的环境导致了新文化运动的发生，并在其产生前后呈现出种种社会景观。本章拟引用“政治文化”这一概念来对20世纪10年代的社会与新文化运动之关联进行解读。“政治文化”的内涵较为宽泛，除了涉及认知和意识形态之外，还关乎一种情感或者价值取向；更重要的是，“政治文化”这一概念可以较好地将20世纪10年代社会上对于某一事件所产生的各种一过性的反应整合进一种长期的、稳定的、生成中的政治心理倾向当中，使对其的阐释更具有合理性。用“政治文化”这一范畴来对作家书信、日记中所呈现出的一些内容进行阐释，也更有利于将作家一时一地的心态整合进对于现代民族国家的微观观察之中。

第一节　文学与民国初年政治文化语境

1. 中华民国的意义

兴起于20世纪10年代的“新文化运动”并不像其名称中所显示的那样，是一场完全立足于“文化”的运动，事实上，这场运动的兴起与其所处的“中华民国”这样一个大环境有着密不可分的关系。作为新文化运动发生的历史环境，中华民国及其内部所发生的一些带有政治意味的事件对文化发展的影响是巨大的。而“中华民国”这一概念本身则可以被看作一个带有明显政治文化意味的存在，在其所构设的框架下，参与其中的每一个人在一定的时间段中，对于这个影响着自己生存状况的共同体有着相对稳定的认知，这也正是新文化运动之所以能够在短时间内团结和吸收大量文化资源的原因所在。按照政治文化这一概念的提出者给出的定义，“政治文化是一个民族在特定时期流行的一套政治态度、信仰和感情。这个政治文化是由本民族的历史和现在社会、经济、政治活动进程所形成。人们在过去的经历中形成的态度类型对未来的政治行为有着重要的强制作用”。① 不难看出，中华民国这一民族共同体的存在实际上为新文化运动的参与者提供了一个可供对话和研讨的平台，也为其在这一平台中所开展的一系列文化活动提供了反思的对象，客观上为新文化运动提供了物质保证。如果细查新文化运动发轫时期的参与者，就会发现，无论是从他们的年龄、籍贯，还是从他们之前的履历或是家庭条件来看，其中的差异都是十分明显的。例如，胡适和陈独秀之间，不仅有着十余岁的年龄差距，而且在家庭条件和留学经历上也都无法等量齐观。在这种情况下，正是中华民国及其所提供的那一套有关新的民族国家想象的政治文化才使他们得以为着一个相近的目标走上一条相同的道路。从这个意义上来看，

① ［美］加布里埃尔·A. 阿尔蒙德、小G. 宾厄姆·鲍威尔：《比较政治学——体系、过程和政策》，曹沛霖、郑世平、公婷、陈峰译，上海译文出版社1987年版，第30页。

中华民国就像是一面旗帜，在这面旗帜下，参与其中的每一个具体的行动主体之间的差异得以在最大程度上得到弥合，进而在新文化运动的初期呈现出一种“和而不同”的文化景观。

作为一个现代民族国家，维系中华民国政治文化的根本是其宪法。事实上，在中华民国刚刚建立的时候，由于国内外纷乱复杂的局势，其对于宪法的修订始终未能真正令人满意过，有研究者对中华民国初期的立宪情况有过这样的评价：“民国肇造，首订临时政府组织大纲，……乃未几而赣宁祸作，党狱大兴，政治会议既开，而停止议员职务之令继下，于是制宪大业，遂致中辍，岂不惜哉？袁政府于解散国会之后，乃实行其毁法造法之政策，另定新约法，扩大总统职权。袁氏殂落，黄陂继任，国会继续其制宪之工作，不幸又因解散国会及地方制度两章，扰攘经年，卒召督军团之祸，而国会乃再度被解散矣”。[①] 上文所述的历史基本包含了从民国初年到新文化运动之前中华民国宪法的修订情况，在这段时间之内，所谓的宪法经历了多次大的变更，而由于宪法变更造成的军阀混战、政局不稳等状况更是深深地影响了国民的日常生活。作为一个政治文化的共同体，执政者对于宪法的频繁修改无疑会削弱其在民众中的公信力，更为严重的是，许多人认为民国宪法是因总统而变，袁世凯、黎元洪（黄陂）等人才是国会背后的操纵力量，对于民国宪法而言，修宪最注重的就是“总统职权”这一个方面。与总统职权相对应的则是国民的权利，从孙中山提出的三民主义中“民权”一项开始，国民权利就成为这个新生国家在法律表述上的重中之重。在新文化运动之前的几乎所有宪法中，其第一条和第二条通常是“中华民国由中华人民组成之”和“中华民国之主权本于国民之全体”，随后还在其中规定诸如各种“自由权”“请愿权”“申诉权”等权利，[②] 然而，在新生国家的具体运营过程中，宪法中所提到的国民权利普遍都没有被真正得到保证和实行。这也成为新文化运动产生的一个重要动因。1919 年陈独秀在《本誌罪案之答辩书》中历数《新青年》杂志“破坏孔教”“破坏礼法”等数宗“罪状”，并总结到“但是追本溯源，

---

① 张耀会、岑德彰编：《中华民国宪法史料》，文海出版社 1981 年版，第 2 页。

② 参见张耀会、岑德彰编《中华民国宪法史料》，文海出版社 1981 年版。

本誌同人本来无罪，只因为拥护那德英克拉西（Democracy）和赛因斯（Science）两位先生，才犯了这几条滔天的大罪。要拥护那德先生，便不得不反对孔教，礼法，贞节，旧伦理，旧政治。要拥护那赛先生，便不得不反对旧艺术、旧宗教。要拥护德先生又要拥护赛先生，便不得不反对国粹和旧文学”。[①] 可以看出，陈独秀等人关于儒教、道统和时局的一切讨论和针砭，其立足点还在于维护自己心中对于“中华民国”这样一个政治概念的想象。所以，考察新文化运动时期活跃着的作家对于“中华民国”这一名词的认知和想象，有助于更全面地了解为什么在民国诞生多年之后，会发生这样一场旨在改造国民性的运动。

时隔十余年后，鲁迅曾经在一封给许广平的信件中回忆说：“说起民元的事来，那时确是光明得多，当时我也在南京教育部，觉得中国将来很有希望”，在鲁迅看来，民国政治走向“坏”的一面，是在二次革命之后。即使在二次革命之后，鲁迅也不觉得中华民国是完全不可救药的，只是“渐渐坏下去”。[②] 甫一建国，民国政府即北迁北京，鲁迅也随教育部一同赴北京任职，对于鲁迅来说，这是一般的工作调动，虽然有着种种来自故乡的“情结”，但是在理想和职业面前，远赴他乡也并不是什么问题。此时的鲁迅并非没有选择，而他仍然随着政府前往北京的行动，足以见得他对于新政府还是有着一定的信心的。

早在前清的时候，在浙江从事教育事业的鲁迅就因着对越中教育文化的诸多不满，寻思着要往异地以更好的施展自己的理想。在一封写给许寿裳的信件中，鲁迅力陈越中教育界之乱象：一些学校“所入甚微，不足自养”，且学校负责人员“去如脱兔”，甚至连教学进度的“时间表亦复无有”，在这种情况下，鲁迅向许寿裳提出了意图前往北京的想法：“北京风物何如？暇希见告。……他处有可容足者不？仆不愿居越中也，留以年杪为度”。[③] 鲁迅的这

① 陈独秀：《本誌罪案之答辩书》，《新青年》1918 年第六卷第一号。“英”字应为“莫”字的错讹。

② 鲁迅、许广平：《两地书·八》，《鲁迅全集·第 11 卷》，人民文学出版社 2005 年版，第 31 页。

③ 鲁迅：《致许寿裳 100815》，《鲁迅全集·第 11 卷》，人民文学出版社 2005 年版，第 333 页。

一次北京之行并未得以实现，原因是在陈濬接任绍兴府中学堂监督之后，鲁迅又看到了实现教育理想、中兴越学的希望。他甚至少见地以意气风发的语气写信给许寿裳道："惟奠大山川，必巨斧凿，老夫臣树人学殖荒落，不克独胜此负荷，固特驰书，乞临此校，开拓越学，俾其曼衍，至于无疆，则学子之幸，奚可言议。"① 当陈濬及其在绍兴的教育改革遭遇困境的时候，鲁迅又立即写信给人脉关系较广的许寿裳，信中说："中学事难财绌，子英方力辞，仆亦决拟不就，而家食既难，它处又无可设法，京华人才多于鲫鱼，自不可入，仆颇欲在它处得一地位，虽远无害，有机会时，尚希代为图之。"② 可见，在此时的鲁迅眼中，到哪里并不是问题，成就自己心中教育"树人"的理想才是重中之重，自己的留或者走最重要的决定条件则是当地教育发展的状况。在绍兴光复之后，鲁迅立即作书给时任绍兴县议会议长的张琴孙，阐释了首先发展教育的重要性："侧惟共和之事，重在自治，而治之良否，则以公民程度为差。故国民教育，实其本柢。上论学术，未可求全于凡众。今之所急，惟在能造成人民，为国柱石，即小学及通俗教育是也。"③ 从民元前后鲁迅与友人的书信中不难看出，中华民国对于鲁迅而言，与其说是一种政治的进步，倒不如说是看到了一种发展国民普及教育的希望。这里的原因主要有两个：第一，虽然在光复会时期，浙江籍人士多有壮烈的义举，但是在各省自治的过程中，越中并没有发生像川内以及北方一样的流血革命。据当时《申报》记载："绍兴、湖州两府均于十六日晚十句钟同时克复。万众欢呼，鸡犬不惊。"④ 这使得教育事业具有了得以优先发展的可能性。第二，鲁迅在日本留学期间，有过弃医从文的经历，鲁迅在自传中说："我偶然在电影上看见一个中国人因做侦探而将被斩，因此又觉得在中国医好几个人也无用，还应该有较为广大的运动……先提倡新文艺。"⑤ 这段经历显然和鲁迅由日本回国之后

① 鲁迅：《致许寿裳 101221》，《鲁迅全集·第 11 卷》，人民文学出版社 2005 年版，第 337 页。

② 鲁迅：《致许寿裳 110731》，《鲁迅全集·第 11 卷》，人民文学出版社 2005 年版，第 337 页。

③ 鲁迅：《致张琴孙 111100》，《鲁迅全集·第 11 卷》，人民文学出版社 2005 年版，第 350 页。

④ 《杭州光复记（三）》，《申报》1911 年 11 月 9 日。文中"句"字疑为"点"字错讹；"十六日"用的是旧历，当日为辛亥年九月十九日。

⑤ 《鲁迅自传》，《鲁迅全集·第 8 卷》，人民文学出版社 2005 年版，第 342 页。

一直围绕教育领域开展其工作是息息相关的。

既然民国的建立对教育改良而言是一件有利的事情，鲁迅自然会觉得它是“光明”的。在民初的很长一段时间内，鲁迅都没有过多地关注政治体制方面的事情，即便是袁世凯恢复帝制这样的大事件，在其日记中也未曾记载。此时的鲁迅在袁世凯政府的框架下是一名十分合格甚至可以说是优秀的教育部官员。在日记中，鲁迅有关袁世凯的记载起于1912年“上午得袁总统委任状”,[①] 终于1916年“上午部派总统府吊祭”,[②] 值得注意的是，鲁迅对于周边人物的称呼是极有讲究的，大致上“旧日或近来所识的朋友，旧同学而至今还在来往的，直接听讲的学生，写信的时候我都称‘兄’；此外如原是前辈，或较为生疏，较需客气的，就称先生，老爷，太太，少爷，小姐，大人……之类”。[③] 如此看来，鲁迅对袁世凯始终以“总统”称之，则应属于第二种情况。不仅如此，按照鲁迅的习惯，即使是同一个人，鲁迅在不同时期对其称呼也是有所变化的，以曾经做过教育部社会教育司司长的“鲁迅的上司，也是他所佩服的前辈之一人”[④] 的夏曾佑为例，其名字在鲁迅日记中多以“夏司长”[⑤] 出现，而在1913年，由于他提议主持祭孔，鲁迅在当日日记中记载到：“闻此举由夏穗卿主动，阴鸷可畏也。”[⑥] 可见，鲁迅是绝不惮为看不入眼的人物或者事情避讳的。由此观之，鲁迅能够在日记中始终称袁世凯为总统，就意味着他在袁氏持国时期并没有对其政治举措有太多的不满。细查鲁迅日记，在袁世凯宣布称帝的1915年12月、袁世凯正式称帝的1916年元旦和袁世凯去世的1916年6月6日，都没有出现任何与袁氏有关系的记录，对于袁世凯政权，鲁迅所持的都是一种无视的态度：成为教育部佥事也好、

---

① 鲁迅：《日记19121102》，《鲁迅全集·第15卷》，人民文学出版社2005年版，第28页。

② 鲁迅：《日记19161615》，《鲁迅全集·第15卷》，人民文学出版社2005年版，第231页。

③ 鲁迅、许广平：《两地书·四》，《鲁迅全集·第11卷》，人民文学出版社2005年版，第19—20页。

④ 周作人：《夏穗卿》，周作人著，止庵校订《鲁迅小说里的人物》，河北教育出版社2002年版，第41页。

⑤ 鲁迅：《日记19121116》，《鲁迅全集·第15卷》，人民文学出版社2005年版，第30页。

⑥ 鲁迅：《日记19131028》，《鲁迅全集·第15卷》，人民文学出版社2005年版，第30页。

"进叙四等"① 也好、"部派赴总统府吊祭"② 也好，这些都只不过是公事公办而已，这和后来为人们所熟知的鲁迅的性格是完全不同的。再者，即便是鲁迅以其犀利的笔锋奠定了在现代中国文学上的地位之后，他对袁氏政权的批评也并不算是严厉：在一些杂文中，他对于这段复辟历史的叙述一般都采取了描述性的语句，如"袁世凯也如一切儒者一样，最主张尊孔。做了离奇的古衣冠，盛行祭孔的时候，大概是要做皇帝以前的一两年"。③ 这些语句并不是针对袁世凯的，对其本人而言，所谓的民国总统或是洪宪皇帝甚至根本没有放在心上。在此时的鲁迅心中，刚刚建立的中华民国由谁来主持并不重要，重要的是改造国民性的问题，而这需要以"教育"的方式来解决。

鲁迅在一封信中写道："大同的世界，怕一时未必到来，即使到来，像中国现在似的民族，也一定在大同的门外。所以我想，无论如何，总要改革才好。……中国国民性的堕落，我觉得并不是因为顾家，他们也未尝为'家'设想。最大的病根，是眼光不远，加以'卑怯'与'贪婪'，但这是历久养成的，一时不容易去掉。"④ 可见，对于民国代替大清这一事件来说，鲁迅的眼光显然比那些执着于政治革命的人要更加长远：对于一个新生的现代民族国家而言，政体和政权只是一个表面上、形式上的问题，更重要的是一种对于这个"共同体"的"认知"和"想象"，⑤ 为这种认知或想象赋形和找到传承的最好方式则是教育，教育、学校等对于当时的中国青年而言，不但是民族国家意识最行之有效的推广方式，也是最经济的方式，相对于政体、权力而言，教育、认识等深植于意识形态的内容才是现代民族国家想象中最具有建构性意义的元素。鲁迅对这个问题显然是有着深入和明确的认知的，早在中华民国诞生之前，鲁迅就一直在浙江省内为教育事业奔走操劳，在与许寿裳的往来信件中，重点讨论的都是教育界的事宜。他希望越中教育界能够

---

① 鲁迅：《日记19140818》，《鲁迅全集·第15卷》，人民文学出版社2005年版，第129页。

② 鲁迅：《日记19160615》，《鲁迅全集·第15卷》，人民文学出版社2005年版，第231页。

③ 鲁迅：《从胡须说到牙齿》，《鲁迅全集·第1卷》，人民文学出版社2005年版，第264页。

④ 鲁迅、许广平：《两地书·一》，《鲁迅全集·第11卷》，人民文学出版社2005年版，第40页。

⑤ 参见［美］本尼迪克特·安德森《想象的共同体——民族主义的起源与散布》，吴叡人译，上海人民出版社2005年版，第8页。

"荡涤"，使"邪祟略尽，厥后倘有能者治理，可望复兴"。[1] 此时大多数学生和教员专注于学校政策以及校长人选，而鲁迅关心的是教育本身，他希望越中教育界"内既坚实，则外界之九千九百九十九种恶口，当亦如秋风一吹，青蝇绝响"。在他看来，兴办教育的原因乃是能够使其"心不愧怍，亦可告无罪与裴斯泰洛齐先生"，而对于发展教育过程中其他人物所上演的"鱼龙曼衍之戏"，鲁迅非但不参与，甚至根本不屑于在其中耗费精力，对于"外界"如蜮一般的"射人"，鲁迅只是坚持"苟余情其信芳"，其真正在意的，还是"百余学生，亦尚从令"。[2] 对于此时的鲁迅而言，中国文化界的希望在于青年，而对于青年，鲁迅显然并不满意："少年处萧条之中，即不诚闻其好音，亦当得先觉之诠解"，[3] 相对于其他方面来说，鲁迅认为只有先发出摩罗之声，才能够拯救中国的时弊，达成中华民族在精神上的真正统一，正像他在《摩罗诗力说》中互为比照的俄罗斯、意大利两国："有但丁者统一，而无声兆之俄人，终支离而已"。[4] 由此不难推断，民国成立伊始，鲁迅接到教育部官员的委任状的时候，其心情一定是兴奋而激动的，对于久感于越中教育怪象的鲁迅而言，这无疑是一个可以使其大展拳脚实现自己教育抱负的绝好机会。这种有着现代民族国家作为支撑的平台显然要比在晚清乡治或者辛亥地方自治的框架下的掣肘要好得太多。查阅鲁迅刚刚赴北京就职时的日记就会发现，此时的鲁迅不但积极参加各种教育方面的研讨、举办各种"讲会"，还时常与越中教育界人士如陈子英等人通信，这是其对自己所坚持的事业极有信心的一种表现。此时的鲁迅常常在日记中记录下自己对于教育事业的心情："闻临时教育会议竟删美育，此种豚犬，可怜可怜！"[5] "上午九时至十时在夏期讲会述《美术略论》，初止一人，中乃得十人，是日讲毕。"[6] 这些条目中，其心情或是激愤或是自得，皆跃然纸上。

---

① 鲁迅：《致许寿裳 101115》，《鲁迅全集 · 第 11 卷》，人民文学出版社 2005 年版，第 335 页。
② 鲁迅：《致许寿裳 101221》，《鲁迅全集 · 第 11 卷》，人民文学出版社 2005 年版，第 337 页。
③ 鲁迅：《摩罗诗力说》，《鲁迅全集 · 第 1 卷》，人民文学出版社 2005 年版，第 103 页。
④ 同上书，第 66 页。
⑤ 鲁迅：《日记 19120712》，《鲁迅全集 · 第 15 卷》，人民文学出版社 2005 年版，第 11 页。
⑥ 鲁迅：《日记 19120717》，《鲁迅全集 · 第 15 卷》，人民文学出版社 2005 年版，第 11 页。

然而，也正是中华民国这样一个政体，其在政治理念表述上和政治行动上的不一致使得鲁迅对在国家意识形态之下发展教育的构想彻底失望。在《〈呐喊〉自序》中，鲁迅曾经提到了自己“钞古碑”的经历：“客中少有人来，古碑中也遇不到什么问题和主义，而我的生命却居然暗暗的消去了，这也就是我惟一的愿望。”① 对照鲁迅日记，不难发现，鲁迅开始集中钞古碑是在1915年前后。此前，他虽然对古籍也颇有兴趣，但是其主要关注点还是在于收集整理故郡先贤的遗作以及满足自己的兴趣爱好，正如其1912年日记书帐末尾所批注的那样，“今人处世不必读书，而我辈复无购书之力，尚复月掷二十余金，收拾破书册以自怡说，亦可笑叹人也”。② 然而到了1915年，在鲁迅的书帐中，一些与之前所记载书目关联不大的“古碑”开始渐渐多了起来，不难得知，鲁迅对于自己在教育领域所做的工作开始怀疑和反思，当是在这个时间节点之后。这恰好与鲁迅对自己在民国初年的心路历程的记载吻合：在这段时间里，鲁迅感到了一种曾经经历过的寂寞，这种寂寞来源于“无聊”：“凡有一人的主张，得了赞和，是促其前进的，得了反对，是促其奋斗的，独有叫喊于生人中，而生人并无反应，既非赞同，也无反对，如置身毫无边际的荒原，无可措手的了。”“这寂寞又一天一天的长大起来，如大毒蛇，缠住了我的灵魂了。然而我虽然自有无端的悲哀，却也并不愤懑，因为这经验使我反省，看见自己了：就是我绝不是一个振臂一呼应者云集的英雄。”③ 在文中，鲁迅所说的“经验”指的是其在日本所办的《新生》杂志的夭亡，两相对比，就会发现鲁迅在这两个时间点上所经历的心路历程何其相像。在鲁迅的日记中，对其日本留学时期所办的《新生》杂志只是轻描淡写地记下了一笔，但是从“创始时候既已背时，失败时候当然无可告语，而其后却连这三个人也都为各自的运命所驱策，不能在一处纵谈将来的好梦了，这就是我们的并未产生的《新生》的结局”④ 一段话中能够感觉到鲁迅对于当时理

---

① 鲁迅：《〈呐喊〉自序》，《鲁迅全集·第1卷》，人民文学出版社2005年版，第440页。
② 《书帐1912年》，《鲁迅全集·第15卷》，人民文学出版社2005年版，第41页。
③ 鲁迅：《〈呐喊〉自序》，《鲁迅全集·第1卷》，人民文学出版社2005年版，第439—440页。
④ 同上书，第439页。

想难酬的抱憾。在周作人的回忆中，那时的鲁迅对于自己的能力以及自己所要做的事情有着充分的自信：“其时留学界的空气是偏重实用，什九学法政，其次是理工，对于文学都很轻视，《新生》的消息传出去时大家颇以为奇，有人开玩笑说这不会是学台所取的进学新生么。又有人（仿佛记得是胡仁源）对豫才说，你弄文学做甚，有什么用处？答云，学文科的人也知道学理工也有用处，这便是好处。客乃默然。”① 再加上 1907 年筹划创办《新生》杂志前后鲁迅连续投给《河南》杂志的《人间之历史》《摩罗诗力说》《科学史教篇》《文化偏至论》等多篇文言论文，鲁迅这时候的心情用意气风发来形容恐怕也不足为过。民国建立之前，鲁迅的心态大抵与此类似：虽然越中学界乱象频出，但是鲁迅并不认为这和自己所暗自定下的以教育来改造国民精神的路径是违背的，相反在陈子英主持学府的时候，他看到了一种希望，于是，鲁迅便努力地寻求打开局面的方式，民国政府的聘用正好使其理想得以实现。当鲁迅随着新政府进入北京之后，同僚的昏庸、学界的保守使其又一次感觉到了创办《新生》时的寂寞，那种力挽狂澜的热情也被泼了冷水，但同时，鲁迅也在两次失败中认识到了自己在认知上的局限，即“振臂一呼应者云集”的设想无论是在晚清还是民国的意识形态体系下都是无法实现的，从晚清到民国，只不过是从一个铁屋子到了另外一个铁屋子，而听“将令”，毁坏这铁屋子才有可能真正地达到鲁迅之前所设想的目标。

对于鲁迅来说，中华民国的意义有两个方面：其一，中华民国的现代民族国家政体给了鲁迅的教育梦以施展的空间，虽然最终鲁迅投身教育的设想以失败告终，但是这次亲身的经历却使鲁迅认识到了教育的急迫性，即虽然已经进入了民国，许多人的思维却没有从数千年的帝制中走出来，去唤醒这些人，仅靠国家主导的教育是远远不够的；其二，鲁迅在清末和民国的希望与失望也证明了清朝和民国在本质上也没有任何不同，改造国民精神的根本途径不在于政权组织形式，而是在于国民灵魂的状态，依托于意识形态去改变中国国民的精神无异于捕风捉影。这样，1918 年前后在钱玄同等人的鼓动

---

① 知堂：《关于鲁迅之二》，《宇宙风》1936 年 12 月第 30 期。

与建议下，鲁迅终于走上了小说创作的道路，开始了其改造国民性的大工程。对于鲁迅来说，中华民国与清朝是一对互相参照的存在，中华民国及其政权的先进性与保守性给予了鲁迅正反两方面的参考，这也是鲁迅后来坚定不移地走上文学创作道路的前提和重要保证。

2. 公与私：驳杂的心态

和鲁迅类似，被胡适称为是“中国思想界的一个清道夫”“‘四川省只手打孔家店’的老英雄”① 的吴虞在民元前后对于这个新生现代民族国家的认知也和自身的遭遇息息相关。但是相对鲁迅来说，吴虞对于新政权的态度中掺杂了太多的“私”的成分，显得十分驳杂。

吴虞年少时即与其父不睦，在1906年远赴日本求学归来之后，与其父及继母的关系更是日趋恶化，乃至于对簿公堂。在其学生范朴斋所写的传略中，提到“归国后，再遭家庭之变，述《家庭苦趣》送亲友，白冤苦。‘离经叛道’之行，因此几招奇祸”。② 吴虞对孔教的猛烈批判与发生在他自己身上的变故有着极大的关系。从吴虞的师承及此前对于儒学的态度来看，虽然对儒学有着诸多微词，但是发生家庭变故之前，吴虞的思想也未见得十分“离经叛道”。其在四川“初从华阳张星平泰阶学，继受业名山吴伯朅之类。稍长，从井研廖平游，以为师傅，颇窥朴学门径”。③ 张星平为当时蜀中名师，吴伯朅、廖平等人皆为一时的经学大家，可见，吴虞做学问的底子还是源自“旧学”；其在游学日本期间写给家人的一份训诫书中，吴虞专门提到了宋代儒学著作《朱子语录》，认为其虽然“不能全看”，但“亦可看”，因为其与“立身处世有关”；④ 而在与父亲决裂的《家庭苦趣》一文中，吴虞也较为平和地引述孔子的话来批评其父的所作所为，如“己不能事其亲，而欲责其子不孝”

---

① 胡适：《〈吴虞文录〉序》，欧阳哲生编《胡适文集·第2卷》，北京大学出版社1998年版，第608、610页。

② 范朴斋：《吴又陵先生事略》，赵清、郑城编《吴虞集》，四川人民出版社1985年版，第484页。

③ 同上。

④ 吴虞：《游学琐言》，赵清、郑城编《吴虞集》，四川人民出版社1985年版，第8页。

“父子主恩”“所求乎子以事父，未能也”等。① 与后来胡适所总结的吴虞“非孔文章大体都注意那些根据孔道的种种礼教，法律制度，风俗……先证明这些礼法制度都是根据儒家的基本教条的，然后证明这种种礼法制度都是一些吃人的礼教和一些坑陷人的法律制度”② 不同，此时的孔教礼法非但不是吴虞驳论的对象，反而是其立论的根本，孔家礼法对此时的吴虞而言，无异于其与父亲相抗衡的武器。而由《家庭苦趣》一文所述的吴虞与其父之间的离隙无疑构成了一个具有装置意义的事件，在这件事情发生前后，吴虞开始了其颇具个人风格的对于孔教的批判。创作于《家庭苦趣》发表之前不久创作的《辩孟子辟杨墨之非》是他较早的一篇向孔教发起攻击的文章，在文末吴虞总结到：“韩愈以为孟子距杨、墨，功不在禹下，亦可谓陋矣。盖孟子不明论理学，而自尊之心特甚，故自一二政论而外，皆浅薄粗杂。”③ 虽然此前吴虞也创作过一些诸如“孔尼空好礼”④ 这样的诗句，但对于孔教的批评主要还是停留在一些感性认知上，真正成体系、有系统地批判礼教，还是在上文所述的事件之后。不但如此，在《家庭苦趣》发表一年之后，由于传扬反孔非孝的言论而被清政府通缉的吴虞隐居在青城山中，开始反思自己的知识构成。在日记中，吴虞清算了经由老师廖平所传授的儒学知识：“天冷如冬，一人枯坐，真不知生人之趣，然后知老庄杨墨所以不并立之故，而中国之天下所以仅成一治一乱之局者，皆儒教之为害也。如廖平者乃支那社会进化之罪人，其学不足取也”。⑤ 称其老师廖平为“支那社会进化之罪人”，此与称其父为“魔鬼”“老魔”⑥ 等如出一辙，吴虞清算了其老师的学说，同时也意味着对

---

① 吴虞：《家庭苦趣》，赵清、郑城编《吴虞集》，四川人民出版社1985年版，第20页。

② 胡适：《〈吴虞文录〉序》，欧阳哲生编《胡适文集·第2卷》，北京大学出版社1998年版THG，第608、609页。

③ 吴虞：《辩孟子辟杨墨之非》，赵清、郑城编《吴虞集》，四川人民出版社1985年版，第17页。

④ 同上书，第284页。

⑤ 吴虞：《日记19110927》，中国革命博物馆整理，荣孟源审校《吴虞日记·上册》，四川人民出版社1984年版，第4页。

⑥ 参见中国革命博物馆整理，荣孟源审校《吴虞日记·上册》，四川人民出版社1984年版，第6页。

自己往日思想与行动的否定。此时的吴虞称自己为“孔教专制野蛮国民”，[①] 从这个称号中，一方面可以感觉到他对于孔教和专制的仇恨，但另一方面，虽然吴虞已经意识到了满清政府存在的问题及本源，但是他仍将自己看作大清国的国民。1911 年武昌起义建立军政府之后，各地也纷纷响应，宣布自治，四川由于其特殊的地方政治原因，光复过程显得尤其血腥和混乱，[②] 对此，思想倾向于立宪一派的吴虞在日记中表达了隐忧：“忽闻枪声，询知巡防军变，遂归。夜各处火起大扰乱，人心惶然，俨如法兰西革命时代矣”。[③] “闻昨夜西御街数家被劫，枪炮有声，可叹也”。[④] 对于暴力革命，吴虞是很不赞成的，作为蜀中名士，吴虞更倾向于稳定。无论是清政府、大汉军政府或是后来的民国政府，对吴虞而言并不重要，此时的他乐得作壁上观，而他对某一政权的好感取决于其是否能够维护自己的财产。

从此时吴虞的行迹中可以看出，虽然革命正在如火如荼地进行，但是与革命进展相比，他更加在意的是如何撰写与其父对簿的状词。成都城内波动不定，吴虞对此不但无动于衷，反而还“借《大清律》一册。卷九田宅条例云：告争家财、田产但系五年之上，并虽未及五年验有亲族写立分书已定，出卖文约是实者，断令照旧营业，不许重分，再续告词立案不行”。[⑤] 甚至当川内军政府由于权限之争而焦头烂额的时候，吴虞仍不断地要求军政府的案件负责人吴庆熙尽快处理其家庭私事：“午饭后同意如过吴统领处晤李武泉，则言军界政界近多权限之争，不便移案。不如依统领原批，由亲族街临存案。军法裁判军事巡警并禀军政府，申明如各处调案，再由统领处移去为妥。”[⑥]

---

① 吴虞：《日记 19111119》，中国革命博物馆整理，荣孟源审校《吴虞日记·上册》，四川人民出版社 1984 年版，第 13 页。

② 参见丘权政、杜春和主编《辛亥革命史料选辑·下册》，湖南人民出版社 1983 年版。

③ 参见吴虞《日记 19111018》，中国革命博物馆整理，荣孟源审校《吴虞日记·上册》，四川人民出版社 1984 年版，第 6 页。

④ 吴虞：《日记 19111106》，中国革命博物馆整理，荣孟源审校《吴虞日记·上册》，四川人民出版社 1984 年版，第 8 页。

⑤ 吴虞：《日记 19111107》，中国革命博物馆整理，荣孟源审校《吴虞日记·上册》，四川人民出版社 1984 年版，第 9 页。

⑥ 吴虞：《日记 19111208》，中国革命博物馆整理，荣孟源审校《吴虞日记·上册》，四川人民出版社 1984 年版，第 16 页。

在此阶段吴虞的日记中，有关四川军政府的赞美之词，也大多与其个人利益相关："闻李醮妇因窝赃被同志会查出，搜取一空，人皆快之。"① 一条中的"李醮妇"乃是其继母；"子华又出城被劫，子休为学生界所不公认。小人害人究何益哉"。② 一条中所述的"子华""子休"二人之前与吴虞也有矛盾；"余观吴统领听断精明，意极斩截宜有将才，胜于王人文、陶思曾诸人远矣"。③ 盛赞在新政府负责相关工作的吴庆熙，也是因为吴庆熙主政后对吴虞父子对簿一案的态度是倾向于吴虞一方的。不仅如此，吴虞还把这种新政府成立后往日仇人纷纷落难的情况归结于天意："尹嫂言：十九日，子华同其一妻一妾偕尹嫂出南门，藏银元于被褥内令人负之，各人手携包袱步行，至草堂寺侧，被劫一空，妻、妾、妹周身皆由匪人搜索后乃放行。惟尹嫂以年老褴褛仅免，其实尹嫂尚身藏二十元也。小人不但失败而女眷累累受辱，天道又似非无知矣。早饭后闻赵季鹤、王寅伯已就戮。周孝怀正在逮捕中，此人上半年欲杀余，不意今日竟不能免，此亦积恶之报也。"④ 这一条日记读起来多少有一些幸灾乐祸的意味，对于曾经与自己有过冲突的"子华"一家以及"赵季鹤""王寅伯""周孝怀"等人，吴虞对其落难非但不予以同情，反而玩味再三，并不认为他们的下场在四川独立自治的大语境下有着必然性，而是将之归结于报应和命运。可见，对于吴虞来说，"民国"与否相对于其家事来说并不重要，其之所以对这个新生的政权有着极大的好感，很大程度上是由于它解决了吴虞一直无法解决的家事，吴虞曾经为了这些事情改换名字、被清政府通缉，而到了大汉军政府的框架下，所有问题都迎刃而解了，至于新政权背后蕴含着的时代进步、民族解放等更为深刻的问题，此时的吴虞是根本无意去详查的。正如吴虞与军政府领袖蒲殿俊一同游成都内城所讨论的

① 吴虞：《日记 19111024》，中国革命博物馆整理，荣孟源审校《吴虞日记・上册》，四川人民出版社 1984 年版，第 6 页。

② 吴虞：《日记 19111025》，中国革命博物馆整理，荣孟源审校《吴虞日记・上册》，四川人民出版社 1984 年版，第 6 页。

③ 吴虞：《日记 19111111》，中国革命博物馆整理，荣孟源审校《吴虞日记・上册》，四川人民出版社 1984 年版，第 11 页。

④ 吴虞：《日记 19111103》，中国革命博物馆整理，荣孟源审校《吴虞日记・上册》，四川人民出版社 1984 年版，第 6 页。

那样，“伯英言有公是非，有真是非。公是非不必即为真是非，而公是非常胜，则所谓社会力也。公是非与真是非欲求相合不谬，恐尚在数百年后矣”。[①]此时的吴虞最关心的是那个“公是非”而不是“真是非”。

以这种姿态进入中华民国的吴虞虽然在不久之后就为成都府中学生所组织的“国民党”[②]撰文以示祝贺，但是他的意识却始终还停留在晚清。在他看来，革命本质上不过是“至海通以来，世界大势以雷霆万钧之力相迫相压”而使中国“应天顺人”地发明出的“一治不乱之法”，[③]而不乱，则是吴虞此时对于民国真正的期盼。在日记中，吴虞写道：“昨见南京电，清帝退位，中华民国统一。十五日庆祝。滇军交涉亦办好。此后但平土匪矣。甚慰”。[④]可见，吴虞此时的思想并没有走出中国封建社会传统的王朝更迭的怪圈；他在川中大力宣传破除孔教的原因，自然也必须被放置在这个思维方式中进行考察，显然，这和吴虞与父亲之间紧张的关系有关，他致力宣传打倒儒教实际上并非是为了某一特定的革命目标，而是为自己和同时代人找到一个其必须与其父对簿公堂的确据。反孔与反父在吴虞那里形成了一个同质异构的情结，使吴虞获得了一种来自道德上的优越感，反孔即与其父“老魔”斗法，反父则是其身体力行地在反孔，家事和国事在中华民国诞生前后交织缠绕，而在这种缠绕中渐渐获得自己想要的声名和利益的吴虞无意也无力将之分开，进而，他常以反孔的英雄自居起来。吴虞曾经在日记里写道：“《公论日报》今日登孙逸仙‘孔教批’及‘如是我闻’一段。反对孔丘，实获我心。四川反对孔子，殆自余倡之也。”[⑤]文中那种得意的情绪溢于言表。

从吴虞日记的记载中可以发现，尽管吴虞在四川独立之后长期在言论界和政界任职，但是，其对于改元之后蜀中教育界种种乱象的态度与其说是愤

---

① 吴虞：《日记19111115》，中国革命博物馆整理，荣孟源审校《吴虞日记·上册》，四川人民出版社1984年版，第12页。

② 此“国民党”并非后来执政中华民国的国民党，而是一个四川省内的小型政治团体。

③ 吴虞：《国民党序》，赵清、郑城编《吴虞集》，四川人民出版社1985年版，第21页。

④ 吴虞：《日记19120105》，中国革命博物馆整理，荣孟源审校《吴虞日记·上册》，四川人民出版社1984年版，第22页。

⑤ 吴虞：《日记19120315》，中国革命博物馆整理，荣孟源审校《吴虞日记·上册》，四川人民出版社1984年版，第35页。

瀎，倒不如说更像是玩味：“刘意如来，言学部与廖用之所下聘，军政府取销，另聘邵明叔。并言此后各学堂监督皆当由军政府聘，学部不得过问，满清时代所无也。”① “王绍凤来函言：‘《政进报》停报有二原因，一由政府痛恶由少正卯之目，……’余回一柬索束脩。”② “蒲殿俊都督推倒，总政处交涉使皆取销。叶茂林宣慰使取销。徐炯师范监督、宣慰使、教育长皆取销；顾伯泰各报丑诋；周择教育会会长、学部总务司长皆取销；刘彝铭各报丑诋；龚道耕各报丑诋；朱昌时各报丑诋；李德芳各报丑诋；赁溶各报丑诋。”③ 在1912年元旦之后，由于民国政府领导人的更迭，四川政界和教育界有了较大的波动。与吴虞交往紧密的蒲殿俊、廖用之等人纷纷被撤销职位，他们的形象也遭人有计划地诋毁，而此时的吴虞除了在日记里讥讽时局以及索要因政局变易而无法发表的文章之稿酬之外，也并无其他积极举措。不但如此，在川内风云变幻的日子里，吴虞依旧每日优游，经常与友人“饭后游公园”。④ 与吴虞对公事的倦怠相比，其对自己的私事却显得十分在意。1915年春节，吴虞有感时事日艰，叹息道：“时事至此，……晚同香祖、长倩、楷、桓诸女小饮，完结今年，聊亦相慰，明年今日，又未知何如耳！”⑤ 虽有叹如此，但是吴虞并未用自己在四川的政治影响力为改变这种境况做出多少努力，反之，在这一天之后，由于其旧体诗集《秋水集》的出版，其在诗文酬和方面又进入了一个情绪高涨的时期，在之后很长一段时期里，向亲朋好友派送《秋水集》成为吴虞全部活动的中心。吴虞对自己的诗集自视甚高，在一日赠予友人《秋水集》之后，称“近来社会流行之书，以小说游戏文字为最”，⑥ 言下

---

① 吴虞：《日记19120121》，中国革命博物馆整理，荣孟源审校《吴虞日记·上册》，四川人民出版社1984年版，第24页。

② 吴虞：《日记19120301》，中国革命博物馆整理，荣孟源审校《吴虞日记·上册》，四川人民出版社1984年版，第31页。

③ 吴虞：《日记19120303》，中国革命博物馆整理，荣孟源审校《吴虞日记·上册》，四川人民出版社1984年版，第32页。

④ 吴虞：《日记19120312》，中国革命博物馆整理，荣孟源审校《吴虞日记·上册》，四川人民出版社1984年版，第34页。

⑤ 吴虞：《日记19150213》，中国革命博物馆整理，荣孟源审校《吴虞日记·上册》，四川人民出版社1984年版，第174页。

⑥ 吴虞：《日记19150619》，中国革命博物馆整理，荣孟源审校《吴虞日记·上册》，四川人民出版社1984年版，第195页。

之意即是自己的诗集绝非上述的游戏之文，而是有思想、有见地的文章。然而，即使吴虞的诗句都是珠玑文字，但是对于现代报刊传媒已经兴起的中华民国文化市场来说，传统文人墨客式的酬赠相和之作传播能力毕竟有限，对于人们思想的启迪则更是少之又少。通过吴虞日记查考其这段时间内所做的文字，大多数是与蜀中友人的旧体诗唱和，这种形式的诗歌是很难进入公共传媒领域的。吴虞选择这一形式作为其文学创作的载体并不是没有原因：在民国肇始的一两年里，吴虞也热衷于做一些文字投向各类杂志，但是当其得知了曾经被撤职以至于似乎是万劫不复的老仇家徐炯又一次咸鱼翻身的时候，便在第二日的日记中称："以后不作文字投报馆，以免生事。"① 这种情况一直保持到了袁世凯去世，在袁氏去世次日的日记中，吴虞两次记录下这个消息："出街晤刘雅爵，言袁世凯死矣。""高生归，携有《群报》号外，袁六号巳时死，黎今日午前十时接事。余为之大喜。"② 不仅如此，他还写诗六首以示庆贺，其诗句有"星辰遥望如平日，渔父从今不避秦"，结合此前其日记所云，可以断定，此句意在宣示其要再次向报馆投稿的希望，但是从其自诩为隐居避世的"渔父"就可以看出，吴虞的这种希望并非源自对现代传媒启迪民众的信心，而是出于让更多人知道蜀中还有一位早就反对帝制、反对儒教的名士的动机。吴虞对于社会的责任感是很难和鲁迅等人相提并论的，在他身上更多的还是那种"达则兼济天下，穷则独善其身"的名士风气，他很难改变传统文士因袭下来的对名声和对个人利益的追求，由于自己对反孔和反父的认知都来自自身的经验，其对于封建文化只有破坏之功、而无建设之力，更遑论能够提出一个前瞻性的文化愿景来。

而就在这时，吴虞恰逢其时地遇到了《新青年》杂志，此时的《新青年》杂志正好在宣传反对儒教，在寄给陈独秀的投稿信中，吴虞说："读贵报《孔子平议》，……不佞丙午游东京，曾有数诗（题为《中夜不寐偶成》，载

---

① 吴虞：《日记 19150530》，中国革命博物馆整理，荣孟源审校《吴虞日记 · 上册》，四川人民出版社 1984 年版，第 189 页。

② 吴虞：《日记 19160607》，中国革命博物馆整理，荣孟源审校《吴虞日记 · 上册》，四川人民出版社 1984 年版，第 189 页。

《饮冰室诗话》)，注中多‘非儒’之说。……章行严曾语张重民曰：‘《辛亥杂诗》中“非儒”诸诗，思想之超，非东南名士所及。’不佞极愧其言。然同调至少，如此间之廖季平丈，及贵报通信之陈恨我君之见解，几塞宇内。读贵报大论，为之欣然。故不揣冒昧，寄尘清监，教之为幸。”[①] 吴虞的这封信颇有自卖自夸之嫌，全篇在引陈独秀、易白沙等人为同侪之外，几乎是在列举自己“非孔”的历史，其对于陈独秀及其行迹此前并无一点了解，甚至连年龄、籍贯等都是由潘力山等人介绍的。[②] 但是，事有偶然，正好作为《新青年》主编的陈独秀在早年参与《甲寅》杂志编辑的时候对吴虞有所了解，在回复吴虞的信中，陈独秀说：“久于章行严、谢无量二君许，闻知先生为蜀中名宿。《甲寅》所录大作，即是仆所选载，且妄加圈识。钦仰久矣！兹获读手教并大文，荣幸无似。”[③] 这才促成了吴虞与新文化运动的一段佳话，可以说，就吴虞本人而言，其思想还停留在清末民初“三界革命”的范围之内，只是“反孔”这一元素将其带入了新文化的门槛。而新文化也和之前吴虞所一直倾心的“新学”，即晚清西学一样，只不过是其作为蜀中名士身份的象征而已，与其说吴虞想用这种方式来达到什么社会目的，倒不如说其试图树起自己在文化界的招牌，正如1920年吴虞致胡适的信中所写的一样：“成都风气闭塞，顽陋任事。弟二十年中与之宣战，备受艰苦。《新青年》初到成都，不过五份，弟与学生孙少荆各购一份，为之鼓吹。由与少荆诸人组织《星期日》，及外国语学校学生邓奎皋、杨铭诸人（皆弟之学生）组织《威克烈周刊》，销行颇广。近一、二年风气渐开，而崇先生及仲甫之学说者尤多。”[④] 吴虞自称首推《新青年》、带领弟子办新式杂志，言下之意即成都城内新文化之推行与宣传头功应推于吴虞本人，而后来胡适对其“只手打孔家店”的评价也在很大程度上与之相关。这种自荐的现象，在旧式文人中比较常见，以反孔教著称的吴虞在思想深处终究是没有走出孔教的束缚，这也是其在20世

① 吴虞：《致陈独秀》，《新青年》1917年第2卷第5号。

② 吴虞：《日记19170121》，中国革命博物馆整理，荣孟源审校《吴虞日记·上册》，四川人民出版社1984年版，第281页。

③ 陈独秀：《致又陵先生足下》，《新青年》1917年第2卷第5号。

④ 吴虞：《致胡适19200321》，赵清、郑城编《吴虞集》，四川人民出版社1985年版，第390页。

纪20年代以后在婚娶方面蹈了其父的覆辙以至于受人嘲讽、父女反目的根本原因。然而，即使像吴虞这样积习较重的文化人物，也意识到了新的文化必将代替旧的文化，这点需要有时代语境的支撑，而其根本就在中华民国。在清政府的文化体系下，孔教及其背后的一套道统运作方式是其帝位合法性的保证，而中华民国以共和破坏了帝制，使得孔教对政权而言不再具有那么大的意义，吴虞的“非孔”言论才能够成为一种可以被公开的声音，这在清朝灭亡前的一两年间都是无法想象的。同理，中华民国的成立使吴虞从一个被以徐炯为代表的四川教育界所驱逐的公认的异端变成了驰名四川的文化名人，可以说，吴虞能够成为吴虞，没有中华民国作为制度保证是根本不可能的。

鲁迅和吴虞是较早参与新文化运动的两位悍将，但是从行动和思想上，他们两人却各把住了新文化的一端：鲁迅很超前，在新文化运动兴起之前，就早已看到了作为现代民族国家的中华民国在开启人民心灵的方面所能达到的深度和广度，并在不断的探索中研究如何改造中国国民的国民性，虽然一度失望，乃至度过了漫长的“隐没十年”，但是到了最后，鲁迅还是发现了小说这种形式，并以之来承载自己对于国家和国民的期望与想象；而吴虞无疑是落后的，他将自己对于孔教的非议强行捆绑进中华民国这样一个想象的共同体中，以为进入了民国，随着国家的稳定，晚清的一些腐朽就会被荡涤，而在这个过程中，新文化运动及《新青年》等刊物的出现成为他找寻同志以及扬名立万的好机会，然而吴虞毕竟是一个旧式文人，他始终走不出由儒学所构成的中国传统文化场域，其源自儒家的淑世意识毕竟无法和鲁迅、胡适等人对于现代社会的责任感相比，更重要的是他忽视了深植于包括其自己在内的中国国民精神深处的劣根性是宏观意义上的政权交替所无法解决的。于是，吴虞渐渐地迷失在了名誉与利益当中，成为一个夹在新旧之间的人物，有关礼法，对待别人和对待自己的两重标准让吴虞无法在新文化运动之后产生的更新的人物之中立足，也造成了他一生远离文化中心的悲剧命运。

无论如何，从鲁迅和吴虞的事例中，不难体察到中华民国对于新文化运动的意义，对于民国的过高期望成为后来对于民国政府不满的重要原因。而这种不满不仅仅是走在时代风口浪尖上的人物才能觉察到，保守的旧式文人同样深有所感。所以，在这种社会各界对于民国政府的文化建设已经不抱有信心的前提下，如何达成中国国民在文化领域的自救则成为文化界有识之士重点关心的事项，而新文化运动没有在民国政府执政之初就兴起其原因也在于此：虽然文化自救对于当时的主流意识形态有着很强的破坏性和反思性，但是，在当时的历史语境下，文化也需要一个统一的现代民族国家作为承载，只有先保证了文化的存在才可以谈自救，所以中华民国这面旗帜，在整个新文化运动的过程中始终是高高飘扬的。

第二节　国家：作为一种想象

1. 强权政治与国家想象

从 1914 年开始，郭沫若自远在中国腹地的四川乐山一路东行，漂洋过海来到了日本，开始了他长达十年的留学生涯，正如有研究者概括的那样，“这十年，正是中国革命史上风云变幻的十年，也是郭沫若思想发展史上决定性的十年”。[①] 在这十年中，郭沫若从一个“初出夔门”的年轻学生成长为一个蜚声文坛的新诗诗人，其思想的轨迹和其旅日期间所经历、所思考的事情是密不可分的。可以说，踏上东行的道路是郭沫若与文学结缘的重要事件，在这段时间内郭沫若的际遇无论是从时间上或是从逻辑上都可以视作 1919 年前后郭沫若在文学方面令人瞩目的成就的“史前史”。

文学，在很大程度上可以被认为是现实生活的折射，相对于现实中发生的种种具体事件而言，作家生活环境中所弥漫着的那种政治文化的氛围则对他们的思想及创作有着更为深远的影响，它至少从“认识的、感情的和评价的”三个方面在影响着个人对政治对象的态度，并在很大程度上在个人对于

① 唐明中、黄高斌编著：《樱花书简》，四川人民出版社 1981 年版，第 180 页。

政治对象的态度上达成一种“一致性”。[①] 就郭沫若留学日本的十年而言，对其产生重大影响的政治文化体系的基础则是中华民国这样一个新生的政治共同体中希望与混乱之间所蕴含着的张力。郭沫若曾经回忆：“二三十年前的青少年差不多每一个人都可以说是国家主义者”，[②] 郭沫若在这里所谓的“国家主义”当然不是那种成为体系的、需要严格辨析的“国家主义”或者“民族主义”（nationalism），而指的是一种“国家意识”，国家意识本身是一种身份的认同，即如何想象和建构一套关于“共同体”的叙述机制。郭沫若远赴东瀛的十年间，中国国民国家意识的发展实际上还处于一个晦暗未明的状态。有研究者认为，在五四新文化运动发生之前，“由于中国社会和文化秩序尚未完全解体”，人们对“某些传统的价值和信念仍然认为是理所应当的”，而同时，“现代中国第一代知识分子中某些人在19世纪90年代就已经开始抨击中国社会和文化传统的某些成分了”，[③] 就中国社会和文化秩序的解体速度而言，从东南沿海到内陆在客观上是存在着很大差距的，郭沫若少年时代所生活的四川盆地更是如此。这样看来，郭沫若的日本留学生活不仅是一个知识体系生成的过程，还是一个国家意识产生并发展的过程。

郭沫若对于其旅日生活的记载是比较详细的，在《我的学生时代》《创造十年》等文章中，郭沫若以自传的形式将这段影响了他一生的岁月进行了还原。但是，这种还原背后也存在着很大的问题，由于距事发时间已经过去了十余年，其在书写过程中不免掺杂了一些失实的内容，而此时的郭沫若的思想已经转向了马克思主义，故而其以马克思主义来统摄自己叙述的内在逻辑时就不免将本来零散的生活痕迹体系化，以便为自己的叙述服务，这样一来，其留学生活的原貌就会受到或多或少的遮蔽。1981年，有研究者将郭沫若这段时间内与家人的通信汇编成集，以《樱花书简》为名出版，这为研究郭沫

---

① 参见［美］加布里埃尔·A. 阿尔蒙德、小G. 宾厄姆·鲍威尔《比较政治学——体系、过程和政策》，曹沛霖、郑世平、公婷、陈峰译，上海译文出版社1987年版，第29—31页。

② 郭沫若：《创造十年》，《郭沫若全集·文学编·第12卷》，人民文学出版社1992年版，第65页。

③ ［美］林毓生：《中国意识的危机——“五四”时期激烈的反传统主义》，穆善培译，苏国勋、崔之元校，贵州人民出版社1986年版，第281页。

若留学十年的思想发展提供了很重要的史料，以书信这种特殊的文本形式弥补了郭沫若文学创作“史前”的空白，也为研究郭沫若留学日本期间国家意识的生成与演变提供了共时性的依据；另外，郭沫若在四川读书和在日本留学期间，与友人多有诗词酬和，并将此一时期与田汉、宗白华等人的通信汇集成《三叶集》，这也为学界研究郭沫若这段时间的心路历程提供了重要支撑。将上述两种材料和郭沫若后来对自己经历的回忆文字结合比照，可以勾勒出其留学日本期间对于国家认知的基本轮廓。

自晚清赵尔巽主政四川以来，省内的局势就不甚稳定，尤其是保路运动兴起以后，“全省大中小资产阶级乃至无产者可以说七千万人都全部参加了”，“各地保路同志会的暴动，攻打各地的府县城池，围攻成都，有一个时期把成都围得几乎水泄不通”，[①] 甚至直到“反正”之后，大汉军政府内部的矛盾依然激烈，蒲殿俊、尹昌衡等军政府领导人互相攻讦，轮番坐殿，一度使四川事实上处于一种无政府的状态。此时的郭沫若正身处四川的漩涡中心成都，他甚至直接目睹了一次试图推翻蒲殿俊的政治阴谋。曾经幻想着“蜀道传光复，豺狼庆划除”[②] 的郭沫若在不久之后就开始感慨“眈眈群虎犹环视，岌岌醒狮尚倒悬”[③] 了，而造成这一现象的原因正是“群鹜趋逐势纷纭，肝胆竟同楚越分”，如果不及时地改变这种情况，那么中国的命运就会像曾经饱受奥地利、普鲁士和沙俄欺凌的波兰一样，郭沫若感叹道：“敢是瓜分非惨祸，波兰遗事不堪隱。”[④] 可以看出，在此时郭沫若的心中，国家的意义在于统一，曾经携手推翻满清政府的各路军阀本是肝胆相照的兄弟，无奈在利益的驱使下竞逐不已，让中华民国这头刚刚苏醒的狮子在西方列强的虎视眈眈之下随时可能四分五裂。从另一个角度来看，郭沫若期待着一个更加强势的力量能

① 郭沫若：《反正前后》，《郭沫若全集·文学编·第11卷》，人民文学出版社1992年版，第230页。

② 郭沫若：《舟中闻雁哭吴君耦逖八首·之三》，郭沫若著，王继权、姚国华、徐培军等编《郭沫若旧体诗词系年注释（上）》，黑龙江人民出版社1984年版，第30页。

③ 郭沫若：《感时八首·之七》，郭沫若著，王继权、姚国华、徐培军等编《郭沫若旧体诗词系年注释（上）》，黑龙江人民出版社1984年版，第75页。

④ 郭沫若：《感时八首·之二》，郭沫若著，王继权、姚国华、徐培军等编《郭沫若旧体诗词系年注释（上）》，黑龙江人民出版社1984年版，第67页。

够整合各方面的势力，维持一个国家在形式上的完整，这在他看来，是中华醒狮得以崛起的前提。

郭沫若不仅是从理念上认为应有一个强势的力量来结束中华大地上的分裂，其自身在生活中也饱受国家分裂、诸省自治所带来的不便。1913 年 6 月，郭沫若第一次北上，计划由重庆前往天津就读天津陆军军医学校，然而由孙中山领导的二次革命的烽火却将北上的路径隔断，使之不得不返回成都，[①] 而此时，袁世凯当选大总统一事却成为郭沫若能够继续北上的前提和保障。随着二次革命的失败，孙中山远逃日本，袁世凯则在形式上重新统一了中华民国，郭沫若得以安全地抵达天津，在旅途中，他写信给家中的父母说："正式大总统业已举定袁世凯，欧美各国俱各承认矣。似此则吾中华民国尚有一线生机矣，无任庆幸。"在袁世凯重新统一各地独立政府之后，虽然经过战争"城外焚毁民房数千家，惨不忍睹"，但是"兵业已退完"，"居民渐就安静"，并且在郭沫若等学生经过各县的时候，每个县中均有"兵勇护送"，这样才使得他们在"初经战事，伏莽犹多"的情况下"并无惊扰情形"；不仅如此，袁世凯当选大总统还能够使环伺于中华民国四周的列强在国家层面上承认这个新生的政权，从而有结束群虎包围醒狮危机的可能性，故而郭沫若称为"福星照临"，[②] 很显然，在此时郭沫若的信中，袁世凯无疑就是那颗"福星"，是中华民国得以稳定的重要条件。在另一些信件中，郭沫若对袁世凯因"在京吞食中央解款二十万"而处罚尹昌衡一事明显是喜闻乐见的，并称"中国自反正以来，一般得志青年，糊涂捣蛋，蠹国病民，禽荒沈湎，忘却兄台贵姓，袁氏此次振救，颇快人意，一棒当头，喝醒痴顽，亦复不少也"。[③] 关于尹昌衡亏空公款一事，不但当下的历史研究界普遍认为是袁世凯为了强化自己对于西南地区的统治而布下的一个骗局，[④] 即使是当时的舆论界，也普遍

---

① 参见郭沫若《初出夔门》，《郭沫若全集 · 文学编 · 第 11 卷》，人民文学出版社 1992 年版，第 321—322 页。

② 郭沫若：《初出夔门三封 · 一九一三年十月十七号》，唐明中、黄高斌编著《樱花书简》，四川人民出版社 1981 年版，第 1—2 页。

③ 郭沫若：《东京和第一高等学校二十七封 · 一九一四年二月》，唐明中、黄高斌编著《樱花书简》，四川人民出版社 1981 年版，第 11—12 页。

④ 参见谭继和主编《尹昌衡研究概览》，四川人民出版社 2013 年版。

认为此事背后有着袁氏不可告人的目的，以在当时影响力颇大的《顺天时报》为例，其态度明显就是站在尹昌衡一边的，并分多日在报刊上连载了《尹昌衡无罪之证明书》。[①] 而多年后，郭沫若本人也承认尹昌衡被捕一事背后存在着政治角力“幕后一定还有什么经纬的，我不知道当时的内幕是怎样”。[②] 之所以在当时郭沫若对尹昌衡的态度如此刻薄，其原因除了尹昌衡在四川主政期间斥资让商会为他本人撒花等举动引起郭沫若不满之外，[③] 最重要的则是在当时的郭沫若看来，袁世凯才是那个真正能够在中国开万世太平的强权政治的代表，只有像袁世凯这样足够强势的政治人物，才能在中华民国的版图上压制和平衡各省相对独立的政治势力，在最大程度上保证国家的利益。郭沫若支持袁世凯，不但在于其拘捕了尹昌衡，还在于他通过这件事情教训了“一般得志青年”，迫使他们服从于袁政府的命令，而这一点在郭沫若看来才是最重要的。正因为如此，郭沫若一度对袁世凯的政治主张抱有希望，甚至在其称帝之后，郭沫若的情感还是偏向袁氏一方的。在洪宪称帝后的 1916 年初，李烈钧、熊克武、蔡锷等人在云南通电讨袁，身在日本冈山的郭沫若得知消息后给家中写信道：“云南变故家中想受影响，然吾家深居山僻，或者当无可虞。现在中央军队已陆续进发，想小小变故，亦不难荡平也。”[④] 不难看出，郭沫若所说的“变故”指的就是讨伐袁世凯的联军出征，从郭沫若的语气来看，他不但从感情上支持袁世凯政府的“中央军队”，而且还相信中央军队必然会战胜西南地区讨袁的军队。对于此时的郭沫若而言，袁世凯和中央军队是这个新生国家的代表，而讨袁的军队则为这个新生国家带来了许多不稳定性，故此，在郭沫若眼中，这些反对袁世凯称帝的革命者才是破坏民国统一的凶手。

不难看出，“国家”这样一个想象的共同体对于郭沫若而言是十分重要

---

① 《尹昌衡无罪之证明书》，《顺天时报》，大中华民国三年，8 月 2、4—7、9、11 日。

② 郭沫若：《反正前后》，《郭沫若全集·文学编·第 11 卷》，人民文学出版社 1992 年版，第 316 页。

③ 参见郭沫若《反正前后》，《郭沫若全集·文学编·第 11 卷》，人民文学出版社 1992 年版，第 313 页。

④ 郭沫若：《冈山第六学校二十七封·一九一六年二月》，唐明中、黄高斌编著《樱花书简》，四川人民出版社 1981 年版，第 89 页。

的，而如何建构这个国家则并未被纳入郭沫若的思考范围。此时的郭沫若对于中华民国的认知仅仅停留在国中之“民”上，他认为自己是国家的一分子，国家的兴衰和自身命运息息相关，而并未曾提升到中华民国应是民众之“国”上。对于此时的郭沫若而言，新生的中华民国是不能被质疑和反思的，作为中华民国的国民，对国家最好的支持就是跟着中华民国的领导者亦步亦趋。造成郭沫若这种想法的原因是多方面的，其一，郭沫若生长于四川，连年的战乱使其内心趋向于一个稳定国家，中华民国的建立给了郭沫若以希望，但是同时又带来了许多焦虑与隐忧，面对中华民国甫一建立就纷争不已的局势，郭沫若时常作诗喟叹：“频来感触兴衰事，极目中原泪似麻”[①]“伤心国势飘摇甚，中流砥柱仗阿谁”；[②] 其二，四川深居大陆腹地，在民国初期，其文化的发展要远落后于东南沿海各地，而其政治文化意识的发展则更为落后，在辛亥革命之后，川内思想界也是新旧杂陈，投机之风大炽，据郭沫若回忆“最可注意的是一座成都城有四五十座私立法政学校！三月速成，六月速成，愈快的班数，学生也愈见多。那时候真可以说是做官欲的洪水时代！”[③] 在这种文化语境下，郭沫若自然不能明确地辨析民主和专制之间的区别；更重要的是其三，郭沫若的留学生身份要求其背后有一个稳定统一的政府来作为其经济和精神上的保障和支柱。郭沫若留学时代的留日学生日常经费有官费和自费两种，正如同时代的留日学生郑伯奇所说的，“留日学生既不像留美学生那样多属达官富商的子弟，也不像留法的勤工俭学生那样经过劳动锻炼，绝大多数是没落地主和城市小资产阶级出身”。[④] 郭沫若正是出身于一个没落地主的家庭，在他的记忆里“家里虽然成了一个中等地主，但在我有记忆的时候，我记得我们母亲还背着小我三岁的弟弟在亲自洗他的尿布。由我以上的

---

① 郭沫若：《感时八首·之一》，王继权、姚国华、徐培军等编《郭沫若旧体诗词系年注释·上》，黑龙江人民出版社 1984 年版，第 67 页。

② 郭沫若：《感时八首·之八》，王继权、姚国华、徐培军等编《郭沫若旧体诗词系年注释·上》，黑龙江人民出版社 1984 年版，第 76 页。

③ 郭沫若：《反正前后》，《郭沫若全集·文学编·第 11 卷》，人民文学出版社 1992 年版，第 310 页。

④ 郑伯奇：《忆创造社》，《郑伯奇文集》编委会编《郑伯奇文集·第 3 卷》，陕西人民出版社 1988 年版，第 1227 页。

二兄二姐的鞠育，不消说都是我们母亲一人一手的工作了。我们是一个大家庭，母亲初来的时候，听说所过的生活完全和女工一样，洗衣、浆裳、扫地、煮饭是由妯娌三人（那时我们的九叔还小）轮流担任。一手要盘缠，一手还要服务家庭，令人倍感着贫穷人的一生只是在做奴隶”。[①] 可见，郭沫若远赴日本留学这一事件，会使其本身就不甚富裕的家庭雪上加霜，所以，在到达日本之后，郭沫若积极地争取留学官费，正如其信中所言：“悬的在官费”，“为希图博得官费到手，则万无一说”，而其对于就读学校的选择，也是以能否获得官费作为重要衡量标准的：“将来应考学校，以东京四校为准。四校即师范、高工、谦叶医校、第一高等，此四校乃政府与日人特为立约官费，较为可靠故也。”[②] 此时的郭沫若不仅自己积极争取官费，来到日本半年后还劝导其弟郭开运也赴此留学，而其劝说的主要理由还是在于能够争取官费，他写信说：“元弟近已归家否？今岁毕业后，可急行东渡，考上官费，便是好算盘；国内无此便宜，而学科不良，校风确劣无论矣。”[③] 而当袁世凯去世之后，郭沫若所担心的首要问题也是官费问题，在黎元洪接任中华民国大总统之后不久，郭沫若给家中寄去信件，内有“国事似稍就绪，学费停止事，想不至实现矣”。[④] 袁世凯的称帝、退位及去世在民国内部带来了很大的不确定性，随之而来的内政、外交等各方面的变化都可能对留日学生的生活造成影响，从郭沫若的信件中可以得知当时的日本留学界早已是流传着风言风语，当得知自己的官费并不会受到影响的时候，郭沫若心中的石头才算落地。可见，对于郭沫若等远在日本而家庭又不甚富裕的留学生而言，“国家”的稳定是其可以生活和继续学业的重要保障。

直到袁世凯去世之后，郭沫若也并未对其称帝和退位有过太多的反思，相反，民国政府准备对德国宣战一事让郭沫若看到了国家新的希望，“但今次

---

① 郭沫若：《少年时代》，《郭沫若全集·文学编·第11卷》，人民文学出版社1992年版，第24页。

② 郭沫若：《东京和第一高等学校二十七封·一九一四年二月》，唐明中、黄高斌编著《樱花书简》，四川人民出版社1981年版，第19页。

③ 同上。

④ 郭沫若：《冈山第六学校二十七封·一九一六年九月》，唐明中、黄高斌编著《樱花书简》，四川人民出版社1981年版，第97页。

政府，处置如此勇决，必确有见地把握，又国中名士多积极的主张与德宣战，大有全国一致之势云”。[①] 然而，在欢欣鼓舞的背后，郭沫若也看到了中华民国参战的隐忧，“我国不久亦将参战，此次参战，决无大害，惟一面参战，一面仍当锐意镇顿内治，双方并进，方可无虞。然据现刻国内情形观察，内乱纷纷，弊窦百出，战与不战，皆自取败亡之道耳”。[②] 从上面两段文字的比照中不难看出郭沫若的态度和立场，死去的袁世凯或是活着的黎元洪对郭沫若而言并不重要，其所看重的归根结底是中华民国这块金字招牌。一方面，对德宣战使郭沫若看到了一个新生国家的实力和在国家的名义下中华民族屹立于世界民族之林的种种可能性。另一方面，由于袁世凯去世后黎元洪和段祺瑞之间相互龃龉而发生的“府院之争”，郭沫若第一次从内部开始怀疑中华民国所存在着的体制性的问题。此后不久，张勋拥护废帝溥仪称帝，改中华民国为大清宣统九年，这一事件使郭沫若真正地看到了新生民国背后存在着的危机，看似牢固的国家却会因为政治体制的因素于瞬息之间被颠覆。在一封家书中郭沫若在分析局势后写道：“段氏近已就总理之职，总统现系冯国璋代理，此人首鼠阴险，闻颇与段氏不甚相契，亦非国家之福也。”可见，郭沫若已经认识到了民国总统府和国务院两者由于分权问题所带来的一系列不稳定性，但是此时的郭沫若由于知识结构的限制却无力深究其内在原因，而是简单地将之归结于领导人物的自身问题：“张勋造反，破坏民国，奈有段祺瑞一人奋起义师，十日之内，削平打乱。近阅时报，北京已经恢复，张勋已脱逃，段公已入京，黎总统已救出；从此以来，我国其可望小康乎!”在此时的郭沫若看来，张勋复辟的责任应该由黎元洪一人承担，而段祺瑞则是挽救民国大厦于将倾的英雄，“此次大乱，实则全系黎总统一人，庸懦不明之过所致。张逆之入京，黎氏召之也；召寇启戎，真是第二何进”。“段氏功业甚伟，众望所归，如天佑中华，使段氏得安于位者十年，国家其庶几有起色乎!”[③] 从郭

---

① 郭沫若:《冈山第六学校二十七封·一九一七年二月》，唐明中、黄高斌编著《樱花书简》，四川人民出版社 1981 年版，第 116 页。

② 同上书，第 121 页。

③ 郭沫若:《冈山第六学校二十七封·一九一七年七月十六日》，唐明中、黄高斌编著《樱花书简》，四川人民出版社 1981 年版，第 130 页。

沫若此时信件的言论中可以看出，他此时对府院之争问题所设想的解决办法是以一个足够强势的人来收编与整合“府”和“院”，从而达到中华民国在思想和行动上的一致，避免张勋复辟的事件再次发生。他并没有认识到这一问题的根源是由于民国政体的限制和北洋军阀内部错综复杂的利益纷争，根本不是更换民国总统能够解决的问题。

对强权政治的认同和崇拜不能不说是郭沫若早期思想中的一个局限，这个局限并没有那么容易消除，事实上，在郭沫若后来的一些文字如《请看今日之蒋介石》等的字里行间，将政治人物与政体形式混淆并将国家命运寄托于一个强权政治人物身上的意识仍然是时有浮现的，其文中第一段话“蒋介石已经不是我们国民革命军的总司令，蒋介石是流氓地痞、土豪劣绅、贪官污吏、卖国军阀、所有一切反动派——反革命势力的中心力量了”。[①] 虽然对蒋氏竭尽贬责，但是究其本质来说，这仍是未能超越将一个领导人物等同于一个国家的认知。这甚至在很大程度上已经固化为郭沫若心中的一个“情结”，然而，也正是这个“情结”，使得郭沫若的国家意识变得复杂和富有时代性，也使得郭沫若成为中国文学史和思想史上那独特的一个。

2. 国家意识：文化选择的底色

实际上，在郭沫若看来，其对于医学的选择以及对文学的热爱都和他心中关于民族国家的设想有着不可分割的联系。对郭沫若而言，医学、文学都和中华民国是一体的。对于中国早期的留日学生而言，学习法政、工科、医学等是存在于其内部的一个可以被称为“传统”的东西。许寿裳在回忆留日生活时就曾经说过：“一九〇二年的夏天，留日学生的人数还不过二三百，后来‘速成班’日见增多，人数达到二万，真是浩浩荡荡，他们所习的科目不外乎法政，警察，农，工，商，医，陆军，教育等，学文艺的简直没有，据

① 郭沫若：《请看今日之蒋介石》，《郭沫若文集·文学编·第13卷》，人民文学出版社1992年版，第129页。

说学了文学将来是要饿死的。”[①] 而郭沫若则正是许寿裳文中的“后来”者。民国初开，学习法政，本来就是升官发财的捷径，在那个百废待兴的年代里，这不能不说是一条改换门庭之道。据郭沫若回忆，当时他也并不是没有看出学习法政一科存在着的问题，在远赴日本留学之前，大哥郭开文就曾经对其说过“学法政也真是没有着落，天下大乱实在是病在于学法政者之多”，[②] 所以，当郭沫若踏上旅日的路程时，其心中对于未来所从事的职业乃至于心向往之的志业都没有一个较为清晰的规划。在初到东京之时，其在给家人的信件中只是说“当痛自刷新，力求实际学业成就”，[③] 联系郭沫若赴日本之前大哥郭开文对他的劝诫，可以得知郭沫若这番话并非没有指向性。在此后不久，郭沫若在给三哥郭开成的一封信笺中还表达了与郭开文类似的看法：“吾国猎官运动，适自捉亡，明眼人自能见到，不多谈。”[④] 可见，郭沫若表示自己要选择“实际学业”，其实是在明确地告诉家人法政一门并非自己的选择，但是至于具体是学习哪一门类，初到日本的郭沫若也并没有一个明确的答案。在1914年3—9月，郭沫若的选择从“师范、高工、谦叶医校、第一高等”四所学校缩小至“第一高等及千叶医学”两所，又在考上第一高等后“立志学医，无复他顾”，其原因在于“医学一道，近日颇为重要。在外国人之研究此科者，非聪明人不能成功，且本技艺之事，学成可不靠人，自可有用也”。[⑤] 郭沫若的这番话是耐人寻味的，“学成技艺”自然是一个理由，而与之并列的另一个原因却说得含含糊糊。在多年以后，郭沫若在自传中称“我在初，认真是想学一点医，来作为对于国家社会的切实贡献，然而终究没有学成，这

---

① 许寿裳：《鲁迅的生活——在北平大学女子文理学院鲁迅座谈会讲》，鲁迅博物馆、鲁迅研究室、《鲁迅研究月刊》选编《鲁迅回忆录（上）》，北京出版社1999年版，第457页。

② 郭沫若：《初出夔门》，《郭沫若文集·文学编·第11卷》，人民文学出版社1992年版，第348页。

③ 郭沫若：《东京和第一高等学校二十七封·一九一四年二月》，唐明中、黄高斌编著《樱花书简》，四川人民出版社1981年版，第13页。

④ 郭沫若：《东京和第一高等学校二十七封·一九一四年九月廿九日》，唐明中、黄高斌编著《樱花书简》，四川人民出版社1981年版，第13页。

⑤ 郭沫若：《东京和第一高等学校二十七封·一九一四年三月十四日、六月六日、六月二十一日、九月六日》，唐明中、黄高斌编著《樱花书简》，四川人民出版社1981年版，第18—33页。

确是一件遗憾的事”,[①] 将两个时间点上郭沫若对于学医目的比照来看，就很容易发现其在家信中“且”字之前所语焉不详的“非聪明人不能成功”一句的含义，再加上此时郭家多有成员都为病恙死亡而烦恼，如六妹的孩子早夭等，这都成了郭沫若立志学医的重要动因。而在后续的家信中，郭沫若又常以“苏武牧羊”自况，并说“长受国家培植，质虽鲁钝，终非干国栋家之器，要思习一技，长一艺，以期自糊口腹，并籍报效国家”,[②] “习一技”是为了国家，“长一艺”是为了自己，而其家书上常有“现在国家弱到如此地步，生为男子，何能使不学无术，无一筹以报国也”[③] 这样的感叹，如此看来，在《我的学生时代》中，郭沫若对于其学医理由的阐释实际上是基本可信的。

郭沫若对于文学的关注也正是从对国家的热忱这一点上起步的。在1915年郭沫若写给其弟弟郭开运的一段话可以看作他对于这一问题较早的系统表述:“元弟在家，不可虚耍，新学问自是无从下手，然吾国旧书，不可不多读也。一国文学，为一国之精神，物质文明，固不可缺少，而自国精神，终不可使失坠也。近世学子，通者无几人矣；而究之物质方面，智识仍仅肤浅，实是自欺欺人。”[④] 从这段话中可以看出郭沫若在这一时期对“文学”这样一个有着广泛能指性的范畴的基本看法。可以确认的是，在此时的郭沫若心中，对于“文学”是什么并没有一个明确的态度，“文学”和“学问”在郭沫若的眼中甚至是等同的，这一观点颇有一些中国明清之际所提倡的学问文章要“经世致用”的味道。[⑤] 与同一时期胡适、任鸿隽等留美学生在通信中已经开始讨论“文之文字”和“诗之文字”之间的差别相比，郭沫若对于文学的认

---

① 郭沫若:《我的学生时代》,《郭沫若文集·文学编·第12卷》，人民文学出版社1992年版，第15页。

② 郭沫若:《冈山第六学校二十七封·一九一六年九月十六日》，唐明中、黄高斌编著《樱花书简》，四川人民出版社1981年版，第97页。

③ 郭沫若:《东京和第一高等学校二十七封·一九一五年四月十二日》，唐明中、黄高斌编著《樱花书简》，四川人民出版社1981年版，第61页。

④ 郭沫若:《东京和第一高等学校二十七封·一九一五年三月十七日》，唐明中、黄高斌编著《樱花书简》，四川人民出版社1981年版，第58页。

⑤ 参见杨绪敏《明代经世致用思潮的兴起及对学术研究的影响》,《江苏社会科学》2010年第1期。

知未免有点守旧，但是双方对于文学内部存在着的“精神”方面的因素都是相当重视的。较之胡适所提出的“今日欲救旧文学之弊，须先从涤除‘文胜’之弊入手。……其病根在于重形式而去精神，在于以文 form 胜质 matter。诗界革命，与文界革命正复相同，皆当从三事入手：第一，须言之有物；第二，须讲求文法（大家之诗无论古诗、律诗皆有文法可言）；第三，当用‘文之文字’时，不可故意避之。”[①] 对这些带有文化重建性质的主张，郭沫若更倾向于从中国传统的文学中吸收“自国之精神”，两者看似殊途，然则同归，此时远隔重洋、并不相识的郭沫若和胡适，都在思考如何振兴中国精神这一问题。但是胡适是以文学呈现形式的革新来带动文学精神的发展，而郭沫若则是期待经由读“吾国旧书”来达到与传统精神的沟通，从而在中国传统文化这样一个体系之下提升自己的文化水平。与这一时期胡适等人对西方文化的全面学习和接受相比，郭沫若此时对西方文化，尤其是物质文明，显得十分警惕。之所以让郭开运多读旧书，其中一个很重要的原因就是郭沫若认为近世学子由于对中国传统文化的“不通”，导致了虽处在物质文明之中，但仍是知其然却不知其所以然，不能够很好地领受物质文明为中国社会带来的进步契机。不仅如此，更严重的是这些迷失在物质文明海洋中的“不通”的“学子”们不但向前看不到出路，回头看也发现自己已经失掉了中国精神的根基，成了无根的浮萍。至于郭沫若本人，在夔门之内就已经有着较好的传统文化修养，并且一直在进行潜在的写作，少年时代所作“呼天不语频搔首，经国无人怕噬脐。获教英才良乐事，他年蒸蔚就黔黎”[②] 等诗，其中意境和立意都和写于留日时期著名的“哀的美顿书已西，冲冠有怒与天齐。问谁牧马侵长塞，我欲屠蛟上大堤。此日九天成醉梦，当头一棒破痴迷。男儿投笔寻常事，归作沙场一片泥”[③] 一诗是一致的。在他眼中，文学是一种精神领域的、对于国家

① 胡适：《致任鸿隽》（19160202），耿云志、欧阳哲生整理《胡适全集·第 23 卷》，安徽教育出版社 2003 年版，第 94 页。

② 郭沫若：《寄先夫愚八首之四》，乐山市文管所编《郭沫若少年诗稿》，四川人民出版社 1979 年版，第 94 页。

③ 郭沫若：《七律》，王继权、姚国华、徐培军等编《郭沫若旧体诗词系年注释·上》，黑龙江人民出版社 1984 年版，第 105 页。

的情绪化的表露，文学创作也是国家意识的一种折射。与此时已经开始寻求在《甲寅》《青年杂志》等公众媒体领域上打开一片新天地的胡适、陈独秀等人相比，郭沫若的这种文学观念更接近于中国传统文士，他更强调的是文学以及文学背后承载的民族精神对个人的给养，而非一种对于社会的直接干预。由于没有先入为主的政治理念的左右，在郭沫若以旧体诗为主的潜在创作中，国家意识或者说对中华民国的国土观念显得更加的直豁和真诚。

对于郭沫若而言，学医和从事文学活动都是在其国家意识统御之下的报国行动，两者内在有着一致性，所以在郭沫若的留学经历上，并没有真正出现像鲁迅那样的“弃医从文”。据郭沫若的回忆，虽然有一段时间他确实“是想转学”进“文科大学”,[①] 也曾经“在二三两月间竟至狂到了连学堂都不愿意进了。一天到晚踞在楼上只是读文学和哲学一类的书”,[②] 但是，在日本留学期间的郭沫若始终都知道自己的出路在于医学而非文学。不同于鲁迅心中认为的“医学并非一件紧要事，凡是愚弱的国民，即使体格如何健全，如何茁壮，也只能做毫无意义的示众的材料和看客，病死多少是不必以为不幸的。所以我们的第一要著，是在改变他们的精神，而善于改变精神的是，我那时以为当然要推文艺，于是想提倡文艺运动了”,[③] 郭沫若即使是在其与创造社众人积极地筹备文学活动的时候，也没有放弃对医学的兴趣。1921 年 8 月 2 日，身为泰东图书局负责人的赵南公在与郭沫若进行了一番对话之后，在日记中写道：“沫若言仍需返福冈入医学校，再半年即卒业。现所研究者精神科与小儿科，近世文学实与此两科有密切之关系，再入医学非卒业观念，实研究学问非在学校不可。比如到沪以来，日见坠落，其明验也。”[④] 据赵南公回忆，此时的郭沫若甚至还谋划过毕业回国在上海筹办一家医院：“沫若言福冈同学约廿余人，拟将来集合沪上，创一医院，附设一医学专门学校，为中国

---

① 郭沫若：《创造十年》，《郭沫若文集·文学编·第 12 卷》，人民文学出版社 1992 年版，第 82 页。

② 同上书，第 83 页。

③ 鲁迅：《〈呐喊〉自序》，《鲁迅全集·第 1 卷》，人民文学出版社 2005 年版，第 439 页。

④ 陈福康：《郭沫若回忆不完全可信？——赵南公日记摘选评赏》，《中华读书报》2016 年 9 月 7 日第 005 版（此段日记引文中“坠落”一词应为“堕落”之误）。

医学界放一异彩。予言此非一时所能办到，统候君卒业来沪，再从长计议也。”① 可见，郭沫若也清楚地看到了文学与医学之间的联系与分野，文学虽然能够启民心智，拯救一个国家的精神；但是医学却是一门更为实在的学问，它能够直接作用于国民的肉体本身。这和郭沫若留学日本之初基于报效民国而为自己定下的学习目标是不无关系的，在很大程度上，郭沫若在留日期间一直坚持学习医学，正是他此时国家意识的具体呈现。

造成郭沫若和鲁迅在弃医从文这条路上选择不同的原因可能是多方面的，但是，对于文学功用的不同认知是其中十分重要的一个原因。简而言之，对于鲁迅来说，文学是外向型的，它所要解决的是社会领域里中国民众精神方面所出现的问题；而对于郭沫若来说，文学是内向型的，它所要解决的更多是自己在面对社会现象时所产生的种种情绪，以及为这种情绪产生的合理性找到一种确证。鲁迅在决定弃医从文后不久，就在《河南》等留日学生所兴办的新式杂志上刊登了诸如《科学史教篇》《摩罗诗力说》《破恶声论》《文化偏至论》等数篇长篇论文，这些篇论文虽然侧重不一，行文各异，但是这些可以被看作鲁迅最初的“呐喊”的文字背后，一条以科学的进化论和摩罗诗力组织起来的启蒙线索是从始至终贯穿下来的。无论是从内容上还是从作品传播的途径上来看，鲁迅的早期启蒙工作都有着自己内在的逻辑和计划，鲁迅有意识地借助清末民初勃兴的公共媒体将自己的思想传播给读者，从而达到播布启蒙的效果。而留学日本时期的郭沫若，则有着与鲁迅完全不同的一套文学观念。在郭沫若的家书中，不少信件都有关于如何进行文学创作的论述。郭沫若的《女神》诗集名扬中国文坛之后，他在改弟弟郭开运的诗歌时，讲述了自己创作的心得，即“要做旧诗，就要严守韵律，要做新诗，便要力求自然。诗是表情的文字，真情流露的文字自然成诗。新诗便是不假修饰，随情绪之纯真的表现而表现以文字。打个比喻如象照相。旧诗是随情绪之流露而加以雕琢，打个譬比如象画画”。并提出了做诗的几点原则，其中就

---

① 陈福康：《郭沫若回忆不完全可信？——赵南公日记摘选评赏》，《中华读书报》2016 年 9 月 7 日第 005 版。

有“要有纯真的感触，情动于中令自己不能不‘写’”一条。[①] 不难看出，之于郭沫若，文学的本质就是一种情绪的释放，在与当时刚结识的诗友田汉、宗白华往来的信件中，郭沫若将这一点说得更为透彻，并列出了“诗 = （直觉 + 情调 + 想象） + （适当的文字）”[②] 的公式。也就是说，在郭沫若的留学日本阶段，他心中的诗实际上就是此时此景的情绪，这也造成了《女神》诗集在内容上的驳杂，常常是前一首诗还沉浸于对报效国家的热忱之中（《无烟煤》），下一首就变成了对工业文明的咏叹（《日出》）。在留学日本的这段时间内，郭沫若情绪的基础却是其告诫郭开运的“国家积弱，振刷须材，年少光阴，瞬间即逝，殊为可惜也”[③] 的国家意识，由于此时日中关系紧张，在家信中，郭沫若多斥日本为“倭奴”“鬼国”，换句话说，这种国家意识已经成为郭沫若此时创作的政治文化底色，它是郭沫若内在情绪的自然流露，并在文学生产过程中不断强化。同时，有研究者注意到郭沫若在此阶段的创作有着明显的“潜在写作”[④] 的性质，即其写作并非借助新兴公共传媒来进行传播，而是通过一种诗歌唱和的方式。这一传播方式将其文学的受众局限于一个相对封闭的圈子内，在这个圈子内，往往成员们也会有着相似的主张，郭沫若的爱国情绪在转化成文字之后，会得到来自诗友方面的进一步确证。也就是说，虽然郭沫若并不像鲁迅那样有意识地将文学转化成拯救中国国民精神的资源，但是在郭沫若那里，文学却是他在情绪上沟通国家与自身的重要途径，这也使得郭沫若留日期间更倾向于以文学的方式来表达自己的爱国情绪，却准备以学医行动来实现自己的爱国抱负。

3. 交友与国家意识的生成

所谓“道不同不与为谋”，在这一时期，交友对郭沫若国家意识的生成也

---

① 郭沫若：《福冈帝国医大九封·一九二一年十二月》，唐明中、黄高斌编著《樱花书简》，四川人民出版社 1981 年版，第 165—166 页。

② 郭沫若、田寿昌、宗白华：《三叶集》，《郭沫若文集·文学编·第 15 卷》，人民文学出版社 1992 年版，第 16 页。

③ 郭沫若：《东京和第一高等学校二十七封·一九一六年十二月》，唐明中、黄高斌编著《樱花书简》，四川人民出版社 1981 年版，第 106 页。

④ 参见周文《郭沫若〈樱花书简〉研究》，硕士学位论文，山东师范大学，2012 年。

有着较为明显的影响。曾琦，作为中国最早的国家主义者群体的领导人物，其名字在郭沫若的文字中时常提及。曾琦与郭沫若之间很早就有同学之谊，在郭沫若从日本回国之后，已经身为中国青年党领袖的曾琦对他也多有扶植帮助。但是在郭沫若的回忆文字中，却一再回避自己与曾琦的关系，声称与曾琦不甚相熟，虽然同为四川人，并且在四川高等学堂的分设中学时就是上下级的同学，因此也称得上是“先后同班”，但是两人之间的关系仅为“他比我早一年来插班，在我进去的时候，他刚好废了学”，“我在成都只和他会过一两面，没有打过招呼”。郭沫若的言下之意是自己与曾琦并无太多交集，甚至他还在文中大肆揭发曾琦上学时的一些滑稽的旧事：“他的绰号叫‘曾补人’，这是成都的一种新方言，凡是滑稽的事物便称为‘补人’”，“听一些老学生说，他除掉文章有些根底之外，一切都很‘补人’。他学了一年的英文连abcd都记不清。他学体操是出左足摆左手，出右足摆右手，就跟木制的机械一样”。不仅如此，郭沫若在描述完曾琦的种种窘态之后，还加以分析点评：“你想，象这样一位早熟的老夫子公然会以克来曼梭、麦索里尼自命，你说究竟补人不补人呢？补人之老，我看是出自天成。他的年纪其实和我不相上下，然而先生之气横秋也，实足以上咸五而下尊三，自比克来曼梭，自比吾家国藩，或许还是他的客气罢？”① 郭沫若在写这段话的时候其思想已经开始向着马克思主义的方向转变，而国家主义和马克思主义之间在基本立场和政治构思上都有着不可调和的矛盾，这也成为他刻意不谈其与曾琦之间关系的一个原因。但是即使是这样，他对曾琦的挖苦也是令人费解的，究其原因，则是其与曾琦之间旧日交往并不像后来补叙的那样浅薄。郭沫若的《寻死》一诗最早的读者就是曾琦，而且郭沫若还曾经对宗白华说过“慕韩兄他知道我”。② 作为一名在当时颇有号召力的青年政治人物，曾琦在郭沫若身边的活动实际上对郭沫若的影响是很大的，这就造成了郭沫若在后来补叙的时候虽

① 郭沫若：《反正前后》，《郭沫若文集·文学编·第11卷》，人民文学出版社1992年版，第205—206页。

② 郭沫若、田寿昌、宗白华：《三叶集》，《郭沫若文集·文学编·第15卷》，人民文学出版社1992年版，第18页。

然已经和曾琦等人分道扬镳，但是在其潜意识中还是无法完全将其洗刷，故而他试图通过着力贬抑曾琦来抹杀其行动在自己思想上留下的痕迹。

辛亥革命之后，四川省内结党结社风气大炽，这种风气甚至在在校学生中也十分盛行。1912 年，作为四川省内知名文化人士，吴虞就曾经为成都府中学学生组织的“国民党”写过一篇序言，其中就提到了“吾国四千年之历史，或豪杰之竞争，或邻邦之蹂躏，不过以禹域为中心，兴亡治乱，略如循环，前事不忘，即可为后车之鉴。……二十世纪竞争时代之国家，不能不有待于国民，而断非徒恃政府，遂足以浚发国民之思想能力，提挈之以从事与政治，此政党之发生，所以不容复缓也。政党者，当国民思想浑沌之时，而与之以明灯以烛幽昏之玄夜，使人心知所趋向，而共同以致力于国家者也。……故政党首贵保持统一之精神，无汉满蒙回藏苗，无川东西南北，凡在主权统治之地域，悉合其贤豪俊杰冶之于一炉，而以国家为中心，则国家之前途庶有赖矣”。[①] 作为辛亥革命后川内新文化的代表人物之一，吴虞的这篇序言反映的问题有一定的代表意义，面对新诞生的中华民国，政党组织的出发点和归结点都是在于“国家”，而站在国家的角度，要在被称作“竞争时代”的 20 世纪立于不败之地，就必须结束领土内部的纷争，政党存在的目的就是作为国家的象征，以其主张来烛照国民的心智，让所有人都服从于国家的意识形态诉求。吴虞对于政党和国家的看法实际上刻画了此时川内的政治文化氛围，郭沫若在回忆其少年同学的时候，就曾经说过“二十年后国家主义派的健将差不多都出在那儿”。[②] 就郭沫若在川内求学的年代而言，由于民国初立，乱极思定，这种以国家为中心的思潮是广泛存在于知识界内部的，并不能被称作“国家主义”，但是，这种对待国家的态度实际上已经成为一种带有场域性质的存在，它影响了大量在此时就读于四川省内学生的思想和行动。郭沫若在成都求学时的同学还有王光祈、魏嗣銮、李劼人、周太玄等，郭沫若对这些同学赞赏有加，他称王光祈、魏嗣銮、李劼人为“同学中的佼

① 吴虞：《国民党序》，赵清、郑城编《吴虞集》，四川人民出版社 1985 年版，第 22—23 页。

② 郭沫若：《反正前后》，《郭沫若文集 · 文学编 · 第 11 卷》，人民文学出版社 1992 年版，第 205 页。

佼者"，而称周太玄为"翩翩出世的一位佳公子"。[①] 而事实上，这些人在离开四川之后，和曾琦等"国家主义派的健将"们一起创办了少年中国学会，只不过曾琦在思想偏向国家主义后与这四人渐行渐远，故而郭沫若在思想转变之后将之剔除在外，实际在当时的文化场域之下，包括郭沫若和曾琦在内，青年们的思想上必然会存在着很强的共鸣，尤其是曾琦，作为在辛亥革命之前就广有言论并在学生群体中有一定威望的人物，其对于郭沫若学生时代的影响就更大了。

郭沫若在日本留学期间，通过投稿和书信的形式认识了《学灯》的主编宗白华以及在日本东京高等师范读书的田汉，辑录他们三人往来信件的《三叶集》虽然是一本主旨在于讨论文学问题，"大体以歌德为中心；此外也有论诗歌的；也有论近代剧的；也有论婚姻问题的，恋爱问题的；也有论宇宙观和人生观的"，[②] 但是在其中，郭沫若受到曾琦、魏嗣銮、周太玄等诸位同学影响的痕迹是明显的。郭沫若新结识的这两位朋友，和之前的同学一样，都是少年中国学会会员，郭沫若称他们为"五四运动后所产生出的新人"，[③] 其书信往来之间也多有谈及《少年中国》及"少年中国学会"之事，田汉甚至曾经为"等《少年中国》二月号看，总总不到，心里非常惆怅"，[④] 他还提议让郭沫若将"你前给白华的信，及白华给你的信，我给你的三封信，你回我的二封信，或你再回我一封信"寄往《少年中国》"集在一块儿发表"，"去饷真生活的爱好者"。[⑤] 此时的三人意气相投，在《三叶集》中所提到的刊物也以《学灯》和《少年中国》为主，而由于《学灯》的主编是宗白华，《少年中国》此时就成了三人之间展开问题讨论的一个重要媒介，郭沫若也愿意

① 郭沫若：《反正前后》，《郭沫若文集·文学编·第 11 卷》，人民文学出版社 1992 年版，第 206 页。

② 郭沫若、田寿昌、宗白华：《三叶集》，《郭沫若文集·文学编·第 15 卷》，人民文学出版社 1992 年版，第 3 页。

③ 郭沫若：《创造十年》，《郭沫若文集·文学编·第 12 卷》，人民文学出版社 1992 年版，第 68 页。

④ 郭沫若、田寿昌、宗白华：《三叶集》，《郭沫若文集·文学编·第 15 卷》，人民文学出版社 1992 年版，第 72 页。

⑤ 同上书，第 97 页。

将自己的往来信件在《少年中国》上公之于众，这也可以看出其对于这份杂志的信任以及其在思想上与围绕着这份杂志集聚起来的那些旧日同学们接近。郭沫若甚至一度感叹，“我读《少年中国》的时候，我看见我同学底少年们，一个个如明星在天”，“慕韩，润屿，时珍，太玄，都是我从前的同学。我对着他们真是自惭形秽，真是连 amoeba 也不如了！”① 他们的行动和精神在此时深刻地影响了郭沫若对于自身如何与国家产生联系的看法，郭沫若曾经在信件中告诉宗白华，“我们现在正在组织一个‘医学同志会’，想把我国底不合理的旧医学（至少有一大部分是不合学理的），迷信旧观念，积病旧社会来打破，推翻，解放，改造；发行一种《医海潮》底杂志，把新医学底精神来阐明，宣传，公开，普及；以达我们救济全人类社会的目的，以营文化运动底一项‘分功’”。② 这与《少年中国》杂志发刊伊始所提出的“本科学的精神，为社会的活动，以创造少年中国”③ 的宗旨是一致的，只不过郭沫若基于其所学习的医学将《少年中国》的宗旨更加具体化了：弘扬“新医学的精神”对应“本科学的精神”，创办《医海潮》杂志对应“为社会的活动”，“救济全人类”和“营文化运动底一项‘分功’”对应“以创造少年中国”。对于曾经在国内求学期间所做出的如扰乱学堂纪律等不良举动，此时的郭沫若也是多有悔意，并称为“旧恶”，他对宗白华说：“你同时珍更肯不念我的旧恶，我今后唯有努力自奋，以期自盖前愆，以期不负我诸至友之厚爱。”④ 鉴于宗白华和魏时珍都是少年中国学会的会员，郭沫若的这番话在表露自己痛改前非的决心的同时，还有一层意思，就是使自己的思想努力朝着少年中国学会中的旧日同学们靠拢，这也正是其信中“自奋”一词的含义。

由上可见，在留学日本之前，郭沫若就与曾琦、魏时珍、王光祈等同学在思想领域有着诸多共通之处。尤其是曾琦，无论日后郭沫若如何回避，曾

① 郭沫若、田寿昌、宗白华：《三叶集》，《郭沫若文集·文学编·第 15 卷》，人民文学出版社 1992 年版，第 18 页。

② 同上书，第 26 页。

③ 《本学会的宗旨》，《少年中国》1919 年第 1 卷第 1 号。

④ 郭沫若、田寿昌、宗白华：《三叶集》，《郭沫若文集·文学编·第 15 卷》，人民文学出版社 1992 年版，第 45 页。

琦作为四川学生界的领军人物，其对于当时同为学生的郭沫若的潜在影响是十分深刻的。在民国初年四川省内大的学习氛围中，这些青年们对时事的认知不可避免地存在着一定的趋同性和一致性。而在到了日本之后，由于新朋友田汉和宗白华的缘故，郭沫若又远远地与容纳了诸多旧时同学的少年中国学会同声共气，在很大程度上，少年中国学会对于国家的认知塑造了此时郭沫若的国家意识。而此时的少年中国学会虽然有着已经开始在中国传播马克思主义的李大钊等人的领导，但是在20世纪10年代末的历史语境中，包括李大钊在内的众人并无力去剥析国家、民族等复杂的政治范畴与马克思主义之间的关系，李大钊在解释布尔什维主义的时候就曾经说过"Bolshevism就是俄国Bolsheviki所抱的主义。这个主义，是怎样的主义，很难用一句话解释明白"。[①] 所以，对于此时的郭沫若而言，其国家意识中的含混与复杂则是在所难免的了。

郭沫若在留学日本期间，其国家意识较之在川内读书的时候有了较大的改变。由于20世纪早期交通讯息不发达，辛亥革命后四川省内的政治文化语境相比作为全国政治经济文化中心的北京、上海等地要落后很多，这导致了郭沫若在赴日之前与这些地方的学生及文化界内部并无很充分的交流。而到了日本之后，郭沫若又走上了一条试图以实业救国的路子，这条路子背后需要一个统一的、强有力的国家政权来作为保障。在结识田汉、宗白华之后，郭沫若逐渐意识到了文学对人的精神的巨大作用，但是此时的郭沫若并没有看到文学对于改造国民精神的可能性，却意外地将自己对于国家、对于自身的种种情绪置于其中，并获得了诗坛的大名，而有着其众多友人加入的少年中国学会从名称上就可以感觉到一种强大的民族情绪，这些都使得郭沫若对国家主义或者民族主义产生了进一步的认同。这样看来，郭沫若在从日本留学回国之后，在一段时间内与向着国家主义转向的曾琦所领导的"醒狮派"和以何公敢、林灵光等信奉"国家社会主义"、试图以法理的道路来严明国

① 李大钊：《BOLSHEVISM的胜利》，《新青年》1918年第5卷第5号。

纪，从而建立一个强权政府①的《孤军》杂志同人们②有着紧密的往来并不是一种偶然，而是一种来自对国家和政府认知的必然结果。无疑地，在留学日本阶段的郭沫若，其心中的国家意识是混乱与复杂的，有些甚至与其思想朝着马克思主义转向之后的情况是完全相反的，但正是因为如此，才见得郭沫若在 20 世纪 20 年代选择马克思主义时精神的可贵。这种早期留下的精神印记也长久地影响了郭沫若，或许其在留学日本期间并不完全成熟的国家意识能够成为解开其后来一些思想或行为上波动的一把钥匙。

从 1914 年起，郭沫若开始了其长达十年的留学日本的生涯，在这个时间段内，郭沫若从一个医学学生成长为了一个闻名中国文坛的诗人，其思想上的变化是巨大的。在这段可以被称作郭沫若文学生涯的史前史的岁月中，郭沫若对国家、政府等宏观意识形态的态度与后来为人所熟知的郭沫若是不同的。由于地缘、文化、政治生态等因素的影响，郭沫若在这段时间内在很大程度上表现出了对国家主义和强权政治的认同和向往。而郭沫若在之后的岁月里能够对这段时间里自己的思想进行扬弃，也正是他得以成为中国文学史乃至文化史中那独特的一个的重要原因。郭沫若在民国初期对中华民国这样一个新生的现代民族国家所抱有的一系列符合或者不符合实际的想象实际上代表了新文化运动的主要参与者在这一时期的一个具有共同性的心理情结。面对晚清中国的积贫积弱，中华民国至少在形式上将中国人的心聚拢在了一起，虽然这种情况在后来大革命的烽火中被证明是一个美丽的假象，但是在当时的历史语境下，这种民族主义带来的应许和诱惑无疑是令这些新文化运动的先驱者颇为怦然心动的，正如郭沫若所察觉的那样，新文化运动中“国家主义”成分的混杂也是不可避免的。

---

① 参见郭沫若《创造十年续篇》，《郭沫若文集 · 文学编 · 第 12 卷》，人民文学出版社 1992 年版，第 275—276 页。这里的“国家社会主义”和后来希特勒所提出的“国家社会主义”其内涵并不相同，后者更合理的称呼应是“民族社会主义”。[参见宋钟璜、方生《国家社会主义，还是民族社会主义——从〈辞海〉关于国家社会主义的词条谈起》，《人民日报》1982 年 1 月 12 日第 005 版。]

② 通常所说的“孤军派”实际上被称为“《孤军》杂志同人”会更准确一些，因为其无论是在思想或是在组织形式上，都很难称作是“派”。[参见周文《郭沫若与“孤军派”——兼论其对国家主义的批判》，《新文学史料》2016 年第 2 期；周文《文艺转向与“革命文学”生成——郭沫若赴广东大学考》，《四川大学学报》（哲学社会科学版），2016 年第 4 期。]

第三节　域外的张力

1. 从想象到体验

对产生于20世纪初叶的现代中国文学而言，“域外”作为一个边界十分模糊的概念，其影响力是巨大的。几乎所有新文化运动的参与者在回忆中都有“域外”的影迹。鲁迅就曾经说过，他之所以走上小说创作的道路“大约所仰仗的全在先前看过的百来篇外国作品和一点医学上的知识，此外的准备，一点也没有”；[①] 郭沫若也声称其“最初的创作欲”是在日本九州帝国大学医学部解剖室中的那种“奇怪的氛围中”诞生的；[②] 胡适在主编《中国新文学大系》的首卷“建设理论集”的时候，更是将“域外”这样一个大而化之的概念当作了新文化运动发生的“序幕”，在“建设理论集”中，胡适所收录的文章第一组就是“记文学革命在国外怎样发生的历史”，胡适将这些“史实的记载”和后来国内新文化运动的参与者所提出的种种主张等量齐观，甚至在某种程度上还将前者的意义置于后者之上，这更是从一个具有理论性的高度确证了“域外”资源对现代中国文学的影响。

然而，“域外”到底是什么？关于这一问题，新文化运动的参与者似乎并没有有意识地进行深刻的思考，而后来以沈从文为代表的对新文化运动的质疑性反思也多因为当时中国国内紧张的战争局势而没能得到响应和重视，[③] 进而，这成了一个被“悬置”的问题。事实上，“域外”对于现代中国文学而言，不但是一个客观上的存在，更是一种想象。在20世纪初叶中国的政治文化语境中，这种想象在很大程度上与萨义德关于东西方之间的论述有着相似

---

① 鲁迅：《我怎么做起小说来》，《鲁迅全集·第4卷》，人民文学出版社2005年版，第526页。

② 郭沫若：《创造十年》，《郭沫若全集·文学编·第12卷》，人民文学出版社1992年版，第57页。

③ 沈从文：《白话文问题——过去当前和未来检视》，《战国策》1940年第2期。

之处，即“作为一个地理的和文化的——更不用说历史的——实体，‘东方’和‘西方’这样的地方和地理区域都是人为建构起来的。因此，像‘西方’一样，‘东方’这一观念有着自身的历史以及思维、意象和词汇传统，正是这一历史与传统使其能够与‘西方’相对峙而存在，并且为‘西方’而存在”。① 如果将上述文字中的“西方”换作是“中国”，将“东方”换作是“域外”，就基本能够反映出在新文化运动前夕，中国知识界对于“域外”这一词语的认知：“域外”是一个有别于中国国内政治文化语境的存在，它的存在成了中国知识界反思自身存在问题的起点和重要参照，它为中国新文化运动提供了一个想象的空间，给探索中的中国文学提供了一个可能性的发展方案。

在20世纪初叶的中国大地上，文言文所写就的文学以及其背后所承载的那一套文学创作理念因为与社会现实渐行渐远，早已失去了其机能性，成为僵化的“死文学”。同时，由梁启超、黄遵宪等人发动的“三界革命”而产生的文学又无法从根本上改变这一问题，于是，在国内文学经验已经无法为中国文学及文化找到一条出路的时候，“域外”就成了此时新文化运动的发起者唯一可以师法的对象。陈独秀在为《青年杂志》第一卷第一期所撰写的“社告”中就明确写道：“今后时会，一举一措，皆有世界关系。我国青年，虽处蛰伏研求之时，然不可不放眼以观世界。本誌于各国事情、学术、思潮尽心灌输，可备攻错。”② 在陈独秀的心中，“域外”是一个用来“攻错”的存在，也就是说，“域外”在陈独秀眼中并不必要有所区别，而是一个被整体性移植进中国语境的东西，其目的是在于以一种异质性的经验来为中国文学及文化的发展寻求一条新的道路。而几乎是同一时期，鲁迅对“域外”的认知却是有选择性的，在回忆自己翻译《域外小说集》的时候，鲁迅称其注意点主要是在“被压迫的民族中的作者的作品。因为那时正在盛行着排满论，有些青年，都引那叫喊和反抗的作者为同调的”。所以鲁迅对域外作品的译介

---

① ［美］爱德华·W. 萨义德：《东方主义》，王宇根译，生活·读书·新知三联书店2010年版，第6—7页。

② 《社告》，《青年杂志》1915年第1卷第1期。

较之陈独秀更具有选择性，其介绍的方式也更为细致，不仅介绍域外文学作品，而且连“作者的为人和思想”也一并介绍进国内。在鲁迅的眼中，“域外”不仅不是一个值得中国去效法和借鉴的对象，相反的，域外也和中国一样面临着许多问题，这些问题在深层结构上甚至和中国所面临着的问题是相似的。在鲁迅对域外文学作品的译介中，更多的是“叫喊和反抗”，也“势必至于倾向了东欧”，所以，在鲁迅的《域外小说集》中，其作品多来自“俄国，波兰以及巴尔干诸小国”。[①] 从鲁迅和陈独秀对“域外”理解的差异中不难看出，在这些新文化运动的参与者与倡导者的眼中，“域外”作为一个重要的思想资源，其对于中国何去何从的重要性已经为他们所注意。但是，关于“域外”到底是什么，能够做什么，将以一种什么样的姿态被利用等一系列问题，他们并没有一个明确的答案，域外对他们来说，更多的是一种经验式的存在，而非理论式的。对于这类经验性的存在，一种共时性的资料显然要比历时性的补叙要可靠得多，从这些新文化运动参与者的日记和书信中发掘共时性的资料，可以更加贴近历史现场地还原他们“域外”想象的生成以及“域外”对他们的不同意义。

20世纪初，在世界范围内，现代性开始萌芽。美国作为一个新兴的资本主义国家，其工业发展的速度是超出人们想象的，同时，由工业发展而产生的现代性也在这片土地上表现得异彩纷呈。按照研究者的概述，“现代性”中的“现代”“主要指的是‘新’，更重要的是，它指的是‘求新意志’——基于对传统的彻底批判来进行革新和提高的计划，以及以一种较过去更严格更有效的方式来满足审美需求的雄心”。[②] 对在民元之前就已经留学美国的胡适而言，显然是非常认同上述观点的。胡适在决定出国之前，实际上对域外及其文化是缺乏一定的了解的。胡适在自传中回忆道：“那一年（庚戌，1910）是考试留美赔款官费的第二年。听说，考试取了备取的还有留在清华学校的

① 鲁迅：《我怎么做起小说来》，《鲁迅全集·第4卷》，人民文学出版社2005年版，第525页。

② ［美］马泰·卡林内斯库：《现代性的五副面孔》，顾爱彬、李瑞华译，商务印书馆2002年版，第2页。

希望。我决定关起门来预备去应考试。”① 此时胡适对域外的了解多来自王云五所提出的“每日以课馀之暇多译小说，限日以千字，则每月可得五、六十元，且可以增进学识。②” 从胡适的表述中可以看出，他开始将目光投向域外，主要目的还是在于经济方面，“增进学识”只是翻译小说换取经费后的副产品。而在对域外文化有了一定了解之后，胡适不由得对西方文明的源远流长发出了感慨，“希腊史如吾国春秋战国时代，其间人才辈出，如亚历山大父子，皆不世之英杰，惜皆不永其年，抱恨以没。又如 Solon，Pycurgus，如商君管子，为国家立法，遂跻强盛，皆人杰也”。③ 不难看出，在胡适眼里，其日记中提到的亚历山大、梭伦等人在很大程度上并不具有借鉴意义，虽然胡适承认他们是“不世之英杰”，但是，胡适同时认为，这样的英杰在中国历史上也比比皆是。可以说，此时的胡适在阅读希腊史的时候，更多的是一种知识性的了解，其内心对域外的文明还是持着一定的质疑态度的。在接触了福尔摩斯系列探案小说之后，胡适认为：“读者无以吾国侦探学为不如西国小说之探赜索隐精妙入微也。西国文明日进，民智益巧，而其人作奸犯科之术亦登峰造极，故非有福司莫斯之徒，不足以嫡奸发覆。而吾国物质文明尚未发达，民智尚浅，混沌未凿，故临之以神权，申之以钩距，已足以摘奸发覆而有余，又安用此探赜索隐造精诣微之书，而导吾民以奸宄之方哉。然则吾国侦探小说之不若西国，不可谓非吾国之大幸也，嗟夫！”④ 胡适在比照中国文明与西方文明的时候，态度是颇耐人寻味的：一方面，胡适承认中国“民智尚浅”“混沌未凿”，而这正是在中国大地上君权和神权得以昌盛的原因，在对民众的启蒙上，西方是要比中国做得更好，域外的文明也要比中国更加进

① 胡适：《四十自述》，欧阳哲生编《胡适文集·第 1 卷》，北京大学出版社 1998 年版，第 101 页。

② 胡适：《庚戌年正月十三日》，曹伯言整理《胡适日记全编（1910—1914）》，安徽教育出版社 2001 年版，第 18 页。

③ 胡适：《庚戌年五月十九日》，曹伯言整理《胡适日记全编（1910—1914）》，安徽教育出版社 2001 年版，第 38 页。

④ 胡适：《藏晖室笔记之一小说丛话》，曹伯言整理《胡适日记全编（1910—1914）》，安徽教育出版社 2001 年版，第 47 页。“嫡奸发覆”原文作此，“嫡”疑似“摘”字讹误；“福司莫斯”原文作此，“司”疑似“爾”字讹误。

步；另一方面，胡适又认为西方犯罪手段的高超与其文明的进步有着分不开的联系，文明的发展导致了犯罪的高发，发达的民智导致了人性的衰败，而中国落后的神权和君权却在很大程度上抑制了人性的败落，所以胡适在叹息中国民智未开的同时还多了几分的庆幸。可见，在踏上留美之旅以前，胡适对于域外实际上持有一种较为辩证的态度，在他的想象中，域外是一片文明的所在，同时也是罪恶的渊薮，西方文化对中国文化而言，只不过是那块能“攻玉”的“他山之石”，而“玉”终究是“玉”，“石”则永远是“石”。这种观念在胡适留美早期一直没有改变过，这也成为他对威尔逊教授关于“世界气象学上有许多问题所以不能解决，皆由中国气象学不发达，缺少气象测候记载，使亚洲大陆之气象至今尚成不解之谜”① 的论断始终耿耿于怀的原因。

从1911年3月开始，胡适的日记里出现了大量的有关黍离之悲的记载，胡适在此时“颇多感喟之言，实以国亡在旦夕，不自觉其言之哀也”，“连日日所思维，夜所梦呓，无非亡国惨状，夜中时失眠，知‘嫠不恤其纬，而忧宗周之陨’，是人情天理中事”。② 甚至在面对美国友人关于国际形势的讨论时，胡适也表现得十分自卑，“有某君谓余，吾美苟令菲人自主，则日本将攘为己有矣。余鼻酸不能答，颔之而已”。1911年年初，大清帝国风雨飘摇，已经走到了崩溃的前夕，即使是远在美国的胡适，也能够从新闻和书信中感受到这种凝重的气氛，故土已经积重难返，而现在生活着的土地却是一个新兴的强盛的国家，胡适因而有感叹道：“亡国人宁有言论之时哉！如其欲图存也，惟有力行之而已耳。”③ 在这个时候，胡适又恰逢其时地参加了中国基督教学生会的夏令会，在听了数日讲道之后宣称“自今日为始，余为耶稣信徒

① 胡适：《19110215》，曹伯言整理《胡适日记全编（1910—1914）》，安徽教育出版社2001年版，第68页。

② 胡适：《19110323、24》，曹伯言整理《胡适日记全编（1910—1914）》，安徽教育出版社2001年版，第79页。

③ 胡适：《19110423》，曹伯言整理《胡适日记全编（1910—1914）》，安徽教育出版社2001年版，第88页。

矣”。[①] 在美中两国现状的客观比照以及基督教思想的浸染下，胡适开始对之前所持的有关君权与神权的看法做出了反思，再加上其听闻好友但怒刚等人在广州起义中牺牲，[②] 更是将胡适的思想推至了帝制的反面。此时，胡适已经不顾“国破”与否，在武昌起义之后，他一直追踪着革命的动态，并坚定地站在革命党人一边。胡适在日记中记载：“下午《神州日报》到，读川乱事，见政府命岑春萱赴川之谕旨，有‘岑某威望素著’，又‘岑某勇于任事’之语，读之不禁为之捧腹狂笑。”[③] 岑春煊于 1907 年发动“丁未政潮”，失败后蛰居沪上，此次清政府启用这位老臣，实在是有万般无奈的意思，本已无计可施，却又要为自己的行为找寻借口，遥在海外的胡适远远地看着清末官场和政坛上的种种乱象，“捧腹狂笑”也是在情理之中。在辛亥革命爆发一年之后，胡适在日记中记下这样的语句：“今日，为我国大革命周年之纪念，天雨濛笼，秋风萧瑟，客子眷顾，永怀故国，百感都集。欲作一诗写吾悠悠之思，而苦不得暇。”[④] 胡适作为一名远在异乡的游子，其对新生的中华民国之向往跃然纸上，与此同时，胡适对西方的态度发生了一个较大的变化。

在美国居住了近两年以后，胡适对以前读过的一本书有了新的理解：“昔 E. A. Ross 著 The Changing Chinese，其开篇第一语曰，‘中国者，欧洲中古之复见于今也’（China is the Middle Ages made visible）。初颇疑之，年来稍知中古文化风尚，近读此书，始知洛史氏初非无所见也。”[⑤] 这意味着胡适对域外和中国的对比已经开始由较为皮相的事件性的对比转向了有着一定深度的文化层面上的对比，在文化的异同中，胡适认为中国的文化只是在蹈西方文化的覆辙，这一思想理路也为其后来在政治制度层面上考虑中国和域外的关系

---

① 胡适：《19110618》，曹伯言整理《胡适日记全编（1910—1914）》，安徽教育出版社 2001 年版，第 106 页。

② 但怒刚后来证明没有牺牲。

③ 胡适：《19111019》，曹伯言整理《胡适日记全编（1910—1914）》，安徽教育出版社 2001 年版，第 145 页。“岑春萱”之“萱”应为“煊”字讹误。

④ 胡适：《19121010》，曹伯言整理《胡适日记全编（1910—1914）》，安徽教育出版社 2001 年版，第 162 页。

⑤ 胡适：《19131009》，曹伯言整理《胡适日记全编（1910—1914）》，安徽教育出版社 2001 年版，第 203 页。

打下了基础。在不久之后与许怡荪讨论宗教问题的时候，胡适就提出了以下几点疑问："立国究须宗教否""中国究须宗教否"，"如不当有宗教，则将何以易之？（一）伦理学说耶？东方之学说耶？西方之学说耶？（二）法律政治耶？"① 这些疑问实际上就把胡适的思考引入了意识形态的领域。在同一天，胡适还嘲笑袁世凯政府拟为播布孔教的"大总统命令"为"非驴非马"，② 可见，在此时，胡适对孔教是否能够在中华民国成为"国教"的问题已经有着明确的看法。随后，胡适针对中国未来发展的需要提出了其著名的"起死之神丹"，即"一曰归纳的理论，二曰历史的眼光，三曰进化的观念"，胡适认为"今日吾国之急需，不在新奇之学说，高深之哲理，而在所以求学论事观物经国之术"。③ 此三点除了"归纳的理论"之外，其余两点皆是由中国与域外文明比较而得出，虽然此时的胡适并没有直言，但是在其潜台词中，中国文明的缺陷和弱点已经呼之欲出，即缺乏一种历史的、发展的眼光以及没有一种进化的意识，这两点实际上相辅相成，共同导致了中国政治的视野一直向孔子的方向投去，而没有一种前进的意识，此次袁世凯接管中华民国之后大谈孔教也与此不无关系。胡适认为，中华民国之所以在建国之后未能改变积贫积弱的现状，主要原因是其对待政治的态度根本就是错误的，而想要改变这种状况，形式上的变化是没有意义的，必须从内容上做出改变，诸如"大总统郊天祀孔法案"等政策，只不过是"舍本逐末，天下本无事，庸人自扰之耳"。④ 经由对中国文化在意识形态领域的缺点的反思，胡适对中国的态度发生了转折，曾经高涨的、近乎国家主义的爱国情绪开始逐渐地消解，在一次读到"Ithaca Journal"刊物有关"美墨交衅"的"吾国乎，吾愿其永远正直而是也，然曲也，直耶，是耶，非耶，终为吾国耳"的言论时，胡适就明确地亮出了自己的观点。他认为，这种"但论国界，不论是非"的态度是

---

① 胡适：《19140123》，曹伯言整理《胡适日记全编（1910—1914）》，安徽教育出版社 2001 年版，第 215—217 页。

② 同上书，第 219 页。

③ 胡适：《19140125》，曹伯言整理《胡适日记全编（1910—1914）》，安徽教育出版社 2001 年版，第 219 页。

④ 胡适：《19140204》，曹伯言整理《胡适日记全编（1910—1914）》，安徽教育出版社 2001 年版，第 244 页。

不可取的，对“此等极端之国家主义”，胡适是深恶痛绝的，[①] 这与他此前一听闻国之将亡就潸然泪下的情景大相径庭，这也意味着胡适对祖国的态度已经由无条件地赞成转为了批判。对于自己曾经的一些有关中国与域外差别的看法，此时的胡适也转而站在了域外的一方，“吾常语美洲人士，以为吾国家制度，子妇有养亲之责，父母衰老，有所倚依，此法远胜此邦个人主义之但以养成自助之能力，而对于家庭不负养赡之责也；至今思之，吾国之家族制，实亦有大害，以其养成一种依赖性也”。

一度曾经笃定中国家庭制度更胜西方的胡适，在此时却突然转变了自己的态度，认为中国的家族制度是有“大害”的。中国的家庭制度坏在何处？难道如胡适所说“兄弟相倚依，以为兄弟有相助之责。再甚至一族一党，三亲六戚，无不相倚依。一人成佛，一族飞昇，一子成名，六亲聚瞰之”的家族模式不能使身在其中的每一位成员都获得最大的利益吗？从表面上看来确实是这样的，但是胡适通过中西对比，却更多地看到了这种表象之下潜伏着的危机，这个危机的源泉就是“依赖性”。胡适认为“吾国家庭，父母视子妇如一种养老存款（Old age pension），以为子妇必须养亲，此一种依赖性也。子妇视父母遗产为固有，此又一依赖性也”，这些“依赖性”在胡适看来是“亡国之根”，它的存在导致了中华民族民族性的衰败。这种依赖性的本源在于一种个人主义，但是“西人之个人主义以人为单位，吾国之个人主义则以家族为单位，其实一也。吾国之家庭对于社会，俨若一敌国然，曰扬名也，曰显亲也，曰光前裕后也，皆自私自利之说也；顾其所私利者，为一家而非一己耳。西方之个人主义，犹养成一种独立之人格，自助之能力，若吾国‘家族的个人主义’，则私利于外，依赖于内，吾未见其善于彼也”。[②] 也就是说，西方的个人主义其目的是在于自身人格的完善，而中国家族式的个人主义只不过是个人自私的思想在另一种形式上的表现，西方世界因着个人主义而蓬勃发展的时

① 胡适：《19140515》，曹伯言整理《胡适日记全编（1910—1914）》，安徽教育出版社 2001 年版，第 273—274 页。

② 胡适：《19140607》，曹伯言整理《胡适日记全编（1910—1914）》，安徽教育出版社 2001 年版，第 292—293 页。

候，中国社会却由于个人主义造成的个人或家庭与社会的严重对立而停滞不前。通过胡适对中国与域外对比后而对中国文化做出的批判可以看出，与刚到美国的时候域外只是一个以资借鉴的对象不同，经过在美国深入的学习和了解，此时胡适的立场已经是站在美国一端了。正如他本人所说："吾于家庭之事，则从东方人，于社会国家政治之见解，则从西方人"，[①] 美国在胡适心中已经不再是一个"他者"，而是内化成一种自己的思想资源，胡适不再是以一种散点式的目光来管窥美国的文化，而是可以灵活熟练地运用美国文化中的一些资源来填补自己由中国的原生文化而带来的文化基因上的缺陷。胡适已经不再是像曾经那样，以一个中国人的视角去思考中国能够从美国那里学到什么，而是在考虑美国文化对中国文化意味着什么，其目光也从曾经的事件性学习、制度性学习投向了精神领域的民族性学习之上。

胡适意识到，要改变中国人的精神状态，最根本的是要改变中国传统的经济秩序，正是这种经济秩序影响了几千年来中国人的精神生活，导致了在近代中国国势一再颓败和落后。胡适的主张有两点，"一曰无后，一曰遗产不传子孙"，这两点的提出，正是对中国传统思想的反叛。胡适对这点显然是有着充分的自觉，他提出这两点，其指向性就在于中国的传统文化。在胡适眼中，中国人精神领域的"流弊"之根源在于"吾国家族制度以嗣续为中坚"，"吾国二千年来，无论文学、哲学、科学、政治，皆无有出类拔萃之人物，其中最大原因，得毋为'不孝有三，无后为大'一言欤"，此时的胡适已经不认为中国缺少的是"自由平等之说"，而是认为由于传统文化的蒙蔽，中国人已经"不知此诸字之真谛"，正因为如此，胡适认为中国思想界需要有一种诸如"无后"这样的具有彻底颠覆性的声音来"振聋发聩"，[②] 使中国人能自觉意识到深植于自己精神深处的种种文字，进而识得"自由平等"诸字。可以看出，此时胡适对于如何拯救中华民族的设想和陈独秀等人有关启蒙的设想是

① 胡适：《19141103》，曹伯言整理《胡适日记全编（1910—1914）》，安徽教育出版社 2001 年版，第 516 页。

② 胡适：《19140913》，曹伯言整理《胡适日记全编（1910—1914）》，安徽教育出版社 2001 年版，第 465—468 页。

不谋而合的，甚至胡适的观念还走在了国内新文化先驱的前边。在稍后创刊的《青年杂志》上，陈独秀在社告中明确写出了这份杂志办刊的目的是在于“灌输”，而胡适则认为“灌输”西方思想只不过是“拾人牙慧”，根本的办法还在于要从精神上斩断时下中国人与传统中国文化的血脉联系，这一过程则必须由反抗中国人精神中的自私的个人主义开始。能够让中国人自觉进入对自身缺点反思的最好途径就是文学，胡适在日记中引用“裴伦《唐璜》”中的话“语言是看得见的东西，一滴墨水像露珠滴在思想之上它使无数人展开了思维的翅膀”①，进而，胡适提出了他对文学的主张：“余作文字不畏人反对，惟畏作不关痛痒之文字，人阅之与未阅之前同一无影响，则真覆瓿之文字矣。今日作文字，须言之有物，至少亦须值得一驳，愈驳则真理愈出，吾惟恐人之不驳耳”②，可以看出，胡适对于文学的主张和改造国民精神的主张其逻辑理路是一致的，即让中国人自觉进入一种文化反思的语境中，以域外文化的内在精神来使自己真正了解“平等自由”的含义，而非将“平等自由”当作一种口号，打着它的旗号来行一些满足私欲的事体。从此时起，在胡适心中，一条以文学拯救中国国民精神的道路就已经铺就了。1915 年年初章士钊寄给胡适的信，更是把远在美洲的这位新文化的同道者拉回到了中国国内的文化场域中来，章士钊建议胡适“能作通讯体随意抒写时事，以讽示国人”,③ 而《青年杂志》主编陈独秀试图以文艺之力来改变中国人精神状况的设想和胡适更是不谋而合，当胡适看到陈独秀信件中“文学改革，为吾国目前切要之事。此非戏言，更非空言，如何如何?《青年》文艺栏意在改革文艺，而实无办法。吾国无写实诗文以为模范，译西文又未能直接唤起国人写实主义之观念，此事务求足下赐以所作写实文字，切实作一改良文学论文，

① 胡适：《191502××》，曹伯言整理《胡适日记全编（1915—1917）》，安徽教育出版社 2001 年版，第 42 页。

② 胡适：《19150127》，曹伯言整理《胡适日记全编（1915—1917）》，安徽教育出版社 2001 年版，第 18—19 页。

③ 章士钊：《致胡适（19150314）》，耿云志、欧阳哲生编《胡适书信集（上）》，北京大学出版社 1996 年版，第 1 页。

寄等《青年》，均所至盼”① 的文字时，虽然人不能亲临中国国内新旧文化的战场，但是其一篇篇的有关文学改良的论文则成为这场革命的一大亮点和一大助力。

可以看出，胡适之所以能够参与进新文化运动中，和他在域外亲身经历和思考有着很大联系：域外的经历使美国从一个想象中的世界变成了一个活生生的生活经验，更新了胡适的知识结构，同理，胡适也希望中国人能够以一种和自己类似的自觉态度来参与自身精神世界的改造过程中，在这种思路的驱使下，胡适在中国国内的文化领域反复“尝试”，孜孜不倦地试图探索出一条新文化突围的途径。

2. 对域外的反思与批判

与胡适相反，另外一些新文化运动的参与者在经历过域外生活后，更多体会到的是现代文明对人性的扭曲以及作为弱国子民在面对西方话语霸权时的无力，这使得他们不像胡适那样奉西方文化以及其内在的精神为圭臬，而是走向了反面，开始对其进行深刻的反思，闻一多的域外生活就是这样的。虽然闻一多远赴美国留学已经是新文化运动之后的事情了，但是作为一名文学家的闻一多，却是形成在其留美归来之后，这足以见得域外生活经历对闻一多的意义。早在1912年，闻一多就进入了清华大学学习，亲身经历了五四运动的他，确实是属于从新文化运动走出的那一代青年人中的一员，但是与那些在新文化运动中言必称西方的健将们比起来，闻一多对于中国文化的态度相对要温和得多。在一次阅读《新潮》杂志之后，闻一多在日记中写道：“读《天演论》，辞雅意达，兴味盎然，真迻译之能事也。《新潮》中有非讥严氏者，谓译书不仅当译意，必肖其词气、笔法而后精，中文造句破碎，不能达蝉联妙邃之思，欲革是病，必摹西文云云。要之严氏之文，虽难以上追诸子，方之苏氏，不多让矣。必谓西文胜于中文，此又蛣蜣丸转，癖之所锺，

① 陈独秀：《致胡适（19161015）》，耿云志、欧阳哲生编《胡适书信集（上）》，北京大学出版社1996年版，第5页。

性使然也。吾何辩哉?”① 可以看出，闻一多不仅对以严复所译的《天演论》为代表的新文化运动主要攻击的文体对象抱着一种欣赏的态度。而闻一多对那些言必称西方的所谓文学革命的推崇者的讥讽也是十分严苛的，他援引《庄子》中的语句，将这些人比作是“蜣螂”，并认为以白话文一统天下只不过是他们的低俗的个人趣味罢了。

面对这种由新文化运动而产生的新的文化景观，闻一多虽然有所不满，但却是无可奈何。在一次《学报》编辑会议上，闻一多感叹道“某先生提倡用白话文学，诸编辑率附和之，无可如何也。”② 此时的闻一多虽然在清华大学的学生群体中以文艺而颇负盛名，还“因为喜欢弄弄文墨，而在清华学生会里当文书”,③ 出任《清华学报》的编辑，但是，事实上，他与当时的中国新文化界并没有太多的联系。在其赴美留学之前，闻一多虽然有《黄昏》《电影是不是艺术》等文字刊登在《清华学报》和《清华周刊》等刊物上，但是这些刊物毕竟有着学生刊物与同人刊物的性质，内容并不以文学为主，也较少有文坛人士专门关注，其作者群体也多是本校学生，所以其流传范围并不是十分广泛。不身处文坛则意味着此时的闻一多并不需要在新旧文学之间站队。当时，新文化与旧文化之间的交战已经胜负分明，以文言为代表的旧文学已经无力回天，以白话为代表的新文学则走上了“悍化”的道路。胡适、陈独秀等新文化运动的倡导者在强大的文化惯性的作用下，常常以自己之是为“绝对之是”，在日渐走向极端的新文化运动的倡导者和追随者眼中，文言和旧文学已经一点意义也没有了；但是之于闻一多而言，文言文并不是一个已经死亡的东西，事实上，终闻一多的一生，文言文以及中国的歌诗传统一直都是其追寻中华民族精神的重要途径。不过，闻一多也知道，在这个新的时代里，新文化在宏观上取代旧文化是一个大的趋势，也是一个不可被改变

① 闻一多:《仪老日记（19190220)》,《闻一多全集》(第 12 卷)，湖北人民出版社 1993 年版，第 423 页。

② 闻一多:《仪老日记（19190227)》,《闻一多全集》(第 12 卷)，湖北人民出版社 1993 年版，第 424 页。

③ 闻一多:《五四历史座谈》,《闻一多全集》(第 2 卷)，湖北人民出版社 1993 年版，第 366 页。

的事实，虽然他对那些新文化运动的弄潮者有着诸多的不满，并且还提倡在一些领域继续使用文言文体，但作为新青年中一员的闻一多却对新文化运动本身并无太多异议。以至于在有人攻击《清华学报》的时候，闻一多在日记中写道："《学报》用白话文，颇望成功。余不愿随流俗以来讥毁"。[①] 此时的闻一多，由于并不是文学界中的一员，其对新文化运动的态度和观点有着很强的独立性，对中国传统文化与新文化运动的看法也较之阵营中的人们要更加复杂，这些在其远赴海外之后，都影响着他对异域文化的选择与接受。

闻一多一生对中国传统文化喜爱有加，早在于北京就读清华留美预备学校的时候，他就在写给在家乡的弟弟闻家驷的一封信中深入地探讨过中国传统文化之于自己的意义，"经、史务必多读，且正湛思冥鞫，以通其义，勿蹈兄之覆辙也。兄近每为文，非三四日稿不脱，此枯涩之病，根柢脆薄之故尔。今课程冗杂，惟日不足，尝求闲暑稍读经、史，以补昔之不逮，竟不可得，因动私自咎悔"。[②] 此时的闻一多在清华校园里颇有文名，除了课堂练笔之外，还常常为《清华学报》等杂志撰稿，在进行文学实践的过程中，闻一多发现，自己写作的时候常常由于笔锋不够稳健而需要反复修改，究其原因，是由于少年赴北京求学而没有认真地积累经、史等中国传统文化知识。在闻一多眼中，不深入地探究经、史中藏匿着的奥秘，就无法写出优秀的文章，而清华校园里所学的英语、代数等学科也只不过是一些"冗杂"的东西，之所以学习它们，是为了留学美国而做准备。闻一多认为，这些学科并不能对自己的学养和人格有所塑造，也改变不了自己传统文化根底薄弱的现实，其所占用的大量时间也使得闻一多在清华校园中"读经、史终以暑假为宜"，其他时间却不得闲暇。[③] 闻一多告诫尚在家乡的闻家驷，不要走自己的老路，要趁接受系统而繁杂的新文化学习之前，将自己的传统文化底子做扎实，以免今后出

---

① 闻一多:《仪老日记（19190304）》,《闻一多全集》（第 12 卷），湖北人民出版社 1993 年版，第 425 页。

② 闻一多:《致闻家驷（1918 年阳十一月廿五日）》,《闻一多全集》（第 12 卷），湖北人民出版社 1993 年版，第 13 页。

③ 闻一多:《致父母亲（1919 年阳三月八日）》，《闻一多全集（第 12 卷）》，湖北人民出版社 1993 年版，第 16 页。

现言不达意的情况。可见，对闻一多来说，在清华校园学到的来自西方的系统性的知识只是一种工具，它们虽然在自己的学科领域有着不可替代的作用，但是之于个人的修养和学问来说，这些知识却是于事无补的。源自中国传统文化的给养对闻一多而言不仅仅是一种知识性的构成，更是一种有着根基意义的存在，以中国经史文化为代表的旧文化与以在清华所学的诸学科为代表的新文化之间并不存在孰优孰劣的问题，而是存在着谁是第一性、谁是第二性的问题，域外而来的西方文化即使再深奥精邃，也无法与对自身有着塑造意义的中国传统文化相提并论。

此时的闻一多，对于国家与个人关系之看法也与其他新文化运动的参与者大相径庭。对于1919年5月4日发生在北京的学生运动，闻一多本人是亲身经历过的，还被清华学生阵营推举为“清华学生代表团”成员，负责文书工作，并出席在上海召开的全国学联成立大会。但是这些头衔和行动是出于“公”心的，就闻一多本人而言，五四运动中学生们对曹汝霖、章宗祥、陆宗舆等政府官员的攻击虽然是情之所至，但却是他所不愿意看到的。他认为，“殴国贼时，清华不在内”对清华而言是一件好事。虽然闻一多也认为“国家至此地步，神人交怨，有强权，无公理，全国瞢然如梦，或则敢怒不敢言。卖国贼罪大恶极，横行无忌，国人明知其恶，而视若无睹，独一般学生敢冒不韪，起而抗之，虽于事无大济，然而其心可悲，其志可嘉，其勇可佩!”但是，在闻一多心中，真正妥当的做法还是以“稳健”为宜，在五四运动中，“清华作事，有秩序，有精神”才是闻一多心中真正向往的革命的样式。在闻一多看来，像五四运动中学生那样贸然地惩戒国贼，虽然内在动机是值得钦佩的，但是学生们所取得的胜利只不过是暂时性的，于大局并不能构成强有力的影响，要真正地改变中国的现状，则需要像清华学生这样的行动方式。清华学生在这次运动中，井井有条的秩序让闻一多看到了学生运动的希望。从闻一多的表述中不难看出，对于如火如荼的“五四”学生运动，其内心实际上是并不满意的。不但如此，对这场运动所能达到的效果以及作用，闻一多实际上是颇为质疑的，之所以使他能奋不顾身地投入这场运动中去，而且还担任重要职务，其原因在于他心中所坚守的“爱国思想”。

对闻一多而言，“二十世纪少年”的本质并不是像陈独秀在《敬告青年》中说的那样，是“自主的而非奴隶的”“进步的而非保守的”“进取的而非退隐的”，“世界的而非锁国的”“实利的而非虚文的”“科学的而非想像的”，①而是“当有二十世纪人之思想，即爱国思想也”。此时闻一多的眼中，国家是第一位的，这个国家指的不是那个自成立以来一再令人失望的中华民国，而是在现代民族国家框架下一直生生不息的中国传统文化之象征。在面对“强权”之时，闻一多已经做好了“明大义”而“牺牲”的准备，这种牺牲所指的并不是生命上的牺牲，而是“拟辍业一年，正以为读书之机会方多，此事诚千载一时矣”，② 这种牺牲产生的基础却是“每至古人忠义之事，辄为神往，尝自诩吕端大事不糊涂”“忠孝而途，本非相悖，尽忠即所以尽孝也”，③这与其说是五四新文化运动的影响，倒不如看作中国传统文化基因在闻一多身上的延续。与那些“见威压过甚，仍将出洋，置前言于不顾”的同学们相比，在此之后数年时间里，闻一多曾因参与多项进步活动而屡遭相关人员威胁取消其留学机会，但是闻一多并不以之为意，在当时管理清华事宜的外交部取消对闻一多等人的惩戒命令之后，闻一多不仅自己“现在决定仍旧做我因罢课自愿受罚而多留一年之学生”，④ 还质问“诸君啊！天下底事还有比出洋更要紧的没有?”⑤ 这从另一个侧面也可以看出来，对于留学一事，闻一多看得并不是很重，与其出国去接受新思想、新资源，闻一多更愿意保存从中国传统文化而来的气节。

在这种思想的统御下，闻一多的留学生涯从一开始就显得十分惆怅。在前往美国的轮船上，闻一多写信给朋友们：“我在这海上漂浮的六国饭店里笼着，物质的供奉奢华极了……但是我的精神乃在莫大的压力之下”，“我预想

① 陈独秀：《敬告青年》，《青年杂志》1915 年第 1 卷第 1 号。

② 闻一多：《致闻家骢（1919 年阳七月廿四）》，《闻一多全集》（第 12 卷），湖北人民出版社 1993 年版，第 21 页。

③ 同上书，第 18 页。

④ 闻一多：《致父母亲（1922 年阳四月十三日））》，《闻一多全集》（第 12 卷），湖北人民出版社 1993 年版，第 28—29 页。

⑤ 闻一多：《取消留级部令之研究》，《闻一多全集》（第 2 卷），湖北人民出版社 1993 年版，第 336 页。

既至支加哥后底生活更该加倍地干枯，我真不知怎么才好”。[①] 此时的闻一多对于被物质所包围充满了警惕，作为新兴的资本主义强国，美国物价之高也让闻一多不得不时时刻刻为经济之事费心。在一封家书里，闻一多向其父母亲诉苦道：“在国时每贱视金钱以为不足吝惜，来此竟以日计囊中尚余多少，明日当耗多少，战战兢兢惟恐浪费……在清华无饮食之忧，有钱一日可挥十数金，无钱镇月不用，亦常晏如。今在此一日无钱即为饿莩矣。呜呼，肉体生活之真经验从兹始矣。”[②] 可以说，闻一多的留学生涯是伴随着物质的贫乏一起进行的。闻一多在国内时就对从西方传来的物质文明充满了戒备，在清华校园内播放美国电影《毒手盗》之后，闻一多曾经怒不可遏地在《清华周刊》上刊登了《黄纸条告》一文，认为这些电影将“水木清华”的“平淡的世界”打破了，并将“五花十色，光怪陆离”的“地狱底风光”带给了原本专心学业的清华学子们，[③] 并对其进行了嘲讽和斥责；本就对西方文化有成见的闻一多刚到达美国，就感觉到了来自美国文化所独有的种族歧视：“美国政府虽与我亲善，彼之人民忤我特甚（彼称黄、黑、红种人为杂色人，蛮夷也，狗彘也）”，闻一多感慨道：“呜呼，我堂堂华胄，有五千年之政教、礼俗、文学、美术，除不娴制造机械以为杀人掠财之用，我有何多后于彼哉，而竟为彼所藐视、蹂躏，是可忍孰不可忍！”[④] 细读闻一多所感慨的内容，就会发现，此时的闻一多对中国传统文化有着很强的自信，相对域外近百年来的发达，闻一多并不认为中国的衰落是文化的落后造成的，中国之所以一直落后挨打，全在于西方国家掌握了一套专门用来杀伐的工具。在闻一多看来，这种打打杀杀的工具才是真正应该被唾弃的。从闻一多的信件中，不难看出他对中国传统政教、仪礼的钟情，面对同时期其他青年都看作糟粕的中国旧式文化，闻一多却表现出了浓烈的怀旧情绪，在多数人都在从域外文化找寻资源的时

---

① 闻一多：《致吴景超、顾毓琇、翟毅夫、梁实秋（1922 年七月廿九日）》，《闻一多全集》（第 12 卷），湖北人民出版社 1993 年版，第 43—44 页。

② 闻一多：《致父母亲（1922 年 8 月）》，《闻一多全集》（第 12 卷），湖北人民出版社 1993 年版，第 49 页。

③ 闻一多：《黄纸条告》，《清华周刊》1920 年第 198 期。

④ 闻一多：《致父母亲（1922 年 8 月）》，《闻一多全集》（第 12 卷），湖北人民出版社 1993 年版，第 49 页。

候，闻一多却直接看透了域外文化中值得批判的一面。闻一多对美国文化中物质性和侵略性一面的反思，构成了新文化运动中先驱们对西方文化全盘性吸收的反面，也显示出了中国传统文化作为一种传统而具有的强大生命力。

闻一多对中国文化的热爱并不是毫无原则的，在美国生活了一段时间之后，闻一多发现他们“从前攻击的诲淫诲盗的长片，在这里见不着。这里最好的片子都是一次演完的。并且最大的戏园里每次的会序中电影不过是一小部分。那里最好的还是音乐同跳舞。美国人审美底程度是比我们高多了”。同时，作为身在海外的留学生，脱离了中国本土的社会语境，则更容易看到中国人国民性中所隐藏着的不好的一面。“这里的学生政治恶于清华。派别既多，各不相容，四分八裂，不可收拾。有一人讲得很对：处处都可以看见一个小中国，分裂的中国。清华同学会内容大概也差不多，处处都呈一种悲观的现象。我观察这里的中国学生，真颓唐极了。大概多数人是嬉嬉笑笑，带着女伴逛逛而已，其余捉不到女伴，就谈论品评，聊以解嘲而已。高一点的若谈到正当的 serious 的事，也都愁眉叹气，一筹莫展”。此时的闻一多抓到了中国与域外在精神领域差异的实质，即无论是中国政治还是中国留学生，“他们没有一点振作的精神。”① 可见，闻一多在讴歌中国传统文化的同时，也对中国人的国民性进行着批判，他认为正是这种不振作导致了中国的落后和挨打，而不振作的根源还在于“分裂”。对闻一多来说，身体和国土一直是紧密地联系在一起的，国土的分裂导致了留学生在异乡的土地上找不到归属感，进而造成了学生政治的分裂，也正是这种双重的分裂导致了留学生们都更倾向沉迷于声色犬马之中，即使谈论正经事也情绪不高，颓废而不振作。闻一多“所想的是中国的山川，中国的草木，中国的鸟兽，中国的屋宇——中国的人”，但是“现实的生活时时刻刻把我从诗境拉到尘境来”，虽然沉浸在诗歌的世界可以使闻一多“认定上帝——全人类之父，无论我到何处，总与我同在”，一旦“坐在饭馆里，坐在电车里，走在大街上的时候，新的形色，新的声音，新的臭味，总在刺激我的感觉，使之仓皇无措，突兀不安”。闻一多

---

① 闻一多：《致吴景超、顾毓琇、翟毅夫、梁实秋（1922 年 8 月 14 日）》，《闻一多全集》（第 12 卷），湖北人民出版社 1993 年版，第 52 页。

认为“感觉与心灵是一样的真实。人是肉体和灵魂两者合并而成的”。[①] 虽然肉体在感受着美国的众生百态，心灵却始终向往着一种诗境，这种诗境的基础则是中国传统的文化。闻一多对中国传统文化的偏执以及对西方现代社会的批判是和其对于国家的认知结合在一起的。站在新文化运动中激进一派的角度上看，闻一多的思想显得保守和落后，但正是闻一多这样一批对西方文化有着质疑的青年人的参与，新文化运动才会不断地在时代中调整自己的方向，从而在20世纪30年代中华民族遭受外敌入侵时爆发出强大的机能性，从这个角度来说，闻一多等人正构成了新文化运动所要塑造的新人形象中自我质疑和自我否定的一面，有了这一面，五四新人的形象才完整。

之于新文化运动的产生和发展，域外一直都是多面的，它是一种认知，更是一种想象；它是一种正面资源，更是一种否定性资源，新文化运动正是在这种正与反之间的张力中不断调整自己对时代和对外界的认知。胡适看到了域外的优长，闻一多看到了域外的丑恶，每一个人看到的域外都只是他自己所体会到的，充满了主观性和想象性，每一个人的域外都是一个“散点”，这些散点在回到国内社会之后，以文学为语境联系了起来，其构成的画面虽然可能不甚真实，但是却能形成国内文学语境中对域外想象的最大公约数，引领青年们在反思中寻找中国前进的道路。从很大程度上说，这要比新文化运动早期陈独秀等人全盘照搬西方文化资源要可行得多。

本章小结

新文化运动在思想领域产生并得以发展的土壤和语境是清末民初日渐蓬勃的现代民族国家意识，换句话说，这种现代民族国家意识构成了这一时期具有“生态”意义的文化场域。按照布迪厄的观点，“场域”是一个“位置

---

① 闻一多：《致吴景超（1922年9月24日）》，《闻一多全集》（第12卷），湖北人民出版社1993年版，第77—78页。

间客观关系的一个网络或一个形构，这些位置是经过客观限定的”。[①] 对发生在20世纪10—20年代的中国新文化运动而言，对其加以“限定”的“客观”就是那个刚刚诞生不久的中华民国。作为一个在中国历史上前所未有的民主政体，中华民国至少在形式上保证了生活在其中的人民可以以之为模板来想象现代民族国家的样子。在20世纪10—20年代中国的历史语境下，强烈的民族主义情绪对于作家本身有着明显的鼓动力，在新文化运动中，无论是启蒙一方或是被启蒙的一方，都能很自觉地选择了站在中华民国这样一面大的旗帜下进行各种活动。

在中华民国的旗帜之下，参与者首先要做的，就是将自己身上从上个时代带来的具有惯性色彩的思维方式剔除。参与者一方面在欢庆着新的时代来临，另一方面却没有完全从旧的时代走出，在很多时候，一种思想和行动上的分裂在他们身上表现得十分明显。许多人并没有意识到这种分裂的存在，从而使自己的行动不断地背离思想，重蹈了上个时代知识分子的覆辙；而那些意识到这种分裂的人，其痛苦无疑更加深刻，也正是这种痛苦驱使着他们要以一种更加有广泛性和普遍性的方式来将启蒙的声音传播至民众之中。于是，他们将目光投向了教育，试图以一种动员的方式发出声音，去警醒教育界，然而，那些旧的形式已经装不下新的思想，这些先行的参与者必须找寻一种新的载体以便与那些日益更新的思想相匹配，于是，新文学的诞生就成为最终的结果。

作为一个新生的现代民族国家，在满足国民种种想象的过程中，最重要的一点是实现其国力的强盛。自甲午中日海战以来，中国一直处于一种战争的氛围之中，[②] 一种民族主义的情绪在社会上弥漫开来。由于战争的持久性，战争的种种元素已经渗入了民众的生活当中，战争话语对于日常生活的改造是十分明显的；在这种语境下，“国家主义”的氛围就成了此时知识分子的一种精神底色，国家整体的不成熟和知识分子对国家认知的不成熟互相缠绕，

---

① 李全生：《布迪厄场域理论简析》，《烟台大学学报》（哲学社会科学版）2002年第4期。

② 参见房福贤《百年历史视野中的中国抗战文学——有关抗战文学问题的再认识》，《文艺争鸣》2013年第8期。

导致此时有关民族国家的想象显得十分含混。但是，“民族国家”中所包含的“民族主义”毕竟是一个有着丰富内涵的范畴，对于一个场域性的存在来说，仅从国运昌盛这样一种单一的角度去理解它，容易导致极端和偏执的思想出现。那些来自域外的思想不加消化就被引入国家建设层面来进行讨论，导致了在新文化运动初期思想领域的异彩纷呈，但是，其背后隐藏的诸如各说各话、不合实际等种种问题也成为了之后思想界纷争的伏笔。

新的国家带给了知识分子以希望，同时，更多的知识分子在新的国家的保护下，走出了国门，看到了更为广阔的世界。在看到世界上其他国家政治、经济、文化的发展之后，积贫积弱的中华民国在政治建设领域的局限性就更加明显了，此时，许多知识分子都经历了一种痛苦的挣扎，一方面，他们不得不面对域外各国比中华民国强大繁荣的事实，另一方面，现代民族国家意识带给他们的国家自豪感却使其很难爽快地承认这个事实是出自中华民国政治体制本身。他们一方面意识到了国家在创立伊始就已经出了问题，另一方面却不愿意从根本上寻找问题的起源，这使得有过海外生活学习经历的新文化运动的参与者在自我肯定的同时还有着自我质疑、自我否定的一面。这些富有矛盾性的因素汇聚在了一起，成为新文化运动中的张力，它始终在维护和反思中华民国政治、经济、文化体制之间徘徊，并保持着一种相对的平衡。

第二章　文化生产与新文化运动的发生

生产机制作为一种现象背后的重要推力，在很大程度上决定着新文化运动的发生和走向，但是目前对于生产机制的研究大多数停留在宏观制度的层面上，对作用于具体个人身上的效果和反馈较少有人涉及。本章拟通过对较为个人化的叙述中关于传媒的记载，来进一步探寻新文化运动时期的文学生产机制对于作家的具体影响。

在新文化运动时期，文学生产机制的作用主要反映在以下几个层面上：第一是舆论与传媒，舆论与传媒形成了一个话语场域，它对文化的生成以及具体人物的命运有时候甚至具有决定性作用，尤其是在新文化运动前后，舆论对于个人的作用十分明显；第二是新文化运动的策略，新文化运动的先驱们在实践这场运动的时候常常依托一些具体的刊物，在刊物办刊期间，从编辑到销售实际上有着自己的安排和一定的策略，这背后蕴含的是不同个体或刊物间理念上的区别；第三是对于这种自晚清才产生的新的舆论和文化生产方式，新文化运动的先驱们一方面在利用它，另一方面也对其有所反思；第四是书信和日记是如何参与新文化运动的整体构架当中的。总之，生产机制对于新文化运动发生的影响是巨大的，通过作家书信、日记对生产机制进行还原，将会发现一些不同于宏观叙述的文学史细节。

第一节　契约的毁弃与重建

1. 两种契约

正如王国维所说，“凡一代有一代之文学：楚之骚，汉之赋，六代之骈语，唐之诗，宋之词，元之曲，皆所谓一代之文学，而后世莫能继焉者也”。[①]就文学而言，在其身上所能显示出的时代特征是十分明显的。虽然不宜以一种本质化的方式去对文学进行研究和观察，但不可否认的是，无论是在形式方面，还是在内容方面，文学都与其所处的时代有着分不开的关系。这一点尤其表现在文学创作的体裁上，应该说，文学体裁作为文学创作所呈现出的外在形式，和其所处时代与时代精神是有着密切联系的。

就现代中国文学[②]而言，在宏观上，随着新文化运动的兴起，白话文学成为贯穿其整个发展的主要文学形式。而小说，在这个“文学革新之时代”[③]以其“有不可思议之力支配人道”[④] 的原因，更是成为新文化运动的倡导者们纷纷投入实践的重要领域。但若将镜头拉近至小说这一文体本身，就会发现，在不同的历史时期，小说作为一种有着丰富表现形式的文学体裁，其所呈现出的外在面貌也有很大区别，尤其是在新文学诞生的头三十年里，面对着风云变幻的历史语境，小说并非是以一种固化的姿态去应对时代的变迁，相反的，它几乎是变动不居的，每一次变动背后都有着深深的时代烙印：如20世纪20年代的日记体小说和书信体小说、20世纪30年代的家族小说等。其中，在20世纪20年代前后产生并迅速发展的日记体小说可以称得上是这一时期的“时代之文学”之一了，在它产生和发展的背后，是这一个时代复

① 王国维撰，叶长海导读：《宋元戏曲史》，上海古籍出版社1998年版，第1页。

② “现代中国文学”这一概念参见朱德发《现代文学史观的探索及其意义》，朱德发《现代文学史书写的理论探索》，山东人民出版社2010年版，第184页。

③ 陈独秀：《文学革命论》，《新青年》1917年第2卷第6号。

④ 梁启超：《论小说与群治之关系》，《新小说》1902年第1号。

杂的社会心理机制。

事实上，日记文体在小说中的运用并非是新文化运动倡导者们的首创，早在1914年，民初言情小说创作的代表人物徐枕亚就曾经在《小说丛报》上发表了小说《雪鸿泪史》，其下注有“何梦霞日记”字样，何梦霞是徐枕亚成名之作《玉梨魂》中的男主人公，其人物形象在当时的小说阅读界有着较为广泛的知名度。为了造成一种真实的艺术效果，作者刻意追求形式上的逼真，在小说的开头，徐枕亚以一种笔记的语调写道：“玉梨魂出世后，余乃得识一人，其人非他，即书中主人公梦霞之兄剑青也。剑青宝其亡弟遗墨，愿以重金易《雪鸿泪草》一册。余慨然与之，曰：‘此君家物也，余乌得而有之？’剑青喜，更出《雪鸿泪史》一巨册示余。余受而读之，乃梦霞亲笔日记。”① 可以看出，徐枕亚对这篇小说显然是精心设计过的，他努力让自己隐藏在何梦霞的日记叙事背后，托名何梦霞所写，而自己则只是负责对其中关键部分做一些解释，并署名“评校”。更令人拍案叫绝的是徐枕亚不但在每一部分之前署上具体日期，使之更像日记，还努力地使这部小说在具体事件上与现实产生互文，徐枕亚在正文之前的“评校”中写道：“惜篇末绝笔于东渡。梦霞抵东以后、武昌起义之前，中间相距年余，必尚有详细之日记。今不知流落何处，是亦读此书者之一缺恨也。”② 看似不经意的一笔，不但为小说中留下的叙事空白点做出了合理的解释，而且使小说在形式上更加贴近真正的日记，消除了小说和现实之间的间隔感，徐枕亚设计这样的叙述方式可谓用心良苦。而徐枕亚对于文本的这一设计影响是深远的，事实上，即使是在被称作“中国现代文学史上第一篇用现代体式创作的白话短篇小说”③《狂人日记》中，仍不难发现鲁迅对这种“评校”形式的借鉴和运用。和《雪鸿泪史》相似，在《狂人日记》的日记部分之前，鲁迅也用一段“评校”或是“按语”来交代这本“日记”的来历。“某君昆仲，今隐其名，皆余昔日在中

① 古吴徐枕亚评校：《雪鸿泪史》，《小说丛报》1914年第1期。原文标点为句读。

② 古吴徐枕亚评校：《雪鸿泪史》，《小说丛报》1914年第1期。

③ 钱理群、温儒敏、吴福辉：《中国现代文学三十年（修订本）》，北京大学出版社1998年版，第30页。

学校时良友；分隔多年，消息渐阙。日前偶闻其一大病；适归故乡，迂道往访，则仅晤一人，言病者其弟也。劳君远道来视，然已早愈，赴某地候补矣。因大笑，出示日记二册，谓可见当日病状，不妨献诸旧友。”[①] 同时，在《狂人日记》中，鲁迅也刻意在小说与现实之间寻找一种互文性：“语颇错杂无伦次，又多荒唐之言；亦不著月日，惟墨色字体不一，知非一时所书。间亦有略具联络者，今撮录一篇，以供医家研究。记中语误，一字不易；惟人名虽皆村人，不为世间所知，无关大体，然亦悉易去。至于书名，则本人愈后所提，不复改也。”[②] 虽然徐枕亚和鲁迅二人所处的文化立场不同，《雪鸿泪史》和《狂人日记》这两篇小说在写作时所要面对的想象读者各异，但是伴随着日记体小说出现而产生的这种充满了设计感的“评校”却并非偶然，它代表了日记体小说在诞生之际就存在着的一个根本性问题。

有文艺理论家将文学活动用“读者”“作品”“世界”“作家”这四个元素来概括，[③] 其中，作品处于文学活动的中心位置，通过“作品”这一元素，其他三个元素才能进行沟通和交互，作品的结构与形态直接决定了“作者”“读者”“世界”等三者之间的关系；从另一个角度来讲，作品甚至可以被视作其他三个元素之间的“中保”，只有通过作品，其他三个元素才能相互认知和有效对话。所以说，作品的内部结构中本身就存在着一种“契约”性质的东西，[④] 通过这种契约，文学世界才能和现实世界产生交集，在“虚构的”和“历史的”之间形成一种张力，以至于让读者能够充分地领略到作者在创作之时所想要达到的艺术效果。如果从这个角度来看，无论是徐枕亚还是鲁迅，在进入“日记”正文之前的那一段“按语”或“评校”性质的补充说明都是在签订一种契约。有学者在关于自传文体的研究中发现了这类具有契约性质的文本的重要性：“在书名中，在‘请予刊登’中，在献词中，最常见的

---

① 鲁迅：《狂人日记》，《新青年》1918 年第 4 卷第 5 期。

② 同上。

③ ［美］M. H. 艾布拉姆斯：《镜与灯：浪漫主义文论及批评传统》，郦稚牛、张照进、童庆生译，北京大学出版社 2004 年版，第 6 页。

④ 关于“契约”这一概念，参见姚丹《“事实契约”与“虚构契约”：从作者角度谈〈林海雪原〉与“历史真实”》，《中国现代文学研究丛刊》2003 年第 3 期。

情况是在成为俗套的前言中，但有时也在一个结论性的注解中（纪德），甚至在出版时所接受的采访中（萨特），但这一声明是无论如何不可或缺的。”①之于刚刚进入公众视野的日记体小说而言，以一个在形式上游离于正式文本之外的部分来对这一契约进行着重强调，可以让读者迅速进入作者想要为之构建的文学世界中，将小说的虚构性想象成为历史的事实性，从而达到一种消除作品与世界之间间隔的审美效果。

虽然有着相近的形式，《雪鸿泪史》与《狂人日记》在创作心理上却是同质异构的，也就是说，在使用这种契约性文本的时候，徐枕亚和鲁迅两人有着完全不同的心理动机。

1915 年，《雪鸿泪史》出版了单行本，在单行本中，徐枕亚为之前在《小说丛报》上的连载做了一篇总序，序中提及“輓近小说潮流，风靡宇内，言情之书，作者伙矣。或艳或哀，各极其致，以余书参观之，果有一毫相似否？……抑余岂真肯剪绿裁红，摇笔弄墨，追随当世诸小说家后，为此旖旎风流悱恻缠绵之文字，耸动一时庸众之耳目哉？余所言之情，实为当时兴高采烈之诸小说家所吐弃而不屑道者，此可以证余心之孤，而余书之所以不愿以言情小说名也。余著是书，意别有在，脑筋中实并未有‘小说’二字，深愿阅者勿以小说眼光误余之书。使以小说视此书，则余仅为无聊可怜、随波逐流之小说家，则余能不掷笔长吁、椎心痛哭！”② 在自序中，徐枕亚对之前的种种小说做了批判，并极力地将自己的作品排除在这些所谓“小说”之列，其原因是多方面的。首先，这是徐枕亚自视甚高的一种表现，在他眼中，之前各路小说家的作品中出现之“情”太过于平庸泛滥，不足以入其法眼，而自己的小说无论是在商业价值还是在娱乐价值上都要更胜于之前的小说一筹；其次，小说中主人公的一些行动，确有和徐枕亚本人经历相同之处：徐枕亚自称是“多情种”，而其婚姻却很不自由，与陈佩芬的感情虽一波三折，最后

---

① ［法］菲力浦・勒热纳：《自传契约》，杨国政译，生活・读书・新知三联书店 2001 年版，第 14—15 页。

② 南沙徐枕亚：《雪鸿泪史》，清华书局 1916 年版，第 1 页。

却也无疾而终,[①] 徐枕亚在创作《雪鸿泪史》的时候，也确实是融入了自己大量的真情实感，这样一来，作者自然不愿意将自己所经历的感情贯之以“艳”“哀”等字眼来吸引读者眼球；更重要的是，面对着这种以日记的形式来结构的小说，徐枕亚确实没有想到一种恰当的命名方式来为之定义。

徐枕亚在《雪鸿泪史》单行本序言中所谓的“意别有在”“脑中并无小说”等言辞实际上和连载时那段“评校”中所谓“此篇虽未合小说体裁，而其中实无所不备：非止言情，乃合家庭、社会、教育、英雄、侠义、警世等各种性质融化于一炉者，无以名之，因名之以‘别体小说’”[②] 的意思其实是一样的。晚清以降，随着小说界革命的兴起，为了方便读者在阅读时的选择，这些新小说的作者和文学杂志的编辑习惯于以作品内容为小说分门别类，如“政治小说”“警世小说”“教育小说”“家庭小说”等，但是徐枕亚认为自己的小说别开生面，以日记的形式将这些各个门类的内容悉数囊括，不一而足，连作为小说作者的自己也无法为《雪鸿泪史》归类，所以姑且称为“别体小说”。由此可见，从表面上看来，徐枕亚的《雪鸿泪史》虽然在形式上做出了较大的突破，但是实际上，徐枕亚对小说的批判仅仅停留在小说的取材上，对其内在所承载的种种实质性内容并无太多的反思。而且，徐枕亚对于小说形式的突破，其主要目的和关注点还是在于迎合市场与读者，从本质上讲，它仍然是一种建立在一定事实基础上的虚构，其思想指向还是倾向于消遣娱乐，而并未涉及诸如思想改造等更深一层的内容。所以，虽然徐枕亚在小说中和读者签订了一种契约，但是这种新的契约实际上并未打破读者和作者在阅读旧小说时所持有的一种固有契约，作者并不想通过作品与读者进行交流，读者对于文学作品的认知也还是停留在虚构表面。正如徐枕亚在单行本序言中所说的：“《雪鸿泪史》出世后，余知阅者将分为两派：爱余者为一派，訾余者又为一派。爱余者之言曰：此枕亚之伤心著作也。訾余者之言曰：此枕亚之写真影片也。爱余者之言，余不能不感；訾余者之言，余亦不敢不承。

① 参见曹家俊《“鸳鸯蝴蝶派”开山鼻祖徐枕亚》，苏州市政协文史委员会编《苏州近现代人物第二辑》，古吴轩出版社 2008 年版，第 244—246 页。

② 古吴徐枕亚评校：《雪鸿泪史》，《小说丛报》1914 年第 1 期。

何也？无论其为爱为訾，皆认余为有情种子也。余之果为有情种子与否，余未敢自认，而人代余认之，则余复何辞？”[①] 可以看出，在这种文学作品的框架下，读者和作者之间是一种单向度的联系，他们自成一套体系，而无意于互相沟通。

鲁迅的《狂人日记》则截然不同，在新文化运动的大背景下，这部小说在写作之初就显示出了一种试图与读者沟通的特质。在写作《狂人日记》之前，鲁迅恰好处于那个被称为“第一次绝望”的十年隐默时期，[②]《新生》杂志的夭折以及《域外小说集》在市场营销方面的失败给了鲁迅莫大的打击，以至于他在后来回忆这段渴望与人沟通而不得的日子的时候，其遣词造句是如此触目惊心，“我感到未尝经验的无聊，是自此以后的事。我当初是不知其所以然的；后来想，凡有一人的主张，得了赞和，是促其前进的，得了反对，是促其奋斗的，独有叫喊于生人中，而生人并无反应，既非赞同，也无反对，如置身毫无边际的荒原，无可措手的了，这是怎样的悲哀呵，我于是以我所感到者为寂寞。这寂寞又一天一天的长大起来，如大毒蛇，缠住了我的灵魂了”。[③] 感到这种寂寞的人，远不止鲁迅一个，那些新文化运动的倡导者，在这一时期，也有着和鲁迅相似的际遇，“他们正办《新青年》，然而那时仿佛不特没有人来赞同，并且也还没有人来反对，我想，他们许是感到寂寞了”。[④] 事实上，在鲁迅以《狂人日记》来打破这长达十年的隐默之前，《新青年》杂志在经营上正处于一个十分危急的关头，在一封写给许寿裳的信件中，鲁迅写道：“《新青年》以不能广行，书肆拟中止；独秀辈与之交涉，已允续刊，定于本月十五出版云。”[⑤] 正是这种在与读者沟通的无能为力中，诞生了那个著名的“铁屋子”的比喻：“‘假如一间铁屋子，是绝无窗户而万难破毁的，里面有许多熟睡的人们，不久都要闷死了，然而是从昏睡入死灭，并不感到

① 南沙徐枕亚：《雪鸿泪史》，清华书局 1916 年版，第 1 页。

② 汪卫东：《十年隐默的鲁迅》，《理论学刊》2009 年第 12 期。

③ 鲁迅：《自序》，《鲁迅全集·第 1 卷》，人民文学出版社 2005 年版，第 439 页。

④ 同上书，第 441 页。

⑤ 鲁迅：《致许寿裳（180104）》，《鲁迅全集·第 11 卷》，人民文学出版社 2005 年版，第 357 页。

就死的悲哀。现在你大嚷起来，惊起了较为清醒的几个人，使这不幸的少数者来受无可挽救的临终的苦楚，你倒以为对得起他们么?’‘然而几个人既然起来，你不能说决没有毁坏这铁屋的希望。’”① 可以说，鲁迅《狂人日记》的写作背后，潜藏着的正是这种对沟通的期待与焦虑，而沟通之所以能够成立，前提则在于一种认同，按照社会学家们的研究，“认同归于相互理解、共享知识、彼此信任、两相符合的主观实际相互依存。认同以对可领会性、真实性、真诚性、正确性着些相应的有效性要求的认可为基础”。② 也就是说，此时的鲁迅等人如果想要唤醒青年人，打破铁屋子，就必须寻找一种能够和这些青年人产生共鸣的真实。这就要求小说在创作时将要由“小说界革命”以来所产生的原有的文学契约毁弃，重新建立一种新的契约来代替它，以重新构建读者和作者之间的关系。这样一来，那种像《雪鸿泪史》一样“建立在一定事实基础上的虚构”的文本肯定无法满足新文化运动倡导者的要求，相对的，在此时的契约体系里，真实与真诚成为其内在精神中最重要的元素，正如胡适所说：“近世文人沾沾于声调字句之间，既无高远之思想，又无真挚之情感，文学之衰微，此其大因矣……而惟实写今日社会之情状，故能成真正之文学。”③

新文化运动的参与者意识到与其刻意去营造出一种真实的氛围，倒不如以虚构本身去反映一种内心和精神上的真实。鲁迅的《狂人日记》正是这样一部作品，虽然鲁迅在小说中以加入“按语”的手法来增强其真实性，这种狂人呓语式的日记终究不会在事件的真实性上和读者产生共鸣，文中狂人在精神向度上的追问与迷茫却直指当时历史语境下青年人精神世界的深处，进而与他们在内心产生极强的共鸣，达到了一种较好的交流和沟通的效果。这种沟通的普遍性和广泛性甚至超出了鲁迅和钱玄同等人当初的预计，孙伏园在 1924 年的一则文章中记载道：“鲁迅先生所以对于《呐喊》再版迟迟不准许的原因，最重要的一个是他听说有几个中学堂的教师，竟在那儿用《呐喊》

---

① 鲁迅：《自序》，《鲁迅全集·第 1 卷》，人民文学出版社 2005 年版，第 441 页。

② ［德］哈贝马斯：《交往与社会进化》，张博树译，重庆出版社 1989 年版，第 3 页。

③ 胡适：《文学改良刍议》，《新青年》1917 年第 2 卷第 5 号。

做课本，甚至有给高小学生读的。这是他所极不愿意的，最不愿意的是竟有人给小孩读《狂人日记》”。[1] 虽然这和鲁迅在写《狂人日记》之时所设想的传播效果有着很大出入，但是这部小说的受众之广，可见一斑。另外，日记本身作为一种特殊的文本形式，其对于读者的内心有着一种天然的亲和力，这也使得《狂人日记》发表之后在青年读者群体中得到了较为广泛的反响，更加有助于这种新的文学契约产生其预定的效果。

日记体小说之所以能在新文化运动初期得到青年人的广泛关注和共鸣，其原因还在于“日记”这种独特的文本形式中所包含的特殊属性：从本质上来说，日记是一种非常私人化的文体。正如研究者所言，“日记的主要特点就是面向自己进行创作，它是一种最纯粹、最隐秘的私人著述，其本意不仅无心传世，而且担心别人窥探”。[2] 作为较早地从理论上来探索日记和文学之间的关系的作家，郁达夫则认为“在日记里，无论什么话，什么幻想，什么不近人情的事情，全可以自由自在地记叙下来，人家不会说你在说谎，不会说你在做小说，因为日记的目的，本来就是在给你自己一个人看，为减轻你自己一个人的苦闷，或预防你一个人的私事遗忘而写的”[3]。可见，无论是在文学的研究者还是在作家眼中，日记其最大的价值在于源自其在面对内心时的真诚，这种真诚正是新文化运动的倡导者们所极力倡导的。

胡适在新文化运动中曾经将其文学主张概括为了四点：“要有话说，方才说话”“有什么话，说什么话；话怎么说，就怎么说”“要说我自己的话，别说别人的话”“是什么时代的人，说什么时代的话”，[4] 综观这四点，其内在要求是一致的，即在文学创作之时要注重作家内心的真实，在作品中要能折射出一种真实的生存状态，而这种生存状态又与当时历史语境下的青年人是息息相关的。在新文化运动的初期，这种在创作方面的主张却极少得到响应，这才有了陈独秀、钱玄同等人的寂寥和“铁屋子”的比喻。

---

① 孙伏园：《五四运动和鲁迅先生的〈狂人日记〉》，《新建设》1951 年第 4 卷第 2 期。
② 钱念孙：《论日记和日记体文学》，《学术界》2002 年第 3 期。
③ 郁达夫：《日记文学》，《洪水》，1927 年第 3 卷第 32 期。
④ 胡适：《建设的文学革命论》，《新青年》1918 年第 4 卷第 4 号。

导致这种情况的其中一个原因，就是这些新文化运动的倡导者在新文化运动初期因着一种对理论建设的要求和焦虑，而忽视了以文学本身来对读者心灵进行一种观照。仅就《新青年》而言，从创刊伊始，虽然其在新文化的理论建设上有着不菲的成就，但是其对自身的定位一直是一份“政论杂志”，鲁迅在为《中国新文学大系》小说二集作序的时候，曾经对于这一情况有过一个总结：“凡是关心现代中国文学的人，谁都知道《新青年》是提倡‘文学改良’，后来更进一步而号召‘文学革命’的发难者。但当一九一五年九月中在上海开始出版的时候，却全部是文言的。苏曼殊的创作小说，陈嘏和刘半农的翻译小说，都是文言。到第二年，胡适的《文学改良刍议》发表了，作品也只有胡适的诗文和小说是白话。后来白话作者逐渐多了起来，但又因为《新青年》其实是一个论议的刊物，所以创作并不怎样著重，比较旺盛的只有白话诗；至于戏曲和小说，也依然大抵是翻译。在这里发表了创作的短篇小说的，是鲁迅。从一九一八年五月起，《狂人日记》，《孔乙己》，《药》等，陆续的出现了，算是显示了‘文学革命’的实绩，又因那时的认为‘表现的深切和格式的特别’，颇激动了一部分青年读者的心。……从《新青年》上，此外也没有养成什么小说的作家。”① 不难看出，《新青年》一直以来坚持的是一条“说理”的路线，而非“主情”。为了说理，极力倡导新文学的《新青年》同人们甚至不惜沿用文言文的旧形式来阐发自己的新观点。小说作为一种间接传达理念的方式，自然不会为新文化运动的先驱们所重视，所以在《狂人日记》之前，《新青年》在创作上几乎没有什么“实绩”，仅仅凭几篇翻译的屠格涅夫或托尔斯泰的小说也是很难触及青年人的内心的，这也成为早期《新青年》虽常常发表惊世之语却一直打不开销路的重要原因之一。

而对于这一时期的青年来说，仅靠《新青年》的这种“说理”的方式已经不足以触动其内心，他们时常处于一种被“隔绝”的境地，由之而来的种种焦虑和困扰使他们无心去从理论上来探讨文化建设的必要性和可能性。事实上，在《狂人日记》为青年读者们展示了一种以“真诚”为核心的文学契

---

① 鲁迅：《〈中国新文学大系〉小说二集序》，《鲁迅全集·第6卷》，人民文学出版社2005年版，第246—247页。

约体系之后，类似于“隔绝”这样的心理状态几乎成为一种青年人的“时代病”。仅以“隔绝”一词为例，在新文化运动前后，就出现过许多篇以之为题的小说，甚至还有同题的译作等，[①] 可见这种心态在当时的普遍。一名读者在读了淦女士的《隔绝》之后，曾经有过这样的感慨，“当友人告我这件隔绝的事实时，——那是我还未读到隔绝，——我还说：‘真想不到这样的事实会发生在淦女士的生命里。’因为淦女士是我们向来崇拜为道学夫子的哩！啊，我现在才发现了，真实的情感，只能附着在真实的人们的灵魂里。这两篇作品所告诉我们的，不只是爱情的神圣，还有裸露的真诚。这是真的人格的表现。我相信这种作品的打动青年们的心，给与青年们的印象，远甚于十部伦理学史”[②]。在这段话中，作者不仅表达了对一种建立在新的文学契约上的文学作品的期待，更描述了一种“隔绝”的事实：作者原本以为十分了解的淦女士，也有着不为人知的情感，而这种情感居然和作者本人的感情是一致的，原本以为是“道学夫子”的淦女士，在灵魂深处居然能与自己产生共鸣。

2. 隔绝的青年与沟通的渴望

事实上，对于这一时期处于“隔绝”状态下的青年们而言，他们普遍性地都有一种寻求共鸣的冲动。随着20世纪初经济的飞速发展，原先在空间上的障壁被打破，地理上的隔离已经不再成为问题，尤其在北京、上海等经济文化中心城市，汇聚了来自全国各地的青年学生，他们在文化上的互相交流使彼此的认知空间被不断扩大。然而，这种认知空间的扩大终究是建立在想象之上的，那种真正意义上的生活空间的重叠和认知隔膜的溶解其实并不存在，正如顾颉刚在1924年参观北京妙峰山进香之后所得出的结论一样，“我们所知道的国民的生活只有两种：一种是做官的，一种是作师的：此外满不知道（至多只有加上两种为了娱乐而联带知道的优伶和娼妓的生活）”；[③] 叶圣陶在甪直半

① 如淦女士的《隔绝》与《隔绝之后》，孙俍工的《隔绝》等。

② 萍霞：《读〈隔绝〉与〈旅行〉》，《京报副刊》1924年第3期。

③ 顾颉刚：《妙峰山进香专号引言》，李文海主编《民国时期社会调查丛编·宗教民俗卷》，福建教育出版社2004年版，第53—54页。

耕半读时所品味到的那种苦涩也多半是源于此。[1] 一方面由于客观地理因素所产生的隔离被渐渐地消除，一个新的世界渐渐向着青年们敞开；另一方面却是精神领域几乎完全没有被解除的障壁。面对这两者之间存在着的张力，青年人的心中不禁会有一种渴望交流的冲动。正如在新文化运动早期影响力颇大的《三叶集》序言中所说："我们刊行这本小书的动机，并不是想贡献诸君一本文艺的娱乐品，做诸君酒余茶后的消遣。也不是资助诸君一本学理的参考品，做诸君解决疑问的资料。我们乃是提出一个重大而且急迫的社会和道德问题，请求诸君作公开的讨论和公开的判决！"[2] 田汉、宗白华、郭沫若等人是幸运的，他们身边至少还有一众志同道合的友人可以通信，通过对信件的讨论来了解自己人际交往圈子之外的世界。但此时的大多数青年却没有这样得天独厚的条件，他们被自己生活的空间所拘囿，很难找到与外界沟通的机会。

随着 20 世纪以来出版业的迅速发展，书籍和杂志成为这些青年人得到外界信息最便捷的方式，这样一来，"读书"这一行动在青年群体中就占有了及其重要的位置。正如当时陕西在京学生所创办的报刊上所言，"'我们为什么要读书'？我的解答是：'读书为求知识，为明理。'……读书可以辨别万事万物真正的是非善恶，什么事是当作的，什么事是不当作的；什么事是有作的价值，什么事是没有作的价值。……杜威博士曾经说过：'知识思想，是人生应付环境的工具。'我们承认这个真理，所以我们要读书"。[3] 可见，对于这些青年人来说，通过读书，他们可以获取对外部世界的基本价值评判，并以此来指引自己未来将要走的路径。可是，通过阅读一般性的书籍和作品，青年们所能得到的帮助仍然是非常有限的。在当时影响力颇大的《晨报副刊》上，常常能见到诸如下面的文字发表，"我自己的事，应该我自己解决，为什么要写出来占领这宝贵的篇幅呢？唉！这何尝是我自己的事，这是现在人类

---

① 参见姜涛《"菜园"体验与五四时期文学"志业"观念的发生——叶圣陶的小说〈苦菜〉及其他》，《励耘学刊》（文学卷）2010 年第 2 期。

② 宗白华：《宗序》，田寿昌、宗白华、郭沫若《三叶集》，亚东图书馆 1920 年版，第 1 页。

③ 自励：《我们为什么要读书?》，《共进半月刊》1923 年第 53 期。

一部分的事，我既感到了，我就应该为一部分的人类诉苦，求社会的全体来设法解除这个苦痛”。[1] 可见，读书虽然能够让青年读者们了解到外部的世界，但这个世界毕竟和读者之间还隔着一层纸，它可以开启读者们的理性，但是却无力达到一种情感上的共鸣。

这样一来，日记体小说的优长就显示了出来，作为一种文学体裁，日记体小说的第一人称叙述角度和近乎直白的剖露心迹可以和青年读者的内心发生最直接、最迅速的交流。青年读者也愿意看到有这样的文本出现，因为在当时的历史语境下，个人的问题实际上是和社会的普遍问题交织在一起的，仅凭一己之力，几乎无路可走，他们迫不及待地想找人倾诉或者从别人的经验中寻求一个答案。日记体小说中所包含着的真实性的契约使得它成为读者和作者沟通的最好的桥梁，正是这种真实性才使得读者通过作品对作者内心的“窥探”成为可能。郁达夫在从发生学的角度来谈到日记体小说的创作时就认识到了这一点：“而我们的读者，因为第一我们所要求的，是关于旁人的私事的探知（这是一种好奇［curiosity］是读小说心理的一个最大动机），所以对于读他人的日记，比较读直叙式的记事文，兴味更觉浓厚”。[2] 对于当时的读者而言，日记体小说带给他们的意义并不仅仅是一种好奇心的满足，更重要的是通过对于“旁人的私事”的窥视，读者可以看到自己身上存在着的种种问题和迷茫，达到一种心理的认同，甚至还可以得到一些针对这类问题和迷茫的具体解决方法以及对自己目前所走的道路正确性的证明。例如，在丁玲的《莎菲女士的日记》问世之后，竟然有人用“莎菲女士”作为笔名进行创作，[3] 这也从侧面证实了这类日记体小说对于当时青年读者影响的深度和广度。

在20世纪20年代产生的众多日记体小说中，沈从文的《不死日记》是一个极有意思的文本。1928年，沈从文自北京到上海，在这一阶段，他有意识地写下了一组日记，后来当作小说发表，在文中，作者记录下了这一阶段

① 芜村：《我应该怎么办呢》，《晨报附刊》1923年10月8日。
② 郁达夫：《日记文学》，《洪水》1927年第3卷第32期。
③ 莎菲女士：《给——清华周刊》1931年第35卷第3期。

他的所闻所想。虽然沈从文自称“这里所有的，只是一点愚人的真……我不因为怕人轻视就省略了一些要说的话，也不因为伤我自己的自尊心情就抹除了些已写在日记上的言语。稍稍疏忽与有意忘却，是有的，但这个不是我生活的重要成分，所以缺去了。……从七月一日开始，到八月底止，这两月我的生命，除了在另一些纸上留下些东西，其余就全个儿在此了”。① 正是这种在记录上的下意识，使沈从文在《不死日记》中不但被读者所窥视，而且也透过文本在揣测着读者的心理，作者以日记的形式不断地窥视着文本外部正在不断变化着的世界，并在小说中不断地对一些时下青年人关注度比较高的问题发表自己的意见。他在文中看鲁迅，说鲁迅“对于女人的要求，总有之，像他这样的年龄，官僚可以娶小老婆，学者们亦不妨与一个女人恋爱：他似乎赶不上这一帮，又与那一帮合不来，这个真苦了这人了”；② 看刘天华，说：“听到一个朋友说刘天华非常穷，这音乐家真是蠢人。但是中国蠢人终于太少了，寂寞之至。心想有钱倒可以送这人一笔款子，让他去开一个大规模国乐学校，扩大的向国际上去宣传”；③ 提及文学青年的稿费问题：“各事各业到近来，似乎都可以用罢工一事对抗资产代表者了，却尚不闻文学的集团将怎样设法来对付榨取自己汁血的老板。真是到了义愤填膺那类时节，一同来与这些市侩算一总账，也许可能吧。但这要到什么时节才能有这样的大举呢？”④ 他甚至在小说的第二部分里大谈自己已经发表的第一部分：“看到了在中央副刊发表的不死日记，就得哭。想不到是来了上海以后的我，心情却与在北京时一样的”。⑤ 其中最令人印象深刻的，便是沈从文对于女人，尤其是女学生的窥视，“一个早上用到看女人事上去，一个中午写了一篇短文，上半日是这样断送了。……我稳定的又看看这方面女人，女人是七个。其中两个就长得非常美。她们虽见了我望她们，却仗了人多，且断定于我无害于人，也正对

---

① 沈从文：《不死日记·不死日记》，《沈从文全集·第3卷》，北岳文艺出版社2002年版，第399页。

② 同上书，第407页。

③ 同上书，第417页。

④ 沈从文：《不死日记·中年》，《沈从文全集·第3卷》，北岳文艺出版社2002年版，第430页。

⑤ 同上书，第438页。

我望。这样一来我不免有点羞惭了，我是这样无用这样不足损害于人，为我的土气，真想跑了”。[①] 沈从文的这些文字或狂妄，或僭越，或义愤，或低落，他关于窥视女人的那些记录甚至可以说是卑劣和猥琐，但是，谁又能不承认这正是普遍存在于当时文学青年之中的精神现象呢？不仅仅是此时孑然飘零的沈从文，在同一时期，已经对马克思主义信仰有了初步接触的柔石也在他的日记中写道：“一回想我这半月来的生活，我就不觉泪珠的流出眼中了！我的身陷入堕落破坏的生活之网里，我竟成被擒之鱼了！完全反理想而行，没半丝的成绩在目前可现出希望，引到真正的人生的轨道上。……夜里简直无从说起，不知做些什么事，大概和黑暗之气同化而同去了。然而刺激性和兴奋性异常强烈，同房异床计也破坏了，反而夜夜要求她。……竟之，我是个沟渠中的孑孓，堕落青年了。”[②] 对于大多数20年代初期的青年们来说，他们在笔墨和思想上指点江山，但是却无力摆脱一种精神上的孤寂，他们在不断地找寻出路，却常常为经济与感情所羁绊，在精神领域困守在自己的世界里。日记体小说所包含着的真实性契约使他们找到了一扇窗户，通过它，青年读者们可以对自己的精神状态做出一个观照；同时，这个属于他人的故事还有着一定的排他性，其以日记的形式出现就意味着它并不旨在迎合读者的阅读品味，这样一来，读者在阅读的时候不但会看到自己的影子，还会多了一种客观上的思考。在两者之间张力的作用下，读者不会轻易地陷入主观情感的泥潭，只是顾影自怜，而是更多地对文中主人公的生存状态做出理性的批判，从而对自己在这个变化莫测的时代里何去何从做出规划与设计。可见，借由日记体小说所持有的真实性契约，在文本内外，作者和读者实际上已经置身于同一场域，作者以文本的真实性来交换读者的信任，这样一来，作者和读者互相的窥视，实际上都有着一种“反观”的性质，在不断变更的日期中，双方分享着相似的行动和相似的心理，他们从对方的一举一动里，寻求一种对于目前生存境遇进行变更的可能性和动力。

---

① 沈从文：《不死日记·善钟里的生活》，《沈从文全集·第3卷》，北岳文艺出版社2002年版，第444—447页。

② 赵帝江、姚锡佩编：《柔石日记》，山西教育出版社1998年版，第50页。

20 世纪 20 年代日记体小说勃兴的背后实际上隐藏着这个时代的文学作者和读者之间那种渴望与彼此沟通的心态。正是在这种心态下，阅读行为的双方都将自己客体化，并借由文学所形成的具有真实性的契约来不断在对方身上实践一种具有可能性的新生活，从而探索突破时代困局的方式。

这一时期蔚然兴起的日记体小说在给无数读者提供了一种出路和对于有着相同或相似际遇的青年人构建了生活想象空间的同时，却存在着一个明显的缺陷。这个缺陷的产生是“日记体”这一小说形式本身所造成的，这也导致了日记体小说作为一种写作潮流从 20 世纪 30 年代开始在文学写作中逐渐退隐。日记体作为一种结构小说的方法，其本身就是一种“有意味的形式”,[①] 它侧重于共时性的社会现象描述，对于这些现象背后所隐藏的种种深层原因或更本质性的因素却缺乏分析，或者说，在 20 年代，这些习惯于以日记与读者沟通的作家本就无力或无意去探究造成当下精神困境的更为本真的原因。

就日记体小说的形式而言，小说中不断出现的日期本身就显示了作者在写作时的一种焦虑：随着时间的不断变化，环境催促着主人公必须采取某种行动才能达到自己心中对环境突破的祈愿，但是这时，作者却和小说的主人公一样，并不确定其何去何从，只能静静地等待环境的变化并随波逐流。正如丁玲在《莎菲女士的日记》写的那样：“太阳照到纸窗上时，我是在煨第三次的牛奶。昨天煨了四次。次数虽煨得多，却不定时要吃，这只不过是一个人在刮风天为免除烦恼的养气法子。这固然可以混去一小点时间，但有时却又不能不令人更加生气，所以上星期整整的有七天没玩它，不过在没想出别的法子时，是又不能不借重它来像一个老年人耐心着消磨时间。”[②] 莎菲女士的这种行为并不完全像是之前有评论者所说的是一种“出身于没落的地主阶级底青年知识分子”的“享乐的颓废的”[③] 表现，事实上，此时的莎菲女士除了自己消磨时间这一条道路之外，对于改变自身生存境遇别无他法。小说中莎菲女士的肺病可以被看作一个隐喻：莎菲女士因为肺病被拘囿于一个又

---

① ［英］克莱夫·贝尔：《艺术》，薛华译，江苏教育出版社 2005 年版，第 8 页。

② 丁玲：《莎菲女士的日记》，《小说月报》1928 年第 19 卷第 2 号。

③ 王淑明：《丁玲女士的创作过程》，《现代》1934 年第 5 卷第 2 号。

一个诸如医院、西山和公寓等封闭的环境中，极少与外界往来，她所唯一能做的反抗，就是在自己的肉体上做文章，“浪费生命的余剩”“悄悄地活下来，悄悄地死去”，[①] 这几乎成了她唯一能走的道路；正如莎菲女士同时代的青年们的际遇一样：通过新文化运动所带来的启蒙，他们已经认识到了这个社会所存在的种种问题，他们知道这个社会是“病”了的，但是却对于这一事实缺乏有效的应对方式，于是乎，只能顾影彷徨，徒然消耗着自己的生命。和莎菲女士同时代的青年，普遍存在着这样一种情况：随着20世纪早期的中国现代化的进程，传统的城乡互动关系被打破，从乡土中国走出的知识青年们在城市的“水门汀森林”里已经无路可退，只能“用笔写出他的胸臆”，在文字中“隐现着乡愁”；[②] 同时，这些回不去乡村的青年们在城市里的生活也是隔绝的，“公寓”所形成的社交空间使这些青年们对社会、对彼此都十分陌生，有研究者注意到“创作领域的狭小、封闭，曾是新文学初期的一个基本困境。……相对于民国初年对于光怪陆离社会生活的表现，五四新文学的社会视野大大收束，更多集中于个体内在的精神世界。这种‘收束’与新文学作者的身份多少有关，大部分作者出身学生社会，生活世界本身就构成了限制，而报纸、杂志构成的文学消费、生产与再消费循环，又进一步强化了这种封闭”。[③] 这一层一层的“封闭”使这些知识青年渐渐地变成了一种“原子化的个人”，他们之间虽然有类似于日记体小说中真实性契约这样的“形式的共同体”作为担保，[④] 但是失去共同价值观和共同纽带的青年还是无法将他们所共同经历过的生活当作一个整体去看待。在他们的认知世界里，能按照时间线索来记录下种种事件在其内心投射出的真实就已经达到了写作的目的，而对于这些事件背后所折射出的更本质的东西，这些文学青年却是无力把握的。

所以，在《莎菲女士的日记》中，较为个人化的爱情、伤感等元素几乎

① 丁玲：《莎菲女士的日记》，《小说月报》1928年第19卷第2号。

② 鲁迅：《〈中国新文学大系〉小说二集序》，《鲁迅全集·第6卷》，人民文学出版社2005年版，第255页。

③ 姜涛：《公寓里的塔：1920年代中国的文学与青年》，北京大学出版社2015年版，第199页。

④ ［英］亚当·斯威夫特：《政治哲学导论》，佘江涛译，江苏人民出版社2008年版，第123页。

充斥了整篇小说，而外部世界在莎菲的眼中却是缺席的，她甚至对自己之外的空间充满了恐惧："为要躲避一切的熟人，深夜我才独自从冷寂寂的公园里转来，我不知怎样的度过那些时间"；[1] 同样的，公寓中的沈从文虽然已经认识到市侩的出版商们对自己小说稿子的层层盘剥，但也无力改变已成结论的事实，曾经有勇气从湘西凤凰走出的沈从文在此时却显得十分胆怯，甚至认为"说话资格不是每一个平民皆有，所以我亦不敢作种种其他妄想"。[2] 20 世纪 20 年代日记体小说中出现的这种现象早为同时代评论家们所察觉，阿英在《莎菲女士的日记》发表不久，就明确地指出："但是，作者不曾指出社会何以如此的黑暗，生活何以这样的乏味，以及何以生不如死的基本原理，而说明社会的痼疾的起源来"，并对其进行了尖锐地批判，"作者所表现的人物，对宇宙是不求解释的，大都是为感情所支配着的小资产阶级的个人主义者。他们需要感情，她们需要享乐，他们需要幸福，同时也需要自由。然而，社会什么都不给予，无往而不使他们失望。她们只有极强烈的感受性，没有坚强的抗斗的意志；她们只有理想的欲求，不肯在失败的事件中加以深邃的原理的探讨"。[3] 阿英对 20 年代作家创作心理的批评是中肯的，而造成这种现象的其中一个很重要的原因在于新文化运动虽然给中国的文化带来了生机与活力，但这场运动为青年作家带来的只是一些与过去全然不同的世界观，而其在方法论意义上对于青年人的指导却是欠缺的，甚至是混乱的。在这种方法论的欠缺中，青年作家们无法找到一个明确的路径来通往心中的理想，自然也就无力去探究那"深邃的原理"了。

3. 从"主义"到实践

事实上，从新文化运动一开始，"主将"们就将视野放在了对西方思想资源的大规模译介上，并未针对某种思想做出深入的理论性的探讨。《青年杂

---

① 丁玲：《莎菲女士的日记》，《小说月报》1928 年第 19 卷第 2 号。

② 沈从文：《不死日记·不死日记》，《沈从文全集·第 3 卷》，北岳文艺出版社 2002 年版，第 403 页。

③ 钱谦吾：《丁玲》，袁良骏编《丁玲研究资料》，天津人民出版社 1982 年版，第 229 页。

志》的最初几期的开篇，刊登有一则“社告”，其中提到了这样几点：“国势陵夷，道衰学弊。后来责任，端在青年。本志之作，盖欲与青年诸君商榷将来所以修身治国之道”，“今后时会，一举一措，借由世界关系。我国青年，随处蛰伏研求之时，然不可不放眼以观世界。本志于各国事情、学术、思潮尽心灌输，可备攻错”，“本志以平易之文，说高尚之理。凡学术事情，足以发扬青年志趣者，竭力阐述。冀青年诸君于研习科学之余，得精神上之援助”。[①] 由此可以看出，《青年杂志》最初的创办目的在于介绍，新文化运动的先锋们希望青年们可以通过此杂志了解世界上各种思潮，以得到“精神上之援助”，换言之，他们提供给青年们的只是种种不同的世界观，至于哪种世界观更正确、更具有可行性，这并不是《青年杂志》编者们所要考虑的问题。对于现实存在着的具体问题，他们则将希望寄托在“研习科学”上，这一点从《青年杂志》所收录文章的目录上就可以看出来。在第一期中，虽有陈嘏所译的小说一篇，陈独秀等人所著论述数则，其重点还在于对“法兰西”“共和国家”“现代文明”等的介绍上。虽然《青年杂志》以及改刊后的《新青年》在之后的出版中价值倾向日趋明显，但直到《新青年》编辑部南迁上海，成为上海共产主义小组的机关刊物之前，其所坚持的价值取向一直都是多元的。在这份杂志中，“布尔什维主义”“德意志式的军国主义”“法兰西式的自由与民主”“新村主义”等都曾经以一种主体间平等的姿态出现过，并无对错优劣高下之分。

五四之后以青年学生为主体，发动和参与的社团如雨后春笋。“新民学会”“少年中国学会”，各地的“工读互助团”、合作主义团体、无政府主义团体等不同的团体，他们所持的理论各不相同，对世界的认识也差异很大，虽然他们有着相近的目标，即改造中国当下的境况，但是却是经由自己和其他社团失败的教训而进行着尝试和摸索的。在这一时期，一旦一个新的“主义”被译介进中国，就会有人去接受它、宣传它，这种接受不是对其来龙去脉做出深入研究的学理探讨，而是凭着经验与热情做出的比较概括的简介。

---

① 社告：《青年杂志》1915 年第 1 卷第 1 号。

李大钊所著的《BOLSHEVISM 的胜利》就是一例：在题目中，作者不顾国内对苏俄社会主义这一概念的命名和梳理尚未完成，就以拉丁文字母的形式将其介绍进中国，这本身就表现出李大钊对于在青年人群中播撒布尔什维主义种子的焦虑与急迫；在文中，李大钊也明确说道："Bolshevism 就是俄国 Bolsheviki 所抱的主义。这个主义，是怎样的主义？很难用一句话解释明白。"①可见，在这种译介的焦虑下，有没有将一个"主义"的来龙去脉弄明白并不重要，真正重要的是译介这一行为本身。郭沫若则是一个更极端的例子，在《女神》集中，他不断地向各种"主义"致敬，马克思、列宁、泰戈尔等人物在其诗作中层出不迭，其中不少人的主张还是互相抵触的，而当郭沫若真正开始转向马克思主义的时候，《女神》集早已出版了数年。

"主义"的盛行不单单给了不断寻求突破的青年以希望，同时也给他们带来了诸多迷惑和困扰。较早认识到这个问题的胡适对其思考是深入的："我因为深觉得高谈主义的危险，所以我现在奉劝现在新舆论界的同志道：'请你们多提出一些问题，少谈一些纸上的主义。'更进一步说：'请你们多多研究这个问题如何解决，那个问题如何解决，不要高谈这种主义如何新奇，那种主义如何奥妙。'……我们不去研究人力车夫的生计，却去高谈社会主义！不去研究女子如何解放，家庭制度如何救正，却去高谈公妻主义和自由恋爱！不去研究安福部如何解散，不去研究南北问题如何解决，却去高谈无政府主义！我们还要得意洋洋夸口道，'我们所谈的是根本解决'。老实说罢，这是自欺欺人的梦话！这是中国思想界破产的铁证！这是中国社会改良的死刑宣告！……'主义'大危险，就是能使人心满意足，自以为寻着了包医百病的'根本解决'，从此用不着费心力去研究这个那个具体问题的解决法了。"②"主义"总是在理念上被提出，但"问题"总要在实践中被解决，胡适这番在当时饱受争议的话在今天看来确实耐人寻味。20 年代，确有许多怀抱"主义"的青年人因为理念与实践的脱节而走向歧途。

茅盾在他的回忆录中曾经提到过他年轻时一个名叫顾仲起的朋友：他参

---

① 李大钊：《BOLSHEVISM 的胜利》，《新青年》1918 年第 5 卷第 5 期。

② 胡适：《多研究些问题，少谈些"主义"》，《每周评论》1919 年 7 月 20 日。

加过学生运动，并因此被学校开除，从学校出来之后，在茅盾、郑振铎等人的帮助下，顾仲起前往黄埔军校学习，并随军讨伐陈炯明。可见，这位顾仲起在当时也是一个怀揣“主义”的年轻人，他抱着“主义”来到了黄埔军校，准备完成他在学生时代未竟的愿望。但是当1927年茅盾再次在武汉见到他的时候，顾仲起的精神状态却发生了极大的变化：“我问他对时局有何感想，他说，他对这些不感兴趣，军人只管打仗。他说：‘打仗是件痛快的事，是个刺激，一仗打下来，死了的就算了，不死就能升官，我究竟什么时候死也不知道，所以对时局如何，不曾想过。’我觉得奇怪，他在上海写小说时还有一些理想和反抗思想，何以现在变成这样了？……顾仲起住在旅馆里，又一次我去看他，他忽然叫来了几个妓女，同她们随便谈了一会儿，又叫她们走了。当时军人是不准叫妓女的。我问旅馆的茶房。茶房说，这位客人几乎天天如此，叫妓女来，跟她们谈一阵，又让她们走，从不留一个过夜。原来他叫妓女也是为了寻求精神上的刺激。”① 在那个时代，顾仲起的转变并非孤例。在20年代20年代初，有一位名叫胡人哲的女知识青年在文坛上颇为活跃，并以“萍霞女士”等笔名在报刊上发表了许多文章，在读者中影响很大，与鲁迅、毛泽东、张挹兰、张友松等人交往紧密，从其文章来看，她亦属于那种怀有“主义”理想的进步青年；而在大革命之后，这位萍霞女士却“嫁给了一名军阀恶棍，最后死得很惨”。② 顾仲起和胡人哲在精神上的转变标志了种种“主义”在20世纪20年代后期的破灭：随着20年代后期时局的变化，“旧时代正在崩坏，新局面尚未到来的时候，衰颓与骚动使得大家惶惶然”，③ 基于理念产生的“主义”已经为理念本身所束缚，不能很好地跟进当下的生活，也无力对周围所发生的种种新的现象做出解释。原先对于某种价值观的坚持，已经不足以让当时的青年人看清脚下的路该如何走；这时，他们更需要的是方法论意义上的指导。

① 茅盾：《创作生涯的开始》，《茅盾全集·第34卷》，人民文学出版社1997年版，第386—387页。

② 徐伏钢：《藏在鲁迅日记中的翻译大家》，《荡起命运的双桨：徐伏钢新闻特写选》，八方文化创作室2008年版，第13页。

③ 朱自清：《那里走》，《朱自清全集·第4卷》，江苏教育出版社1996年版，第236页。

1928年，朱自清就曾经在《那里走》一文中表达出了这样的焦虑：“我有时正感着这种被迫逼，被围困的心情：虽没有身临其境的慌张，但觉得心上的阴影越来越大，颇有些惘惘然。”① 朱自清也很清楚地认识到是什么造成了这种“惘惘然”，早先的各种主义之所以在新的局面下失语，其根本原因在于它们多产生于一种布尔乔亚式的浪漫理想，它们的运作大多脱离了社会层面和经济层面，当面对着20世纪20年代后期以大革命的方式推动的社会变革的时候，它们所构建的理论体系根本经不住现实的一击。

随着大革命的消退，国民政府的所作所为让更多青年意识到，不仅要确实地知道这社会是病了的，还要知道这社会患的是什么病，是怎么患的病，以及该如何医治这病。这样一来，原先日记体小说中那种感性的认知世界的方式和对于现象的叙述已经不能够满足读者对于社会以及自身处境更为深入的认知要求；而日记体小说中对于种种社会现象的片段化的叙述也不能满足读者对于小说折射出一种全景式的社会切片的要求。于是，诸如《子夜》这样具有“社会科学研究”气质的小说，以其“巨大的思想深度”和“广阔的历史内容”迅速吸引了读者，② 成为下一个时期小说写作的主要形式，而相应的，在20世纪20年代盛极一时的日记体小说也随之迅速地没落下去。究其原因，则在于《子夜》这一类小说通过对当时社会的剖析，不仅从价值观方面为读者提供了方向，更为读者提供了一种方法论意义上的参考。《子夜》结尾处红军捷报频传的消息正是为读者们提供了一个出路：在这新旧未明的时代里，也许只有将理想和主义付诸无产阶级革命的实践，知识青年们才能突破个人周围的种种樊篱，走上一条更宽广的道路。

事实上，在20世纪20年代之后，在中国现代文学的花园里，日记体小说仍是时有出现。在20世纪三四十年代，张天翼的《鬼土日记》、茅盾的《腐蚀》、丁玲的《杨妈的日记》等日记体小说也都各有千秋，但是却始终达不到诸如《狂人日记》或《莎菲女士的日记》那样与读者心灵互通的效果

---

① 朱自清：《那里走》，《朱自清全集·第4卷》，江苏教育出版社1996年版，第227页。

② 参见钱理群、温儒敏、吴福辉《中国现代文学三十年（修订本）》，北京大学出版社1998年版，第172页。

了。其原因在于当一种对于社会现象的深刻认知被引进文本之后，日记体小说原先所持有的真实性契约就随之瓦解，有着理性认知的阻隔，作者和读者不再能够通过日记直接袒露自己的内心，达到一种灵魂的共鸣。换而言之，30年代以后的读者由于获得了改造世界的方法论，在接受作者写作时所持有的理念的时候，已经从自动转向为自觉，原先在文学中所重建的那一套契约体系已经过时，并再次被废弃，而新的契约体系却是建立在一种对于理论的把握和方法论的运用之上的。

作家们以日记体小说的形式打破了晚清以来存在于传统文学领域中的契约，并试图重建一种以真实为基础的新的文学书写范式，这反映了源自时代的社会心态。日记体小说展现了20世纪20年代中国社会的独特精神风貌，到了20世纪30年代，随着更新的文学书写范式的建立以及小说创作理论的日渐成熟，日记体小说逐渐退出了历史舞台。可见，日记体小说是真正属于新文化运动初期的文学，虽然在它的框架下，对于外部世界的认知无论是在理论上还是在方法上都显得幼稚和欠缺，但是，正是这种冲动、盲目却又痛苦、真诚的精神，使之成为10—20年代中国知识青年精神的最真实的体现。基于作者、读者对于真诚交流沟通的渴望，新文化运动初期日记体小说曾盛行一时，在这一现象的背后，是一种对文学契约的重建和对写作方法的探寻。

第二节　读者通信：《新青年》和新青年之间的对话

1. 作为宣传策略的“读者通信”

《新青年》杂志设立“读者通信”一栏对中国现代文化刊物具有开创性意义。这个栏目的设立，显示了陈独秀等编辑对新兴文化刊物如何生存等问题的思考，其设置和运营都有一定的策略性。通过读者通信，《新青年》的编辑与青年读者时刻保持一种对话的姿态，并不断地调整自己的办刊思路，在思想与市场之间找寻着一种平衡。而这种思想与市场之间的这种平衡对新文化的传播具有十分重要的意义。

读者“通信”一栏的设立，对于《新青年》杂志而言，其最显在的作用是市场宣传层面上的。对于20世纪10年代出现的绝大多数的报刊而言，其在办刊过程中普遍存在着一种源自市场销量的焦虑，这种现象的出现很大程度上是由于发生在清末民初出版界的重大变革。在这次变革中，迅速近代化的出版行业将市场销量作为一个重要的标准纳入了对出版物价值的衡量当中，有时候这甚至对于出版物的生存能够起到决定性的意义。即使是以革新为鹄的的报刊，这种对于市场的焦虑仍时有出现。在晚清兴起的种种白话刊物中，林獬所办的《中国白话报》可以说是历史最久、市场份额最大、影响力最广的一种了，但即使是这样，林獬也不忘在革新文章结尾处时时为自己的刊物宣传：“以上三项事业，都是我们百姓要做的。如今地球各国的百姓，没有一个不晓得这个道理，没有一回打仗不是因为着这椿事业，就是我们中国自黄帝到现在，也不晓得闹了多少回数。不过近来大家都得了偏风病，半身不遂，手脚转动也难，所以这些事业，没有人去干，弄得国土也没有了，政治也像个不治的症，那种族两字更是乌糟乌糟……我白话道人倒也懂些医理，你们列位倘患了偏风病，想要医治，我总归替你医的好好，保管你吃了药，马上能够做朱太祖，能够做成汤武王，能够做岳飞、文天祥、郑成功、史可法，这个药方一时也开不尽，大约都在白话报里面附送。这个笔资也不要多，你要医治一个月只要你三角大洋。若要医治全年的，只要你大洋三块二角。你道便宜不便宜?”[①] 不难看出，林獬在对“文界革命”进行宣传和实践的同时，也时刻没有忘记对市场的关注，这种将广告植入论说文章之中的宣传策略也成为清末民初出版领域一道独特的风景。

在编辑《新青年》之前，陈独秀已经与出版界打过多次交道，对其中三昧也深有了解。陈独秀早年间主持过《安徽俗话报》，在发刊之时，作为主编的陈独秀虽然一再强调其办刊的主要目的是在于“要把各项浅近的学问，用通行的俗话演出来，好教我们安徽人无钱多读书的，看了这俗话报，可以长

① 白话道人：《做百姓的事业》，《中国白话报》1904年第3期。

点见识”；但同时，陈独秀也在极力为此刊物募集资金，“本报的本钱全靠各处同乡捐助，如有关心乡谊的官绅捐钱帮助本报，凡捐数逾洋五元的敬送本报一年，并将捐助诸公姓氏写在报后作为收据；各项绅商的告白都可以代登，收价格外便宜，临时面议”。[①] 可见，陈独秀在兴办刊物的时候，并不是完全没有市场方面的考量。之于《新青年》，虽然在当事人的回忆中陈独秀在兴办《新青年》的时候并没有考虑销售市场，但是，这并不代表这份意在唤醒青年的刊物在创刊之时就完全是抱着一种理想主义的态度。实际上，在 1915 年前后，贫困潦倒之中的陈独秀之所以敢以一种无所顾忌的态度投入新刊物的创办之中，并放出“只要十年、八年的功夫，一定会发生很大的影响”[②] 这样和当时其经济状况不相符合的话，很大程度上是由于其背后有着职业出版人陈子沛、陈子寿等人和群益书社的支持。

与兴办《安徽俗话报》的时候不同，陈独秀在《新青年》办刊时不再采用撰稿、策划、经销“悉由仲甫自任之”[③] 的办刊策略，而是将出版和市场策划的工作交给了有着大量出版和营销经验的职业出版人陈子沛、陈子寿兄弟。陈独秀之所以选择由群益书社出版自己的刊物，原因也主要与经济因素有关。据当事人回忆，陈独秀本来选择的出版方是与自己有着诸多渊源的亚东图书馆，但是作为一家新兴的出版社，亚东图书馆对于陈独秀所计划的在“十年、八年”内才能产生巨大影响的宏伟蓝图自然是无力承担，此时亚东图书馆的经营人汪孟邹正为“社务乏款，焦急之至”“芜款未至，焦灼万分”这样的事情烦恼，“暂借到洋五百元”都已经使其“真正可感”，[④] 又哪里能支付再兴办一个新的杂志所要负担的高昂费用呢？而此时主持群益书社出版事宜的陈氏兄弟不仅之前在与陈独秀和亚东图书馆等方面的种种交往过程中显示出了出色的出版眼光，[⑤] 之于经营方面，群益书社也极其成功。1915 年

---

① 《开办〈安徽俗话报〉的缘故》，《安徽俗话报》1904 年第 1 期。

② 汪原放：《回忆亚东图书馆》，学林出版社 1983 年版，第 32 页。

③ 房秩五：《房秩五回忆〈俗话报〉诗一首》，王树棣，强重华，杨淑娟，李学文编《陈独秀评论选编 · 下卷》，河南人民出版社 1983 年版，第 317 页。

④ 汪原放：《回忆亚东图书馆》，学林出版社 1983 年版，第 32 页。

⑤ 参见邹振环《作为〈新青年〉赞助者的群益书社》，《史学月刊》2016 年第 4 期。

前后，群益书社甚至“连商务印书馆也要向他们配不少《辞典》，据说月月结账，要用笆斗解不少洋钱给他们”，[1] 对于《新青年》的出版，群益书社在此时显然是不二之选。这样一来，作为主编的陈独秀只需要在陈氏兄弟安排的大框架下将自己的思想有机地植入就可以了，而那些有关制版、销售以及如何取得市场利益最大化等诸多事宜，则是群益书社考虑的问题。可见，陈独秀在兴办《新青年》的时候并非是完全不考虑市场和现实因素，在刊物的具体出版过程中，出现了新的分工，在这种分工之下，有更专业的人士去专门面对市场与发行，而不需要陈独秀身兼多职了。当然，对于这些与市场利益息息相关的问题，作为出版人的陈子沛、陈子寿兄弟在大多数时候还是要与作为主编的陈独秀商议后再综合做出决定，但是由于分工领域的明确以及杂志的实际归属权等因素，这些问题的主导权还是掌握在陈氏兄弟手中。一个最明显的例子就是在1918年年末，在钱玄同的动员下，陈独秀提出了“《新青年》从六卷起改用横行”的建议，并受到了《新青年》同人们的赞成，但是，群益书社以“这么一改，印刷工资的加多几及一倍”为由，驳回了陈独秀等人的建议，[2] 以致《新青年》直至终刊都是以竖行排版面世。毕竟，在《新青年》创刊之初，陈氏兄弟每月要付出“编辑费和稿费二百元”，[3] 在这二百元之外，追求利益的最大化也是无可厚非的事情，更何况依照当时《新青年》每册分售价格仅为二角的情况来看，陈氏兄弟刊行这份杂志很可能是一件赔本的买卖，能够维持收支平衡已实属不易。[4]

《新青年》读者“通信”一栏的设立显示出了群益书社在杂志创办早期的一种宣传策略。对于一份新生的刊物而言，如何与既有的刊物共享读者市场是一件至关重要的事情，其中最为快捷的方式，就是在形式和思想上模仿既有刊物，使读者对两者产生混淆。对于《新青年》的出版者而言，模仿甚

---

① 汪原放：《回忆亚东图书馆》，学林出版社1983年版，第36页。

② 参见钱玄同《致〈新青年〉同人》，《钱玄同文集·第六卷》，中国人民大学出版社2000年版，第127页。

③ 汪原放：《回忆亚东图书馆》，学林出版社1983年版，第32页。

④ 按照《新青年》的定价来看，每期1000册的发行量刚好和群益书社支付陈独秀等人的编辑费用相同，可见，群益书社刊行这份杂志很大程度上是处于友情以及一种共同的志向。

至可以说是其在早期打开市场的一条重要的策略。

有研究者注意到，《新青年》最早名为《青年杂志》是为了有意识地使自己和一向以“青年”作为刊名的基督教青年会刊物混淆。[①] 这一点在《新青年》尚未出版之时显示得尤为明显，群益书社在《新青年》尚未发刊之际，曾于《甲寅》杂志上刊登过一则广告，在这则广告上，这份即将面世的刊物甚至不叫《青年杂志》，而是直接叫《青年》。[②] 在1915年的上海，实际上早就存在着一份名为《青年》的刊物，而且该刊物还是基督教青年会全国学会的机关刊物，在出版界的影响很大。这样看来，群益书社的广告实际上就是在故意混淆读者视线，以为即将出版的新刊物打开市场。而《青年杂志》时期的《新青年》对于《甲寅》的模仿则更是惟妙惟肖：第一，《青年杂志》的主要撰稿人几乎都在《甲寅》杂志上发表过文章，如高一涵、易白沙、谢无量、刘叔雅等人，而作为主编的陈独秀更是与《甲寅》杂志的主编章士钊有过数次深度的合作，并在1914年远赴东瀛协助《甲寅》在日本的编辑出版。因此，仅就作者构成来说，很容易地就能感觉到一种《甲寅》办刊的延续，由于作者群的重合，《青年杂志》中许多思想也和《甲寅》杂志不谋而合。第二，《青年杂志》的专栏设置也与《甲寅》多有雷同，特别是通信一栏的设置，使得读者一眼就能看出两份刊物的渊源。事实上，在刊物上设置“通信”一门，本身就是章士钊的一个创举，[③] 而在1915年前后，“通信”一门甚至一度成为其所办《甲寅》杂志的一个显著风格，在知识界有着较为广泛的影响。有读者写信给章士钊说：“自大记者主持《民立报》以来，仆即见其对于‘通信’一门，颇为注意，意在步武欧美诸大周刊、日刊诸报，以范成舆论之中心。然国人研究讨论之心，不甚发达，虽亦有应者，而究属寂寥，是诚可惜。仆当《独立周报》时代，亦曾妄以管见，填其余白。今幸大志赓续前志，锲而不舍，论风之开，仆将以是卜之，而仆所有怀疑，亦有时会相

---

① 参见杨华丽《〈青年杂志〉改名原因：误读与重释》，《湘潭大学学报》（哲学社会科学版）2016年第6期。

② 参见《甲寅》1915年第1卷第9号。

③ 参见杨琥《章士钊与中国近代报刊“通信”栏的创设——以〈甲寅〉杂志为核心》，《安徽大学学报》（哲学社会科学版）2012年第4期。

与剖晰，此诚私心狂喜者也。”[1] 故此，不难看出，对既有刊物的模仿是群益书社对于新刊物《青年杂志》在形式上的一个既定策略，设立“通信”一门，则实际上是从属于这个大的营销策略之中的。

随着《青年杂志》的开办，开设“通信”一门的重要价值也逐步地显露了出来。在陈独秀最初的设想中，“本志特开通信一门以为质析疑难，发抒意见之用。凡青年诸君对于物情学理有所怀疑，或有所阐发，皆可直缄惠示本志。当尽其所知，用以奉答。庶可启发心思，增益神志”。[2] 随后的办刊实践证明，陈独秀的这一设计显然是成功的。在 1915 年前后，中国的舆论尚未开放，尤其是那些对于新思想有着一定了解的青年学生而言，由《甲寅》杂志“通信”一门所开拓出来的言论空间是远远不够的，其原因有二：第一，《甲寅》杂志的读者通信实际上是为了那些已经有了一定政治见解的精英知识分子预备的，在其设计中，其设立的目的是在于“使全国之意见，皆得如其量以发表之，其文或指陈一事，或阐发一理，或于政治学术有所怀疑，不以同人为不肖，交相质证，俱一律欢待，尽先登录。若夫问题过大、持理过精，非同人之力所及，同人当设法代请于东西洋学者以解答之”。[3] 对比两份杂志关于开设“通信”目的的阐述可以看出，《甲寅》的通信主要倾向于一种学理意义上的探索，章士钊等人甚至已经做好了充分的准备，以“东西洋学者”作为顾问和后援，来对那些来信中所涉及的专业性问题做出解释；而《青年杂志》则不然，其开设“通信”的目的与其说是“质析疑难，发抒意见”，倒不如说是“启发心思，增益神志”，在很大程度上，《青年杂志》的“通信”一门就是一个专门为青年人开辟的空间，它不在于能为青年们的问题做出多么具有学理性的解释，但是却能成为读者与杂志编辑之间沟通的桥梁。第二，由《甲寅》这一种杂志所开辟的言论空间毕竟是有限的，再加上 1915 年杂志因为章士钊发表了《帝政驳议》一文而被袁世凯政府封禁，知识界竟

---

① 李荚：《宪法会议（致〈甲寅〉杂志记者）》，《甲寅》1914 年第 1 卷第 1 号。

② 《社告》，《青年杂志》1915 年第 1 卷第 1 号。

③ 《本志宣告》，《甲寅》1914 年第 1 卷第 1 号。

一时找不到可以发声的空间，甚至有人戏称为断了“吾辈青年的粮饷”。[①] 此时《青年杂志》上新的言论空间的开辟，迅速弥补了读者言论空间上的空缺，有读者来信称：“内有通信一门，尤足使仆心动。因仆对于耳目所接触之事物，每多怀疑莫决，师友中亦间有不能答其质问者。今贵杂志居然设此一门，可谓投合人心，应时之务。仆今后当随事随物，举其所疑，用以奉质。”[②] 这样一来，《青年杂志》的名声在青年群体中就被打响了，其销路也得到了拓展，在《新青年》以《青年杂志》面世的第一卷各期中，读者来信的数量虽有所波动，但总体上呈现出一种增长的态势，而且来信读者的范围也越来越大，[③] 来信所探讨的问题也越来越多元和深入。这些现象无疑说明了“通信”一门在《新青年》的整体营销策略中起到了十分重要的作用。

可以说，陈子沛、陈子寿兄弟设置“通信”一门的主要目的是营销，陈独秀对于这个专栏的设想是更好地与青年人沟通，这两点分别构成了《青年杂志》读者通信栏的形式和内核。两方面的紧密结合不但为这份新刊行的杂志赢得了市场，还在最大程度上将陈独秀所要“敬告青年”的种种思想切实在青年群体进行了普及。

《青年杂志》自第二卷起，更名为《新青年》，在之后的办刊过程中，“通信”一门作为一种宣传的策略，多次在杂志遇到危机的时候发挥了重要的作用。其中，最引人瞩目的当属发生在1918年的所谓“双簧信”事件。这场对新文化运动意义重大的文化事件，在今天的视角看来，确实是打破了文化界由来已久的沉寂，使新文化运动从小范围波及到了全社会，[④] 但是回归当时的语境下，其中却隐含着《新青年》自刊行以来所遭遇的一次重大的危机。

---

① 贵阳爱读贵志之一青年：《致记者》，《新青年》1916年第2卷第1号。

② 张永言：《致记者》，《青年杂志》1915年第1卷第4号。

③ 在《青年杂志》各期中，第一号读者来信为2封，且来信者皆为陈独秀旧时相识；第二号读者来信为2封，其中有“王珏”一人，似与陈独秀素无往来；第三号读者来信5封，其中有“李大魁”一人甚至提出了与《青年杂志》所倡相悖的观点，亦得到了陈独秀的悉心解答；第四号读者来信3封；第五号出版于1916年1月，为新年号，文章收录较多，疑由于篇幅原因未设读者通信栏；第六号读者来信3封。

④ 参见钱理群、温儒敏、吴福辉《中国现代文学三十年（修订本）》，北京大学出版社1998年版，第7页。

1918年前后，《新青年》杂志在经营上正处于一个十分危急的关头，在一封写给许寿裳的信件中，鲁迅写道："《新青年》以不能广行，书肆拟中止；独秀辈与之交涉，已允续刊，定于本月十五出版云。"① 自发刊以来，《新青年》虽然每月皆能完成群益书社当初制订的每期一千册的发行量，甚至在此基础上一度有所增印，但是，正如张国焘所回忆的那样，《新青年》"每期出版后，在北大即销售一空"，② 杂志的发行对象却始终突破不了"进步学生"这样一个相对狭窄的群体。而与此同时，群益书社的情况却是江河日下：1917年，商务印书馆对其1907年所刊行的《英华辞典》进行了修订，以《增广英华新辞典》为名重新问世，并风靡一时，一再重版，这使得群益书社原先可以与之一较高下的英文辞书一下子失去了优势。据汪原放回忆，"群益过去好，近来听说也不很好了。他们的《英汉辞典》《英汉双解辞典》，不如以前了。……后来商务出了《英华辞典》等等，价钱比群益便宜，内容也很好。群益也急哩"。③ 再加上上海在1912—1918年飞速增长的物价，④《新青年》每期一千册左右的发行量已经成为陈子沛、陈子寿兄弟的一个负担，陈氏兄弟不得不考虑放弃这个经由自己推向市场的刊物。在这种情形下，陈独秀等人对于进一步拓展市场的考虑就成为当务之急，"通信"对于市场营销的作用再一次被凸显了出来。

从排版上来看，王敬轩寄给《新青年》杂志社的"信"从"通信"一栏中被抽出，单独放在了"通信"之前一篇，这本身就显示了《新青年》编辑对于这封信的重视和期望。从内容上看，自《新青年》第四卷改版成为同人刊物起，虽然对于读者来信的回答确是有着一些"悍"化的倾向，⑤ 但是，

---

① 鲁迅：《致许寿裳（180104）》，《鲁迅全集·第11卷》，人民文学出版社2005年版，第357页。

② 张国焘：《我的回忆·第一册》，东方出版社1980年版，第40页。

③ 汪原放：《回忆亚东图书馆》，学林出版社1983年版，第36页。

④ 参见中国社科院上海经济研究所编《上海解放前后物价资料汇编1921—1957年》，上海人民出版社1958年版，第4页。据书中估算，1912—1918年，上海的物价指数有涨有落，但整体上涨了16.8%。而群益书社在《新青年》一刊上仅仅是能够维持收支平衡，这平均每期多出的168元对1918年前后生意相对惨淡的群益书社而言也是一笔不小的负担。

⑤ 参见胡适《新文学的建设理论》，蔡元培等《中国新文学大系导论集》，良友复兴图书公司1940年版，第41页。

像刘半农这样“逐句答毕”之后还以“不学无术，顽固胡闹”“生为考语，死作墓铭”的话詈骂读者的行为却是从来未曾有过的；[①] 而且，仔细看这两封“双簧信”，其中的一些细节也是颇为值得玩味的。就王敬轩而言，其在信中大力吹捧林纾的小说，“林先生为当代文豪，善能以唐代小说之神韵，迻译外洋小说。所叙者皆西人之事也，而用笔措词，全是国文风度，使阅者几忘其为西事，是岂寻常文人所能企及。而贵报乃以不同相诋，是真出人意外。……林先生渊懿之古文，则目为不通，周君蹇涩之译笔，则为之登载，真所谓弃周鼎而宝康瓠者矣。林先生所译小说，无虑百种，不特译笔雅健，即所定书名，亦往往斟酌尽善尽美，如云《吟边燕语》，云《香钩情眼》，此可谓有句皆香，无字不艳”。[②] 这就将颇为流行的林译小说的作者一下子推向了论争的前台。作为《新青年》编辑，刘半农回信的时候在驳斥王敬轩来信之外，还讥讽未曾直接参与此事的林纾为“不辨菽麦”，[③] 这与《新青年》的一贯编辑风格是有所背离的。直接参与双簧信策划的周作人在之后的回忆中说道：“这封信发表了之后，反响不很好，大家觉得王敬轩有点可怜相，刘半农未免太凶狠了”。[④] 而在随后的一篇回忆“双簧信”的文章中，周作人却用了“打击敌人是目的，凡能达此目的的都可作手段，在平时有人不大赞成，但在战争或革命中我想是可以有的。半农的回答欠庄重，多少减了些力量，但暴露对方的可笑情状，也有宣传的效力”，[⑤] 这就不禁让人怀疑这种“欠庄重”的回答是否就是当初《新青年》同人们的题中之义。毕竟，在“双簧信”刊出之后，《新青年》不仅受到了一批所谓“崇拜王敬轩先生者”[⑥] 的来信指责，还成功地引起了在信中被攻击的林琴南的注意。1918 年前后的林纾，除了之前数十年间在京城积累下的人脉关系以及因翻译西方小说而得到的文名之外，

① 记者（半农）：《致敬轩先生》，《新青年》1918 年第 4 卷第 3 号。

② 《文学革命之反响——王敬轩君来信》，《新青年》1918 年第 4 卷第 3 号。

③ 记者（半农）：《致敬轩先生》，《新青年》1918 年第 4 卷第 3 号。

④ 周作人：《王敬轩》，钟叔河编《周作人文类编·八十心情》，湖南文艺出版社 1998 年版，第 462 页。

⑤ 周作人：《王敬轩的信》，钟叔河编《周作人文类编·八十心情》，湖南文艺出版社 1998 年版，第 463—464 页。

⑥ 崇拜王敬轩先生者：《致陈独秀》，《新青年》1918 年第 4 卷第 6 号。

还“亲自组织古文讲习会，讲解《左传》《庄子》及汉魏唐宋古文。前往听讲者近百人”,[①] 由此不难看出林纾在当时文化界影响力之大。“双簧信”刊出之后，引得“林琴南出头与《新青年》为难，先致书蔡孑民，在《公言报》公开攻击，不能取胜，又在《新申报》上发表小说《荆生》，即指徐树铮，暗示用武力打倒狄莫（胡适）金心异（钱玄同）等，又在《妖梦》里说那些人都被神道吞吃了”。[②]《公言报》因着其深厚的安福系背景，在北京舆论界有着较大的影响力；而《新申报》的经营者席子佩正是老《申报》曾经的老板，其所办刊物在上海也是有着一定的影响。林纾在这两份刊物上攻击《新青年》，无疑是在北京与上海这两个中国政治、文化、经济的中心为这份正为销路发愁的刊物打出了免费的广告，《新青年》也因此走出了这场停刊的危机。在此之后的一年内，“《新青年》愈出愈好，销数也大了”[③]，仅在中国北部就“约每期可销一千五百份”,[④] 并且，在杂志的广告栏内，开始出现了往期过刊的再版广告,[⑤] 甚至如汪原放所言，《新青年》杂志在“最多一个月可以印一万五六千本”。[⑥] 可见，借由“双簧信”事件，《新青年》杂志在更广泛的层面上获得了读者的关注，进而彻底打开了市场，在这场思想与市场的博弈中获得了主动权。

在《新青年》办刊前期，经营者陈氏兄弟因着其卓越的办刊眼光和较为进步的思想，与主编陈独秀之间往往可以在市场与思想方面找到一个平衡点，这个平衡点建立的基础是群益书社的经济情况足以维持《新青年》刊物的运作，一旦群益书社在《新青年》杂志方面资金链出现了长时间的断裂，或是

---

① 山东聊城师院现代文学研究室编：《林纾年谱及著译（征求意见本）》，聊城：自印，1981 年，第 72 页。

② 周作人：《王敬轩》，钟叔河编《周作人文类编·八十心情》，湖南文艺出版社 1998 年版，第 462—463 页。

③ 汪原放：《回忆亚东图书馆》，学林出版社 1983 年版，第 32 页。

④ 《〈新青年〉编辑部与上海发行部重订条件》，鲁迅大辞典编纂组《鲁迅佚文集》，四川人民出版社 1979 年版，第 144 页；另外，关于此篇是否为鲁迅所写尚有疑问，其主要论争见周楠本《一篇新发现的鲁迅手稿：〈新青年〉编辑部与上海发行部重订条件》，《鲁迅研究月刊》2011 年第 12 期和叶淑穗《对〈一篇新发现的鲁迅手稿〉一文的质疑》《鲁迅研究月刊》2012 年第 4 期。

⑤ 参见《新青年》1919 年第 7 卷第 1 号。

⑥ 汪原放：《回忆亚东图书馆》，学林出版社 1983 年版，第 32 页。

在办刊理念上出现了较大的分歧，双方的合作也就无以为继了。时间到了1920年，这种情况终于还是发生了，作为当事人的汪原放将这次决裂的起源定位在了《新青年》第七卷第六号的涨价事件上，称："只记得陈仲翁认为《新青年》第七卷第六号'劳动节纪念号'（1920年5月1日出版）虽然比平时的页数要多得多，群益也实在不应该加价。但群益方面说，本期又有锌版，又有表格，排工贵得多，用纸也多得多，如果不加价，亏本太多。"① 而陈独秀却"对群益不满意不是一天了"，涨价事件只是一个引子，在他的眼中，"群益欺负我们的事，十张纸也写不尽"，② 陈独秀认为群益书社方面"既想发横财，又怕风波，实在难于共事"，并计划甩开群益书社方面独立"招股办一书局"。③ 两相对照，不难看出，所谓涨价事件其实只是一个导火索，其真正的原因在于1920年前后思想日渐激进的陈独秀在办刊过程中多有过激的言论，刊物在《青年杂志》时期就已经定下的"批评时政，非其旨也"④ 的方针在办刊过程中被逐步地打破。这个变动甚至引起了《新青年》编辑部同人们的不满，胡适就曾经指出，"《新青年》差不多成了Soviet Russia的汉译本"，⑤ 对于群益书社方面，陈独秀将刊物政论化的行为也为其带来了很多的风险，陈子沛、陈子寿兄弟与陈独秀出现分歧的根本原因是"怕风潮"。⑥ 陈独秀作为一个自然人，一旦出了事自是可以一走了之，但是群益书社却需要承担相应的风险，这才是群益书社方面与陈独秀最终分裂的直接原因，为了一份不能为出版方带来额外收入的刊物而冒太大风险，这对于职业出版商陈氏兄弟而言无论如何都是不划算的。

---

① 汪原放：《回忆亚东图书馆》，学林出版社1983年版，第54页。

② 《19200519陈独秀致胡适》，石中扬《江上几峰青——寻找手迹中的陈独秀》，人民出版社2015年版，第93页。此书中收录有陈独秀书信的影印件，此外，关于信件来历可参见欧阳哲生《新发现的一组关于〈新青年〉的同人来往书信》，中共"一大"会址纪念馆、上海革命历史博物馆筹备处编《上海革命史资料与研究·第10辑》，上海古籍出版社2010年版，第666—677页。

③ 《19200511陈独秀致胡适》，石中扬《江上几峰青——寻找手迹中的陈独秀》，人民出版社2015年版，第90页。

④ 王庸工：《致记者》，《青年杂志》1915年第1卷第1号。

⑤ 胡适：《致李大钊等〈新青年〉编委》，《胡适全集·第23卷》，安徽教育出版社2003年版，第291页。

⑥ 《19200519陈独秀致胡适》，石中扬《江上几峰青——寻找手迹中的陈独秀》，人民出版社2015年版，第93页。

可以看出，对群益书社而言，读者“通信”一门从《新青年》发刊起，就已经被纳入其市场营销的通盘考量当中，杂志的编辑们则需要在市场的大框架下考虑如何将自己思想的内核植入其中。一旦编辑的思路溢出了与出版商所商议的既定框架，冲突的出现就不可避免了。冲突又常常以出资方撤资，刊物无法继续办下去为结果，这也是民国初期那些试图对资本市场进行反思的先驱们在面对资本市场时的一种必然命运。① 要改变这种命运，像陈独秀那样，做出成立属于自己的出版机关的考虑，② 则显得势在必行。

2. 对话与刊物影响的扩大

读者“通信”一栏的设立，对于《新青年》刊物的发展来说，其意义是多重的。

“通信”一栏最突出的意义莫过于在读者和《新青年》编辑之间建立起了一道桥梁。新文化运动发生前后，时代的风云变幻使新的思想和语词不断地涌入国内，虽然主持《新青年》的陈独秀、李大钊、陶孟和、周作人等人在兴办杂志之前的种种政治文化活动中有着相当丰富的经验，并且不断地更新着自己的思想，但是由于编辑同人毕竟只是少数的几个人，作为个人的知识储备毕竟是有限的，故而他们对一些当下青年所关心的具体问题尚缺乏有效的跟进和了解，更何况，围绕在《新青年》周边的同人们与新文化运动前后的“青年”们之间毕竟有着十余岁的年龄差异，也就是所谓的“老师一代”，他们与“学生一代”的思想之间是有代沟的，③ 考虑事情的角度和方法也有所不同。

这种现象在陈独秀以一己之力主持杂志的时期尤为明显。1916 年，《青年杂志》曾经刊登了一封署名“辉暹”的青年来信，信中主要内容是问了六个问题：“一、吸灰尘有何害于卫生？二、常见人颜色鲜艳，而有血色颇为可

---

① 不只是刊物，一些社团，如各地工读互助团举办到后期，也常常面临着一种在资金上无以为继的境地。

② 陈独秀曾经考虑过成立“兴文社”，并以此募集股款，以出版新的刊物与群益书社出版的《新青年》分庭抗礼（参见唐宝林《陈独秀全传》，社会科学文献出版社 2013 年版，第 283 页。）

③ 参见周策纵等《五四与中国》，时报文化出版事业有限公司 1979 年版，第 274 页。

爱，此果何法使之然欤？三、手指，足趾上之爪，因何自行脱落？四、异族结婚，后嗣多慧健，究为何故？五、运动后不即入浴，乃防何种危险？六、现时各种体操繁多，究以何种于身体之康健为最适当？可否请示其法？”① 作为编辑，陈独秀对于这六个问题一一做出解答，对于一些问题，如“吸灰尘有何害于卫生”等，陈独秀的回答可以说是详尽备至，在长篇大论中不时有所发散，甚至还在回答中设问，在自问自答中使答案变得生动活泼；② 而对于另一些问题，陈独秀在回答中则常常用到“不外”两字，在看似武断的言论背后，实际上是陈独秀对于该领域的知识并没有充分的了解。青年学生们不但有追求知识，追求进步的需要，同时，对于外在美的追求也是一个非常重要的方面，所以，当辉暹提及这些问题的时候，实际上所传达出的是青年们所要面对的一种具有普遍性的问题。但是，身为老资格革命者的陈独秀在自己的思想革命框架中对这些问题显然没有充分地顾及，而读者对于这些问题的关注也使得陈独秀等人开始对这些自己之前较少关注的领域有了一定的涉足，并将其整合进自己的办刊思路当中。在接下来的《新青年》第二卷中，陈独秀对当时中国“青年”的生理状态做了一个描述，“自生理而言之，白面书生，为吾国青年称美之名词。民族衰微，即坐此病。美其貌，弱其质，全国青年，悉秉蒲柳之姿，绝无桓武之态。艰难辛苦，力不能堪。青年堕落，壮无能为。非吾国今日之现象乎？”③ 陈独秀对青年生理状态的这种描述，实际上就解决了辉暹所提出的第二个问题，也同时将青年的外在审美需求纳入了自己的思想启蒙脉络当中，也使《新青年》杂志更加贴近青年的关心重点，与青年不断对话，成为青年的良师益友。

此篇《新青年》为1916年《青年杂志》被迫改名《新青年》之后的第一篇文章，可以看作陈独秀为《新青年》所做的发刊词。将此篇与《青年杂志》的发刊词《敬告青年》相比，不难看出，在《敬告青年》中，陈独秀等人只着眼于青年的精神世界，看到了“少年老成”，“见夫青年其年龄，而老

---

① 辉暹：《致记者先生》，《青年杂志》1916年第1卷第6号。

② 参见《记者答言》，《青年杂志》1916年，第1卷第6号。

③ 陈独秀：《新青年》，《新青年》1916年，第2卷第1号。

年其身体者十之五焉，青年之年龄或身体，而老年其脑神经者十之九焉。华其发，泽其容，直其腰，广其膈，非不俨然青年也，及叩其头脑中所涉想、所怀抱，无一不与彼陈腐朽败者为一丘之貉”。[①]《新青年》一文中，陈独秀更是注意到了追求外在审美对青年精神的腐蚀，这个转变和辉暹等人的来信有着很大的关系。事实上，在《新青年》以《青年杂志》刊行的第一卷中，大量读者来信都是“与生理卫生极有关系”，[②] 其中，辉暹对于“颜色鲜艳”的追求有一定代表性，而另一些青年则与辉暹相反。一位署名“穗”的青年来信直接问陈独秀，“穗欲习拳术，但未得良师。想沪上定有名人，恳示一二，并告姓氏地址为祷”。[③] 这类青年所追求的并不是所谓“有血色颇为可爱”的外表，而是一种勇武的气质。显然，陈独秀对于前一种“斯斯文文一白面书生”类型的青年是颇有微词的，其心中的青年应当是“面红体壮，若欧美青年之威武陵人”[④] 的。从《敬告青年》到《新青年》，陈独秀对于青年的认识是不断加深的，在这个过程中，《青年杂志》第一卷中所收录的青年来信显然成为陈独秀等人了解青年思想动向的一个重要途径。能够通过通信来广泛听取青年的心声，进而不断调整自己与青年人之间对话的主题和姿态，这也正是《新青年》杂志常办常新的一个重要原因。

除了可以使读者和编辑直接对话之外，《新青年》的“读者通信”一栏还给予了青年读者可以直接评价杂志中诸多篇什的机会，读者们可以直接就杂志中的具体文章进行商榷和褒贬。这样一来，一方面使得陈独秀等编辑们可以进一步了解青年的阅读习惯和阅读爱好，另一方面则使得一些在文章中尚未得到很好解决的问题在通信中找到了进一步拓展和讨论的空间，使得一些仍存在疑义的具体问题得到了充分的研讨和解答。如在一位署名张永言的青年来信中，对《青年杂志》第一卷第二号所刊登的《托尔斯泰之逃亡》这样一篇文章就多有批评：“贵杂志第二号《托尔斯泰之逃亡》一篇，重返三四

---

① 陈独秀：《敬告青年》，《青年杂志》1915 年第 1 卷第 1 号。
② 《记者答言》，《青年杂志》1916 年第 1 卷第 6 号。
③ 穗：《致记者》，《青年杂志》1915 年第 1 卷第 4 号。
④ 陈独秀：《新青年》，《新青年》1916 年第 2 卷第 1 号。

次读之，不知其用意之所在。托尔斯泰为世界有名之文人，则作斯篇者自非名家不敢动手，顾此篇则实晦塞冗闷，读之令人不欢，原文果亦如是乎？且斯篇之作，其主旨究何在耶?”[①]《托尔斯泰之逃亡》的译者署名“汝非”，实为国民革命名宿莫纪彭，谈及为杂志作文的原因，莫纪彭回忆道：此时的《青年杂志》为陈独秀以一己之力主办，“余知独秀国学造诣甚佳，能背诵整部《文选》，然对西学则所知有限，惟独秀极力务新，热心介绍西学，阅及余等主办之《民声》杂志，因来接洽”。[②] 作为普通读者的张永言对其中来由并不知晓，而莫纪彭身为一个老牌革命家，文学并非其所长，其翻译文笔也确实略显死板，缺乏生动可言，况且，“汝非”这样一个名字对于和20世纪最初几年的革命少有交集的青年学生而言，也确实显得尤为陌生。以上种种原因使得张永言对于汝非是否能够胜任对托尔斯泰的译介产生了怀疑，故在杂志上有了以上疑问。而陈独秀则对这个问题做了如下解答：“托尔斯泰为人，精神伟大，近世罕有。本志取其传中最后一篇者，以其笃行苦道，老而不衰也。托氏身为贵族，心在田间，弃家殉志，事远恒情，此其所以为托尔斯泰也”。[③] 陈独秀没有就张永言的问题做出正面回答，而是巧妙地绕开了来信中所提到的文笔问题，将问题的焦点集中在了汝非文中所重点提及的托尔斯泰的思想问题上来，这样，既化解了张永言信中较为尖锐的问题，同时也告诫了青年阅读杂志的方法，即注重思想，而非外在的形式。

可以看出，对于早期《新青年》而言，其重思想的特质与先前许多杂志重文笔、重辞藻的特点是有所区别的，[④] 对于一些读者而言，适应这种新的阅读方式并不是一下子就可以实现的，读者“通信”一栏则成为读者和编辑之间互相适应、互相调整的一个重要平台：《新青年》的编者们在可行的范围之内对于读者的要求进行了考虑并在编辑方面做出一定的调适，读者们也在与

① 张永言：《致记者》，《青年杂志》1915年第1卷第4号。

② 王聿均访问，谢文孙记录，郭廷以校阅：《莫纪彭先生访问记录》，中央研究院近代史研究所1997年版，第36页。

③ 《记者答言》，《青年杂志》1915年第1卷第4号。

④ 即使是名重一时的《甲寅》杂志，其中许多文章也采用的是骈体或骈散结合的修辞方式，辞藻比起《新青年》来说要华丽很多。

编者之间的对话中逐渐接受了一种以思想为中心的阅读方式。这样一来，《新青年》的销路不断打开，其所要传播的新思想也在青年群体中散布的越来越广。

除此之外，《新青年》读者“通信”栏的开办还为读者和读者之间提供了一个相互沟通的平台。在清末民初的历史条件下，不同地域之间的青年相互沟通是十分困难的，不仅仅是青年，就连陈独秀和吴虞这种曾经在《甲寅》杂志上发表文章的“同志”，其交往也仅限于稿件的往来和审阅上，思想的互相交流相对来说是比较少的。以至于在吴虞给《新青年》杂志写来信件之后，陈独秀在回信中的兴奋几乎难以掩饰：“久于章行严、谢无量二君许，闻知先生为蜀中名宿。《甲寅》所录大作，即是仆所选载，且妄加圈识，钦仰久矣。兹获读手教并大文，荣幸无似。”[①] 就吴虞一方面来说，此时的他正陷入内外交困的境地，不但其抨击孔教的文章在北京不能见容，并且由于四川新旧势力的此消彼长，其在四川的言论阵地也一步一步地缩小。这样困窘的境地下，吴虞只能一再在日记中提醒自己“自誓此后不作有关系政教文字”[②]“以后不作文字投报馆，以免生事”[③]。从吴虞寄给《新青年》的信中可以看出，此时的吴虞在言论上已然是走投无路，在四川省内竟无地无人与之能够沟通，“拙撰《宋元学粹语》，例言引李卓吾语，前清学部曾令赵学政启霖查禁。癸丑在成都《醒群报》投笔记稿，又由内务部朱启钤电令封禁（此次方准启封）。故关于非儒之作，成都报纸不甚感敢刊登”。[④] 可以看出，若吴虞此时未曾找到《新青年》这样的言论阵地，他就此沉寂下来也未可知，更遑论能够成为胡适后来所说的在“‘四川省只手打孔家店’的老英雄”[⑤] 了。事实上，吴虞在给《新青年》来信之前，对于与其思想接近且曾经共享过同一言论阵地的陈独秀几乎是闻所未闻，仅知道他是《新青年》杂志的“主任”。[⑥] 吴虞所陌

① 陈独秀：《致又陵先生》，《新青年》1917年第2卷第5号。
② 吴虞：《吴虞日记（上）》，四川人民出版社1986年版，第119页。
③ 同上书，第189页。
④ 吴虞：《致独秀先生》，《新青年》1917年第2卷第5号。
⑤ 胡适：《〈吴虞文录〉序》，《胡适全集·第1卷》，安徽教育出版社2003年版，第763页。
⑥ 吴虞：《吴虞日记（上）》，四川人民出版社1986年版，第272页。

生的不仅是陈独秀，对于当时东南一带的诸位名家，吴虞基本上可以说是一无所知，只是在朋友间谈论的时候才听说过这些名字："饭后李培甫、潘力山来。力山言：'陈独秀，安徽人，年四十余，独立前看《易经》，写小篆，作游山诗，独立后始出而讲新学，人之气象为之一变。长于英文，近于法文亦进。曾游日本，归国后充当教习。盖讲法兰西哲学者。住上海一楼一底，自教其小儿，其长子法文极佳，父子各独立不相谋也。马一浮动必循礼，不染世事，常住杭州。谢无量在中华作文，千字四元。梁任公千字三十元，无量不平，遂谢去。家住芜湖，其眷属独与无量在上海。柳亚子偶作小诗小文，乃斗方名士也。'"① 而事实上，吴虞在日记中所提到的这几位，在沪上一带皆颇负盛名，他们成名与吴虞几乎是同时，按道理说在革命的共同旗帜下，空气互通，应是多有耳闻，但是由于交通与信息的闭塞，身处内陆的吴虞多年来竟然对他们一无所知，当时信息之阻碍，交通之闭塞，由此可见一斑。这些思想界的名宿老将尚且如此，青年学生们之间的交通更是不在话下了。

《新青年》开设的读者"通信"一栏，则为青年学生们提供了一个互通思想的空间，青年们可以与曾经刊登于此栏的读者来信直接对话，互通思想上的有无。例如，《新青年》第二卷第三号中曾刊登一位署名"陈蓬心"的读者的来信，内容就是针对两期之前舒新城的一封来信发声的。舒新城的来信基于他在夏季参与基督教夏令营的独特经验，对社会改良和社会服务等问题有所思考："去年夏赴长江学生夏令会，见教会各校学生，皆组织有社会服务部，以课余暇晷，为社会服务。良法美意，甚为感佩。反而求诸国内各校，不惟无此事实，且无此观念，愧仄良深。曾国藩曰：'社会风尚，成于一二人。'新城不敏，愿提倡社会服务于青年界，冀成风尚，以改良社会。"② 在来信之时，他所提的问题并没有引起陈独秀足够的重视，作为编辑的陈独秀只是用"热忱高见，钦佩良深"③ 这样的套话回应了舒新城。而舒新城的观点却在刊出两期之后得到了陈蓬心的回应，陈蓬心在来信中说："有湖南舒新

---

① 吴虞：《吴虞日记（上）》，四川人民出版社1986年版，第281页。

② 湖南高等师范英语本科学生舒新城：《致记者》，《新青年》1916年第2卷第1号。

③ 《记者答言》，《新青年》1916年第2卷第1号。

城君投函，愿提倡社会服务，以改良社会，热忱卓见，实获我心。惟社会服务，千条万缕，从何入手？鄙意拟请舒君或贵社记者，拟一入手办法，或一人单独可行者，或须数人共同行之者，务须简便易行，俾同志青年，可以着手试办。鄙人不敏，愿为先驱。”① 在这封来信中，显然对于之前陈独秀对舒新城的回复意犹未尽，在响应舒新城建议的同时，陈蓬心还意在激起陈独秀等人对此问题的进一步思考。陈蓬心的来信无疑是成功的，之前对于社会服务问题并无太大兴趣的陈独秀在两位青年对此问题的共同关注下，也逐渐地开始对这个问题有了一定的关注。从他回复陈蓬心的信中可以看出，陈独秀对这一问题的回答明显要比答复舒新城的时候认真和深入得多：“社会服务，诚为美风，惟国中公共事业不甚发达，习惯未成，难以实举。鄙人尤有望于青年诸君者，首以‘为自己服务，不令他人为己服务’，为第一要义。”② 虽然陈独秀对公共服务的回答仍然是一种怀疑的态度，但是，借由《新青年》读者“通信”一栏，舒新城与陈蓬心两人之间的对话将陈独秀也席卷了进来，形成了一个读者与读者、读者与编辑之间的交往系统，将一个原先只属于舒新城个人对于社会问题的思考变成了一个具有明显“公共领域”③ 性质的存在，而公共领域的形成有助于将关于这些问题的讨论推向更广阔的言论空间，使问题不断地深化；同时，青年与青年之间的对话也有助于有着相同或相似社会经历或求学背景的青年互相激励，形成一种独立思考的习惯。

另外，《新青年》读者“通信”栏的开设，还有助于杂志的主持者们进一步展开自己的思路。在杂志的具体创办过程中，编辑所考虑的事情是方方面面的，有些具体事体囿于杂志版面或是其他原因，不便在正文中直接展开。于是，“通信”一栏就成了编辑们展开讨论这些问题的重要空间。身在美国的胡适曾于1916年2月通过汪孟邹交付给《青年杂志》一篇译稿，名为《决斗》，因《青年杂志》在创办时遇到的一系列困难，这篇文章迟迟见不到发

① 陈蓬心：《致〈新青年〉记者》，《新青年》1916年第2卷第3号。

② 《记者答言》，《新青年》1916年第2卷第3号。

③ 参见［德］哈贝马斯《公共领域的结构转型》，曹卫东、王晓珏、刘北城、宋伟杰译，学林出版社1999年版，第54页。

表，胡适于是来信询问，之后陈独秀也曾有过两封回信。值得注意的是，当陈独秀将胡适的来信刊登于《新青年》第二卷第二号上的时候，其所做的“记者答言”却不是答复胡适的两封信件中的任何一封。在陈独秀给胡适的两封回信中，第一封主要内容是就《新青年》改版所造成的稿件刊出延误而向胡适致歉；[①] 第二封信作于《新青年》第二卷第二号编辑完成之后，可以看作陈独秀在杂志上对胡适的补充，其主要内容是向胡适说明了自己试图进行文学改革的想法以及编辑中遇到的具体困难。[②] 较之这两封在当时未曾公开的来信，陈独秀刊登在《新青年》上的那一封答信则更多的是针对胡适来信中所提出的一些具体问题做出的商榷和解答。

从陈独秀对于这三封信的安排中可以看出其对于胡适来信在内容上的编辑策略：之于没有被公开发表的那两封信，其主要内容多与《新青年》杂志的具体编辑策略与方向有关，这一部分内容在作为编辑的陈独秀眼中是不宜向公众公开的，因为其中牵涉诸多人事的冲突与调和。事实上，陈独秀甚至都没有向胡适说明《青年杂志》改刊的真相，对于《青年杂志》改为《新青年》过程中所牵涉的诸如与陈子沛、陈子寿兄弟、基督教青年会等各方利益之间的平衡，陈独秀确实没有向胡适一一道明的必要，而只是轻描淡写地提道：“《青年》以战事延刊多日，兹已拟仍续刊。依发行者之意，已改名《新青年》，本月内可以出版。”[③] 而在《新青年》上刊出的回复胡适的信中，陈独秀则更多地聚焦于胡适信中所提出的文学革命所需要注意的“八事”之上，并就其中第五项“须讲求文法之结构”、第六项“不作无病之呻吟”、第八项“须言之有物”等三项[④]提出了自己的观点，并进行了进一步的表述。显然，陈独秀将回复胡适信件的这一部分置于公共场域之下，就是想引起社会各界的广泛的讨论，陈独秀甚至将这一期望直接表现在回复胡适的信件中：“海内

① 参见陈独秀《致胡适》，中国社会科学院近代史研究所中华民国史组编《胡适来往书信选·上》，中华书局 1979 年版，第 3-4 页。

② 参见陈独秀《致胡适》，中国社会科学院近代史研究所中华民国史组编《胡适来往书信选·上》，中华书局 1979 年版，第 5 页。

③ 参见陈独秀《致胡适》，中国社会科学院近代史研究所中华民国史组编《胡适来往书信选·上》，中华书局 1979 年版，第 3 页。

④ 胡适：《致独秀先生》，《新青年》1916 年第 2 卷第 2 号。

外讲求改革中国文学诸君子，倘能发为宏议，以资公同讨论，敢不洗耳静听？若来书所谓加以论断，以仆不学无文，何敢何敢！"① 事实上，早在胡适来信之前，就早有读者注意到了中国文学的语言问题，读者沈慎乃来信说："乃以为语言不通，阻教育之前进。谋教育之前进，必先使语言一致。一致之语言和，即官话耶。故全国上下，竭力提倡官话，为谋教育前进之先导。"② 陈独秀本人早年也创办过《安徽俗话报》等白话报刊，意在普及官话。沈慎乃的观点与陈独秀早期的观念基本一致，是一种建立在现代民族国家形式之上的语言改革观，其改革的目的在于形成一种全国"大一统"式的语言一致。所以陈独秀在回信中说："国语统一，为普通教育之第一著。惟兹事体大，必举全国人士留心斯道者，精心讨论，始克集事。此业当期诸政象大宁以后，今非其时。此时所谓官话，即北京话，仍属方言，未能得各地方言语之大凡，强人肄习，过于削足适履。采为国语，其事不便。"③ 可见，在当时的社会历史条件之下，陈独秀和沈慎乃一样，虽然早已发现语言与社会思想之间的重要联系，但是其探索却仅限于作为形式的语言上，对语言及其内在所具有的对于思维的决定性影响并没有很好地开掘，更无力建立一种成体系的语言改革方案。这时，胡适所提出的"八事"，以一种体系性的姿态来面对这个陈独秀思考已久的问题，而且其所持视角比陈独秀等人更加犀利，发掘也更加深刻，这正是陈独秀在编辑杂志时迫切需要的。但是，胡适的来信也有不适合被放在正文中的原因，首先，胡适在这封来信中所谈及的问题繁杂，许多问题是信手由之，问题之间缺少内在的联系；其次，胡适虽然对语言与文学革命之间的关系提出了"八事"，但是却只提供了一个简单的构架，并没有充分展开。这时，杂志中的"通信"栏则成为安置这些具有巨大潜在价值的通信的空间。

从陈独秀特意为这封来信所撰写的第三封回信中不难看出，陈独秀的目的就是想通过自己对于这封信中提出问题的探讨来达到一个抛砖引玉的效果，

---

① 《记者答言》，《新青年》1916 年第 2 卷第 2 号。

② 三马路中国银行收税处沈慎乃：《致记者》，《新青年》1916 年第 2 卷第 1 号。

③ 《记者答言》，《新青年》1916 年第 2 卷第 1 号。

将读者的注意力吸引至语言与文学革命这方面来。从此后的事实来看，陈独秀的这一设想无疑是成功的，在胡适信件刊登不久，就收到了山西籍青年学生常乃悳的回复："胡先生以古文之敝，而倡改革说，是也；若因改革之故，而并废骈体，及禁用古典，则期期以为不可。夫文体各别，其用不同，美术之文，虽无直接只用，然其陶铸高尚之理想，引起美感之兴趣，亦何可少者。譬如高文典册，颂功扬德之文，以骈佳乎，抑以散佳乎？此可一言决矣。"① 常乃悳对胡适观点的商榷又进一步引起了陈独秀的阐发，而关于语言和文学改良问题也在《新青年》杂志上渐渐浮出了水面，成为呼之欲出的一个讨论的重点。之后不久，随着胡适的《文学改良刍议》在《新青年》第二卷第五号上刊发，这个问题在新文化运动中的意义进一步被凸显了出来。以胡适来信的案例可以看出，《新青年》读者"通信"一栏，对于编辑思想的展开，以及刊物内容的具体走向实际上是有着一定的铺垫作用的，很多有价值的思想在通信的往来中不断地被发掘，也促使思想的提出者将问题引向深入，获得更为广泛的社会影响。

在新文化运动中，以《新青年》杂志"读者通信"一栏为代表的编辑和读者之间的互动是一个比较有特点的文化现象。编辑们利用这一平台与读者直接对话，从而了解市场和时代对其所编刊物的要求和期望，以获得一种关于自身位置的确认。而读者对于新兴媒体和生产机制的信任和对于舆论空间的向往又使其与编辑之间可以形成共识或者合谋，促成了刊物内部的调和，使刊物在市场与思想这两个维度上能够维持一种平衡。可以说，经由新文化运动而产生的这种编读之间的互动关系对新文化的传播和发展起到了重要的作用，同时也为此后中国文化刊物的编辑提供了一个很好的实践经验。

---

① 北京高等师范预科生晋后学常乃悳：《致独秀先生座右》，《新青年》1916年第2卷第4号。

第三节　扩散中的新文化

1. 作为一种资本的文化

20世纪20年代初期出现的“工读主义”思潮虽然只是昙花一现，但是其对于当时身处湘西军队中的青年沈从文思想的影响却是十分深远的。沈从文对“工读主义”的接受与工读互助团的开展之间存在着较大的时间差，也正是这种时间差的存在，造就了沈从文在20世纪20年代文化选择上的特殊性，也成为其文学世界里批判消费的基础。在20世纪20年代初期，对“工读主义”的接受和向往促使了沈从文从湘西走向北京，从一个军人成长为一名作家，这种思想伴随了他一生，也成为切入其精神世界的一个重要的入口。从沈从文的经历中，可以管窥到新文化运动时期受到那些诸如《新青年》《学灯》等新文化刊物影响的青年的思想动向，也可以直观地看到新文化运动的余波是如何扩散到文化中心城市之外的地方去的。

与“互助社”“少年中国学会”“国民杂志社”“改造社”等同时期出现的一批社团相比，“工读互助团”的理论和实践可以说是最富有理想主义情怀的了，并且其构架所具有的空想社会主义色彩之于那个时代是颇有建设性意义的。“工读互助团”理念甫一在中国传播，就立即引起了社会的关注，各界人士借助新兴的文化刊物纷纷加入对“工读互助”的讨论，“工读互助”小组一时间也是遍地开花，呈现出一派生机勃勃的景象。印发有关“工读互助团”讨论的刊物随着新思想在中国国内的传播和出版技术的进步被扩散到了各地，使许多尚处于迷茫状态的青年人听到了远方朋友的呼唤，尤其是在地理位置偏远、文化建设边缘的中国内陆腹地，这种前所未闻的新思想带来的冲击更是巨大。通过对于新思想的咀嚼，青年们开始反思自己之前的生活，想象着一种完全不同于以前的个人与国家之间的互动关系。沈从文就是这些青年人之中的一员，“工读主义”的梦催促着他离开湘西，离开这个在新思潮冲击下日渐萎靡的世外桃源。同时，“工读主义”思想也在整个20世纪20年代影响着沈从文的文化选择，驱使着沈从文不断对中国文化进行反思，对消费主义进行批判。

“工读主义”是在五四运动时期受到广泛关注的政治实践之一。早在五四运动之前，时为少年中国学会骨干的王光祈就曾经基于托尔斯泰的“泛劳动主义”构想提出了“新农村运动”的主张，提到了“我们提倡半工半读，使读书者必做工，做工者亦得读书”。[①] 1919年，周作人[②]远赴日本，向武者小路实笃学习“日向新村”的建设，将“新村运动”在实践上的成就介绍进中国，在短暂的十余天中，[③] 周作人第一次感受到了他所一直倡导的“人的生活”。在1919年年底的天津学术演讲会上，周作人进一步阐释了其“新村”设想：“新村的目的，是在于过正常的人的生活。其中有两条重要的根本上的思想：第一，各人应各尽劳动的义务，无代价地取得健康生活上必要的衣食住。第二，一切的人都是一样的人；尽了对于人类的义务，却又完全发展自己的个性。现在要说明，这思想的根据，并不由于经济学上的某种学说，所以并不属于某派社会主义；只是从良心的自觉上发出的主张，他的影响，也在精神上道德上为最重大。”[④] 周作人对于“新村主义”的介绍一时间在“新”青年的群体中反响很大，《新青年》《新潮》《少年中国》等进步刊物都纷纷刊登回应的文章，而北京工读互助团的成立，更是将这一运动推向了高峰。1919年年底，北京工读互助团在北京大学附近成立，很快便扩展到四个“互助小组”，同时，上海、武昌、天津、南京、广州和扬州甚至在当时稍显偏远的长沙都出现了工读互助性质的组织，其活动也得到了社会各界的广泛关注，《晨报》《星期评论》《时事新报》等在舆论界较为有影响力的报刊都显示出了对各地工读互助团进展情况的强烈兴趣，在当时社会上颇

---

① 王光祈：《少年中国学会之精神及其进行计划》，《少年中国》1920年第1卷第6号。

② 1919年3月15日出版的《新青年》第6卷第3号中，载有周作人的《日本的新村》一文，通过大量引述武者小路实笃关于“新村运动”的描述，大体勾勒了“日向新村”的面貌。

③ 周作人到达“日向新村”的时间是1919年7月7日，离开新村前往东京的时间是1919年7月16日（参见周作人著，鲁迅博物馆藏《周作人日记（影印本）·中》，大象出版社1996年版）。

④ 周作人：《新村的精神》，《新青年》1920年第7卷第2号。

有影响力的胡适、戴季陶、李大钊等人都对工读互助团的利弊做出了较为深刻的分析，其中李大钊、胡适等人还是北京工读互助团的发起人。

在工读互助团轰轰烈烈地开展建设活动的同时，其内在却潜伏着巨大的危机，这导致了工读互助团在全国范围内仅仅存在了一年左右的时间就销声匿迹了。正如倡导者们所构想的，工读互助团从本质上来说，是一个聚焦于精神和道德上的团体，是脱离了一定的社会基础的，[①] 有着强烈的乌托邦色彩和自身内在的封闭性。周作人早在远赴日本考察日向新村的时候就已经发现了其中存在的根本性问题，“新村的农作物，虽略有出产，还不够自用，只能作副食物的补助”。[②] 这种问题被直接移植进了五四时期的中国，就显得更加突出了，因为对此时的中国而言，尚未正常运行的国家机器面临着更多的现实问题，而这些问题却是工读互助团所有意或无意回避的。

在工读互助团在全国范围内消失之后，作为其重要成员之一的施存统对一年左右的工读互助生活进行了深入的反思，并倡导青年人面对现实，投向资本家底下的生产机关：“社会没有根本改造以前，不能试验新生活，如果有人要试验新生活，还须跑到世外桃源去！比方新生活里不用兵，政府征兵怎么样？强盗来抢怎么样？新生活里实行共产，政府要纳税怎么样？政府要抽捐怎么样？新生活里主张自由，社会上人闯进来怎么样？地皮那里来？资本那里取？所做的工作是不是直接间接受资本家的支配，做资本家的奴隶？……‘投向资本家底下的生产机关去！’这句话真用得着！青年朋友呵！我们要改造社会，我们还须投向资本家底下的生产机关去！”[③] 而戴季陶基于马克思主义经济学而做出的分析更是直接点明了工读互助团必然失败的原因。戴季陶认为：“在资本家的生产方法以世界的强力压迫着自由劳动者的时代，无论甚么人，没有不受这一个强力的支配。威迫个人的社会生活，妨碍学生的自由思想，为主的并不是家庭，不是官厅，不是学校，只是资本家生产法

---

① 周作人：《新村的精神》，《新青年》1920年第7卷第2号。

② 周作人：《日本的新村》，《新青年》1919年第7卷第3号。

③ 施存统：《“工读互助团”底实验和教训》，张允侯、殷叙彝、洪清祥、王云开编《五四时期的社团》，生活·读书·新知三联书店1979年版，第423页。

所代表的财产私有制。在这一种社会组织的下面，要想用很小一部分人的能力，一面作生产的工，一面达求学的目的，在事实上是做不到的。而且以不熟练的工作能力，不完全的幼稚的生产机关，要想独立回复资本家生产制所侵蚀的‘剩余劳动时间’，更是做不到的。”①

时间到了1923年，当曾经热心于“工读主义”的探索者们早已由乌托邦的迷茫中走出，并开始更加深刻地思考社会变革的各种可能性的时候，② 一位青年却被早已是明日黄花的“工读主义”吸引，不远千里来到北京，并因此改变了他一生的轨迹，这个青年就是沈从文。通过对《从文自传》和《从现实学习》的考察，③ 不难发现，沈从文在1923年放弃了即将来临的“小绅士”的生活和相对优厚的军队俸饷④而毅然来到北京这一行动，绝不是一时间的头脑发热或是随波逐流的盲动，其背后有着很明确的指向。沈从文曾在各种场合多次提到了他来到北京是受了“‘五四’运动余波的影响”，⑤ 而这“余波”主要指的就是由北京兴起，沸沸扬扬蔓延全国的工读互助运动。

按照《从文自传》中的记载，沈从文与新文学的第一次接触应该是在湘

① 季陶：《工读互助团与资本家的生产制》，张允侯、殷叙彝、洪清祥、王云开编《五四时期的社团》，生活·读书·新知三联书店1979年版，第406页。

② 例如，陈独秀、毛泽东、李大钊等人已经开始着手发展壮大刚刚诞生的中国共产党；周作人则发起“文学研究会”，提倡创造一种“为人生”的文学（《文学研究会宣言》，《小说月报》，1920年第1卷第1号）；胡适则开始着手对中国的一切历史文化做出“科学”的整理（《发刊宣言》，《国学季刊》1923年第1卷第1号）。

③ 《从文自传》初版于1934年，1943年开明书店出版修订本；《从现实学习》发表于1946年的《大公报》。发表之后，两文有多次再版，而当事人多尚存于世，就本论文涉及的内容，并未见有指谬；而且在这两个时期，沈从文曾多次卷入文坛论争，攻击沈从文的郭沫若等人也未针对这两篇文章所提事件的真伪做文章；另外，沈从文本人在1980年接受《新文学史料》采访时，回忆《从文自传》的写作过程，曾经说这部作品的形成是“就个人记忆到的写下去，既可温习一下个人的生命发展过程，也可以让读者明白我是怎样环境下活过来的一个人……部分读者可能但觉得‘别具一格，离奇有趣’。只有少数相知亲友，才能体会到出入地域的沉重和辛酸”（沈从文：《从文自传》，《沈从文全集·第13卷》，北岳文艺出版社2002年版，第367页）。所以，笔者认为，虽然内中不免有文学性的成分夹杂，但是这两篇自传仍是有着较高的真实性。

④ 参见沈从文《从文自传》，《沈从文全集·第13卷》，北岳文艺出版社2002年版。

⑤ 沈从文：《从文自传》，《沈从文全集·第13卷》，北岳文艺出版社2002年版，第367页。其作于1988年的《自我评述》中也有“一九二二年‘五四’运动的余波到达湘西，我受到新书报的影响，苦苦思索了四天，决心要自己掌握命运，毅然离开家乡，只身来到完全陌生的北京”（沈从文：《自我评述》，《沈从文全集·第13卷》，北岳文艺出版社2002年版，第397页）。

西的报馆中，印刷工头赵奎武[1]“买了好些新书新杂志，削了几块白木板子，用钉子钉到墙上去”，在这些书中，沈从文最多提及的则是《新潮》《改造》《创造周报》等。这些书对于沈从文思想的改变是极大的，“为了读过些新书，知识同权力相比，我愿意得到智慧，放下权力。我明白人活到社会里应当有许多事情可做，应当为现在的别人去设想，为未来的人类去设想，应当如何去思索生活，且应当如何去为大多数人牺牲，为自己一点点理想受苦，不能随便马虎过日子，不能委屈过日子了”。[2] 在这之后，沈从文有着一个颇有意味的举动——为“工读团”捐款。从时间上看，沈从文在湘西报馆赵奎武处读到《新潮》《创造周报》《改造》等刊物的时间只有 1923 年夏天这短短的几个月，而他竟然在报刊上所宣传的工读互助理念的影响下，署名“隐名兵士”，将自己十天的薪饷捐献给了“工读团”，并认为这是一次“捐资兴学的伟大事业”，[3] 可见沈从文对于这一具有乌托邦色彩的政治实践的倾心。

但是如果翻阅这些报刊，就会发现，自 1921 年之后，有关“工读互助团”实践的报道就基本消失了。从 1919 年年底，当时最早，也是规模最大的北京工读互助团成立，到 1920 年 3 月宣布解散，前后仅仅数月时间。[4] 沈从文“捐资兴学”所经过的中介《民国日报 · 觉悟》在这段时间内对“工读互助团”的活动颇为关注，屡屡提到了“工读互助团”的失败，而失败的原因，又多归结于“经济的压迫”。[5] 其中论及上海的工读互助团，哲民说道：“上海的工读互助团也不过这两层困难，所以从第一次开筹备会到今日，一些还没有切实的表示，就因为经费难筹、会员难招的两个缘故。我对于这些事情，虽没有十分研究过，但从经验上看来，总不出上面所说的两个难题。”[6] 上海工读互助团在这一时期确实有筹钱的举措，他们在刊物上公开求助：“在开始

---

① “赵奎武”一名参见《沈从文年表简编》，在《从文自传》中记作“赵奎五”。

② 沈从文：《从文自传》，《沈从文全集 · 第 13 卷》，北岳文艺出版社 2002 年版，第 361—362 页。

③ 参见沈从文《一个转机》，《沈从文全集 · 第 13 卷》，北岳文艺出版社 2002 年版，第 362 页。

④ 关于北京工读互助团最后的信息应是 1920 年 10 月 28 日，在《北京大学日刊》上刊登的《快！清洁!》一文，文章实际上是一则“北大工读互助团第四组底食品部——食劳轩”的广告，此后，就再无消息了。

⑤ 存统、哲民：《投向资本家底下的生产机关去》，《民国日报 · 觉悟》1920 年 4 月 11 日。

⑥ 同上。

筹划的时候，约需一千元的费用，若是赞成我们的宗旨、而愿意帮助一般青年的人，希望能够在经济上赞助赞助为感!"[①] 从1920年的境况来看，"工读互助团"作为一个新生事物，其宣言中所描绘的前景还是颇让人神往的，而其最大的问题，就是资金的不足，只要解决了资金的问题，其思想主张就指日可待了。这样看来，1923年的沈从文看到的很可能就是这样的一类文字，而对于这之后不久出现的令人泄气的"工读互助团解散宣言"以及对于解散了的"互助团"所进行的阶级和生产关系维度上的深刻分析并不知晓。[②] 正如有研究者指出的：沈从文始终有一种"哲学的贫困"，他始终关心的是"形态"而不是"动态（演变过程）",[③] 常常由于对事物缺少发展维度的考虑而陷于静态观察局限之中。在沈从文眼中，"工读互助团"是一个已经"完型"的运动，而"工读主义"中"教育和职业合一的理想"是一个已经达成了的目标。这一切都在吸引着沈从文，怂恿沈从文不断产生对于北京这一"工读主义"中心的遐想。

在"二十世纪第一个十年的后期，社会进化论、地方自治计划、西方教育和军事改革一下子都传入了湘西，跟着又是文学革命和一九一九年的五四运动"。[④] 新语词对于旧语词的冲击是显而易见的，而新旧语词之间的叠加更使得湘西的文化语境光怪陆离，即使是引导沈从文走向文学之路的湘西工人赵奎武，在当时也认为冰心是和鱼玄机、随园女弟子类似的"天下闻名的女诗人"。[⑤] 在这种文化语境下，思想资源的附加值被大大提高，成为一种被"附魅"的存在，文化，尤其是新文化，已经不单单是一种思想的资源，而成为一种带有资本性质的存在。这种文化上的"魅"，使得沈从文的思想服从于大量占有新语词的五四文化。"初初注意到时，真发生不少反感！可是，为时不久，我便被这些大小书本征服了。我对于新书投了降，不再看《花间集》，

① 《上海工读互助团募捐启》，《星期评论》，1920年3月7日。

② 参见《呜呼工读互助团》，张允侯、殷叙彝、洪清祥、王云开编《五四时期的社团》，生活·读书·新知三联书店1979年版，第468页。

③ 参见赵园《沈从文构筑的"湘西世界"》，《文学评论》1986年第6期。

④ ［美］金介甫：《沈从文传》，符家钦译，时事出版社1990年版，第7页。

⑤ 沈从文：《从文自传》，《沈从文全集·第13卷》，北岳文艺出版社2002年版，第361页。

不再写《曹娥碑》，却喜欢看《新潮》《改造》了。”在这种服从中，沈从文甚至放弃了自己的主体性，“我崇拜他们，觉得比任何人还值得崇拜。我总觉得稀奇。他们为什么知道事情那么多。一动起手来就写了那么多，并且写得那么好。可是我完全想不到我原来知道比他们更多，过一些日子我并且会比他们写得更好”。[①] 这就使沈从文对于北京有着一种“朝圣”式的想象。在1923 年之前，沈从文其实还有一次逃离家乡的举动，当沈从文由于被人骗去家中余款而“必得走到一个使人忘却了我的存在，种种过失，也使自己忘却了自己种种痴处蠢处的地方，方能活下去”的时候，他是“本预备到北京的，但去不成”。这一次，沈从文只是溯沅江而上，到了常德就停了下来，他来到常德之后，“到这街上来来去去，看这些人如何生活，如何快乐又如何忧愁，我也就仿佛同样得到了一点生活意义”。[②] 对比两次沈从文的“离家出走”，不难发现在接触新文化之前，湘西文化“自为”对沈从文的向心力是巨大的；只有在接触新文化，原先在生活中形成的“自为”的知识体系被外来语词强制性的拆散，对于知识结构有所否定性的自觉之后，“北京”作为新文化，尤其是“工读主义”的文化中心，其圣城的意义才被凸显出来。沈从文在《从文自传》中对于自己原有知识系统的否定，正是一个具有献祭意味的行动，在这之后，沈从文将自身置于五四文化运动余波中工读互助团的叙事伦理之下，忘我地，[③] 义无反顾地离开了湘西，来到了工读互助团最先发起的地方——北京。

2. 新文化传播的时差

当沈从文抱着“半工半读，读好书救救国家”[④] 的梦想来到北京的时候，他所神往的“工读互助团”运动却早已偃旗息鼓了。在“五四运动以后第三年”，身边“剩余七块六毛钱”的沈从文，在北京“当真就那么住下来了”。

---

① 沈从文：《从文自传》，《沈从文全集 · 第 13 卷》，北岳文艺出版社 2002 年版，第 362 页。

② 同上书，第 329 页。

③ “忘我”指沈从文的主体意识在此时服从于“工读主义”的整体意识当中。

④ 沈从文：《从现实学习》，《沈从文全集 · 第 13 卷》，北岳文艺出版社 2002 年版，第 375 页。

支持他的就只是一个“信仰”，这“信仰”来自“以为社会必须重造，这工作得由文学重造起始，文学革命以后，就可以用它燃起这个民族被权势萎缩了的情感，和财富压瘪扭曲了的理性”的信心，以及之前对“工读主义”理念的强烈认同。但是，在1923年的北京，沈从文却体会到了与之前的设想完全不同的残酷现实。“先是在一个小公寓湿霉霉的房间，零下十二度的寒气中，学习不用火炉过冬的耐寒力。再其次是三天两天不吃东西，学习空空洞洞腹中的耐饥力，并其次是从饥寒交迫无望无助状况中，学习进图书馆自行摸索的阅读力。再其次是起始用一支笔，无日无夜写下去，把所有的作品寄给各报章杂志，在毫无结果的等待中，学习对于工作失败的抵抗力与适应力。”① 经济的压力和环境的艰苦使沈从文经历了其人生中最难熬的一段时期，他本可以听从那位亲戚的建议“在乡下作老总”，也可以听从郁达夫的劝告放弃文学，② 而沈从文还是坚持了一种为别人所不理解的生活方式，这种生活方式的本质是一种文化上的选择。

在工读互助团消失两年后，北京的文化环境已经起了较大的变化，一方面“文学思想运动已显明在起作用，扩大了青年学生对社会重造的幻想与信心”；另一方面，“那个人之师的一群呢，五四已过，低潮随来”“北京城目下就有一万大学生，毕业后无事可做，愁眉苦脸不知何以为继”。③ 而沈从文却抱着一个坚定的“信仰”，这种“信仰”来自一个非亲历者对于工读互助团的想象性体认。

沈从文与工读互助团之间有着一定程度上的时间差，这让沈从文并不能很好地了解工读互助团从兴起到衰落的短短一年间到底发生了什么，也无从对其中深刻的社会经济原因进行思考；④ 就沈从文来京之前所读到的新文化刊

---

① 参见沈从文《从现实学习》，《沈从文全集·第13卷》，北岳文艺出版社2002年版，第374—376页。

② 参见郁达夫《给一位文学青年的公开状》，郁达夫著，吴秀明主编《郁达夫全集·第三卷》，浙江大学出版社2007年版，第105页。

③ 沈从文：《从现实学习》，《沈从文全集·第13卷》，北岳文艺出版社2002年版，第374—378页。

④ 虽然这一时间差可能是由于空间因素造成的，但是这也印证了赵园所说的沈从文“哲学的贫困”（参见赵园《沈从文构筑的“湘西世界”》，《文学评论》1986年第6期）。

物上记载，工读互助团在进行实践的时候，其所要面对的最大的压力还是来自经济上的。这种缺席和对于报刊叙述中的想象导致进京初期的沈从文对于工读互助团失败教训的反思止步于经济层面。于是，沈从文站在三年前的立场，对1923年的北京文化场域表达了毫不遮掩的失望：“‘勤学’和‘活动’已分离为二。不学并且像是一种有普遍性的传染病。许多习文学的，当时即搁了学习的笔，在种种现实中活动，联络这个，对付那个，欢迎活的，纪念死的，开会，打架——这一切又一律即名为革命过程中的争斗，庄严与猥亵的奇异混合，竟若每事的必然，不如此即不成其为活动。……时间于是过去了，‘革命’成功了。现实使一些人青春的绿梦全褪了色。我那些熟人，当真就有不少凭空做了委员，娶了校花，出国又回国，从作家中退出，成为手提皮包，一身打磨得光亮亮的小要人。”而沈从文认为自己“并不是为吃饭和做事来北京的”，“喝北风，晒太阳”的生活固然痛苦，“欠公寓伙食账太多时，半夜才能回住处，欠馆子三五元，就不大敢从门前走过”的日子固然窘迫，“有饭吃，有事做，将来还可以”的期许固然有吸引力，但是沈从文仍然坚持着他的“乡下人的呆想头”，“为了证实信仰和希望”，走着一条“完全落了伍”的道路，田真逸叮嘱沈从文的“可千万别忘了信仰”则是他“惟一的老本”。换成沈从文自己的话来表述这个“信仰”，就是“我想来读点书，半工半读，读好书救救国家。这个国家这么下去实在要不得”。①

但是，沈从文对这“惟一的老本”的理解实际上和工读互助团起初的设定之间还是存在着较大差别的。沈从文从新文化刊物上看到“工读互助”这样一种政治实践理念之后，陈渠珍在湘西所兴办的一系列工厂和学校又为他提供了与这种理念的表现方式类似的直观呈现。“皮工厂，帽工厂，被服厂，修械厂，组织就绪已多时日，各部分皆有了大规模的标准出品。第一班师范讲习所已将近毕业，中学校，女学校，模范学校，全已在极有条理情形中上课。……在无事不新的情形中，那分活动实在使我十分羡慕。”② 在这种状况下，“工读主义”对于沈从文的吸引，主要还是其中“新”文化的成分，沈

① 参见沈从文《从现实学习》，《沈从文全集·第13卷》，北岳文艺出版社2002年版，第374页。

② 沈从文：《从文自传》，《沈从文全集·第13卷》，北岳文艺出版社2002年版，第363页。

从文期待着被“附魅”的新语词能够解释在新旧文化冲击之下个人生活中的困惑。“工”和“读”在沈从文那里并不是一个合一的概念，相比之下，沈从文更倾向于“读”，而“工”只是“读”的支持和一种替代性资源，从沈从文最初为自己设置的命运轨迹来看，“读书”—“作警察”—“认输”[①]这样的线索显示出了“工”在沈从文思维中的让步性。而“学”这一维度与“工”相比就显得十分突出，沈从文喜欢说自己来北京是“进到一个永远无从毕业的学校，来学习那课永远学不尽的‘人生’了”。[②]当沈从文在北京西河沿的一家小客店的旅客簿上写下“沈从文年二十岁学生湖南凤凰县人”[③]的时候实际上已经做出了一个文化选择，这种选择随着其住址从酉西会馆到沙滩公寓的迁移而进一步得到确认。[④]从这一时期沈从文的小说《老实人》《绝食以后》《怯汉》等也显示了他对于北海公园等北京城内新的公共文化空间的偏爱，这些民元之后才向公共敞开的新的文化空间同时也是学生聚集的地方。[⑤]当唯刚先生在《大学与学生》一文中将沈从文的小说《遥夜》当作是“学生”作品的时候，沈从文异常兴奋，感到“很自慰”，“想我虽不曾踹过中学大门，分不清洋鬼子字母究竟是有几多，如今居然便有人以为我是大学生；既有人以为我是大学生，则果有能力返到旧游地时，便很可扛着大学名义搏去，不必再设法披什么灰衣上身了”。[⑥]由此看来，沈从文眼中的“工读”并不是工读互助团所说的“人人作工，人人读书，各尽所能，各取所需”，倒更像是工读互助团所进行过严格分别的“半工半读学校”的主张，[⑦]与“工读互助团的课程是没有一定的”这一设计相反，沈从文更希望获得的是一个学生的身份，而严格的课程设计在形成“学生”这一身份认同的过程中的意义是不言而喻的，沈从文之所以没有走入校园而走入了社会这个永不

---

① 沈从文：《从文自传》，《沈从文全集·第13卷》，北岳文艺出版社2002年版，第364页。

② 同上书，第397页。

③ 同上书，第365页。

④ 姜涛：《从会馆到公寓：空间转移中的文学认同——沈从文早年经历的社会学再考察》，《中国现代文学丛刊》2008年第3期。

⑤ 参见姜涛《沈从文与20世纪20年代北京的文化消费空间》，《都市文化研究》2012年第1期。

⑥ 沈从文：《致唯刚先生》，《沈从文全集·第11卷》，北岳文艺出版社2002年版，第39页。

⑦ 参见王光祈《工读互助团》，《少年中国》1920年第一卷第七期。

毕业的学校，在当时只是因为没有钱。[①] 沈从文“过北京本意是读书，但到了那地方，才知道任何处皆缺少不花钱可读书的学校，故只在北京小公寓住下”。[②]

在饥寒交迫中，沈从文曾经为找寻工作挣扎过。在成为“职业作家”之前，他曾先后在北京及周边做过许多短工，如《现代评论》做发报员、在京兆尹薛笃弼的秘书室任书记、在香山慈幼院任图书管理员等，但是他始终不愿离开北京的自然边界，以及北京在当时中国所形成的独特的文化场域。即使面对待遇相对优厚的甘肃省省府秘书一职，沈从文的这个信念也没有改变。比较这时沈从文所可能面对的几种工作，甘肃省省府秘书这一职务无论是在社会地位上还是经济条件上都要比四处打零工要好得多，《沈从文年表简编》中对沈从文这一行动的解释是“珍惜北平的文化环境”，[③] 这一点应该是准确的。面对困窘的生活境遇，沈从文也曾经有过动摇，“各方面的测验，间或不免使得头脑有点儿乱，实在支撑不住时，便跟随什么直系奉系募兵委员手上摇摇晃晃那一面小小三角白布旗，和五七个面黄肌瘦不相识同胞，在天桥杂耍棚附近转了几转，心中浮起一派悲愤和混乱”。但是在当时，北京所具有的“新文化”资源是哪里也无法替代的，这对沈从文的诱惑甚至超越了对生存本身的关注，所以“到快要点名填志愿书发饭费时”，强大的文化向心力又将沈从文带回了当初的文化选择，告诉沈从文“可千万别忘了信仰”，于是沈从文“便依然从现实所作成的混乱情感中逃出，把一双饿得昏花朦胧的眼睛，看定远处，借故离开了那个委员，那群同胞，回转我那‘窄而霉小斋’，用空气和阳光作知己，照旧等待下来了”。[④]

就这样，在不断地坚持和努力下，沈从文终于在 1924 年年底的《晨报副刊》上发表了《一封未曾付邮的信》，迈出了其写作生涯的第一步。到了 1926 年，沈从文由于发表《第二个狒狒》得罪了香山慈幼院的管理者而离开

---

① 虽然沈从文曾经投考燕京大学，由于考试被判为零分，被退还报考费，但是这并不能说明沈从文的文化水平不行，况且沈从文之前还有着投考中法大学被录取的经历，其最终未能进入校园的最主要原因还是经济上的窘迫。

② 沈从文：《从现实学习》，《沈从文全集 · 第 13 卷》，北岳文艺出版社 2002 年版，第 372 页。

③ 参见沈胡雏等编《沈从文年表简编》，《沈从文全集 · 附卷》，北岳文艺出版社 2002 年版，第 8 页。

④ 沈从文：《从现实学习》，《沈从文全集 · 第 13 卷》，北岳文艺出版社 2002 年版，第 376 页。

这个使他安身半年有余的工作，在此之后，他就以写作为生，成为一名职业作家。

3. 职业与志业

沈从文本人对他“职业作家”的身份是非常重视的，以至于在半个多世纪以后，他还不无骄傲地回忆道：“我算是第一个职业作家，最先的职业作家，我每个月收入从来不超过四十块钱。”①

在《沈从文先生自订年表》中，“简历”一栏详细记录了作者本人历次工作的变动，其中记录有“一九二四~一九二八：写作（职业）”“一九二八~一九四七：业余写作，曾编《大公报》《益世报》等文艺副刊”，② 可见，沈从文对作家与作品之间的关系有着很强的自觉。是否以创作维持生活，在很大程度上决定着作家的创作姿态，也决定着作家与作品之间的关系：以文学为“职业”，意味着作家和作品之间的关系变得紧张，作家必须以作品的市场为导向，其创作在很大程度上受到消费的钳制；而“业余”写作则不同，作家在写作时不必太多考虑作品是否为市场所接受，可以更加自由地往来于作品和消费之间，成为一种有“余裕”的文学。1927 年，鲁迅曾经在黄埔军校作了题为《革命时代的文学》的演讲，其中对于文学与经济之间的关系有着深刻的认识。“有人说：‘文学是穷苦的时候做的’，其实未必，穷苦的时候必定没有文学作品的：我在北京时，一穷，就到处借钱，不写一个字，到薪俸发放时，才坐下来做文章。忙的时候也必定没有文学作品，挑担的人必要把担子放下，才能做文章；拉车的人也必要把车子放下，才能做文章。”③ 鲁迅所举例子中的生活状态，沈从文是深有体会的，在“职业”写作的时候，沈从文必须负上市场的犁轭，不断地调整自己文学创作的步伐，来适应消费

① 沈从文：《在湖南吉首大学的讲演——一九八二年五月二十七日》，《沈从文全集·第 12 卷》，北岳文艺出版社 2002 年版，第 397 页。沈从文说自己是“第一个职业作家”有待查考，但是从 1924 年《一封未曾附邮的信》在《晨报副刊》发表开始，沈从文主要收入就来自稿费，说他是中国新文学的“第一批”职业作家应是不错的。

② 张兆和整理记录：《沈从文先生自订年表》，《吉首大学学报》（社会科学版）1998 年第 2 期。

③ 鲁迅：《革命时代的文学》，《鲁迅全集·第 3 卷》，人民文学出版社 2005 年版，第 439 页。

的要求。沈从文起初“用一支笔，无日无夜写下去，把所有作品寄给各报章杂志”，换来的却是“毫无结果等待”，其原因不单单是因为沈从文的文化水平不行，更重要的是沈从文当时依照的《新青年》《新潮》《改造》等刊物“所提出的文学运动社会运动原则意见”和“社会必须重造，这工作得由文学重造起始”的观念在大革命的浪潮冲击下，显得有些“过时”。[①]

就在沈从文来到北京的同时，给予他文学启蒙的《新青年》《创造周报》等都发生了重大的变故。《创造周报》于1924年停刊，成仿吾对停刊原因的解释是：“‘我们固然很愿意竭力于新文学的建筑，然而我们自己也要生活’。我们都很年轻，我们热爱青春的生活，我们不能把我们的有限的生命一齐都丢在一个无底的洞里。”而“外来的投稿虽然天天增加，然而可以用的很少，从二十号以下便渐渐感到稿乏的痛苦了。这种稿荒一直闹到了四十号”[②]的事实也表明了《创造周报》的编辑们已经和当时社会的主导潮流产生了很大的差距，以至于“外来”的投稿多半无法通过郁达夫、成仿吾等人的审核。在文章的落款日期上，成仿吾写下了“国耻纪念日”[③]的字样，这也是创造社众人以集体的方式，向着五四发出的最后的呼唤。[④]而《新青年》同人们也在激烈的争论之后各奔东西，杂志在1923年沈从文来京的时候，已经南迁，并成为中国共产党中央正式的理论性机关刊物。那些原先载于这些杂志令沈从文“发迷的美丽辞令”“以为社会必须重造，这工作得由文学重造开始”的文学启蒙主张，在大革命所带来的“现实”的比照下，“信仰和希望”显得“动人而空洞”。1924年前后，投奔革命成为青年们所热衷的选择，无数曾经为五四思想启蒙吸引的青年人不远千里翻越尚未通火车的湘粤边境，来到了革命圣地——广州，开始了一段全新的生活，显示出革命背后现代民族国家伦理的强大吸引力。[⑤]同时，大革命也在文化层面上带来了一系列带有消费意味转变，人们认为“信仰希望的惟有革命方能达到。革命是要推翻一个

① 参见沈从文《从现实学习》，《沈从文全集·第13卷》，北岳文艺出版社2002年版，第374页。

② 成仿吾：《一年的回顾》，《创造周报》1924年第52号。

③ 指1915年5月7日，袁世凯政府与日本签订“二十一条”。

④ 创造社在这之后其思想逐渐转向激进，成为一个带有“左翼”色彩的团体。

⑤ 参见邢照华《黄埔军校生活史1924—1927》，商务印书馆2014年版。

当前，不管它好坏，不问用什么手段，什么方式。这是一种现实。你出力参加，你将来就可作委员，作部长，什么理想都可慢慢实现。你不参加，那就只好做个投稿家，写三毛五一千字的小文章，过这种怪寒伧的日子下去了”。在这种文化氛围的冲击下，沈从文“完全落了伍”，“革命一来，把三毛到一元千字的投稿家身分也剥夺了，只好到香山慈幼院去作个小职员”。[①]

严酷的现实改变了沈从文既定的创作道路，“工读主义”的梦已经被击碎，“在革命成功热闹中，活着的忙于权利争夺时，刚好也是文学作品和商品资本初次正式结合，用一种新的分配商品方式刺激社会时，现实政治和抽象文学亦发生了奇异而微妙的联系。我想要活下去，继续工作，就必得将工作和新的商业发生一点关系”。沈从文于是向着上海“走进第二步路”,[②] 可以说，沈从文 1928 年离京赴沪，是直奔着商业目的去的。但是，文学和市场的合谋已经完全背离了沈从文的初衷，使他在上海三年左右就重返北平，“乡下人觉得三年中在上海已看够了，学够了，因之回到了北平，重新消失于一百五十万市民群中，不见了。……北平的北风和阳光，比起上海南京的商业和政治来，前者也许还能督促我，鼓励我，爬上一个新的峰头，贴近自然，认识人生”。[③] 理想和现实之间的巨大差距给沈从文留下了心理创伤，也促使沈从文从最初的“工读主义”理想走向了更为深刻的对于消费的批判。

二十年后，沈从文回首自己当年在市场的泥沼与消费的大潮中挣扎的时候，做出了这样的分析：“在革命成功的热闹中，活着的忙于权利争夺时，刚好也是文学作品和商业资本初次正式结合，用一种新的分配商品方式刺激社会时，现实政治和抽象文学亦发生了奇异而微妙的联系。我想要活下去，继续工作，就必得将工作和新的商业发生一点关系。……当时情形是一个作家总得和某方面有点关连，或和政治，或和书店——或相信，或承认，文章出路即不大成问题。若依然只照一个‘老京派’方式低头写，写来用自由投稿

① 参见沈从文《从现实学习》，《沈从文全集·第 13 卷》，北岳文艺出版社 2002 年版，第 380 页。
② 同上。
③ 沈从文：《从现实学习》，《沈从文全集·第 13 卷》，北岳文艺出版社 2002 年版，第 382 页。

方式找主顾，当然无出路。”[①] 沈从文的这番阐释带有很大程度的“事后之明”的意味，毕竟，1943 年的沈从文已经不是那个身居北京，贫困潦倒的年轻人，而是一个有着“（昆明市）西南联合大学副教授”[②] 头衔的中年文学家。比起在自传性质的《从现实学习》一文中所表现出的对当时文化环境的洞彻和明晰，20 年代的沈从文更多地表达了对于消费文化的亲历感，在对消费文化进行批判的同时，时刻传达出了一种作家在“工读主义”文化选择破灭后，不得不屈膝于消费市场的“切肤”痛感。

沈从文抱着“工读主义”的梦想来到北京之后不久，消费市场就给了他当头一击，他曾经幻想着用“手与脑终日劳作来换每日低限度的生活费”[③] 而不可得，只好将自己的创作捆绑在迎合市场的基础之上。在沈从文初登文坛的 1925 年，其发表作品数量达到了惊人的 60 余篇，[④] 在作品获得丰收的同时，沈从文的生活上也略见起色，虽然还是时常捉襟见肘，但是至少已经不会再因经济问题而想轻生。[⑤] 然而，沈从文的痛苦并未因此而减少，他登上文坛的姿态与其来北京之前期望的差距太大了，之前“半工半读，读好书救救国家”[⑥] 的梦想已经被“只要莫流血，莫太穷，每月不至于一到月底又恐慌到房租同伙食费用，此为能够在一切开销以外剩少许钱，尽妈同九妹到一些可以玩的地方去玩玩”所取代，而且，沈从文认为“这生活算很幸福的生活了”。[⑦] 甚至，为了生活，由于“戏剧”这一体裁的文学作品比较容易发表，并且稿酬较高，沈从文就去创作并不擅长的戏剧去赚取稿费，并在两年之内写出了近二十篇，[⑧] 艺术成就自然不高，更遑论其“为人生”的写作理想了。

---

① 沈从文：《从现实学习》，《沈从文全集·第 13 卷》，北岳文艺出版社 2002 年版，第 380 页。

② 张兆和整理记录：《沈从文先生自订年表》，《吉首大学学报》（社会科学版）1998 年第 2 期。

③ 沈从文：《一封未曾付邮的信》，《沈从文全集·第 11 卷》，北岳文艺出版社 2002 年版，第 5 页。

④ 参见沈胡雏等编《沈从文年表简编》，《沈从文全集·附卷》，北岳文艺出版社 2002 年版，第 8 页。

⑤ 在《一封未曾付邮的信》中，沈从文曾经提到过，“我不能奋斗去生，未必连爽爽快快去结果了自己也不能吧?”（沈从文《一封未曾付邮的信》，《沈从文全集·第 11 卷》，北岳文艺出版社 2002 年版，第 5 页）。

⑥ 沈从文：《从现实学习》，《沈从文全集·第 13 卷》，北岳文艺出版社 2002 年版，第 375 页。

⑦ 沈从文：《不死日记》，《沈从文全集·第 3 卷》，北岳文艺出版社 2002 年版，第 406 页。

⑧ 参见沈从文《一个天才的通信》，《沈从文全集·第 4 卷》，北岳文艺出版社 2002 年版。

在被唯刚先生等人赞为“天才”的背后，沈从文却为自己这样“工厂化”的写作方式深深困扰，他不禁扪心自问：“到这世界上，像我们这一类人，真算的一个人吗？把所有精力，竭到一种毫无希望的生活中去，一面让人去检选，一面让人去消遣，还有得准备那无数的轻蔑冷淡承受，以及无终期的给人利用。呼市侩作恩人，喊假名文化运动的人作同志，不得已自己工作安置到一种职业中去，他方面便成了一类家中有着良好生活的人辱骂为文丐的凭证。”①

沈从文关于“工作”和“职业”的区别并非个人的创造，而是来自工读互助团所秉持的一种理念。1920年，叶圣陶在《新潮》杂志上发表了《职业与生计》一文，提到了当时社会上流行的对于职业的大体观念，“他们以为职业是维持生计的，——单单是维持生计的——职业是手段，生计是目的。这一项职业所得的酬报，维持生计的程度较高，便是较好的职业：大家都羡慕着他，想取得他。更从反面推想，有私产可以维持生计的人，就不必有职业。便是现在有职业的人，只消将所得的酬报，储蓄起来了，到了够维持将来的生计的时候，也就可以不务职业。总而言之，为有生计问题，才有职业问题，倘没有生计问题，便没有职业问题”。② 然而，《新潮》杂志是一份面向学生主体而立志于思想启蒙的刊物，于是，叶圣陶在对这一流行观点进行批判的同时，也提出了自己关于职业的看法：“职业是有益于人类的，自己所能胜任的，全体为兴趣所含濡的，实现我们的理想的一种活动。”③ 叶圣陶的这种与社会流行观点迥然不同的职业观并非个例，同一年，在青年群体中影响颇大的少年中国学会也发起了一项调查，起因是由于“现在本会人数渐多，且散居各国者尤众，通信尚且不易，遑论学术及事业上之互助，即欲互助，亦不知从何助起”。而“夫个人不自知其终身欲究之学术与欲做之事业，则其人必终无成就。团体若不自知其各分子终身欲究之学术与欲做之事业，则其团体必无成就”。文中附调查例表一张，其调查内容有“终身与研究之学术”“终身欲从事之事业”“事业着手之时日及其地点”“将来终身维持生活之方法”

① 沈从文：《老实人》，《沈从文全集·第2卷》，北岳文艺出版社2002年版，第65页。

② 叶绍钧：《职业与生计》，《新潮》1920年第3期。

③ 同上。

“最近住址”[1] 等，从表中不难看出，在当时这些青年学生眼中，“终身欲从事之事业”和“将来终身维持生活之方法”是截然不同的。例表中的周太玄、王光祈、魏时珍、宗白华四人除宗白华两项皆填的是“教育”之外，其余三人在“终身欲从事之事业”一栏填的都是与公益或国家建设有关的“平民医院”“儿童公育”“新村及工读互助团”等，“将来终身维持生活之方法”一栏则填的是与个人经济密切相关的“医院助手”“手工艺”等，“教育”这一既有利于国家，又可以维持自己生计的“事业”更是为众人所青睐。[2] 由此可以看出，在五四一代学生群体的心中，“职业”和“生计”是完全不同的两个概念，相对于“生计”的功利化和个人化，“职业”则是崇高的，是与这个时代的启蒙话语与国家伦理息息相关的。

沈从文所说的“工作”，相当于之前叶圣陶所提到的“职业”；而沈从文所认为的“职业”，相当于叶圣陶所谓的“生计”。从沈从文对于自己身世的叹息中，不难发现，“工读主义”的理想在已经走上“职业作家”道路的沈从文的观念中，依然占有很重要的地位，也再次向读者们证明了沈从文的坚毅：在任何环境中，都没有忘记他的“信仰”。

虽然“工读主义”无论是在理论构架上还是在具体实践中，都存在着严重的局限性，但是它毕竟是一种富有建设性意义的民族国家政治想象，比起为市场和金钱所占据的消费文化来说，还是有着很强的超越性的。站在“救救国家”的高度，沈从文发现，看起来错综复杂的市场背后，其所仰仗的一套伦理居然是如此简单，“我因为知道得清清楚楚，我的值一百元或八十元一部的小说稿子，由这些人过手印出以后，第一版是便赚了若干倍钱，对于市侩总觉可敬的。中国有这些善于经营事业的人，正如此时中国有很多的革命家一样，这都是些有福气有本领的人、才能利用无价值的精力与无价值的生命，攫到金钱和名位”。沈从文在对消费文化进行智力上的超越之后，却无可奈何地发现自己仍是无法逃离消费文化的网笼，甚至连嘲笑它的力量都没有，由是产生的强烈的挫败感让沈从文在职业作家的生涯中体会了一种无望，在

① 周太玄、魏时珍、宗白华、王光祈：《会员通信》，《少年中国》1920 年第 4 期。

② 同上书。

消费文化的语境中，“说话的资格不是每一个平民皆有，……在他们，只要把书店一开张，自然有那各样货色送来给老板赚钱”，而处于消费食物链最底端的沈从文“纵算把身赎了，还有其他穷的靠作文章为活的人，因此我想改业也不成”。[①] 即使是被人称为“天才”，沈从文也清醒地认识到，这只不过是消费文化本身的一个阴谋，是各个小团体争夺市场[②]的一个噱头。于是，在1930年，当沈从文第一次从“职业作家”所面临的窘境中抽身出来的时候，[③] 他迫不及待地向社会宣称：“从今天起，这书上的‘天才’死去了。”[④] 这个宣告中并不带有悼词式的悲伤，而是带有一种新生的欢愉，沈从文在这个宣告中告诉读者，他将以一种新的姿态继续写作。

在沈从文20世纪20年代之后的作品中，对消费文化的批判一直是一个重要的主体，但与20世纪20年代相比，那种“切肤”感已经转化成一种痛定思痛后的思考，这种思考一直延伸进了沈从文后期的创作之中。但是，还是像赵园所分析的，沈从文本身在认识上具有一种“哲学的贫困”，[⑤] 他并不能很好地分辨事物的“形态”和“过程”，再加上“工读主义”本身在理论上具有的拒斥消费的维度和长期为消费市场所奴役而带来的心理创伤，沈从文错误地将“国防文学”“抗战文学”等一些对于民族国家在战火中重生起过重大的文学运动和20世纪20年代消费文化相等同，认为这些都是经不起“时间”来“陶冶清算”的“空洞理论”，应时代所需出现的文学思潮只不过是“一个明眼人是看得出的”“活泼背后的空虚”，作家们“事业或职业部门多，念念不忘出路不忘功利”而“搞文学”“充作家”，是“民族自杀的工具”。[⑥] 这也是沈从文在1948年前后成为郭沫若等人所重点打击的对象，最终

---

① 沈从文：《不死日记》，《沈从文全集·第3卷》，北岳文艺出版社2002年版，第403页。

② 参见沈从文《从现实学习》，《沈从文全集·第13卷》，北岳文艺出版社2002年版。

③ 1929年，沈从文、胡也频、丁玲三人办《红黑》杂志，目的是为了“摆脱书店老板的盘剥”，《一个天才的通信》即载于《红黑》杂志被迫停刊前的两期上。而1929年《红黑》杂志停刊，沈从文在徐志摩和胡适的帮助下，在上海中国公学任教，并兼任上海暨南大学中国小说史课程，同时，大哥沈云麓接其母亲回湘西、与新月社同人日益友善这些事件也使得在这个“最勤快工作的年份”里，沈从文的经济状况大大好转。

④ 沈从文：《一个天才的通信》，《沈从文全集·第4卷》，北岳文艺出版社2002年版，第325页。

⑤ 参见赵园《沈从文构筑的“湘西世界”》，《文学评论》1986年第6期。

⑥ 参见沈从文《从现实学习》，《沈从文全集·第13卷》，北岳文艺出版社2002年版。

被排斥在文坛之外的一个重要原因。

“工读主义”和工读互助团在现代中国的历史上无疑只是一次昙花一现的政治实践，在各地工读互助团纷纷解体之后，其主要参与者纷纷转向了各种更切实、更具有建设性的政治实践中去，对于这次运动和中国思想界的关系也较少有人做过反思性的工作。通过对沈从文20世纪20年代文化选择的考察，我们发现了一个在工读互助团破产之后仍默默坚守“工读主义”理想的文学青年在面对消费文化时的痛苦与反思。同时提醒我们，在现代中国的文化语境中，新媒介的广泛传播以及地域带来的时间差使得一种思潮可能在其主体已经衰落的时候，其余波却在另一个地方生根发芽，在对工读互助团进行的众多共时性考察的同时，一种历时性的研究也是必不可少的。

五四时代的风云激荡将一群青年人的志向和刚刚成立不久的中华民国的“国运”紧紧地联系在了一起。在新文化的带动下，对于个人与国家之间关系的探索成为这个时代具有普遍性的主题，各种社团如雨后春笋般纷纷出现在了公众的视野里。与旧式文人的雅集或是名士的清谈不同，五四时期的各类社团的活动在普遍上具有一种政治实践的性质，社团中活跃着的青年在进行风格迥异的理论建设的同时，也在身体力行对于重构国家和个人之间关系的想象。由于这一时期许多社团活动的理论资源都是来自五四前后所大量译介的西方著作，在面对民国初期中国错综复杂的政治生态的时候，往往并不能很好地解决现实中出现的问题。站在现在的角度反观历史，五四时期的社团基于自己所仰仗的思想资源所进行的活动，大多带有一种浪漫主义的气息，这使得“理想”成为那个时代大的氛围，一方面为民国初期中国的建设注入了活力并提供了多种可能性，另一方面，脱离现实基础的理想一旦介入政治实践层面，其所要承担的风险也是巨大的。

本章小结

站在现代民族国家的角度上，一个独立自主的现代民族国家为作家的创作提供了坚实的物质保障和安全保障，作家的创作则可以在很大程度上满足新生国家在外部对自身的宣传和增强内部凝聚力这两方面需要。从理论上来看，两者之间确实是相辅相成的，其中一方的繁荣会带来另一方的繁荣，毕竟，从中国新文学产生和发展的过程来看，其与民族国家之间的关系是无人可以否认的，而统一的民族国家又成为文学发展当中合力的产生根源和重要靶向。有研究者指出，“中国现代文学在中国现代民族国家的创造和建构中发生了重要的作用。与此同时，中国现代文学在主题内容和表达形式上都发生了深刻的、根本的变化”。[①] 新文学自诞生以来，就期望着能够在一个新的、统一的、自主的国家内部进行写作，而文学的意义正在于此，它可以为人们提供一个可以反思国家问题和想象国家建设方向的空间。在这个反思和想象的过程中，一个属于新的时代的文学诞生了，建立在虚构基础上的旧的文学契约被打破，建立在一种心灵真实上的新的文学契约被重新签订。文学不是一种机械性的生产，文学生产的主体是人，正如钱谷融在50年代所认为的那样，在文学中，一切问题的根源都要归结到作家对人的看法、作品对人的影响上面来。[②] 在这个新的文学契约中，文学乃至文化与社会现实的互动性更强，更加倾向于与新文化运动的参与者们进行互动，在文本与现实的交互中不断探寻中国和这一代知识青年们新的出路。人的本质具有很强的实践性质，实践就意味着一种基于自身而对世界所进行的探索，这种探索是一种对话性质的存在，并且是面对每一个时代发声的。

这样，以《新青年》为代表的新文化刊物上出现诸如“读者通信”的栏目则是顺理成章的了，一方面，它满足了青年读者对参与现代民族国家建设的欲望，青年读者在这里找到了一个空间，可以畅谈自己从生活中感悟到的、从书本中学习到的、甚至从他人那里听说到的各种有关民族国家建设以及自身修养的事情，并将之推至公共领域；另一方面，它成为青年读者互相认识、互相讨论的空间，原本各自为政的青年终于得以将彼此的思想加以整合和比较。这样，何种思想、何种理论更适合中国当时的国情在很多情况下就会一

---

① 旷新年：《民族国家想象与中国现代文学》，《文学评论》2003年第1期。

② 参见钱谷融《论“文学是人学”》，人民文学出版社1981年版。

目了然，即使有一些会引起争议，最终也会在争议中达成共识。在很大程度上，以《新青年》为代表的新文化刊物正是中华民国这样一个新生现代民族国家的缩影，两者是同质异构的。

正是由于紧紧地与现代民族国家相连，新文化运动才会在短时间内较为广泛地得到了传播，虽然由于20世纪10—20年代的社会经济、文化条件，新文化运动在推行的过程中在地域上不可避免地存在着时差，但是无论如何，新文化运动的推行都或早或晚地影响到了当时中国最广泛的青年人，打破了由时间和空间构成的壁障，使他们意识到自己在中华民国中的位置，意识到了现代民族国家和自己实际上是一体的，从而促进了青年人的启蒙。

第三章　人际关系的建构与新文化运动的发生

人是一切社会关系的总和，一切政治文化活动归根到底都是人的活动，作家也不例外，作家在从事文学生产的过程中所面对的种种人事关系都直接或间接地影响着他们的创作，同时也影响着文化生态。文化生态本身就是一种关系，这种关系中最微观的就是人和人之间的关系。在新文化运动前后的文化生态中，作家与作家、作家与亲友以及作家与其他人构成了一层层丰富的关系，种种关系相互交织，使新文化运动前后的文化生态呈现出独特的面貌。

文化生态究其实质，是一种由不同关系组成的关系网络，而人与人之间的关系则是这一关系网络表层中最细微的部分。本部分试图以新文化运动前后作家们个人化视野中的人际关系入手，通过对作家与作家、作家与亲属、作家与师承等方面的考察来展示一种丰富而交织的人际关系，并探寻这些关系对新文化运动发生所造成的影响。作家个人作为文学生态最小的组成部分，同时又是文学生态所产生结果的最后作用对象，对文学生态的建构承担着重要的展示作用。在文学生态中行动着的作家，最后需要面对的还是自己的内心，也就是自我，这包括了作家对自己社会身份的认知和定位、作家对于自己作品的认知和定位，以及作家如何寻找自我。本部分试图从这些方面入手，研究作家在书信和日记中对自己及他人的定位与认知，从而探寻文学生态对一个个活生生个人的具体作用，以及人在文学生态中存在并创造的那种主体性精神。

第一节　家庭关系的重构

1. 难以走出的旧礼教

人是构成社会的最基本元素，人和人之间的关系也是形成社会生态的最基本的元素。同样的，在文学生态的构成中，作家和作家之间的种种关系也成为各种关系的源头，作家之间所产生的那种富有张力的接触，最终作用于整个文学生态，并在很大程度上影响着作家们的创作以及文学的发展走向。

自晚清以降，建立在现代民族国家基础上的新的社会观念逐渐深入人心。而原先形成的那一套有关家庭的认知以及在此基础上建立的家庭与社会的关系，在新的社会组织结构中已经成为即将被淘汰的落后的东西。但是新观念的形成与旧观念的崩溃一样，并不是一蹴而就的事情，通过新文化运动的倡导者和参与者的书信、日记来揣摩和考证其中的一些细节，可以在最大限度上还原这些先行一步的人在迈出这艰难的一步时，心中的兴奋与苦痛、希望与挣扎。

1917 年，《新青年》上发表了吴虞的《家族制度为专制主义之根据论》，文中较为系统地考证了古今中外家族制度与专制主义的关系，最后，吴虞得出结论，称："六亲苟合，孝慈无用，余将以'和'字代之。既无分别之见，尤合平等之规，虽蒙'离经叛道'之讥，所不恤矣！"[①] 此前，恰逢清末民初的乱世，在川中言论界和学界，吴虞以其"非孝"的言论广受争议；后来随着民国政府渐渐步入正轨，新思想也开始在四川传播开来，吴虞此前饱受非议的言论却成为其能够跻身川内名士的资本。相对于新文化运动的其他参与者而言，吴虞的年龄无疑是比较大的，其思想也较为陈旧，在以"非孝"言论成立一家之言之后，吴虞也乐得用胡适给他封的"中国思想界的一个清道

① 吴虞：《家族制度为专制主义之根据论》，《新青年》1917 年第 2 卷第 1 号。

夫”“‘四川省只手打孔家店’的老英雄”① 等称号自居。但是，让吴虞始料未及的是，他在积极地向传统礼教开炮的同时，自身的行为却一直向着他所反对的方向滑落，这突出地表现在他与妻子儿女的关系上。据吴虞在日记中所记载，1917 年其发妻曾香祖尚在人世之时，其就不少有酗酒狎妓的行为，如“胡玉叔来函云：玉津先生赠子华诗嘱转达。诗曰：‘吴又陵先生最赏识陈碧秀，与玉叔有同好云。碧郎风致似云郎，恰到花时一举觞。安定门前最清绝，不知人世有沧桑。’”② 这种旧式文人的行为，出现在川内首先提倡新文化的吴虞身上着实十分吊诡。他在写给杂志报纸的祝词中声称著文是为了“本真理以昌言，为斯民之先觉，解彂堕袠，扶微烛幽，一破盲循柴守之陋，党同妒真之习”。③ 这看似好像要倡导新文化，一改由清末选学带来的质胜于文的不良风气，以文学之力改造民众对世界的认知。但是同时，吴虞又在日记中记述一众友人对其所赋诗词的溢赞之词：“豫波舅来函，称余词风流倜傥，良足自娱，容暇再和”④，其中流露出的洋洋自得的情绪不可以说不浓重。作为一个提倡新文学、新思想、新道德的蜀中名士，吴虞的行为实在令人怀疑其文化革命立场的坚定性。事实上，如果查阅吴虞此时创作的一些诗文，就会发现，其诗往往作于会饮狎妓之后，这与此时在北京与其声气互通的陈独秀、胡适等人提出的“提倡新文学，反对旧文学”“提倡新道德，反对旧道德”的思路是完全背道而驰的。

更有甚者，吴虞的发妻曾香祖于 1917 年 7—11 月重病，吴虞感慨“香祖从余二十余年，备尝辛苦，安于淡泊，于繁华社会，未常伸眉有一日之欢。抚育诸女，心血耗尽，体为虚弱。辛亥以家庭之故，尤极悲惨”⑤。在曾香祖

① 胡适：《〈吴虞文录〉序》，欧阳哲生编《胡适文集 · 第 2 卷》，北京大学出版社 1998 年版，第 608、610 页。

② 吴虞：《日记 19170205》，中国革命博物馆整理，荣孟源审校《吴虞日记 · 上册》，四川人民出版社 1984 年版，第 285 页。

③ 吴虞：《〈公论日报〉祝词》，赵清、郑城编《吴虞集》，四川人民出版社 1985 年版，第 25 页。

④ 吴虞：《日记 19170511》，中国革命博物馆整理，荣孟源审校《吴虞日记 · 上册》，四川人民出版社 1984 年版，第 308 页。

⑤ 吴虞：《日记 19170905》，中国革命博物馆整理，荣孟源审校《吴虞日记 · 上册》，四川人民出版社 1984 年版，第 342 页。

去世后，吴虞也曾痛陈“香祖遂舍我命薄之人与世长辞矣。呜呼痛哉痛哉！余此后尚有何生趣哉”。[①] 然而，无论吴虞在日记中表现得多么悲切，曾香祖在家庭地位方面都是无法与其等量齐观的。事实上，吴虞在曾香祖去世前两年，就另娶了一房小妾，并且这房小妾的来源还是人口交易。1915 年，吴虞在日记中记载，“李人贩来言，前云某姓之女，已卖与陕人，其兄不愿，现作罢论。如余要看，可令其来。午饭后令老梁去招呼女同来，言是犀浦北巷子人，二姊已嫁，兄前年入袍，母年六十余矣，未读书，不识字。索价百元。余与六十元”。[②] 在具体交易这名女子的时候，吴虞为了数十元与众人贩讨价还价甚是激烈，甚至指责人贩不满足其还价的要求为“小人竞争剧烈，何与政学报俱无上下床之别乎？”[③] 不但如此，在交易达成之后，吴虞还要求加上“每岁逢年遇节，准其生母来一看，女不回家”等[④]附加条款。

很显然，吴虞的这次纳妾的行为甚至连真正的“纳”都很难算得上，而是一次彻头彻尾的人口买卖活动，而李氏人贩所介绍的女子在其心中就是一件价值 60 元的商品。很难想象，这件事的主要参与者竟然是那个指导妻子曾香祖写出过“遂古之初，人智瞑昧，其视女子仅同奴隶牛马，供其驱策，比于财产玩物而已。今日女子之耳环髻簪，犹属当时管辖女子之遗制。可以想见，故为女子者，徒知服劳奔走，依赖男子如天，一切大事，不得与闻，否则牝鸡司晨，为家之索矣！蔽聪塞明，等于废物，男尊女卑，遂成公例”[⑤] 的吴又陵。在这件事中，吴虞的所作所为与其大加批判的那些男权主义者别无二致，一样是限制女性自由以及强行切断女方与原生家庭之间的关系，一样是将女子视为财物。更加令人愤懑的是，吴虞的行为发生在已经有人为女权

---

① 吴虞：《日记 19171119》，中国革命博物馆整理，荣孟源审校《吴虞日记·上册》，四川人民出版社 1984 年版，第 356 页。

② 吴虞：《日记 19150406》，中国革命博物馆整理，荣孟源审校《吴虞日记·上册》，四川人民出版社 1984 年版，第 181—182 页。

③ 吴虞：《日记 19150407》，中国革命博物馆整理，荣孟源审校《吴虞日记·上册》，四川人民出版社 1984 年版，第 182 页。

④ 吴虞：《日记 19150409》，中国革命博物馆整理，荣孟源审校《吴虞日记·上册》，四川人民出版社 1984 年版，第 182 页。

⑤ 曾香祖：《女界缘起》，赵清、郑城编《吴虞集》，四川人民出版社 1985 年版，第 414 页。

主义摇旗呐喊的中华民国，其行为乃是明知故犯，从这个角度来看，吴虞不但没有比古人进步，反而更加恶劣。在迎娶李氏之后，吴虞并没有能像对待曾香祖那样平等地对待她，在日常生活中，吴虞曾多次教训她，俨然如主仆关系一般，如“李姑娘不听教训，余大不喜，非俟改过，断不赏脸”[①]“李姑娘将余卧毯污秽，蠢而执拗，令人鄙厌”。[②] 1915 年 7 月 6 日，曾香祖归宁，吴虞记载：“午饭后香祖归宁，叔妘约之也。叔妘言其家中专横压抑，涕泗横流，有钱何益，可哀已。晚香祖归”；[③] 8 日，李氏母亲来吴虞处探访，吴虞记载：“李姑娘之母来，久之乃去，余不喜也。”[④] 从一个“可哀”、一个“不喜”中就可以看出，李氏在吴虞家中实在是没有什么人权可言，此时，李氏已经嫁入吴虞家中近三个月，其家人来探访尚且不允许，更遑论独自外出或者归宁一类的事了。

更为人所不齿的是吴虞纳李姑娘为妾的动机，虽然吴虞并未在日记里明言为什么要在与曾香祖成婚二十年后再纳一房小妾，但是在曾香祖去世后，吴虞日记中的一行文字却能让我们窥见其中的原因：“香祖先生生于光绪丙子年二月十四日未时，卒于丁巳年十月初五巳时，享年四十二岁，生子一人，女九人，现存女六人：楷、桓、棱、橿、樱、柚。”[⑤] 曾香祖与吴虞结婚二十年却只为吴虞生下一个男孩，并且这名男孩还最后没有存活下来，这才是吴虞要另行纳妾的原因，换句话说，李氏姑娘是被吴虞带着强烈的目的性迎娶进门的，在进入吴虞家之后，就已经沦落为吴虞为其家族传宗接代的工具了。口中义正辞严地声称“我们不是为君主而生的！不是为圣贤而生的！也不是为纲常礼教而生的！什么‘文节公’呀!、‘忠烈公’呀，都是那些吃人的人

---

① 吴虞：《日记 19150415》，中国革命博物馆整理，荣孟源审校《吴虞日记·上册》，四川人民出版社 1984 年版，第 184 页。

② 吴虞：《日记 19150416》，中国革命博物馆整理，荣孟源审校《吴虞日记·上册》，四川人民出版社 1984 年版，第 184 页。

③ 吴虞：《日记 19150706》，中国革命博物馆整理，荣孟源审校《吴虞日记·上册》，四川人民出版社 1984 年版，第 197 页。

④ 吴虞：《日记 19150708》，中国革命博物馆整理，荣孟源审校《吴虞日记·上册》，四川人民出版社 1984 年版，第 197 页。

⑤ 吴虞：《日记 19171120》，中国革命博物馆整理，荣孟源审校《吴虞日记·上册》，四川人民出版社 1984 年版，第 357 页。

设的圈套来诓骗我们的！我们如今应该明白了！吃人的就是讲礼教的，讲礼教的就是吃人"[①] 的吴虞，此时已经被礼教中的家庭观念和家族义务所捆绑，站在了自己所批判的那一面而不自知。

如果细究吴虞"非孝"的历史，就可以发现，其与其父亲之间的冲突不可调和，很大程度上是由于其父续弦李氏。吴虞称："李氏乘小轿来时，士珍叔母在，见其人殊不善之，然家君独喜焉。十余年来，李氏欲生子不得，与家君作文书于东狱庙，诅视余夫妇，横加诬蔑，无复人道。……自李氏来，至于宣统改元，家君田房衣服器具，变卖罄尽，约值万余金。"[②] 纵观吴虞在迎娶李氏姑娘时的心态，与其父别无二致，可以说，仅就家庭观念和家族伦理这一点而言，吴虞较之其称为"老魔"的父亲并无明显的进步。而在处理与儿女之间关系的问题上，吴虞仍是蹈了其父亲的覆辙。

吴虞无子，而其对众女儿的态度却十分严厉。吴虞的日记中，凡是谈及其女儿的问题，多显得声色俱厉。曾香祖病重期间，一次吴虞回家看到女儿吴楷和吴桓争吵，认为"乃楷、桓胆敢于余出外，放肆咆哮，置其母生命于不顾，目中尚有余夫妇耶。余因香祖之病，不可沾气，抑而不言，然经此阅历，大梦已醒。楷、桓须知吾性暴烈，其稍和平，乃读书及经艰难之后。若必撄其怒以试其锋，则中国社会，家庭、其黑暗有不可言喻者。设香祖因气而病翻，则以吾暴烈之性，施于专制之家庭，恐楷、桓之脆弱未易当也"。[③] 从这段话中可以看出，吴虞不仅将曾香祖与李氏姑娘看作自己的私有财产，还认为女儿也是自己的私产，自己有理由也有权利对她们所做的一切进行严格控制。更为过分的是，按照吴虞的逻辑，一旦女儿触碰了自己忍耐的底线，作为家长的他，将有权使用暴力去解决家庭问题，这更是无视子女作为独立的人的权利。

吴虞表面上对女儿的生活琐事十分上心，实际上，他所重视的并非女儿

① 吴虞：《吃人与礼教》，《新青年》1919 年第 6 卷第 6 号。

② 吴虞：《家庭苦趣》，赵清、郑城编《吴虞集》，四川人民出版社 1985 年版，第 19—20 页。

③ 吴虞：《日记 19170905》，中国革命博物馆整理，荣孟源审校《吴虞日记·上册》，四川人民出版社 1984 年版，第 342 页。

的生活本身，而是家庭名誉问题。吴虞的思路在写给女儿吴楷的信中表现得更为清晰，他说："昔年蒋姓之事，至遭斥革，无名信函，屡次侮辱，轻蔑之言，画满墙壁，传至土桥，刘嫂亦闻之，贻累门户，可谓极矣。蒋姓之后继以张姓，至令同学有研究之词，校长有不准戴帽子之事。下流所归，廉耻扫地。使志淑鄙夷讪笑，腾播曾、雷、白、魏诸家，汝母当抱恨泉壤，亦难以为人矣。今又演许姓投函之举，若再被校长斥革，岂不快陆慎言之心，短汝父之口。汝等不守规矩，不顾名誉，常游于后门，私出于户外，在中华黑暗之社会，慕欧美自由之文明，至令浪子小人，敢于侵犯，所谓人必自侮，而后人侮之，辱没祖宗，辱没父母，更何面目立于人世。汝母被汝等气死，今复气我，其意何居。若再不谨慎笔墨、郑重行止，妄与外人通信，吾若知之，断不能堪。置之死地，不能怪我。罪自由取，奈何，奈何。言尽于此，宜深凛之。"① 之后又告诉女儿吴桓说："桓自校归，渠等于成都尚立足不稳，乃妄思至南京、北京留学，可谓梦梦。由于渠等既无阅历，不知社会之坏，又自作聪明，不信父母之教，故容易陷溺。虽略知一二教科，而名声既坏，国人轻贱，一身前途，已入悲境，不止贻累门户，尚何学问之足言乎。"② 吴虞教训两个女儿的言论中都提到了几个共同问题，第一，名声；第二，父母之教与社会之坏；第三，祖宗或家族。在吴虞眼中，学问和思想都是次要的，作为女孩，最重要的是要守住家族的名誉，女儿吴楷与男同学写信被校方检举揭发，这对一个参与了新文化运动的知识分子来说本应该是一件不足为道的事情，而吴虞却将这件事情视为十分严重的道德事件。而且他也不是出于女儿安全或者是利益来考虑，而是认为女儿的名声好坏会直接影响到自己及吴氏家族在川中的名誉。吴虞信件中接二连三地提及"曾、雷、白、魏"等家以及"志淑"和"陆慎言"等人的看法事关吴虞的面子，而这才是吴虞所真正重视的。吴虞还认为在损害家族和父母名声的时候，对女儿使用家法是

---

① 吴虞：《日记 19180301》，中国革命博物馆整理，荣孟源审校《吴虞日记・上册》，四川人民出版社 1984 年版，第 373—374 页。

② 吴虞：《日记 19180302》，中国革命博物馆整理，荣孟源审校《吴虞日记・上册》，四川人民出版社 1984 年版，第 374 页。

完全理所应当的，他甚至威胁吴楷要“置之死地”，并认为如果造成这种情况，完全是吴楷的咎由自取。吴虞一面在《新青年》等刊物上鼓吹新文化以及欧美文明，却对其女儿灌输在中国这种黑暗的社会，欧美文明是不切实际的思想，即使其动机真的是为了女儿的安全着想，这种对于历史的反动仍然是令人鄙夷的。吴虞曾经留学日本，却阻止其子女开眼看世界，认为这实际上是在“自作聪明”，吴虞对女儿的关怀已经成为阻止女儿思想解放的羁绊。再有一点就是，吴虞将曾香祖的死因归结到了吴楷与男同学通信上，这种行为的实质就是中国传统家庭中家长制的虚伪，作为家长的他不敢正视现实，也不敢承认自己的过失，就只能将所有的问题都推卸到子女身上。在新文化运动参与者的家庭关系中，吴虞不能不说是一个典型的反面教材。

不仅是吴虞，其发妻曾香祖实际上也并非如其文章所言，是一位致力于“一扫从来屏息低首、宛转依附、深闭幽锢、卑贱污贱之戮辱桎梏，发奋而起，以光复神圣之女权，使罗兰夫人、苏菲亚、木兰、秦良玉诸人，不得专美于天壤。则斯报之出世，谓为美利坚之‘自由钟’、批茶女士之‘五月花’可也”① 的女界英雄，她实际上也还是一个受到传统男女观念和家庭意识束缚颇深的女性，在很大程度上，她在家庭中就是吴虞的合谋，两人共同限制着子女自由精神的发展。对于新思想来说，有时候传播者的思想与自己的行动是脱节的，吴虞和曾香祖无疑就是这样一个例子，他们在对外界传播新文化、新思想的同时，却由于自己在家庭结构中的权威可能会因此而被打破，进而限制新思想在自己家庭内部的传播和接受，使之在历史的推进中沦落至更黑暗的深处，这实在不能不说是一种悲剧，而悲剧的起源不仅是吴虞和曾香祖的个人问题，更是这个新旧未明的时代造成的。

2. 来自经济方面的束缚

和吴虞一样，郭沫若也是由四川走出的新文化运动的重要参与者。从郭沫若的《女神》诗集以及大量同时期佚诗可以得知，其开始文学创作的时间

---

① 曾香祖：《女界缘起》，赵清、郑城编《吴虞集》，四川人民出版社1985年版，第416页。

大约是在1916年。此时的郭沫若正在日本留学，其与原生家庭之间的交流多通过书信的形式来完成，在这一封封的家书中，不难窥测出远在四川的父母与亲人对郭沫若留学日本期间的重要影响。

留学日本时期的郭沫若与吴虞最大的一点不同就在于，当吴虞接触新文化而与其父做斗争之时，其在经济领域早已独立，而之于他和曾香祖组成的新家庭而言，他则处于中心地位，一切重要事宜都由他操持；而此时的郭沫若则一直没有摆脱原生家庭的影响。虽然郭沫若在赴日留学之前就已经和张琼华成婚，但是正如其在回忆中所说，所谓“结婚”，也只不过是将婚礼仪式按照程序走完了一遍，“以后的情形我不甚记忆了”，[①] 更由于其在结婚五日之后就赴成都求学，[②] 此后一直漂泊在外，故而实际上其在留学期间也一直未曾从原生家庭中走出，所以此时的书信也多是写给自己家中父母的。和吴虞不同，郭沫若与其父母、家人的关系一直较为融洽，即使是在其后来出版了名震一时的诗集《女神》之后，其与父母通信的称谓一直还是使用“父母大人膝下”或“男跪禀”这样一类较为正式和尊敬的称呼。郭沫若在与家人关系处理上的态度和他诗集中彰显出的那种自我崇拜、自我肯定的态度是完全不同的，在家庭关系中，郭沫若还是更倾向于将自己看作传统家庭中的一部分，而非一个破坏者或者颠覆者的形象。在留学日本期间，郭沫若凡是逢年过节以及父母亲生日，必会写信回家请安，如“母亲诞日，想姊妹均必归宁，不知家中是何等的高兴。转眼便是男同七妹的生日了，假如男是在家里，鸡蛋定是不少吃的。而今身居海外，要想吃父母的鸡蛋也是吃不成，说起好失悔，又好忍不着便吞起口水来了”。[③] 在20世纪10年代中期，大量的知识青年从原生家庭中走出，来到新的经济文化中心，当他们站在新的生活环境反观过去的生活时，许多人开始厌恶和唾弃之前在故乡的那种知识和见闻都相对贫瘠的状态。《青年杂志》上的一些来信就说到“伟虽在沪习英文四载，复

---

① 郭沫若：《黑猫》，《郭沫若全集·文学编·第11卷》，人民文学出版社1982年版，第297页。

② 同上书，第306页。

③ 郭沫若：《致父母19141107》，郭沫若著，郭平英、秦川编注《敝帚集与游学家书》，中国社会科学出版社2012年版，第198页。

因家寒力难前进，只得退学。欲自修英文，茫无头诸，[①] 又苦乏相当书报。爰思足下学贯中西，蕴抱崇深，于英文定有深造，务恳指示一切，以便有所遵循”。[②] 从这封署名沈伟的青年来信中可以看出，在当时的社会语境下，原生家庭对已经有了一些见识的知识青年们而言，更多地意味着一种蒙昧和知识的匮乏。沈伟在家贫退学之后，回到家中，却发现其想要自学却缺乏自学资料，家中精神和物质即已双重贫乏，其周边也缺乏可以与自己共同商讨问题的同志好友。这使得沈伟不得不转向《青年杂志》的编辑这样一类对青年的精神生活有着很多指导，但却不能直接谋面的“朋友”来寻求帮助。从沈伟的经历来看，对当时的青年人来说，回到原生家庭无疑就意味着对新知识接受的停止，也意味着一种新生活模式的结束。而以张扬个性著称的郭沫若之所以对原生家庭如此迷恋，其原因除了家庭成员关系较为和睦融洽之外，还有一点很重要的因素就是经济。

郭沫若甫一到日本，就感受到了由中日经济发展速度差距所导致的经济上的困顿。在信中他详细地记下了其在日本数月间的花销：“此间生活程度颇高。房舍一间，月租二十元上下。吃食俭啬，朝食面包两大块，白糖一碟，牛乳一瓶，午晚两餐均系菜一盘，饭一小甑，咸菜一碟而已。”“男所寓处，租仅十五元半，比较尚廉。”“木炭甚贵，每日希些烧炕，需钱一角，足抵吾乡一月所耗矣。”“单坐电车，两次需合中国钱九十文，每月乘车必需一円半钱。”“合入学费、洗濯、浴沐及一切杂费，每月总得三十元之数方可敷用。”“来时带金条一枚，换得三百六十五元。因由南满、朝鲜绕道陆行，路费用去一百元。又前月，因初来置办一切，如桌椅、坐垫、衣履、书籍、夜具及杂用物什之类，便整用七十元。现在，身边所存尚有百八十余元之谱。然细细预算，尽可供至阳历七月之度支。”[③] 郭沫若家书中有关自己在日本经济状况的记载可谓事无巨细，涵盖了衣食住行等各个方面。郭沫若在日本每月的花

---

① “诸”疑为“续”字错讹。

② 沈伟：《致记者足下》，《青年杂志》1915 年第 1 卷第 4 号。

③ 郭沫若：《致父母 19140213》，郭沫若著，郭平英、秦川编注《敝帚集与游学家书》，中国社会科学出版社 2012 年版，第 182 页。

销至少为三十元，而同一时期的北京，作为教育部中等官员的鲁迅一个月工资为二百二十元，这已经足够保证自己以及远在浙江一家老小、日本的羽太家的全部开销以及购买古书、文物、杂什，乃至宴请友朋之用。[①] 郭沫若在日本生活的成本对不算富裕的郭家来说，是无论如何也无法忽视的重要问题。这使得郭沫若对经济方面不得不斤斤计较，以至于在到了日本之后给不给家里寄相片这样的事情也要考虑再三："至时摄像片，于金钱上殊有不合算处。男家中旧像颇有，父母对之，已足如在膝下。"[②]

在考取官费留学生之前，郭沫若的花销大多由其父母和大哥资助，这让郭沫若感到颇为不好意思，在写给父母的信中，多次出现诸如"李梦庚顷已抵东。所汇现款合得日银一百二十余元；大哥顷亦由北京汇来银二百元；合计前手中所剩余款，共得三百五十元足数。计算今年即不能考上官费学校，为数已尽支持至明年暑间。官费暂可到手，家中从此不再汇来，在所望矣"[③]的文字。可见，无论是出于羞愧还是出于想尽快摆脱原生家庭在道德领域给自己带来的束缚，郭沫若想达成经济独立的愿望是非常强烈的。虽然郭沫若在留学日本之后很快就考取了官费留学资格，在经济领域不再对原生家庭有太多依赖，但是这些官费仅足够维持日常的吃穿度用，并不能为郭沫若提供坚实的经济基础，而如果遇到突发事件，其还需要向原生家庭寻求帮助。

郭沫若留学日本期间，中日关系并不稳定，两国时常交恶。一旦有战事消息传来，郭沫若就不免为自己的留学官费担心。因为一旦两国开战，正常的国事外交活动尚不能保证，更何况留学这种建立在两国友好邦交关系之上的文化活动了。郭沫若曾在中日交恶初期写信给家中，称："近日中日交涉事件甚为辣手，一般舆论大是腾涌。吾川地僻，消息不宁，想传闻溢实，必更加一层喧骚骇异也。男居此邦，日内仍依然上课。留学界虽

① 参见鲁迅《癸丑日记》，《鲁迅全集·第15卷》，人民文学出版社2005年版。

② 郭沫若：《致父母19140213》，郭沫若著，郭平英、秦川编注《敝帚集与游学家书》，中国社会科学出版社2012年版，第182页。

③ 郭沫若：《致父母19140621》，郭沫若著，郭平英、秦川编注《敝帚集与游学家书》，中国社会科学出版社2012年版，第188页。

有络绎归国者，然多属私费生，至官费学生，则并未曾动也。"① 而当中日关系进一步恶化，郭沫若在给家中写了一封短信说："交涉险恶，不久便归。际此机局，自当敬慎，请毋驰念。"② 全信如此，正文内容竟不如信封及称呼语加起来多，这在郭沫若写给父母的家信中是极其罕见的，同时也说明了此时情况之紧急。由于从东京到上海的路途当中耗费甚多，郭沫若写信请求家庭能够施以援手："前日交涉吃紧，几有破裂之势，此间留学人士均已准备归国，故于月之七日，乃同吴鹿苹君趋归上海。不意竟得和平解决，遂复于十一日趋返日本，往返费用损失殊属不小。然幸天眷犹存，国家无事，自家虽小受亏损，乃亦不觉其痛苦矣。"③ 郭沫若这封信看似只是陈述其辗转日本和上海的过程，其实暗含有向家中乞求经济援助之意。因为已经为官费学生，郭沫若向家中索要资费显得并不那么理直气壮，他在以"国家""国运"的名义兜了一个圈子之后，表达了因为这次失误的辗转而导致的经济困顿，需要家中寄来钱款的意思，但是由于表达得太过于隐晦，他的父母在读信之后并没有理解。于是，郭沫若在几天之后又给父母寄出了一封内容相似的信件，"往者，中日交涉吃紧时，男曾返上海一次，以当时岌岌有开战之势故也。在沪少留三日，复转东，计往返须费十日。孟浪之失，深自怨艾。大哥亦有函斥责，不知我二老见男前日归函时，又忧虑何似也。"④ 两封信件时间仅间隔两日，内容又如此一致，后一封信中还故意装出在不经意间提及前一封信内容的样子，目的就是引起其父母对前一封信内容中有关经济情况的重视。在后一封信中，郭沫若不但向父母陈述了此次自己的经济出现了危机，还将这次经济危机中具体在哪些地方花钱都记录得十分清楚，可见郭沫若此时对资金需要的紧迫性。而在郭沫若的留学生涯中，遭遇经济危机的情况并非仅此一次，此后一年左右，当其经济

① 郭沫若：《致父母 19150317》，郭沫若著，郭平英、秦川编注《敝帚集与游学家书》，中国社会科学出版社 2012 年版，第 208 页。

② 郭沫若：《致父母 19150505》，郭沫若著，郭平英、秦川编注《敝帚集与游学家书》，中国社会科学出版社 2012 年版，第 212 页。

③ 同上书，第 212—213 页。

④ 郭沫若：《致父母 19150601》，郭沫若著，郭平英、秦川编注《敝帚集与游学家书》，中国社会科学出版社 2012 年版，第 214 页。

状况再次出现危机，郭沫若又将希望的目光投向了远在四川的原生家庭。他写信给父母，说："国事似稍就绪，学费停止事想不至实现矣。但男自去岁五七，曾返沪一次，书物卖尽，旅费过滥。迄兹一年，补苴之余，颇形惨淡，恐一旦不测，或染病疾，或生意外事变，手无余裕，无处乞灵。故敢以汇款为请，为数百金已足，不识家中一时可能抽出否？"[①] 对比之前两封信，就会发现，由于有了前两封信中父母未能一下就了解其潜台词的前车之鉴，郭沫若在这封信中把主要内容写得颇为直豁，以求迅速得到原生家庭的支持。这也可以看出郭沫若留学日本期间，实际上是无法得到真正的经济自由的，他无法像吴虞一样完全脱离原生家庭的支持。

从很大程度上来说，这些看似从代表了旧文化的家庭中走出，去学习西方新的先进文化的青年人，其实并没有办法斩断与旧式大家庭的联系，他们有关自由和独立的看法很多只是自己的一种想象，如果不能真正地达到经济独立，这些青年人是很难成为真正意义上的"新青年"的。再者，从郭沫若的三封信中可以看出，郭沫若在这一时期向家中索要钱财的时候，多次提及了"国家"等带有民族国家意识的词语。如果说是郭沫若绑架了这一概念来达到自己的目的，这未免有些太过诛心，倒不如说是在此时的青年人心中，自己的困顿和国家的积贫积弱是有着很大的联系的。他们游学是为了报效国家，是为了"自糊口腹，并籍报效国家"，不为"父母羞""家国蠹"，[②] 他们认为父母对自己学业的支持就是对国家的支持，其自身就具有一种来自现代民族国家的正义感。而现代民族国家与传统家庭之间形成的富有张力的场域，也成为这些新青年们在走出旧式家庭的时候必须克服的问题，同时也是形成他们性格中复杂一面的重要原因。

郭沫若的原生家庭是一个明显带着中国旧式家庭色彩的传统大家庭，到了郭沫若这一代，除了郭沫若之外，宗族内部还有许多兄弟姐妹，郭沫若在书信中也屡次提到他们。和信件中涉及父母的部分不同，在涉及这些家中的

---

① 郭沫若：《致父母 19160916》，郭沫若著，郭平英、秦川编注《敝帚集与游学家书》，中国社会科学出版社 2012 年版，第 231 页。

② 同上。

兄弟姐妹时，郭沫若则又是另一番言论，从中可以看到郭沫若对待其他家人关系的基本态度。

作为在郭沫若之前郭家唯一接受了现代文化教育的成员，郭沫若的大哥郭开文对郭沫若的影响是复杂的，一方面，在家中由于文化方面的差异，与家中其他成员谈天相比，郭沫若更喜欢和远在异乡的大哥通信商量人生大计；另一方面，由于大哥在民国初年长期跟随军阀尹昌衡，而尹昌衡在川内的所作所为又为郭沫若所不齿，所以，郭沫若对大哥的职业也常常表示不理解和看不起。这种矛盾的态度，就构成了郭沫若对待大哥的一种基本情绪。

1913 年年末，郭沫若考入天津陆军军医学堂，乘船自川内北上，到达北京之后，在北京任职的郭开文成为其唯一的倚靠。郭沫若说："当时我的长兄橙坞先生在做川边驻京代表，虽然到日本、朝鲜去游历了，但迟早是要回来的，我有这样靠背，所以便决心跑去找他。这儿又是我一生的第二个转扭点，我到后来多少有点成就，完全是我长兄赐予我的。"不仅如此，郭开文还给予郭沫若以很大的经济支持，"长兄送我离国的时候只给了我一条重六两多的金条，叫我到东京去变换成日币，作为学费"。① 而更为重要的是，在早年郭沫若为求学方向一事陷入举棋不定的迷局时，大哥的意见常常能够左右其决定。郭沫若在留学日本之初颇为犹豫，而正是大哥郭开文替他做了决定，郭沫若才踏上了远赴东瀛的路程，郭沫若称为"我的大哥便决定了让我到日本去留学。今晚说好，明晚就得动身"。② 在给父母的家书中，郭沫若也称："京地学风坏极，酒地花天，歌台舞榭，青年子弟最易陷落。大哥决计命男东渡，兹已定明日搭乘京奉晚车，同张君次瑜（大哥同学），由南满、朝鲜漫游赴日。十日为期，未为茹苦，请无罣念。"③ 从信件中可以体察到郭沫若东行之仓促，无论是在时间上、物资上，还是在思想上，郭沫若都没有完全地准备好，一切都是大哥在仓促之下做出的决定，而一向以桀骜难驯著称的郭沫若

① 郭沫若：《我的学生时代》，《郭沫若全集·第 12 卷》，人民文学出版社 1982 年版，第 13—14 页。

② 郭沫若：《初出夔门》，《郭沫若全集·第 11 卷》，人民文学出版社 1982 年版，第 351—352 页。

③ 郭沫若：《致父母 19131225》，郭沫若著，郭平英、秦川编注《敝帚集与游学家书》，中国社会科学出版社 2012 年版，第 179 页。

对这一决定言听计从，也显示了其对大哥郭开文的深信不疑。到达日本之后，郭沫若在信中还提到了“男前在国中，毫未尝尝辛苦，致怠惰成性，几有不可救药之概。男自今以后，当痛自刷新，力求实际，学业成就，虽苦尤甘，下自问心无愧，上足报我父母天高地厚之恩于万一，而答诸兄长之培诲之勤，所矢志盟心，日夕自励者也”。[①] 但是，在同一封信中，郭沫若也表达了对于大哥工作的不屑，他说：“大哥曾与男两函，亦言家中、省中均无函至，颇有归省意。近因约法会议发生，已拍电回川，颇思就此，惟不识能否有效。尹昌衡川边事已辞职，近因被人控告，……幸大哥近来与彼颇似断绝不过。辅非其人，前功尽弃，譬如捏一雪罗汉，惨淡经营，维持护恤，煞费苦心，不料一见阳光，顿成一锅白水也。”[②] 郭沫若深知此时的郭开文正处于内外交困的时期，也对郭开文支持其赴日留学一事颇为感谢，然而，他还是对维持郭开文生计的尹昌衡势力的垮掉雀跃不已，这只能说明郭沫若对大哥在职业生涯上的选择真的是非常之不认同。这背后的原因在于郭沫若此时接受思想的主要来源是一种“国家主义”，而对于此时的中华民国而言，袁世凯政府则是代表国家的那一方，尹昌衡在川边拥兵自立，无疑是破坏了郭沫若心中有关中华民国统一的民族国家想象，对于曾经生活在饱经地方自治所带来战乱的四川的郭沫若来说，这显然是不可接受的。所以，郭沫若对大哥工作一事几乎是不假思索地加以否定并冷嘲热讽。除了工作一事之外，郭沫若对大哥的其他决定还是颇为支持的，在留学日本期间，郭沫若对大哥反对其女儿出嫁一事表达了自己的态度：“大侄女今年出阁，大哥意颇不赞成，盖以家中、手中均甚枯窘，故拟欲致书仲翔，请为缓期云云。然据来书云，顷正新谋别事，尚未到手，如能到手，则前议自作罢论，事不成功，则更拟回川一行也。”[③] 在得知大哥成功推迟了女儿婚期之后，郭沫若又给家里写信说：“大侄女嫁事

---

① 郭沫若：《致父母 19140213》，郭沫若著，郭平英、秦川编注《敝帚集与游学家书》，中国社会科学出版社 2012 年版，第 182 页。

② 同上书，第 181 页。

③ 郭沫若：《致父母 19140621》，郭沫若著，郭平英、秦川编注《敝帚集与游学家书》，中国社会科学出版社 2012 年版，第 188 页。

改期，甚好。”①

在大哥的意见受到全家人反对的时候，郭沫若总能站在大哥一方，并且用他自己的智慧来与其父母周旋，可见其与大哥郭开文的感情之笃深，但是在国家主义情绪面前，郭沫若却实在无法站在大哥的一边。从郭沫若与郭开文之间的复杂关系可以看出，两人之间实际上还是有着明显的代际痕迹。郭开文是参与了辛亥革命的那一代青年，在以郭沫若为代表的新文化运动的青年粉墨登场的时候，他们或者由于家庭的缘故，或者由于工作的桎梏，革命的热情已经被各种生活中的烦琐事宜所掩埋，取而代之的是一种倾向于稳定和安全的心态。作为两个不同代际的青年人，郭沫若与郭开文在思想领域确实是难以沟通的，但是作为血亲，两人却能够在除了思想领域的其他方面达成一致，甚至同盟，这也正是新文化运动前后所能够看到的特殊的文化景观。郭沫若心中关于民族国家振兴和民众思想解放的理想在郭开文心中也曾经出现过，但是由于辛亥革命在文化建设领域的天然缺陷，这个梦想终究只能停留在梦想的阶段，而郭开文也清楚，这一梦想最终是要由以郭沫若为代表的新一代青年人来达成。这也成为他毫无保留地支持郭沫若在文化选择领域的各种要求的重要原因，郭开文的革命说到底只是一次未能完成的行动，而这一革命的下一阶段将在郭沫若身上得以实现，所以，说郭开文在此时的郭沫若身上看到了自己青年时代的影子是完全没有问题的。

对于家族中比自己年纪更加幼小的弟妹们，郭沫若显然有着另一种态度。对这些尚在学习积累阶段的青年，郭沫若的态度更多的是一种在文化上的指引。在到达日本之后不久，他就写信，试图让其父母劝说弟弟郭开运同来日本，他说："元弟近已回家否？今岁毕业后，可急行东渡。如腊初毕业，腊中旬即须起身，家中亦不可少为留连。”② 他劝说家中允许郭开运和自己一样东

① 郭沫若：《致父母19140801》，郭沫若著，郭平英、秦川编注《敝帚集与游学家书》，中国社会科学出版社2012年版，第191页。

② 郭沫若：《致父母19140728》，郭沫若著，郭平英、秦川编注《敝帚集与游学家书》，中国社会科学出版社2012年版，第190页。

来日本求学，并一再催促道："元弟今年毕业，即速来动，休自误也。"[①] 郭沫若对其父母从来都是十分恭敬的，这种不由分说的态度实在是非同寻常。郭沫若在国内的时候已经辗转嘉州、成都、天津等地，见识过国内各地的学习环境和风气，留学日本之后又亲眼看到了中国无论是在学习氛围还是在教学水平上与日本的差距。为了让自己的弟弟不为国内那些乌烟瘴气的学术氛围耽误了发展，郭沫若不惮用这种近乎命令的方式与其父母讲话，目的就是为了劝说其父母不要因为家庭和亲情的因素来羁绊郭开运的前程。

而除了关心兄弟辈的学业之外，作为郭氏家族目前为止唯一成功走出国门的例子，郭沫若在思想文化领域无疑已经成为其家族中可以被视为标杆的人物，故而，其兄弟们也经常也乐意将子侄辈所做的文章寄给远在东京的郭沫若，让其帮助指点、修改，而郭沫若也非常愿意为此效劳。在为其大哥郭开文之子郭少成指导过文章后，郭沫若专门写信告诉父母："少成侄寄来论文，已少加改削，爰复寄归。学力大有进步，殊可喜。"[②] 他还多次在信件末尾问候元弟、少成"书有进步否"。[③] 郭沫若对于其晚辈在学业上的要求是非常严格的，在收到郭开运寄来的郭少成所做的《自爱说》一文之后，郭沫若批评道："应专就史事及与时事有关合者选择，使养成融会今古习惯，且免于近于理论而远于事情之弊"。他认为"令少年作文字，出题必量其力量之所能及与否。力量能及，自有一种胜任愉快之乐，而做出文字亦自勃勃有生机也。力量不及，则费尽九牛二虎之力，终是死物，否则便成油火文字，终无味也"。[④] 已经留学日本的郭沫若无疑是郭氏家族中较早看到世界思想发展的人之一，而正当其时，郭沫若身边已经围绕了一批对文学和思想有兴趣且在反

---

① 郭沫若：《致父母 19140801》，郭沫若著，郭平英、秦川编注《敝帚集与游学家书》，中国社会科学出版社 2012 年版，第 191 页。

② 郭沫若：《致父母 19150601》，郭沫若著，郭平英、秦川编注《敝帚集与游学家书》，中国社会科学出版社 2012 年版，第 215 页。

③ 参见郭沫若著，郭平英、秦川编注《敝帚集与游学家书》，中国社会科学出版社 2012 年版，第 217 页。

④ 郭沫若：《致元弟 19150705》，郭沫若著，郭平英、秦川编注《敝帚集与游学家书》，中国社会科学出版社 2012 年版，第 218 页。

思中国文化建设的朋友们，[①] 故而，郭沫若的文学观念不仅要比作为学生的郭少成等人先进，甚至要比给这些学生出题的人先进，他一眼就看到了郭少成《自爱说》一文的根本问题所在，问题并不仅仅出在学生不会写文上，而是出在了出题者的心态以及对于文学的认知并没有跟上时代的脚步上，而这一思路上的更新是难能可贵的。不仅是在文学方面，由于郭沫若在日本主业学习的是医学，他还把一些先进的医疗卫生观念告诉了郭氏家族。比如，在七妹打算出阁时，郭沫若就写信力劝父母，说："说起七妹来，想起元弟前日来函，似乎明年有出阁之说，未免太年轻了，于身体发育上最有妨碍。吾国早婚制度最坏，欲求改良，当自各家各户自行改良起走。古礼本定的是，男子三十而娶，女子二十而嫁，最是很完美的制度。近来欧西各国及日本，大抵男女非满二十以上无结婚者，正与吾国古礼相合。七妹出阁似乎可再缓两年，不识父母尊意如何也?"[②] 郭沫若在此处上引古代制度，下征现代医学，详尽阐释推迟郭葆贞出阁的理由。虽然由于种种原因，郭沫若父母未能采纳其建议，但是仅就内容来看，郭沫若无疑是把一种更先进的、更现代的卫生观念传播进了郭氏家族。

郭沫若在日本留学，不仅自身的知识和文化水平得到了长足的提高、开眼看到了新的世界，并且还致力于把日本先进的文化理念传播进中国。虽然郭沫若从根本上来说还是为了郭氏家族的利益着想，但是在这里也可以看到一个现代民族国家的缩影。作为新青年的郭沫若虽然在经济上尚无法摆脱对原生家庭的依赖，但是通过对新知识和新思想的掌握，他已经有了一定的资本可以与原生家庭进行相对平等的对话。在这场对话中，以郭沫若为代表的新青年对现代民族国家的新的认识以及其与中国传统文学、文化、思想在对比中显示出的异质性因素被迅速传播，成为从内部瓦解传统家族制度的巨大推动力量；而这些新青年在与旧式家庭及其制度颉颃的时候表现出的周旋和让步的姿态，也使得那些较为开明的父母能够在最大程度上接受新思想、新文化，从而潜移默化地影响其生活范围内更多的人。

---

① 参见郭沫若《创造十年》，《郭沫若全集·第12卷》，人民文学出版社1982年版。

② 郭沫若：《致父母19141107》，郭沫若著，郭平英、秦川编注《敝帚集与游学家书》，中国社会科学出版社2012年版，第198—199页。

吴虞对待其家族成员的激进和郭沫若对待其家族成员的温和，构成了新文化运动参与者处理其家庭人际关系的两个侧面。从根本上讲，影响这些文化上的领先者与其原生家庭之间关系的，还是现代民族国家这个宏大的范畴。在辛亥革命之后、新文化运动之前的这段时间里，参与者们已经看到了旧世界的崩塌，却无法看到新时代的来临，其内心自然是痛苦的，而捆绑在自己身上无法斩断的与旧时代以及旧家庭的种种羁绊也成为阻碍其前行的因素.一些像吴虞这样的辛亥革命参与者就被这些羁绊拖回了自己曾经激烈反对的阵营一边，但这些羁绊也成为一种突破口，吴虞大步倒退的同时，以郭沫若为代表的青年人则通过这个突破口在奋力突围，在不断调整与原生家庭关系的过程中寻找自己在新文化中的位置。

第二节　地方性人际关系网络的重建

1912 年，鲁迅告别了绍兴故乡，一路北上至北京教育部任职，开始了他“隐默”的十年。在这十年中，虽然鲁迅绝少著作，但是却开始了日记的写作。鲁迅的日记以少言而著名，而在少言的背后，字里行间我们仍可以察觉到初到北京时的种种辛酸。在鲁迅的“隐默”时期，日记是了解其思想脉络的重要途径，通过研究这一时期的鲁迅日记，我们可以勾勒出一条周树人是如何在浙东人际关系网络中反思自身，进而走出这个文化场域而成为“鲁迅”的线索。

1. 会馆与地方性人际关系

汪卫东在长期的研究中，以思想的角度深入挖掘了由竹内好发现的 1909—1918 年，尤其是 1912—1918 年的会馆时期（这个时期实际上延续到 1919 年，鲁迅正式搬出山会邑馆），作为鲁迅“罪的自觉”和“文学的自觉”的“无”的原点意义，① 认为在鲁迅的这个“隐默”的十年里，其在绝少著

① 参见［日］竹内好著，靳丛林编著《“绝望”开始》，生活·读书·新知三联书店 2013 年版。

述的背后，隐藏的是来自“对民众的可启蒙性及中国变革之可能性的绝望”的“对民族危亡的忧心”。① 这一认识是深刻的，纵观鲁迅的文学生涯，较之在日本时所著的意气风发、旁征博引的六篇策论和大量翻译作品以及在以《狂人日记》为开端一发而不可收的小说和杂文创作，“隐默”十年间，尤其是会馆时期，鲁迅的创作明显出现了一条断裂带，其文学创作几乎停滞，在这停滞中，我们看到的是一个“绝望”的鲁迅。鲁迅似乎在有意识地消耗着他的生命，每日埋头于古籍的校对工作，正如他自己所回忆：“客中少有人来，古碑中也遇不到什么问题和主义，而我的生命却居然暗暗的消去了，这也就是我惟一的愿望。”以“生命消去”为愿望，哀莫大于心死，鲁迅正在这“当日自己的寂寞的悲哀”中将一个“切迫而不能已于言”的灵魂“麻醉”。② 在这一时期，鲁迅所留下的全部作品仅有几札金石考证的文字，以及《〈越铎〉出世辞》《辛亥游记》《怀旧》《拟播布美术意见书》，但是，他却开始了另一种创作，即日记。

虽然日记是一种很少公开发表的私人性质的文字，并且鲁迅自己也说“本来每天写日记，是写给自己看的……写的是信札往来，银钱收付，无所谓面目，更无所谓真假……我的目的，只在记上谁有来信，以便答复，或者何时答复过，尤其是学校的薪水，收到何年何月的几成几了，零零星星，总是记不清楚，必须有一笔账，以便检查，庶几乎两不含胡，我也知道自己有多少债放在外面，万一将来收清之后，要成为怎样的一个小富翁。此外呢，什么野心也没有了。”③ 但是，在这本以少言而晦涩著称的日记中，从鲁迅对于其生活细节的一些碎片式的记叙里，我们还是能找到一些关于他这一时期情绪波动的痕迹的。

从时间上，鲁迅的日记是从1912年5月5日北上赴任“舟抵天津”④ 开始的，此后一直未曾停过。其内容也正如鲁迅自己所说，主要是一些琐事，

---

① 汪卫东：《十年隐默的鲁迅：论鲁迅的第一次绝望》，《理论学刊》2009年第12期。
② 鲁迅：《〈呐喊〉自序》，《鲁迅全集·第1卷》，人民文学出版社2005年版，第437页。
③ 鲁迅：《马上日记》，《鲁迅全集·第3卷》，人民文学出版社2005年版，第235页。
④ 鲁迅：《壬子日记》，《鲁迅全集·第15卷》，人民文学出版社2005年版，第1页。

诸如收发信件、经济往来、访客会友、校对书稿等，私人性极强。但是，在这些只言片语中，可以发现鲁迅在这一时期有着极强的地方主义倾向，同时，这种倾向从鲁迅入京始至鲁迅从会馆迁至八道湾止，并不是一成不变的。从鲁迅刚到北京，并以浙东人自居，到1918年4月后开始以自己的"绝望"观照浙东，"在将令下呐喊"，在叫醒那些如他"年青时候似的正做着好梦的青年"[①] 的过程中。随着其国民性批判立场的逐步形成，鲁迅也经历了一个由"浙东的鲁迅"到"鲁迅的浙东"的变化。经由这一过程，他从鲁镇走了出来，成为我们现在所熟知的《呐喊》时期的鲁迅。而在这一过程中，会馆，作为近代中国的特殊公共领域和社会现象，对鲁迅的形成起着重要的作用。

鲁迅的会馆时期，其时间从壬子年（1912）五月五日到己未年（1919）十一月二十一日，在这长达七年的时间里，鲁迅大多时候是苦闷和寂寞的，这种苦闷和寂寞很大程度上是来自其自身对于北京文化场域的不认同和主动疏离，形成这种现象的原因有很多，但是浙东对于鲁迅在这一时期文化身份认同的影响是不可忽视的。

初到北京的鲁迅在很长一段时间内对家乡文化情有独钟。[②] 鲁迅在壬子年（1912）五月五日晚七时许才抵达北京，是日夜，就不顾舟车劳顿，急匆匆地就去拜访许铭伯，并得到《越中先贤祠目》一册，第二天上午，鲁迅便"移入山会邑馆"。[③] 此后很长一段时间内，鲁迅在北京的生活，都处于这种由地缘文化而产生的荫盖和遮蔽之下。最明显的就是鲁迅在这一时期的交友大多数是一些浙籍人士，尤以浙东人居多。上文提及的那位鲁迅一到北京就去拜访的许铭伯先生，即是浙江绍兴人，是与鲁迅同来北京的许寿裳长兄许诗荃的父亲；另一名同行者是蔡元培之弟蔡谷青，浙江山阴人。[④] 鲁迅初到京城时交往甚密各位朋友中，除陈师曾为湖南人、齐寿山为河北人之外，几乎是清

---

① 鲁迅：《〈呐喊〉自序》，《鲁迅全集 · 第1卷》，人民文学出版社2005年版，第437页。

② 对于初到北京的鲁迅来说，故乡对他的吸引力是巨大的，直到1936年，鲁迅仍然引用王思任致马士英书中所言"会稽乃报仇雪耻之乡，非藏垢纳污之地"（原文作"夫越乃报仇雪耻之国，非藏垢纳污之地也"。），并表示"这对于我们绍兴人很有光彩，我也很喜欢听到，或引用这两句话"。

③ 鲁迅：《壬子日记》，《鲁迅全集 · 第15卷》，人民文学出版社2005年版，第1页。

④ 许世玮：《关于许铭伯先生》，《鲁迅研究月刊》1998年第4期。

一色的浙江人，而又以浙东人居多。加上山会邑馆本身就是为越籍旅京人士所设，这样一来，鲁迅虽然身在北京，但实际上仍生活在由浙东人际关系网络所构建的文化场域之中。再则，对于经济状况的书写向来为文人所不齿，鲁迅虽不吝于在日记中记载“书账”，作品中也常常出现许多关于经济与启蒙的深刻分析，但是在会馆时期以及之前，鲁迅对自己的经济情况的记载并不多。① 旅外在京的困顿，使得鲁迅偶尔会向友人借钱，可张口借钱而又肯借的，大多是可信任之友人，钱稻孙、戴芦舲、许季上、张阆声、齐寿山等人厕列其间，而这一系列友人中，除了齐寿山之外又都是浙江人，而仍以鲁迅所谓“越人”居多。② 这不由让人想起了在民国初年，北京的公共空间呈现出的那种独特的景观：不同地区，不同社会身份，不同经济境况的各种人群将北京分割成了很多独立的空间，这些空间彼此是相当隔膜的，③ 这种隔膜是建立在北京这一巨大的文化政治符号所带给上述各群体的集体想象之上，并在自明朝文官群体而来的旅京人士地缘性集群的基础上，更加深刻地厘定了彼此的边界，形成了一个个稳固的地缘文化语境，具有一定的封闭性。鲁迅在北京初期的交友正体现了这一点，众多浙籍精英比较频繁的集会再加上所居住的会馆内带有明显的地方性色彩转译的信息传播与汇聚，使得鲁迅仍旧生活在一个浙东文化语境中。④ 在很长一段时期，鲁迅甚至偏执于吴越之别，十分不适应北京的文化语境。⑤

况且鲁迅并非主动来北京任职。自日本返回国内后，鲁迅一直在浙江任教职，直到民国元年，南京临时政府成立，鲁迅应教育总长蔡元培之邀，往南京任教育部部员，后于同年五月随政府同迁北京赴任。⑥ 而南京国民政府搬

---

① 参见陈明远《何以为生：文化名人的经济背景》，新华出版社 2007 年版。

② 鲁迅：《鲁迅全集·第 15 卷》，人民文学出版社 2005 年版；甘智钢：《鲁迅日常生活考证：鲁迅借贷情况考》，《鲁迅研究月刊》2006 年第 8 期。

③ 直到 1925 年，这种隔膜仍然广泛的存在，顾颉刚在妙峰山参加过香会之后，不由得感叹：“我们所知道的国民的生活只有两种：一种是作官的，一种是作师的：此外满不知道。”而正如他所认识的，“我们若是真的要和民众接近，这不是说做就做得到的，一定要有相互的瞭解。……现在我们所以不能和他们接近之故，正因两者之间的情意非常隔膜”。

④ 王日根：《晚清民国会馆的信息汇聚与传播》，《史学月刊》2013 年第 8 期。

⑤ 参见鲁迅《鲁迅全集·第 15 卷》，人民文学出版社 2005 年版。

⑥ 曹聚仁：《鲁迅评传》，复旦大学出版社 2006 年版，第 299 页。

迁的原因正是由于袁世凯的要挟，虽然这里边有着各种政治力量的制衡和颉颃，甚至有着某些历史性的考虑，[①] 但是总体上，南京国民政府中的各部门职员对这个决议颇有怨言。很多甚至是在孙中山“本处各部办事人员，仍各照旧供职，以待新国务员接理，勿得携带推诿，至多旷废”的敕令下才决定继续任职的。[②] 鲁迅随政府被迫北上，本就有“左迁”之感，而紧接着的唐绍仪和袁世凯的“府院之争”，内阁制下的几个部的力量被总统架空，这更加重了南方政府人员在北京的疏离感。而且这件事情就发生在鲁迅赴京就职的前夕，鲁迅就职后的不适应在一定程度与之关系颇深。教育部在总统制的专权下，无事可做，鲁迅也只好“枯坐终日，极无聊赖”。[③] 鲁迅后来在对比南京和北京两地政府的时候也提到“说起民元的事来，那时确是光明的多，当时我也在南京教育部，觉得中国将来很有希望”，[④] 而及至政府搬到北京，“见过辛亥革命，见过二次革命，见过袁世凯称帝，张勋复辟，看来看去，就看得怀疑起来，于是失望，颓唐的很了”。[⑤] 再加上袁世凯执政期间对舆论和教育的高压，鲁迅这个曾经在民元高谈共和自治和教育建设[⑥]的青年人无计可施，开始转向“钞古碑”以避免当局注意。这在北京民初的士林中可谓另类，“北京文官大小一律受到注意，生恐他们反对或表示不服，以此人人设法逃避耳目，大约只要有一种嗜好，重的嫖赌蓄妾，轻则玩古董书画，也就多少可以放心。教育部里鲁迅的一班朋友，如许寿裳等等如何办法，是不得而知，但他们打麻将总是在行的，那么即此已可以及格了。鲁迅却连‘挖花’都不会，只好假装玩玩古董，又买不起金石品，便限于纸张，收集些石刻拓本来看”。[⑦]

但是这只是事情的一方面，从鲁迅日记中不难发现，与其出身、地位相

---

① 参见马勇《袁世凯帝制自为的心路历程》，《学术界》2004 年第 2 期；赖继年《南京临时政府北迁之因新探》，《理论月刊》2011 年第 10 期。

② 参见严昌洪《北京临时政府的组建过程》，《历史教学》2004 年第 7 期。

③ 鲁迅：《壬子日记》，《鲁迅全集·第 15 卷》，人民文学出版社 2005 年版，第 1 页。

④ 鲁迅、许广平：《两地书》，《鲁迅全集·第 11 卷》，人民文学出版社 2005 年版，第 31 页。

⑤ 鲁迅：《〈自选集〉自序》，《鲁迅全集·第 4 卷》，人民文学出版社 2005 年版，第 468 页。

⑥ 鲁迅：《致张琴孙》，《鲁迅全集·第 11 卷》，人民文学出版社 2005 年版，第 350 页。

⑦ 曹聚仁：《鲁迅评传》，复旦大学出版社 2006 年版，第 34 页。

似的诸位友人，皆是金石书画好手，常常指点古董真伪。鲁迅醉心抄碑，除了编书和逃避现实的原因之外，还有主动疏离北京民国政府人员的意思在里边。民国初年，北京国民政府间宴乐捧角风气甚盛，士人以捧角结成朋党，[①]而鲁迅对于捧角一事从来不参与，甚至有人送票至住所邀其前往江西会馆去看戏时，也被他拒绝了。[②] 这一方面与鲁迅的文化选择有关，鲁迅的文化选择使他不能接受京剧背后的落后文化，进而，鲁迅也对京剧本身毫无好感；另一方面，看戏捧角也在北京士林中形成了一种文化身份的认同，而鲁迅对这种认同是不屑一顾的。从上文的分析中，我们可以看出以阶级、审美、地域等划分的文化身份界限是如此深刻，以至于不同群体间的隔膜已经到了不可理解的地步，而捧角正如同是一张文化身份的通行证，积极地参与了北京国民政府官员这一群体的建构，成为群体中身份认同的标志。鲁迅对北京国民政府毫无兴趣，自然无心参与这一群体中，所以他也就不必委屈自己，使自己通过捧角进入这一群体之内。不仅是捧角，鲁迅在日记中的另一则事情也清楚表明了这点：癸丑年五月十一日，“上午得戴芦舲简招往夏司长寓，至则饮酒，直至下午未已，因逃归”[③]。鲁迅不合群，不愿与北京士林来往而又不得不逢场作戏，最后悄悄溜走的狼狈相跃然纸上。

无法很好地融入北京国民政府士人文化场域的鲁迅，习惯将自己置身于主要由浙江人构成的圈子中，不但如此，鲁迅在这一时期无论是饮食还是住宿，都对北京颇为不适应，而这种不适应是以浙江，尤其是越中为参照系的。

鲁迅初入山会邑馆即见“蜰虫三四十，乃卧卓上以避之”，[④] 第二天又是“长班为易床板，始得睡”。[⑤] 再加上春夏之交的北京，气候与江南大为不同，鲁迅在北京度过了很长一段时间不适应的生活。在这段时间里，鲁迅的思乡之情在日记的很多地方都表现得十分明显，如壬子年五月八日，鲁迅“致二

① 在清末民初，梨园行诸位“老板”的行状甚至能使紧张的局势得到缓解和暂停，如1917年谭鑫培的去世就引起了正在为府院之争焦头烂额的黎元洪的关注，并“送匾额一方”。

② 参见钱稻孙口述，左瑾、王燕芝、叶淑穗等记录整理《访问钱稻孙记录》，《鲁迅研究资料（第四辑）》，天津人民出版社1980年版，第147页。

③ 鲁迅：《癸丑日记》，《鲁迅全集·第15卷》，人民文学出版社2005年版，第62页。

④ 鲁迅：《壬子日记》，《鲁迅全集·第15卷》，人民文学出版社2005年版，第1页。

⑤ 同上。

弟信，凡三纸，恐或遗失，遂以快信去”。[①] 连信件用纸张数都记叙得这样清楚，并恐遗失所以寄了快信，鲁迅急切想和家里联系上的心情可想而知，而“快信”在鲁迅初至北京的很长一段时间内都是存在的，一封封的“快信”寄托着鲁迅对家乡河山的怀念。直到同年 11 月 8 日，“是日易竹帘以布幔，又购一小白泥炉，炽炭少许置室中，时时看之，颇忘旅人之苦”，[②] 到此，鲁迅才算是基本适应周遭环境，而其在山会邑馆中频繁搬迁，又从另一个侧面显示了即使是这样，鲁迅在京居住也并不惬意。[③] 至于食物，鲁迅在会馆时期，一直无法习惯北京的饭菜，从鲁迅日记对所用饭菜的评价，我们可以看出鲁迅对于越中故地的文化认同，[④] 这是使他“思乡的蛊惑”。[⑤]

在壬子年 9 月 27 日的日记中，鲁迅写道：“晚饮于劝业场之小有天，董恂士、钱稻孙、许季黼在坐，肴皆闽式，不甚适口，有所谓红糟亦不美也。”而同一天日记中还记载着“得二弟所寄小包，内全家写真一枚，又二弟妇抱丰丸写真一枚，我之旧写真三枚，袜子两双，德文《植物采集法》一册，十四日付邮”。[⑥] 将这同一天发生的两件事连起来看，鲁迅抱怨小有天饭菜难吃，就不仅仅是一件适口与否的事情了，而且，鲁迅在这之后仍常去小有天宴请，足可证明并不是其饭菜不好，而是这天在吃饭之前收到的家里的邮包加重了鲁迅产生了对北京的排斥，即使是在这里吃到了家乡的“红糟”，也觉得“不美”。[⑦] 而这一年 12 月 31 日，鲁迅难得的对所用茶食有了褒奖之词，“晚铭伯招引，季市及俞毓吴在坐，肴质而旨，有乡味也，谈良久归”。[⑧] 值得一提是，鲁迅在会馆期间，许铭伯和其弟弟许寿裳常常以蒸鹜、冻肉、笋干、火腿、

---

① 鲁迅：《壬子日记》，《鲁迅全集 · 第 15 卷》，人民文学出版社 2005 年版，第 1 页。

② 同上书，第 29 页。

③ 参见《鲁迅全集 · 第 15 卷》，人民文学出版社 2005 年版。

④ 在鲁迅小说中经常出现的绍酒、油豆腐、茴香豆、冻肉、青鱼干等吃食对于鲁迅，有着无可替代的文化吸引力。

⑤ 鲁迅：《朝花夕拾 · 小引》，《鲁迅全集 · 第 2 卷》，人民文学出版社 2005 年版，第 235 页。

⑥ 鲁迅：《壬子日记》，《鲁迅全集 · 第 15 卷》，人民文学出版社 2005 年版，第 1 页。

⑦ 翻阅鲁迅日记，不难发现，鲁迅在北京并不是很轻易能吃到红糟。

⑧ 鲁迅：《壬子日记》，《鲁迅全集 · 第 15 卷》，人民文学出版社 2005 年版，第 36 页。其中，质指的是食物朴实，旨指的是味道醇美，当是同乡许铭伯所做家常菜肴，带有绍兴风味，所以自然引出鲁迅思想之情。

腊肉等绍兴食品遗之，尤其是为绍兴人中秋常食的“蒸鹜”，在鲁迅日记中常有“季市烹一鹜招我午饭”之类的记载，[①] 鲁迅也多次还以类似之物，可见，作为鲁迅的终身挚友，许寿裳对鲁迅借由食物思乡的感情了解得十分深刻。另外，在乙卯年五月，日记上记录了“下午蔡谷青忽遣人送火腿一只”，[②] 其中的“忽”字在鲁迅日记关于酬赠方面的记载中是从来没有被使用过的，向前推溯，鲁迅上次收到火腿是甲寅年的 12 月 15 日，算来已近半年，这半年内，鲁迅身处异乡，想吃故乡火腿而不得，而忽得蔡谷青馈赠，其中惊喜和兴奋全在一“忽”字了。在丁巳年日记中，鲁迅也不惜花费笔墨特地记上一笔“食春卷”，[③] 熟谙越地掌故的鲁迅见到春卷自然会将之与故乡联系起来。[④] 可见，绍兴的生活环境对于鲁迅来说，不仅仅是一种乡愁的寄托，更蕴藏着一种文化上的认同。

事实上，鲁迅在日本的行迹也处于一个以地域为区分因素的团体之内。“一般来说，留日学生既不像留美学生那样多属于达官富商的子弟，也不像留法学生的勤工俭学那样经过劳动锻炼，绝大多数是没落地主和城市小资产阶级出身。他们到日本留学无非利用少花钱少跑路等便利条件来求得些新知识为祖国效劳，可是冷酷的现实却给他们很大的刺激和教训。”[⑤] 郑伯奇这样回忆留日学生这样一个群体，虽然他的留学与鲁迅的留学在时间上相差了十几年，但是鲁迅留学时期的情况也大抵如此，留学生们大多生活在一个以地域和经济关系为纽带的人际关系网络中。

晚清的留日学生之中，有着一种结社办报的习气，这一点在平江不肖生的《留东外史》中记述得尤为生动。[⑥] 留日学生所办报刊较为著名的有《四川》《豫报》《河南》《江苏》《浙江潮》等，均是以地缘结社发文而形成的，具有一定的同人性质。鲁迅虽有一段时间就学于仙台，但大部分时间仍是居

---

① 参见《鲁迅全集·第 15 卷》，人民文学出版社 2005 年版。

② 鲁迅：《乙卯日记》，《鲁迅全集·第 15 卷》，人民文学出版社 2005 年版，第 167 页。

③ 鲁迅：《丁巳日记》，《鲁迅全集·第 15 卷》，人民文学出版社 2005 年版，第 301 页。

④ 王仁兴：《春卷的由来》，《中国食品》1984 年第 1 期。

⑤ 参见郑伯奇《忆创造社及其他》，香港三联书店有限公司 1982 年版。

⑥ 参见平江不肖生《留东外史》，华侨出版社 1998 年版。

于清国留日学生聚集的东京，既然生活在留学的环境下，这种具有明显地缘政治性的社交方式对鲁迅就不会没有影响。事实上，鲁迅在东京的交游还是颇为活跃的，与当时激进的光复会等组织来往也比较紧密。本来，浙江就是留日运动的发源地，[①] 而光复会，在很大程度上就是一个以浙东地缘为组织方式的社团。[②] 另外，鲁迅与秋瑾等人也渊源颇深，在有关革命方式的论争上，还曾产生过较大分歧。[③] 鲁迅自己也在文章中记载了在徐锡麟被捕后，于东京参与浙江同乡会时的情景。[④] 这足见鲁迅在当时的浙江留学生界还是比较活跃的。鲁迅生活在这样一个以地缘结合起来的团体之中，所交往的人物也自然以浙江人居多。

1903 年，鲁迅身处东京，主要创作精力集中于翻译西方短篇小说，作品最早多发于《浙江潮》杂志。沈瓞民曾回忆鲁迅选择《浙江潮》发文的原因，“鲁迅是浙江人，……他的好友许寿裳是《浙江潮》编辑之一”。[⑤] 而破产的《新生》，其发起者，也就是鲁迅所说的“不名一钱的三个人”（鲁迅、周作人、许寿裳），[⑥] 都是浙江绍兴人。后来，鲁迅随许寿裳迁居本乡西片町“伍舍”，同住者皆绍兴人。并和许寿裳、钱家治、朱希祖、钱玄同、朱宗莱、龚宝铨等八人同求学于在日本兴办《民报》的章太炎，师生皆为两浙人士。及至后来鲁迅与周作人合译的《域外小说集》因经费缺乏而无法出版的时候，向他们伸出援手的蒋抑卮，也同样是绍兴人。

---

① 参见何扬鸣《论浙江留日学生》，《浙江月刊》1998 年第 3 期。

② 关于鲁迅是否加入了光复会的问题，历来说法不一，但是鲁迅与其中人员的紧密关系却是不可回避的史实。据周作人记载：“当时陶焕卿也亡命来东京，因为同乡的关系常来谈天，未生大抵同来。焕卿正在联络江浙会党，计画起义。……尝避日本警吏注意，携文件一部分来寓属代收藏，有洋抄本以，系会党的联合会章，记有一条云，反犯规者以刀劈之。又有空白票布，红布上盖印，又一枚红缎者，云是‘龙头’。……数月后焕卿移居，乃复来取去。”无论鲁迅是否正式参加过光复会，单从陶焕卿能把象征会首的“龙头”交付鲁迅保管，足见得两人关系之紧密。

③ 参见［日］永田圭介：《竞雄女侠传：秋瑾》，群言出版社 2007 年版。

④ 鲁迅：《范爱农》，《鲁迅全集・第 2 卷》，人民文学出版社 2005 年版，第 321 页。

⑤ 沈瓞民：《回忆鲁迅早年在弘文学院的片段》，《文汇报》1961 年 9 月 23 日。而后来改投《河南》，一方面与许寿裳离开《浙江潮》后，杂志思想倾向改变有关；另一方面在于《新生》的破产和居住中越馆较高的花销使得鲁迅将积累的稿件改投对曾对其经济有所支持的刘青霞所办且志趣相投的《河南》杂志。

⑥ 鲁迅：《〈呐喊〉自序》，《鲁迅全集・第 1 卷》，人民文学出版社 2005 年版，第 437 页。

1909 年，鲁迅自日本返回中国，在浙江两级师范学堂任教，其所关注的重点仍是浙江，尤其是以绍兴为代表的“越”文化。1912 年，《越铎日报》创刊于绍兴，鲁迅欣然任名誉总编辑，并发表《〈越铎〉出世辞》，其中写道：“于越故称无敌于天下，海岳精液，善生俊异，后先络绎，展其殊才；其民复存大禹卓苦勤劳之风，同勾践坚确慷慨之志，力作治生，绰然足以自理。世俗递降，精气播迁，则渐专实利而轻思理，乐安谧而远武术，鸷夷乘之，爰忽颠陨，全发之士，系踵蹈渊，而黄神啸吟，民不再振。辫发胡服之虏，旃裘引弓之民，翔步于无余之旧疆者盖二百余年矣。已而思士笃生，上通帝旨，转轮之说，弥沦大区，国士桓桓，则首举义旗于鄂。诸出响应，涛起风从，华夏故物，光复太半，东南大府，亦赫然归其主人。越人于是得三大自由，以更生于越，索虏则负无量罪恶，以底于亡。”[①] 对于故乡越地的赞美溢于纸面，并欲以“越铎”响震“吾越学界中鱼龙曼衍之戏”[②]。除此之外，鲁迅从这一时期起，直到移居北京后的很长一段时间，校订会稽先贤逸文成为他笔耕不辍的一项工作，并终于在 1915 年以周作人的名义刊行，名为《会稽郡故书杂集》，内录有《谢承会稽先贤传》《虞预会稽典录》《钟离岫会稽后贤传记》《贺氏会稽先贤像赞》《朱音会稽土地记》《贺循会稽记》《孔灵符会稽记》和《夏侯曾先会稽地志》八篇文章，内容涉及了人物先贤、土地风物和游览纪略等多方面。在鲁迅于北京琉璃厂购书印碑的清单里，关于故郡越地的书籍也比比皆是，尤其是在会馆时期，有关浙江，尤其是绍兴的书画更是占到了很大的一个比例。[③] 鲁迅初入京城，即得许铭伯所赠《越中先贤祠目》一册，其中内容为北京越中先贤祠如何变迁。而他第一次到琉璃厂，便“历观古书肆，购傅氏《纂喜庐丛书》一部七本，五元八角”[④]。《纂喜庐丛书》是由浙人傅云龙所编纂的一部类书，其中收录了浙江，尤其是越中一带的物产民俗等资料，鲁迅“历观”古书肆，购得这样一本书，一方面是这本

---

① 鲁迅：《〈越铎〉出世辞》，《鲁迅全集·第 8 卷》，人民文学出版社 2005 年版，第 4 页。
② 鲁迅：《致许寿裳》，《鲁迅全集·第 11 卷》，人民文学出版社 2005 年版，第 337 页。
③ 参见鲁迅《鲁迅全集·第 15 卷》，人民文学出版社 2005 年版。
④ 鲁迅：《壬子日记》，《鲁迅全集·第 15 卷》，人民文学出版社 2005 年版，第 1 页。

书之于其正在编写的《会稽郡故书杂集》有一定的指导意义，另一方面，也显示出了鲁迅对越中文化的偏爱。虽然鲁迅也曾经声言要离开绍兴，[①] 但是一到北京，故乡越中对他的强大吸引力就再一次展示出来。

这一时期鲁迅对越中文化的好感也使得鲁迅在日记中常常显示出对其他地域文化的排斥。和我们通常认知的鲁迅不同，鲁迅在从参与《越铎》的出版前后到会馆时期结束，其思想是有着相当浓重的地方主义色彩的。上文所引用的《〈越铎〉发刊词》中出现“索虏”二字，乃是南人对北人的轻蔑之词，[②] 而“越铎”之所以出世的目的是为了“无敌于天下”，[③] 以越文化振兴中国的意图十分明显。鲁迅在到了北京之后，在壬子年 7 月 30 日日记中写道：“下午赴中国通俗教育研究会，傍晚乃散。此会即在教育部假地设之，虽称中国，实乃吴人所为，那有好事！”[④] 同属浙江的吴越两种文化在鲁迅看来就已经有如此高下优劣之分了，更遑论其他地域的文化了。在同年的 8—10 月，鲁迅多次在日记中记载了邻居“闽客”，“半夜后邻客以闽音高谈，狺狺如犬相啮，不得安睡”“夜邻室有闽客大哗”“邻室又来闽客，至夜半犹大嗥如野犬，出而叱之，少戢”“晚邻闽又嗥”，直到 11 月“院中南向二小舍，旧为闽客所居者，已虚，拟移居之，因令工糊壁，一日而竣”。[⑤] 鲁迅对于邻居“闽客”如此反感和排斥，一方面是其确实打扰到了自己的生活，但更重要的在于这个“闽”字。鲁迅所居山会邑馆，本应是绍兴、山阴等籍旅京人士聚居之地，而“闽客”以“闽”籍入住，自然是一个很强的异质性的存在。

在这个时期，鲁迅初入京华，其与绍兴的联系多来自这座会馆，当时的鲁迅是看到月亮就会想起故乡的旅人，这年中秋前后二日，鲁迅在日记中对比了南北两地风俗的差异，思乡之情流露其中，“阴历中秋也。……晚铭伯、

---

① 由于当时王金发在浙江一带的管辖使得鲁迅来京之前过得也颇不如意，在与许寿裳的书信中提到想要离开浙江。

② 《宋书》中有《索虏传》，唐朝刘知几所著《史通》中载：“自五胡称制，四海殊宅。江左既承正朔，斥彼魏胡。故氐羌有录，索虏成传”。《资治通鉴》也记载：“宋魏以降，南北分治，各有国史，互相排黜，南谓北为索虏，北谓南为岛夷”。

③ 鲁迅：《〈越铎〉出世辞》，《鲁迅全集 · 第 8 卷》，人民文学出版社 1981 年版，第 21 页。

④ 鲁迅：《壬子日记》，《鲁迅全集 · 第 15 卷》，人民文学出版社 2005 年版，第 13 页。

⑤ 参见鲁迅《壬子日记》，《鲁迅全集 · 第 15 卷》，人民文学出版社 2005 年版。

季市招饮，谈至十时返室，见圆月寒光皎然，如故乡焉，未知吾家仍以月饼祀之不”？“七时三十分观月食约十分之一，人家多击铜盘以救之，此为南方所无，似较北人稍慧，然实非是，南人爱情漓尽，即月真为天狗所食，亦更不欲拯之，非妄信已涤尽也。”[①] 非但如此，故乡事即使小如“麻溪坝事”也都在鲁迅的关注视野之内；[②] 并且此时鲁迅每一还乡复归，日记里总会记载身体不适或者“枯坐”，[③] 由此不难看出，鲁迅对于故郡越中文化场域的心理依赖。另有一些琐事，诸如“报中殊无善文，但以其有《越缦日记》，故买存之”“昨今两夜从《说郛》写出《云谷杂记》一卷，多为聚珍版本所无，惜颇有讹夺耳，内有辨上虞五夫村一则甚确。”“夜邻室王某处忽来一人，高谈大呼，至鸡鸣不止，为之展转不得眠，眠亦屡醒，因出属发音较低，而此人遽大漫骂，且以英语杂厕。人类差等之异，盖亦甚矣。后知此人姓吴，居松树胡同，盖非越中人也。”“上午次长梁善济到部，山西人，不了了。”[④] 在这些看似散乱的只言片语中，其共同点在于鲁迅对越中风物的深刻体察和对浙东文化的骄傲。从上文的分析中我们不难看出，鲁迅在会馆时期结束之前，无论是在绍兴、日本、杭州、南京或是北京，实际上一直生活在一个浙东人际关系网络之内，这一时期的鲁迅（尤其是 1912 年到京赴任之后），和我们以往所认识的鲁迅是不同的，在这“隐默”的数年中，鲁迅实际上早就心有所属。在这一时期，鲁迅是浙东的鲁迅，他的言语之间，都留下了浙东文化场域的深刻痕迹。那么，仅由此看来，陈西滢后来攻讦鲁迅的“某籍某系”[⑤] 也并非完全的捕风捉影。

2. 故乡的退隐与父权的解构

鲁迅在《中国新文学大系·小说二集导言》中曾这样论述乡土文学：“蹇先艾叙述过贵州，裴文中关心着榆关，凡在北京用笔写出他的胸臆来的人们，

① 鲁迅：《壬子日记》，《鲁迅全集·第 15 卷》，人民文学出版社 2005 年版，第 22 页。
② 鲁迅：《癸丑日记》，《鲁迅全集·第 15 卷》，人民文学出版社 2005 年版，第 54 页。
③ 参见鲁迅《鲁迅全集·第 15 卷》，人民文学出版社 2005 年版。
④ 同上。
⑤ 参见陈源《西滢闲话》，河北教育出版社 1994 年版。

无论他自称为用主观或客观，其实往往是乡土文学，从北京这方面说，则是侨寓文学的作者。"[①] 从这个意义上来说，鲁迅本人在会馆的生活在很大程度上也可以算得上是"乡土生活"了。鲁迅的祖父介孚公进京赶考时就在这里住过，[②] 鲁迅自从 1912 年进京，又在这里开始了其漫长的会馆生活，成为"侨寓"在北京的人，在鲁迅离开绍兴会馆之后，许钦文又以"侨寓"的姿态入住这座鲁迅曾经沉默过的馆所。[③] 会馆，作为一个特殊时代的产物，在鲁迅所在京的 20 世纪 10—20 年代，起着无可取代的重要作用。

会馆的产生，始建于明代，"尝考会馆之设于都中，古未有也，始嘉隆间"。[④] 及至清朝已经是"或省设一所，或府设一所，或县设一所，大都视各地京官之多寡贫富而建设之，大小凡四百余所"。[⑤] 会馆的建立的地点，也多围绕菜市口等商贸区域，可见，工商性质是其建立的最初目的，但由于中国古代科举制度的规定，北京作为科举考试的最终考场，在每年的特定时节，会试的举人都要自南而北进入宣武门，北京有俗谚谓之"臭沟开，举子来"。这样，在自《论语》即有之的乡党意识的观照下，本就处于宣南地区的会馆就承担起了以各地域为标志，分流举子的功用，故宣南一带的会馆又称"试馆"。从以上分析我们不难看出，会馆的出现，和古代中国以地域文化为纽带的寓居心态和科举制度是息息相关的。科举在中国古代社会是举子们晋升为统治阶级的主要途径，而会馆又是"视各地京官之多寡贫富而建设之"，[⑥] 在当时的社会文化场域下，"君君臣臣，父父子子"，由君臣之间的关系构建起的封建父权秩序成为了会馆文化的基础，会馆在很大意义上成为了乡党观念

---

① 鲁迅：《〈小说二集〉·导言》，《中国新文学大系导言集》，天津人民出版社 2009 年版，第 123 页。

② 参见黄乔生《鲁迅在北京——绍兴会馆与绍兴人》，《北京纪事》2013 年第 1 期。介孚公在山会会馆的生活最终也以有了家眷而被迫结束，两代人的际遇相似，但介孚公和鲁迅的离开会馆无论是在时代上还是在精神上都有着明显的不同。周作人所著的《鲁迅的故家》中记载，"介孚公一时曾住在会馆里，或者其时已有不住女人的规定，他蓄了妾之后就移住在会馆的近旁了"。

③ 许钦文：《菜市口》，《许钦文散文选集》，百花文艺出版社 2009 年版，第 46 页。

④ 参见（明）刘侗、于奕正、周损《稽山会馆唐大士像》，《帝京景物略》，上海古籍出版社 2001 年版。

⑤ 参见（清）徐珂《清稗类抄选录》，大通书局 1984 年版。

⑥ 参见（清）徐珂《清稗类抄选录》，大通书局 1984 年版。

在京都的维系。及至鲁迅的年代，虽然科举制度已经废除，但由于交通通信不甚便利，会馆仍是寓居北京的各色人等和乡土之间的纽带，在已经渐渐走进现代社会的京都中，保持着一种基于乡土意识和封建父权伦理的秩序，这种秩序通过乡党之间的复杂裙带关系所产生的族权体现出了父权伦理的强大性。鲁迅其时所居住的山会邑馆即是这样一个所在。

鲁迅在京期间，在会馆里延续着一种地缘性生活的同时，也深深地为地域的原因而自卑，以至于耻于提及绍兴，而称会馆为“S 会馆”、绍兴为“越中”。周作人在回忆时曾有过这样的话：“不明白是什么缘故，有些人不喜欢绍兴这名称，鲁迅也是一人，他在文章中常称这县馆为 S 会馆，人问籍贯也总只说是浙江。……前清时因部吏和师爷的关系，绍兴人在北方民间少有好感是实情。”[①] 而江浙自从明朝文士兴盛之后，向为文人渊薮，之所谓“一代学术几为江浙皖三省所独占”。[②] 民初政府北迁之后，鲁迅所在的教育部又多为江浙人所把持。“由于江浙为文化最发达之区，教育界的杰出人物，往往不能舍江浙二省而他求。因此，教育部此时的高级职员中，包括次长和四位参事中的三位与三位司长中的两位，都是籍隶江浙两省。”[③] 但即便如此，浙江籍内部又有着错综复杂的区分，[④]“言两浙人文，似当统括于江南之自然区域，而后可以得其错综复杂之故。若以行政区域划分，为方便计故可，为考镜学术之源流，窃以为非深刻之论也”[⑤]。由此可见，绍兴人当时在北京的地位实际上是颇为尴尬的，一方面教育界主要由他们操持，另一方面他们又为其他在京人员所蔑视。这样，会馆对以鲁迅为代表的绍兴籍旅京官员来说，就不仅仅是一个住宿的地方，在很大意义上，更是一种文化上和精神上的庇护，而这种庇护，其基础则是一种建立在地缘政治上的父权。

---

① 周遐寿：《鲁迅的故家》，鲁迅博物馆、鲁迅研究室、《鲁迅研究月刊》选编《鲁迅回忆录》，北京出版社 1999 年版，第 1060 页。

② 梁启超：《近代学风之地理的分布》，《饮冰室专集之九》，中华书局 1972 年版，第 3 页。

③ 王云五：《蔡孑民先生与我》，陈平原、郑勇编《追忆蔡元培》，中国广播电视出版社 1997 年版，第 61 页。

④ 参见桑兵《近代中国学术的地缘与流派》，《历史研究》1999 年第 3 期。

⑤ 贺昌群：《江南文化与两浙文人》，《大公报》1936 年 11 月 3 日。

从周作人等人的叙述中，不难发现，周家与山会邑馆的渊源是颇深的，[①] 北京宣南会馆多为四合院结构，本身就具有一种父权文化的审美基调，[②] 况且其中住客还有像许铭伯这样的鲁迅父兄辈，一种父权文化的气息在这座会馆弥漫。遍观鲁迅日记，他一直称呼许铭伯为“先生”，足见对其尊敬。此外，在山会邑馆中，还有着种种规章和仪礼，无不是父权意识在会馆文化中的体现。“进门往南是一个大院子，正面朝东一大间，供着先贤牌位，这屋有名称，仿佛是仰蕺堂之类，却记不得了，里边是什么样子我也不知道，因为平时关闭着，一年春秋两次公祭，择星期日举行。”[③] 在周作人日记里还记载着“七月七日晴，下午客来谈。傍晚闷热。菖蒲溇谢某携妾来希贤阁下，同馆群起责难，终不肯去，久久始由甘某调停，暂住一夕”[④]。其原因在于“携妾”，“因为这会馆是特别有规定，不准住家眷以至女人的，原因是在多少年以前有一位姨太太曾经在会馆里吊死了”。[⑤] 以地缘组织起来的会馆，在传承和保护了越中文化的同时，也以一种族权的形式向违背规章者展示着它的权威。在这种类似于宗族意识的地缘政治的组织下，个人之于会馆只是一个从属地位，是强大族权的“子”，必须服从于通过会馆所建构的一整套与故郡越中紧紧相连的话语体系，否则，将受到这一话语体系所形成的文化场域的严重排斥，那“菖蒲溇谢某”便是绝好的例子。

而鲁迅最终并没有在这“隐默”的会馆中将生命“暗暗的消去”。[⑥] 虽然无法确切考证是什么使鲁迅在精神上走出浙东文化场域而自立，但是，1917年到1919年连续发生的周作人来京、祖屋被卖、钱玄同向鲁迅宣传《新青

---

① 周遐寿：《鲁迅的故家》，鲁迅博物馆、鲁迅研究室、《鲁迅研究月刊》选编《鲁迅回忆录》，北京出版社1999年版，第1061页。鲁迅祖父做京官，正是住在这间会馆，“会馆在路西，门额是魏龙藏所写，他是鲁迅的父亲伯宜公的朋友，或是同案的秀才吧，伯宜公曾几次说起他过”。

② 参见白晨曦《天人合一：从哲学到建筑》，博士学位论文，中国社会科学院，2003年。

③ 周遐寿：《鲁迅的故家》，鲁迅博物馆、鲁迅研究室、《鲁迅研究月刊》选编《鲁迅回忆录》，北京出版社1999年版，第1061页。

④ 周作人：《周作人日记（1917年1月1日—12月31日）》，《新文学史料》1983年第3期。

⑤ 周遐寿：《鲁迅的故家》，鲁迅博物馆、鲁迅研究室、《鲁迅研究月刊》选编《鲁迅回忆录》，北京出版社1999年版，第1061页。这一奇异的规定也为同住山会邑馆的钱稻孙所证实，“会馆的情况记不清了。我们来时，已叫绍兴会馆，原来是山会邑馆。山会馆里不许住家眷，因为一住家眷就很脏，很杂乱”。虽然所记原因不同，但是这条不近人情的规定却是被证明是存在的了。

⑥ 鲁迅：《〈呐喊〉自序》，《鲁迅全集·第1卷》，人民文学出版社2005年版，第437页。

年》却可以被认为是几个促成鲁迅在这一时期思想转型的重要原因。其中周作人来京、祖屋被卖可看作其客观因素；钱玄同等人对鲁迅的激励，可看作其内在的心理动因。

1917 年 4 月 1 日，周作人自绍兴前往北京，在这之前鲁迅已经致信蔡元培为周作人活动工作事宜，从此时起，浙东作为一个具有文化色彩的词语，渐渐开始在鲁迅日记里消失了。① 而这之后没多久，故乡祖屋被卖一事更是切断了鲁迅与故土的精神联系。这件事情最早出现，是在 1919 年 1 月 16 日致许寿裳的信中："明年，在绍之屋为族人所迫，必须卖去，便拟携眷居于北京，不复有越人安越之想"，并且鲁迅自言："仆年来仍事嬉游，一无善状，但思想似稍变迁。……而近来与绍兴之感情亦日恶，殊不自至［知］其何故也。"② 这件事对鲁迅影响颇深，他不止一次的在作品中提及此事。"我这次是专为了别他而来的。我们多年聚族而居的老屋，已经公同卖给别姓了，交屋的期限，只在本年，所以必须赶在正月初一以前，永别了熟识的老屋，而且远离了熟识的故乡，搬家到我在谋食的异地去。"③ "我是正在这一夜回到我的故乡鲁镇的。虽说是故乡，然而已经没有家，所以只得暂寓在鲁四老爷的宅子里"，④ 而"完全成了生客"。⑤ 从这一系列的描述中，不难体会到祖屋的售出，迫使鲁迅切断了与绍兴的精神联系，进而预备将全家从越中迁往北京。而上文已经提及，山会邑馆是不能携带家眷共住的，这样，无论是从主观上还是从客观上，鲁迅都已经做好了走出会馆的准备。事实上，整个 1919 年，鲁迅都在为卖屋和买房忙碌着，从该年 2 月开始看屋起，到 11 月 29 日全家入住八道湾宅，这一年鲁迅的日记几乎是围绕着屋企之事记载的，尤其是 10 月之后，鲁迅几乎隔两三天就要巡视装修中的八道湾宅，可见其用心。同

---

① 参见鲁迅《鲁迅全集 · 第 15 卷》，人民文学出版社 2005 年版。1917 年周作人的来京，似乎带去了鲁迅对故乡的一部分思念，这之后两年中，仅有 1917 年的中秋前后鲁迅有过思乡之情，次年"浙江第五中学同学会"与同乡聚会一次，另有几次提及浙江的食物，比较前些年的日记，越中、绍兴等词出现的频率大大减少。

② 鲁迅：《190116 致许寿裳》，《鲁迅全集 · 第 11 卷》，人民文学出版社 2005 年版，第 369 页。

③ 鲁迅：《故乡》，《鲁迅全集 · 第 1 卷》，人民文学出版社 2005 年版，第 501 页。

④ 鲁迅：《祝福》，《鲁迅全集 · 第 2 卷》，人民文学出版社 2005 年版，第 5 页。

⑤ 鲁迅：《在酒楼上》，《鲁迅全集 · 第 2 卷》，人民文学出版社 2005 年版，第 24 页。

时，在对照这几年鲁迅在京的书账时，不难发现，其中关于绍兴的书籍呈递减态势，[①] 这正回应了鲁迅在信中对许寿裳提到的“思想似稍变迁”“与绍兴之感情日恶”。[②] 鲁迅也渐渐地从绍兴—山会邑馆这样一个横跨越中与北京的浙东人际关系网络中走出来了。

在这一时期，钱玄同的影响也是鲁迅走出会馆的一个不可忽视的因素。在鲁迅执着于抄古碑的寂寞时，钱玄同成了会馆的常客，“从八月起，开始到会馆来访问，大抵是午后四时来，吃过晚饭，谈到十一二点钟回师大寄宿舍去。查旧日记八月中九日，十七日，二十七日来了三回，九月以后每月只来一回”。[③] 正在操办《新青年》的钱玄同在这个时期频繁地出入于鲁迅的住所，为鲁迅这一潭看似已经沉寂了的死水投入了一颗激起波澜的石子。鲁迅曾是激昂的，他感于越地英杰辈出，故振铎以励之。但入京之后民国政府一系列的政治闹剧，使他心灰意冷。[④] 鲁迅虽然知道《新青年》，但是对其态度一度颇为冷淡。但是 1917 年前后，随着编辑部迁往北京，《新青年》也处于一个转型期，在第四卷第一号之后的新青年杂志，在扉页都写着“本志自第四卷第一号起，投稿章程业已取消，所有撰译，悉由编辑部同人公同担任，不另购稿”[⑤] 字样，开始从一个综合性的文化月刊向倡导文学革命和思想革命的机关刊物转变。而改造思想正是鲁迅在日本时期所一直坚持的道路，“现在经钱君来旧事重提，好像是在埋着的火药线上点了火，便立即爆发起来了”。[⑥]

---

① 参见鲁迅《鲁迅全集·第 15 卷》，人民文学出版社 2005 年版。

② 鲁迅：《190110 致许寿裳》，《鲁迅全集·第 11 卷》，人民文学出版社 2005 年版，第 369 页。

③ 周遐寿：《鲁迅的故家》，鲁迅博物馆、鲁迅研究室、《鲁迅研究月刊》选编《鲁迅回忆录》，北京出版社 1999 年版，第 1067 页。

④ 参见周遐寿《鲁迅的故家》，鲁迅博物馆、鲁迅研究室、《鲁迅研究月刊》选编《鲁迅回忆录》，北京出版社 1999 年版（注：周作人以及众多研究者认为是袁世凯的复辟给了鲁迅较大刺激，本文作者认为不然，原因有三：其一，袁世凯去世前后，鲁迅都没有对其表现出明显的敌意，袁世凯在任期间，鲁迅还曾因表现优秀获过嘉禾勋章，袁世凯去世后，鲁迅被教育部派去吊唁，鲁迅还专门去借了礼服；其二，鲁迅在日记中，与袁世凯复辟、退位和去世之日，笔触并无明显变化；其三，鲁迅开始脱离浙东文化场域的 1917 年后半年，同时也是钱玄同频繁来访之时，袁世凯已去世多时，从时间来看，真正使鲁迅思想产生变化的应有两件事，一是张勋的复辟——这与袁世凯复辟性质有着明显不同，二是冯国璋与段祺瑞的府院之争）。

⑤ 《本志编辑部启事》，《新青年》1917 年第 4 期。

⑥ 周遐寿：《鲁迅的故家》，鲁迅博物馆、鲁迅研究室、《鲁迅研究月刊》选编《鲁迅回忆录》，北京出版社 1999 年版，第 1067 页。

“本以为现在已经并非一个切迫不能已于言”的鲁迅，“或者也还未能忘怀于当日自己的寂寞的悲哀”，鲁迅认为“虽然自有我的自信，然而说到希望，却是不能抹杀的，因为希望是在于将来，决不能以我之必无的证明，来折服了他之所谓可有，于是我终于答应他也做文章了”。[①]《狂人日记》由此被鲁迅创作出来了，并且一发而不可收，渐渐地在“将令”下，对着吃人的礼教发起了攻击，成为呐喊的旗手。而在鲁迅的日记里，浙东人际关系网络也渐渐的消逝了。

鲁迅在《狂人日记》创作前后，渐渐地脱离了对他来说具有强烈父权意味的山会邑馆，山会邑馆在这个意义上就是封建礼教在京的象征，但必须承认的是，在这之前很长一段时间里，鲁迅对这一点并没有十分清醒的认识，鲁迅在书信中写道“近来与绍兴之感情亦日恶，殊不自至［知］其何故也”[②]就是一个很好的证明。鲁迅在这一时间段内常在“故乡的诱惑”和“出走”之间纠结徘徊，这并不是一个一蹴而就的事件，而是经历了1917—1919年这一段漫长的历程，在这段时间内，尤其是在《狂人日记》写作之后，鲁迅渐渐地形成了一种摆脱会馆父权压制之后自我的自觉，“浙东的鲁迅”变了“鲁迅的浙东”，浙东渐渐地从一个文化场域变成了鲁迅以自身立场观照的对象，进入了鲁迅的文学世界。[③]

鲁迅在1919年年底搬出了山会邑馆，在摆脱了地缘影响下的父权之后，也建立了一个属于自己的父权文化场域，在一系列细节的安排下，完成了一个新的父权制家庭的建构，即八道湾住宅。[④]在鲁迅将全家接到八道湾宅之后，从日记中，我们不难看出鲁迅此时的心情是颇为欣然自得的：“晨发天津，午抵前门站。重君、二弟及徐坤在驿相迓，徐吉轩亦令刘升、孙成至，从容出站，下午俱到家。”和前两天旅途中“甚恶”“大苦辛”形成了明显的

---

① 鲁迅：《〈呐喊〉自序》，《鲁迅全集·第1卷》，人民文学出版社2005年版，第437页。

② 鲁迅：《190116致许寿裳》，《鲁迅全集·第11卷》，人民文学出版社2005年版，第369页。

③ 这一点在鲁迅的作品中有着大量的摹仿式的再现，即如《故乡》《在酒楼上》等作品中所呈现出的“归乡/出走”的叙述模式。

④ 参见韩文萍《鲁迅的“大家庭”梦——由八道湾家庭的建立及崩溃看鲁迅的代父情结》，《湖北大学学报》（哲学社会科学版）2006年第7期。

对照，“从容”二字更是写出了鲁迅此时心情的喜悦。此处，鲁迅日记里第一次出现称住所为“家”的情况，更是证明了鲁迅对其重建的“大家庭”的满意。[①]

决定在八道湾购宅之后，鲁迅即做了《我们现在怎样做父亲》一文，在很大程度上可视作是鲁迅走出会馆的宣言和重构大家庭的计划。鲁迅在这个问题上是矛盾的，一方面他声称“我作这一篇文的本意，其实是想研究怎样改革家庭；又因为中国亲权重，父权更重，所以尤想对于从来认为神圣不可侵犯的父子问题，发表一点意见”。[②] 另一方面，他自己也积极地在建立着属于自己的父权家庭，这也是作为“生活着的人”的鲁迅所无法避免的问题。鲁迅虽然“自己背着因袭的重担，肩住了黑暗的闸门”，但是在此时也并未“放他们到宽阔光明的地方去”。[③] 鲁迅在《我们现在怎样做父亲》中所提到的种种努力和目标实在“是一件极伟大的要紧的事，也是一件极困苦艰难的事”。[④]

鲁迅建立了新的父权，就意味着旧的父权结构即将被瓦解。从 1917 年开始，诸如“越中”“绍兴”等字样在其日记中出现的频率大大减少，而如上文所述的对故乡风物的思念也基本上消失在其日记中了。自迁至八道湾宅起，一直到 1923 年兄弟失和，鲁迅在其日记中竟无一字提及故乡，这与之前八年的日记迥然不同。可以看出，鲁迅在从山会邑馆迁出的同时，也揖别了曾经的精神寄托——浙东人际关系网络。从 1920 年起，鲁迅的日记标题也有着较大的改变，不再用传统的干支纪年，而改用如“日记第九”这样的数字直接为日记编号，[⑤] 在这重新建立的大家庭里，鲁迅也希望有一种不同于以往惯常宗法制生活的新概观，一切都是新的，包括认识时间的方式。正如在《呐喊》中，大多数小说的结尾都有着一个“光明的尾巴”，[⑥] 这种状况大致一直延伸

---

① 参见《鲁迅全集·第 15 卷》，人民文学出版社 2005 年版。
② 鲁迅：《我们现在怎样做父亲》，《鲁迅全集·第 1 卷》，人民文学出版社 2005 年版，第 134 页。
③ 同上。
④ 同上。
⑤ 参见《鲁迅全集·第 15 卷》，人民文学出版社 2005 年版。
⑥ 参见鲁迅《〈呐喊〉自序》，《鲁迅全集·第 1 卷》，人民文学出版社 2005 年版，第 437 页。

到1923年，八道湾宅中的那一次争吵，周氏兄弟自此分道扬镳，鲁迅也从《呐喊》走入了《彷徨》，并经由《野草》，形成了研究者所谓的“真正的鲁迅”。[①] 在这两个时间点之间的鲁迅日记，则忠实地为我们记录下了鲁迅思想上的变化，鲁迅在走出山会邑馆之后，交友圈子开始扩大，外地朋友也多了起来，渐渐地从浙东人际关系网络中走出，开始面向在铁屋子里沉睡的人，给他们毁坏铁屋的希望。[②]

清末民初，中国社会正经历着一场深刻的变革，科举制被废止、君主制政治制度的衰落、实业兴国的政治构想等，都使得传统的城乡互动关系被打破，[③] 日趋全球化的经济和政治催促着千千万万的农村人口涌入城市，尤其是在一些大城市，人口呈现出了畸形的迅速增长，以至于政府不得不组织移民来对人口进行调控。[④] 之前千百年来所形成的经济模型被打破，现代化进程一往无前地摧毁着传统社会赖以为生的土地关系，以及建立在这种土地关系上的人们的生活。人与土地的联系被日趋现代化的生活方式与经济方式强行斩断，人一方面从土地上解放了出来，另一方面，也丧失了土地带给人们的安身立命的意义。[⑤] 人和土地的关系被斩断，就意味着与以土地关系为维系的家族关系的破裂。人在很大程度上成为了原子化的人，孤独地漂泊在城市所构建的“水门汀丛林”中，一旦离开，就再也无法回到曾经无法割舍的土地，只能向着更广阔的社会奔去。[⑥] 正如现代化以来对于时间的认知，从传统的寄寓轮回的干支纪年到生硬的、一去不返的一串数字（鲁迅日记标题从“己未日记”到“日记第九”正体现了这点）。在众多用欢呼雀跃来庆祝解除与土地的契约的人群中，鲁迅冷静而切实地感觉到了与故土和浙东人际关系网络

---

① 参见汪卫东《鲁迅的又一个原点——1923年的鲁迅》，《文学评论》2005年第1期。

② 参见鲁迅《〈呐喊〉自序》，《鲁迅全集·第1卷》，人民文学出版社2005年版，第437页。

③ 参见金耀基《从传统到现代》，中国人民大学出版社1999年版。

④ 参见何海燕《晚清人口问题与对策略论》，《光明日报》2007年7月13日。

⑤ 这个人口随着现代化程度的日益加深而渐渐庞大，以至于从清政府开始不得不设置诸如京师工艺局、北洋工艺局、济南工艺传习所等工艺传习机构来对城市中大量出现的无业者，或者游民来进行分流。

⑥ 参见金观涛、刘青峰《观念史研究：中国现代重要政治术语的形成》，法律出版社2005年版。

断裂的痛苦，这种痛苦是现代化的中国里，每一个觉醒的个体所不能避免的，只有经历了这样的痛苦，人才能从蒙昧中走出，成为那一“个”。因着“追悼了过去的人，还要发愿：要除去于人生毫无意义的苦痛”，[①] 鲁迅“自己背着因袭的重担，肩住了黑暗的闸门”，愿意做通往光明的“梯子”。[②] 在这一时期，鲁迅徘徊于《故乡》的归来与离去，在激昂的呐喊声中，显示出了超越同时代大多数知识分子的，对传统中国地域性人际关系网络的深刻认识。

也可以说，1917 年前后，鲁迅才真正从浙东这一具有明显地缘政治意义的文化场域中走出，成为了中国现代文学上，那独特的一个。在这之前，他虽然一直在寻找思想革命的路子，却始终沉迷于地方主义的混沌中，在庆贺“越人于是得三大自由，以更生于越，索虏则负无量罪恶，以底于亡”[③] 的同时，却没能认识到，封建王朝对于人的束缚并不在于“越人”和“索虏”的关系上，而在于其背后因袭的父权制度。父权制度使个人从属于整个家族，家族从属于地方权力，而地方权力则是由父权衍生出来的君权意识的触肢。这一套严密的组织结构严重地限制了个人的能动性，使个人成为了乡土的附庸。而 1917 年以来的一系列事件，迫使鲁迅从这严密的网罗中抽身而出，成为了一个可以和故乡绍兴并置的独立精神主体，而绍兴之于鲁迅，则是一个客体性的存在了。在鲁迅众多“离乡/返乡”结构的叙事当中，作者急于确立自身主体性而表现出与家族之间的紧张关系是明显的，正如《故乡》中所说，“老屋离我愈远了；故乡的山水也都渐渐远离了我，但我却并不感到怎样的留恋。我只觉得我四面有看不见的高墙，将我隔成孤身，使我非常气闷；那西瓜地上的银项圈的小英雄的影像，我本来十分清楚，现在却忽地模糊了，又使我非常的悲哀”。[④] 在这之后，鲁迅一方面在《我们怎样做父亲》《娜拉走后会怎样》等一系列文章和讲演中反复印证着自己选择的正确性，另一方面

---

① 鲁迅：《我之节烈观》，《鲁迅全集 · 第 1 卷》，人民文学出版社 2005 年版，第 121 页。
② 鲁迅：《我们现在怎样做父亲》，《鲁迅全集 · 第 1 卷》，人民文学出版社 2005 年版，第 134 页。
③ 鲁迅：《〈越铎〉出世辞》，《鲁迅全集 · 第 8 卷》，人民文学出版社 2005 年版，第 41 页。
④ 鲁迅：《故乡》，《鲁迅全集 · 第 1 卷》，人民文学出版社 2005 年版，第 501 页。

也在八道湾积极地建立着一个属于自己而与故乡以及会馆相抗衡的“大家庭”,[①] 这种状况保持到了 1923 年，鲁迅从八道湾出走，陷入了“第二次绝望”之后,[②] 当鲁迅再次从精神危机中走出的时候，在《彷徨》和《朝花夕拾》中，那曾令鲁迅痛苦和迷惘的故乡，才真正寄托了鲁迅的精神，成为了鲁迅的绍兴。

鲁迅对故乡及其在以故乡为线索构建起来的地方性人际关系网络在 20 世纪 10—20 年代的挥别实际上代表了新文化运动产生的一种心理基础，只有从以地方性人际关系为代表的已经成为束缚的旧的文化场域中走出，新的文化才能够得以产生并巩固。

第三节　文学与自身的构建

1. 文体：作为思想波动的呈现

对于鲁迅的一生而言，尼采作为一个具有很强建构性的因素，在不同的阶段所产生的能量都是巨大的。鲁迅本人也毫不避讳尼采之于自己的影响，据孙伏园回忆：“从前刘半农先生赠给鲁迅先生一副联语，是‘托尼学说，魏晋文章。’当时的朋友都认为这幅联语很恰当，鲁迅先生自己也不加反对。”[③] 在有关鲁迅的研究中，其与尼采在内在精神和外在气质上的联系和区别一直以来都是一个重要的议题，早在 20 世纪 30 年代末，王元化先生就以洛蚀文为笔名对此进行了系统性的探讨,[④] 而后续学者对这个问题的开掘也是持续而深入的。对这一领域始终保持着高度关注的是现居澳大利亚的华人学者张钊

---

① 参见韩文萍《鲁迅的“大家庭”梦——由八道湾家庭的建立及崩溃看鲁迅的代父情结》,《湖北大学学报》(哲学社会科学版) 2006 年第 7 期。

② 参见汪卫东《鲁迅的又一个原点——1923 年的鲁迅》,《文学评论》2005 年第 1 期。

③ 孙伏园:《鲁迅先生逝世五周年杂感二则》,《鲁迅先生二三事》, 作家书屋 1944 年版，第 71 页。

④ 洛蚀文:《鲁迅与尼采》，景宋、巴人等《鲁迅的创作方法及其他》，新中国文艺社 1939 年版。

贻先生，从20世纪80年代中期开始，他就致力于对鲁迅和尼采之间的比较研究，开了改革开放之后学界的先河，在其新近出版的《鲁迅：中国“温和”的尼采》一书中，更是汇聚了他二十余年对于鲁迅和尼采之间关系的思索和探寻，具有一定的学术“地标”意义。可以说，目前学界对于鲁迅和尼采之间关系的研究已经有了十分丰硕的成果；但是，鲁迅和尼采毕竟是相互独立且极其复杂的两个主体，两人思想上的神交也必然是丰富和多侧面的，这也使得鲁迅与尼采这个学术议题始终保持着生机和活力，乃至言之不尽。

在目前的研究成果中，关于鲁迅和尼采之间的关系这一问题主要是从其思想关联的层面来论述的，而对译介过程中鲁迅思想方面的具体动态等方面涉及较少，这很大程度上是因为这两位文化巨人在精神方面的光芒太炽，使得研究者们多将目光转向内部，在逻辑脉络的层面上去研究鲁迅和尼采，而在一定程度上忽视了实践层面上的鲁迅对于尼采文字译介的动因以及过程。而事实上，思想和实践往往是一体两面的，更像是克莱夫·贝尔提出的“有意味的形式”。[①] 思想从来就不是一个自生、自为的存在，它通过实践被建构，又通过实践被表达。以鲁迅对《查拉图斯特拉如是说》一书的译介为例，在20世纪10年代末和20年代初对此书有过两次集中的翻译，通过对这两次翻译活动的文本以及鲁迅此时生活中的周边进行考察，可以看出鲁迅在1920年前后的心路历程。

鲁迅的一生中，对于尼采所著的《查拉图斯特拉如是说》有过多次的译介，而在不同时期，其译介的倾向也是不同的，按照时间线索简而言之，则可以看作由抒情到叙事的转向。

据旅日学者李冬木先生考证，鲁迅与尼采思想的相遇应是在1906年之后的东京“独逸语专修学校”，他与尼采著作的初次正面相逢，便是德文原版的《察拉图斯忒拉如是说》；[②] 在张钊贻先生的研究中，由于鲁迅在日求学期间正好赶上了由高山樗牛、姉崎嘲风和登张竹风等人掀起的“尼采热”的余波，

---

① ［英］克莱夫·贝尔：《艺术》，薛华译，江苏教育出版社2005年版，第8页。

② 李冬木：《留学生周树人周边的“尼采”及其周边》，《东岳论丛》2014年第3期。

所以鲁迅与尼采在思想上的结缘应该发生得更早。[①] 在日本留学期间，鲁迅曾经部分翻译过尼采的著作，共有两处，分别镶嵌于《摩罗诗力说》和《文化偏至论》当中，因皆较为简短，现引录在下：（1）“求古源尽者将求方来之泉，将求新源。嗟我昆弟，新生之作，新泉之涌于渊深，其非远矣。—尼佉—”（《摩罗诗力说》）[②]；（2）德人尼佉氏，假察罗图斯德罗之言曰：“吾行太远，孑然失其侣。返而观夫今之世，文明之邦国矣，斑斓之社会矣。特其为社会也，无确固之崇信；众庶之于知识也，无作始至性质。邦国如是，奚能淹留？吾见放于父母之邦矣！聊可望者，独苗裔耳。”（《文化偏至论》）[③] 据李冬木先生考证，上列两条译文中的第二条实际上并非尼采的原文，而是日本哲学家桑木严翼所著《尼采氏伦理说一斑》一书中对于尼采的归纳和总结。[④] 而第一条则出自《查拉图斯特拉如是说》的第三部中“古老的法版和新的法版”一节。[⑤]

1920 年前后，鲁迅对《查拉图斯特拉如是说》的翻译显然更完整，也更具系统性。其翻译共有三处：第一处有研究者认为是在 1920 年，[⑥] 也有研究者认为是在更早的 1918 年，[⑦] 但无论如何，其创作时间不会晚于 1920 年 8 月，题为《察罗堵斯德罗绪言》，现收藏于北京图书馆，其内容为以文言译出的《查拉图斯特拉如是说》序言部分的第一至第三节。[⑧] 第二处载于《新青年》第 6 卷第 1 号，是一段关于《查拉图斯特拉如是说》之《序言》中第三

① 张钊贻：《早期鲁迅的尼采考——兼论鲁迅有没有读过勃兰兑斯的〈尼采导论〉》，《鲁迅研究月刊》1997 年第 6 期。

② 令飞：《摩罗诗力说》，《河南》1908 年第 2 号。

③ 迅行：《文化偏至论》，《河南》1908 年第 7 号。

④ 李冬木：《留学生周树人周边的“尼采”及其周边》，《东岳论丛》2014 年第 3 期。

⑤ 此处以 2007 年钱春绮所译生活·读书·新知三联书店版的《查拉图斯特拉如是说》作为参照。[德] 尼采《查拉图斯特拉如是说》（详注本），钱春绮译，生活·读书·新知三联书店 2007 年版，第 250—251 页。

⑥ 姜异新：《翻译自主与现代性自觉——以北京时期的鲁迅为例》，《鲁迅研究月刊》2012 年第 3 期。

⑦ 陈晖：《我国尼采译介萌芽阶段的〈查拉图斯特拉如是说〉译本分析——以埃文—佐哈尔多元系统论为支撑》，《湖南师范大学社会科学学报》2013 年第 3 期。

⑧ [德] 尼采：《查拉图斯特拉如是说》（详注本），钱春绮译，生活·读书·新知三联书店 2007 年版，第 3—9 页。

节的译介，原文如下："真的，人是一个浊浪。应该是海了，能容这浊浪，使他干净。咄，我教你们超人：这便是海，在他这里，能容下你们的大侮蔑。(《扎拉图如是说的序言》第三节)"[①] 从语法和措辞所显示的特征来看，上述语句的翻译时间应是在第一处和第三处之间，有着很强的过渡性质。第三处则刊登于1920年《新潮》杂志第二卷第五号上，题为《察拉图斯忒拉的序言》，署名唐俟，其内容为以白话译出的《查拉图斯特拉如是说》的序言全文，并在文后附有对该文的解读。[②]

将鲁迅在1920年前后两个不同的翻译版本进行对比，可以发现，虽然翻译的对象都是《查拉图斯特拉如是说》的序言，但是文本被翻译之后所呈现出的面貌却截然不同。最显在的则是语言形式的不同：在题为《察罗堵斯德罗绪言》的译文中，鲁迅选择的语言形式是文言，不但如此，鲁迅所采用的语言"古奥得很，似乎是拟《庄子》或《列子》"[③]，而在《新潮》杂志所刊译本中，其译笔则换成了浅近的白话文。再进一步，将镜头推近至文本之中，就会发现，在两篇文章语言形式不同的背后，鲁迅对《查拉图斯特拉如是说》的翻译在精神向度上还存在着一个由抒情向叙事的转变。

虽然在整个翻译活动中，《察罗堵斯德罗绪言》的翻译时间尚存在疑问，但是研究者们普遍有一个共识，即它与《新潮》上的那篇白话文译文出现的时间应该不会相距太远，都应该出现在他的"十年隐默"[④] 之后，再加上其内容上的契合，可以断定，在这两篇译文之间是存在着直接的承续关系的。作为《查拉图斯特拉如是说》的作者，尼采认为自己在创作这部作品的时候，有着一种"对长跨度韵律的需要"，是一种"自成一体""自力的充盈的""纵酒狂歌"和"自言自语"。[⑤] 而翻译者们也认为在这部作品中，尼采对于"对称"有着执着的追求，"所谓'对称'者，略同于华文之'骈俪'，多是

① 唐俟：《随感录·第四十一》，《新青年》，1919年第6卷第1号。

② ［德］尼采：《查拉图斯特拉如是说》（详注本），钱春绮译，生活·读书·新知三联书店2007年版，第3—20页。

③ 徐梵澄：《缀言》，［德］尼采著，徐梵澄译《苏鲁支语录》，商务印书馆1992年版，第1页。

④ 汪卫东：《十年隐默的鲁迅——论鲁迅的"第一次绝望"》，《理论学刊》2009年第12期。

⑤ ［德］尼采：《看哪这人：尼采自述》，张念东、凌素心译，中央编译出版社2000年版，第111、114、117页。

一阕一阕词义之平行，或对反，不必定是字句之对偶”，又何况尼采在写作的时候“有时每一母音皆是经过谨慎选择的”[①]。据许寿裳回忆，他曾经将鲁迅用文言译出的安特莱夫的《默》和《谩》以及迦尔洵的《四日》与德文版本进行过对照，“觉得字字忠实，丝毫不苟，无任意增删之弊，实为译界开辟一个新时代的纪念碑”[②]。这其中虽然可能会有对于亡友的溢美，但是仍可以看出，鲁迅的德语水平是足以翻译文学著作的，而且他对于翻译也有着较高的追求。鲁迅在翻译《察罗堵斯德罗绪言》的时候对文体方面的选择显然是刻意的。在这一文本创作之时，其文学活动中，无论是翻译还是创作，都绝少出现文言的成分,[③] 而这一次重新拾起这套笔墨显然有着特殊的用意。

据其他翻译者的经验，尼采的这本书“以原著的思想及文采而论，实有类乎我国古代的‘子书’。宋五‘子’尚不在其列”。[④] 鲁迅在翻译时不但使用文言，而且还使用古奥的文言，其用意也在于此，即在语言的形式上追求与尼采原作的一致性。而对比《新潮》所刊的白话版本，还可以体察到文言作为一种语言形式其本身所具有的强大抒情意味。鲁迅在翻译《察罗堵斯德罗绪言》的时候，语言之所以“古奥”，原因在于其内部无论是语音或是结构上都有着一种整饬的倾向，这也正是徐梵澄在谈及尼采原文时所谓的“骈俪”。中国古代对于文本形式和功用之间之关系的认知是比较早的，曹丕在《典论·论文》中就曾对此有所阐发，他认为“夫文，本同而末异。盖奏议宜雅，书论宜理，铭诔尚实，诗赋欲丽”。而文同之“本”在于“气”[⑤]。中国古代文学变革驳杂，以曹丕之论来将其做一大而化之的概括自然是有失偏颇的，但是如果站在曹丕所处的历史高度去俯瞰前代出现的文学，这一论点则完全站得住。鲁迅的文章被称作有魏晋之风，他对于曹丕的这一论断自然会有一番理解，在那篇著名的《魏晋风度及文章与药及酒之关系》中，鲁迅专

① 徐梵澄:《缀言》，［德］尼采著，徐梵澄译《苏鲁支语录》，商务印书馆 1992 年版，第 4 页。

② 许寿裳:《亡友鲁迅印象记》，鲁迅博物馆、鲁迅研究室、《鲁迅研究月刊》选编《鲁迅回忆录（专著）》上册，北京出版社 1999 年版，第 255 页。

③ 其中较大篇幅的文言的出现是在《狂人日记》正文之前的“识”中。

④ 徐梵澄:《缀言》，［德］尼采著，徐梵澄译《苏鲁支语录》，商务印书馆 1992 年版，第 4 页。

⑤ 曹操、曹丕、曹植著，宋效勇点校:《三曹集》（魏武帝集·魏文帝集·陈思王集），岳麓书社 1992 年版，第 178 页。

门解释了这段话："他说诗赋不必寓教训，反对当时那些寓训勉于诗赋的见解，用近代的文学眼光看来，曹丕的一个时代可说是'文学的自觉时代'，或如近代所说是为艺术而艺术（Art for Art' s Sake）的一派。所以曹丕做的诗赋很好，更因他以'气'为主，故于华丽以外，加上壮大。"① 可以看出，鲁迅对于曹丕的文学观是赞赏有加的，在鲁迅心中，与那些严谨的说理文章相比，他更倾向于那些由"气"带动的文字，与两宋五子偏重于义理的文字相比，他自然也更喜欢先秦诸子那种混元酣畅的宏论，而这种宏论在抒发政治见解的表象背后，则更多地体现了一种抒情。故此，在鲁迅翻译《察罗堵斯德罗绪言》之时，抒情性是他和尼采之间一个重要的契合点。落实在文本上，则可以看到在文言译本里，察罗堵斯德罗一开场的那一大段向着太阳的独白被鲁迅译为了"猗汝大星。使汝不有其所照。奚乃汝福邪。汝作面临吾穴者十年。载使无我与吾鹰与吾蛇。则汝之光耀道涂。其亦勸矣。顾吾侪必期汝于晨。取汝之余。而用是祝汝。嘻。吾餍夫吾知矣。如彼莽蠭。屯蜜有盈。吾能俱觃焉。能判分焉"。② 虽然这段文字在整体上并不存在一个固定的韵脚，但是通过句末的"邪""矣""焉"等语气助词，其内在所呈现出的律吕是明显的；并且之于其中的每一行，如"取汝之余。而用是祝汝""如彼莽蠭。屯蜜有盈"等语句，在形式上都有一种对仗的内在倾向。而更重要的是，由于鲁迅在翻译中有意整篇使用短句，察罗堵斯德罗在独白中对十年穴居生活的行动性就被拆散消解，取而代之的是一种对于这十年的体悟源自内心的感慨。

到了《新潮》所刊《察拉图斯忒拉的序言》那里，文言变成了白话，而短句也被长句子所代替："你这大星！倘你没有那个，那你所照的，你有什么幸福呵！十个年来你总到我的石窟：你的光和你的路，早会倦了，倘没有我，我的鹰和我的蛇。但我们每早晨等候你，取下你的盈溢而且为此祝福你。喂！我餍足了我的智慧，有如蜜蜂，聚蜜过多的似的，我等候伸出来的手了。我

① 鲁迅：《魏晋风度及文章与药及酒之关系》，《鲁迅全集 · 第3卷》，人民文学出版社2005年版，第526页。

② 鲁迅：《察罗堵斯德罗绪言》，人民文学出版社编辑部编《鲁迅译文集 · 第10卷》，人民文学出版社1958年版，第773页。

要赠我要分了，直到人间的贤人又欣喜他的愚和穷人又欣喜他的富”[①]。与上一段的引文作对比，可以发现，这一次鲁迅对于尼采的翻译更加忠诚，甚至有些地方显得过分拘泥于原文的语法。如“倘你没有那个”中的“那个”，原文处应是德文“welchen”；而第二句中将“我的鹰和我的蛇”放在末尾，虽然于汉语而言语序较为不当，但是其结构上则与尼采原文完全相同。[②] 而这样的译法也存在着一个明显的问题，即对于字句的拘泥与严谨不但打破了汉语语境下文本的整体性，还破坏了源自德语语音系统的文本内在韵律，尼采原著以及其上一个译本中的那种抒情性被取消，而在内在逻辑分明的长句子间，察拉图斯忒拉的行动连贯起来，句末的“了”字强调了其已经成为完成时态中被陈述的内容，而整篇译文也在行动上被赋予了完整的意义，成为了侧重于叙述性的文字。但是，对于鲁迅本人而言，他显然是更倾向于那种饱含抒情性的译介方式，否则，他也不必在刊登于《新潮》杂志的译文之后附上长长的附言作为文本内在情绪的补充说明了。

鲁迅在《查拉图斯特拉如是说》的译介中呈现出的由抒情向叙事的转向实际上只是一个外形，而其内在则是鲁迅在这一时期为了解决自身问题而做出的努力。

如果把鲁迅刊登于《新潮》杂志的《察拉图斯忒拉的序言》看作其对这一文本译介的“定稿”的话，鲁迅最后对于这种叙事性翻译文字的选择是完全合情合理的。这篇译作所刊登的《新潮》杂志于国立北京大学出版，其主要参与者罗家伦、傅斯年等人与鲁迅、周作人等《新青年》撰稿人多有师生之谊，而且其所面向的读者也多为北京各大高校在校学生。在当时的历史语境下，作为《新青年》杂志的“子弟刊”，《新潮》杂志在其刊出过程中多次响应《新青年》众编辑，发表了《怎样做白话文》[③]《我的白话文学研究》[④]等宣传白话的文章，不但如此，该刊物还是北京各大高等院校学生们进行白

① 唐俟：《察拉图斯忒拉的序言》，《新潮》1920 年第 2 卷第 5 号。
② 德文部分根据 Createspace Independent Publishing Platform 所提供的版本对照。
③ 傅斯年：《怎样做白话文》，《新潮》1919 年第 1 卷第 2 号。
④ 吴康：《我的白话文学研究》，《新潮》1920 年第 2 卷第 3 号。

话文学实践的重要阵地，罗家伦的《是爱情还是苦痛》[1]、叶绍钧的《这也是一个人！》[2] 等后来名重一时的文学作品都最早发表于此，鲁迅本人也在此刊物上发表了《明天》[3] 等作品。所以，鲁迅在对《查拉图斯特拉如是说》的翻译上选用白话的形式看起来顺理成章，并没有什么可以多说的，但是如果详查鲁迅在迻译这篇文章时的境遇，可以明显地感觉到这篇文章对于译者而言，做得也不是那么轻松；鲁迅在此之前对于《新潮》在稿件方面上的支持并不多，且其形式皆为小说，翻译作品只此一篇；再者，鲁迅曾经在此之前致信《新潮》主编傅斯年，对刊物选稿情况做了一些指导，其中就有"《新潮》里的诗写景叙事的多，抒情的少，所以有点单调"[4] 的建议。综合几个方面来看，鲁迅此时为《新潮》杂志进行侧重于叙事的白话体《查拉图斯特拉如是说》的翻译显然并不是偶然。

2. 自身问题的发现与解决

如果将《察拉图斯忒拉的序言》的成型日期看作是一个中心，进而来勘察鲁迅在此日期前后的活动，可以找寻到一条连接鲁迅在社会上的活动与翻译之间的线索。翻阅 1920 年鲁迅的创作年表就会发现，这一年对于鲁迅而言，在创作上是歉收的，[5] 而在这一年 8 月之前，鲁迅在文学创作上几乎是一片空白。其原因是多方面的，打开鲁迅的日记就会看到，鲁迅在这一年里过得并不太平，其精力主要被两方面吸引去了，即"买屋"和"看病"。

从 1919 年 2 月 11 日鲁迅"同齐寿山往报子街看屋"[6] 起，"买屋"一事在未来很长一段时间里都在极大地耗散着鲁迅的精力，直到 1919 年 8 月 19

---

① 罗家伦：《是爱情还是苦痛？》，《新潮》1919 年第 1 卷第 3 号。

② 叶绍钧：《这也是一个人！》，《新潮》1919 年第 1 卷第 3 号。

③ 鲁迅：《明天》，《新潮》1919 年第 2 卷第 1 号。

④ 鲁迅：《对于〈新潮〉一部分的意见》，《新潮》1919 年第 1 卷第 5 号。

⑤ 参见《鲁迅生平著译简表》，《鲁迅全集 · 第 18 卷》，人民文学出版社 2005 年版，第 13 页。此表中对于鲁迅在 1920 年的创作情况只记载了《风波》《头发的故事》以及《察拉图斯忒拉的序言》，对包括翻译阿尔志跋绥夫的《幸福》等作品失记，但是即便如此，在 1920 年，鲁迅创作的总量也是偏少的。

⑥ 鲁迅：《己未日记》（19190211），《鲁迅全集 · 第 15 卷》，人民文学出版社 2005 年版，第 359 页。

日，鲁迅“买罗氏屋成”。[①] 在这半年左右的时间里，鲁迅日记中先是反复出现了诸如“午后看屋”[②]“同XX人看屋”[③]“邀XX人看屋”[④] 的记载，后又为办理房产转让的种种手续奔走于“警察总厅”[⑤]“市政公所”[⑥]“浙江兴业银行”[⑦] 等行政、金融部门之间。此后近半年，鲁迅一直为迁家至京一事东奔西走，他始终关心着八道湾新宅的装修情况，“同齐寿山、徐吉轩及张木匠往八道弯看屋工”，[⑧] “往八道弯视修理房屋”，[⑨] 在“与二弟眷属俱移入八道弯宅”[⑩] 的1919年11月，鲁迅在20天内8次前往新宅去检视修缮事宜，[⑪] 其不可谓不用心。而这在鲁迅看来，只是“凡修缮房屋之事略备具”，[⑫] 也就是说，在入住之后，还有更多的事宜等待他去操办。于是，整个12月，鲁迅都往返于回绍兴接母的途中，一路狼狈，以至于在出站之后，遇到重君、二弟、徐坤、刘升、孙成等友人，不由得感到“从容”；[⑬] 而在接鲁太夫人进京之后，鲁迅

---

① 鲁迅：《己未日记》（19190819），《鲁迅全集·第15卷》，人民文学出版社2005年版，第377页。

② 鲁迅：《己未日记》（19190224、19190312），《鲁迅全集·第15卷》，人民文学出版社2005年版，第360、362页。

③ 如林鲁生等。鲁迅：《己未日记》（19190311），《鲁迅全集·第15卷》，人民文学出版社2005年版，第362页。

④ 如张协和等。鲁迅：《己未日记》（19190308），《鲁迅全集·第15卷》，人民文学出版社2005年版，第362页。

⑤ 鲁迅：《己未日记》（19190723），《鲁迅全集·第15卷》，人民文学出版社2005年版，第374页。

⑥ 鲁迅：《己未日记》（19190818），《鲁迅全集·第15卷》，人民文学出版社2005年版，第377页。

⑦ 鲁迅：《己未日记》（19190819），《鲁迅全集·第15卷》，人民文学出版社2005年版，第377页。

⑧ 鲁迅：《己未日记》（19190918），《鲁迅全集·第15卷》，人民文学出版社2005年版，第379页。

⑨ 鲁迅：《己未日记》（19191010），《鲁迅全集·第15卷》，人民文学出版社2005年版，第381页。

⑩ 鲁迅：《己未日记》（19191121），《鲁迅全集·第15卷》，人民文学出版社2005年版，第384页。

⑪ 鲁迅：《己未日记》（19191101—19191121），《鲁迅全集·第15卷》，人民文学出版社2005年版，第382—384页。

⑫ 鲁迅：《己未日记》（19191121），《鲁迅全集·第15卷》，人民文学出版社2005年版，第384页。

⑬ 鲁迅：《己未日记》（19191229），《鲁迅全集·第15卷》，人民文学出版社2005年版，第387页。

又花了几乎一个月时间来“添买木器”“买家具”等，[①] 一直到 1920 年的 1 月 19 日“在越所运书籍等至京”[②] 为止，此事才告一段落。即使是这样，在之后很长一段时间鲁迅的日记里，仍不时出现“晚庭前植丁香二株”[③] 一类的记载。在新宅一切停当之后，鲁迅的确是过了两个月左右较为安稳的日子，他的日记中时常可见诸如“午宴同乡同事之于买宅时赠物者”[④]“午后同母亲、二弟及丰游三贝子园”[⑤] 的记载。然而，这种平静的日子并没有持续太久。1920 年的 5 月 19 日，鲁迅在日记中记下“沛周岁，下午食面饮酒”[⑥] 后的第三天，被鲁迅称为“沛”的周建人之子周丰二突然感染肺炎。[⑦] 此后月余，病情反复，鲁迅的日记中开始密集出现往返“病院”的记载，[⑧] 并经常是一连数日“上午往部。夜在医院”，[⑨] 几乎不得闲暇。其间母亲鲁太夫人又病，“夜延山本医士诊”。[⑩] 待至 7 月 13 日“沛退院回家”，[⑪] 不两日，直皖两系军阀在京郊混战，“消息甚急”，鲁迅又送“母亲以下妇孺至东城同仁医院暂

① 鲁迅：《日记第九》（19200107、19200116），《鲁迅全集·第 15 卷》，人民文学出版社 2005 年版，第 393—394 页。

② 鲁迅：《日记第九》（19200119），《鲁迅全集·第 15 卷》，人民文学出版社 2005 年版，第 394 页。

③ 鲁迅：《日记第九》（19200516），《鲁迅全集·第 15 卷》，人民文学出版社 2005 年版，第 400 页。

④ 鲁迅：《日记第九》（19200314），《鲁迅全集·第 15 卷》，人民文学出版社 2005 年版，第 398 页。

⑤ 鲁迅：《日记第九》（19200425），《鲁迅全集·第 15 卷》，人民文学出版社 2005 年版，第 401 页。

⑥ 鲁迅：《日记第九》（19200516），《鲁迅全集·第 15 卷》，人民文学出版社 2005 年版，第 402 页。

⑦ 鲁迅：《日记第九》（19200519），《鲁迅全集·第 15 卷》，人民文学出版社 2005 年版，第 402 页。

⑧ 鲁迅：《日记第九》（19200519—19200713），《鲁迅全集·第 15 卷》，人民文学出版社 2005 年版，第 402—406 页。

⑨ 鲁迅：《日记第九》（19200526—19200528），《鲁迅全集·第 15 卷》，人民文学出版社 2005 年版，第 403 页。

⑩ 鲁迅：《日记第九》（19200706），《鲁迅全集·第 15 卷》，人民文学出版社 2005 年版，第 406 页。

⑪ 鲁迅：《日记第九》（19200713），《鲁迅全集·第 15 卷》，人民文学出版社 2005 年版，第 406 页。

避”。[1] 可以说，在这段时间里，鲁迅一直在为了家庭琐事而东奔西走，显得狼狈不堪。

从鲁迅这一年的经历中，似乎可以看到他在迁至八道湾新宅之后的1920年里所创作的所有小说的“本事”。在这一年中，鲁迅共创作了《风波》《头发的故事》等两部小说，而这两部小说的内容都与“剪辫子”一事有关。据周作人所抄录的与陈独秀的书信往来中记载，在《风波》一文的诞生过程中，陈独秀的催促作用很大，此时身在上海的陈独秀应是不知鲁迅此时的境遇，在3—7月数次来信问询周作人，说“我们很盼望豫才先生为《新青年》创作小说，请先生告诉他”“豫才先生有文章没有，也请你问他一声”。[2] 而据鲁迅日记记载，《头发的故事》一文的创作也与《时事新报》报馆的催促有关，[3] 这两篇文章的诞生都不在鲁迅的计划之内。鲁迅之所以能在短时间内创作出令陈独秀“实在五体投地的佩服”[4] 的《风波》，其所选主题必定与此阶段鲁迅生命历程息息相关，而在鲁迅生命的同一阶段里，《头发的故事》与《风波》都以“剪辫子”为题材，这就很难说是一种巧合了。

返回到鲁迅的具体生活中去，就会发现，此时的鲁迅，实际上也在经历着一个“剪辫子”的过程。鲁迅的“辫子”来自他自1912年赴京以来所深深依赖着的浙东人际关系网络。迁入八道湾新宅之前，鲁迅主要是寓居于以浙东籍人士为主的山会邑馆，从本质上来说，山会邑馆是一个有着强烈象征意味的存在，无论是从建筑审美特色还是从仪礼及内部组织形式来看，它都代表了一种父性的权威。据周作人回忆，山会邑馆“进门往南是一个大院子，正面朝东一大间，供着先贤牌位，这屋有名称，仿佛是仰蕺堂之类，却记不得了，里边是什么样子我也不知道，因为平时关闭着，一年春秋两次公祭，

---

① 鲁迅：《日记第九》（19200718），《鲁迅全集·第15卷》，人民文学出版社2005年版，第406页。

② 周作人：《实庵的尺牍》，周作人著，止庵校订《过去的工作》，河北教育出版社2002年版，第69—70页。

③ 鲁迅：《日记第九》（19200919—19200925），《鲁迅全集·第15卷》，人民文学出版社2005年版，第410—411页。

④ 周作人：《实庵的尺牍》，周作人著，止庵校订《过去的工作》，河北教育出版社2002年版，第70页。

择星期日举行”。[①] 而因山会邑馆由于“多少年前有一位姨太太曾经在会馆里吊死了”而“特别有规定，不准住家眷以至女人”，[②] 以至于“菖蒲溇谢某携妾来希贤阁下，同馆群起责难，终不肯去，久久始由甘某调停，暂住一夕”。[③] 的事件更是令人印象深刻。在这种会馆的环境中，个人的主体性被源自封建族权的传统所压迫，使个人必须甘心成为其中的一部分，以一种“子”的姿态去和它保持着精神联结。鲁迅想要接周作人夫妇、鲁太夫人等家眷来京，就必须有勇气去冲破这个由浙东人际关系网络所构建起的父权和族权的小社会。这就像鲁迅小说中的“辫子”一样，它象征着一种对于人精神的奴役，不从它以及它周边的场域内走出，人就不能成为一个独立的人而存在。鲁迅对于新宅的重视是和他自 1917 年开始渐渐脱离曾经深深依赖的浙东文化场域紧紧联系着的。1919 年年初，鲁迅在寄给许寿裳的信件说：“仆年来仍事嬉游，一无善状，但思想似稍变迁。明年，在绍之屋为族人所迫，必须卖去，便拟携眷居于北京，不复有越人安越之想。而近来与绍兴感情亦日恶，殊不自至［知］其何故也。”[④] 而鲁迅自山会邑馆迁至八道湾新宅这一事件本身不仅仅是一个地理意义上的位移，其背后更多的是一种精神层面的变动，而在这个精神主体的建立过程中，鲁迅的“代父”情结也是十分明显的，他通过对新宅的一系列细节性的安排来冲出故乡绍兴所带来的父权文化场域，并且完成了一个新的父权制家庭的建构。[⑤] 同时，鲁迅对于自己在新的家庭中的位置也有着清晰的定义，在其购置新宅之后不久所做的《我们现在怎样做父亲》一文的结尾处，那句充满格言性质的比喻可以看作他对自己关于新的家庭秩序重建之后的期望：“自己背着因袭的重担，肩住了黑暗的闸门，放他们到宽阔光明的地方去；此后幸福的度日，合理地做人。”而鲁迅本人也认为“这是

---

① 周遐寿：《鲁迅的故家》，鲁迅博物馆、鲁迅研究室、《鲁迅研究月刊》选编《鲁迅回忆录（专著）》（下册），北京出版社 1999 年版，第 1061 页。

② 同上。

③ 周作人：《周作人日记（1917 年 1 月 1 日—12 月 31 日）》，《新文学史料》1983 年第 3 期。

④ 鲁迅：《致许寿裳》（19190116），《鲁迅全集 · 第 11 卷》，人民文学出版社 2005 年版，第 370 页。

⑤ 韩文萍：《鲁迅的“大家庭”梦——由八道湾家庭的建立与崩溃看鲁迅的代父情结》，《湖北大学学报》（哲学社会科学版）2006 年第 7 期。

一件极伟大的要紧的事，也是一件极困苦艰难的事。"① 可见，鲁迅对于自己将要为这幢新宅而付出的种种努力也是心知肚明的。

八道湾新宅对于鲁迅精力上的牵制主要来自两方面，第一是时间和空间上的，第二是精神上的，乔迁之喜和剪掉精神上的辫子交织在一起，导致了自 1919 年下半年到 1920 年 7 月间，鲁迅经历了一段时间的文学"空窗期"。在这之后，鲁迅在 1920 年 8 月初有关文学创作的活动显得格外密集，他于 8 月 5 日连夜创作《风波》一文，7 日将该文付与陈独秀，10 日夜间"写《苏鲁支序言》讫，计二十枚"，② 从鲁迅对于所译文章篇幅的着重记载，不难察觉他本人对于完成这样一篇长文的满意与自得。而鲁迅在屡屡被催稿的一年中竟花费精力去主动翻译这样一篇文章其背后必是有其所指的，而他弃自己熟悉的文言译笔不用，而以一种近乎于艰涩的白话译笔去呈现这篇文章，并加以长长的附言，这本身也足以证明鲁迅翻译这篇文章的目的并不是为了简单地把这篇文章推向公众，而是有着更深刻的指向，即解决自己由"剪辫子"而产生的内在问题。

抒情或是叙事，在鲁迅的翻译中实际上代表了两个不同的向度，即对于社会问题的关注与对自身困境的突围，而鲁迅在《新潮》杂志上刊登译文的时候，实际上是把后者置于前者之中的。在鲁迅心中，以白话迻译尼采的文本并不是其所认为的最好的形式，但是却是他所认为的最合适的形式。在以白话文形式呈现出的查拉图斯特拉的身上，鲁迅在这一时期所关注的两个向度走向了融合。

如果将鲁迅对《查拉图斯特拉如是说》的两次翻译活动进行对比就会发现，就选题而言，在第一次翻译活动中，尼采的出现更多地是为了支撑起《摩罗诗力说》和《文化偏至论》的内在逻辑：摘用"古源"和"新泉"的典故，是为了引出"今且置古事不道，别求新声于异邦，而其因即动于怀古。

---

① 唐俟：《我们现在怎样做父亲》，《新青年》1919 年第 6 卷第 6 号。

② 鲁迅：《日记第九》（19200805—19200810），《鲁迅全集 · 第 15 卷》，人民文学出版社 2005 年版，第 408 页。

新声之别，不可究详；至力足以振人，且语之较有深趣者，实莫如摩罗诗派”① 的议论；而《文化偏至论》中来自桑木严翼的一段话则是为了力证“其深思遐瞩，见近世文明之伪与偏，又无望于今之人，不得已而念来叶者也”。② 也就是说，尼采在鲁迅的第一次对其进行译介的过程中并不是一个独立的主体，而是伴随着论述而产生的论据之一。而在第二次翻译活动中，尼采的著述则是以一种本体的形态出现的，译者对《查拉图斯特拉如是说》序言部分的翻译活动本身即构成了目的。可以看出，在 20 世纪的最初二十年里，鲁迅对于尼采的理解和情感是不断地加深的，尼采以及查拉图斯特拉的形象逐渐由论据走向主体，从片段走向整体。而在 1920 年前后，鲁迅向公众介绍尼采和查拉图斯特拉的冲动越发地强烈，这一点从当初《新潮》杂志上《察拉图斯忒拉的序言》之后所附的介绍就可以看出来。鲁迅在翻译文字之后还写了较长的“附言”，其内容涉及此书的创作背景，声称“因为只做了三年，所以这本书并不能包括尼采思想的全体；因为也经过了三年，所以里面又免不了矛盾和儞差”。不仅如此，鲁迅还详细地为读者解读了所译序言中的每一节的梗概，并对“察拉图斯忒拉”与“苏鲁支”的关系以及“游魂”“小丑”“坟匠”等关键意象做出了阐释。③ 此时的鲁迅对于尼采及查拉图斯特拉的接受，已经不再是之前那种“格言”式的、观点摘编式的，而是走向了内化，从一种具有整体意义的精神层面来接受。尼采思想对鲁迅的影响是多方面的，这是一个言之不尽的大课题。从鲁迅在 1920 年前后对《查拉图斯特拉如是说》一而再，再而三进行译介中，可以体察到此时的译介活动中所包含的内在向度与鲁迅留日时期对尼采的译介有着明显不同。再结合之前对于鲁迅 1920 年前后周边语境的分析，不难看出，与留日时期侧重于提供一种解决社会问题的可能性不同，鲁迅此时在对尼采的译介中主要突出的是将自身由于“剪辫子”而产生的种种问题与批判性的国民精神建构合二为一。

鲁迅对于尼采的喜爱是有着侧重点的。据孙伏园回忆，“尼采的超人论，

① 令飞：《摩罗诗力说》，《河南》1908 年第 2 号。

② 迅行：《文化偏至论》，《河南》1908 年第 7 号。

③ 唐俟：《察拉图斯忒拉的序言》，《新潮》1920 年第 2 卷第 5 号。

推到极端，再加以有意无意地误解，在德国，便成了上次大战前的裴伦哈特的好战论，和这次纳粹主义的侵略论。鲁迅先生却特别欢喜他的文章，例如萨拉图斯脱拉语录，说是文字的刚劲，读起来有金石声，而他的学说的精髓，则在鼓励人类的生活，思想，文化，日渐向上，不长久停顿在琐屑的，卑鄙的，只注意于物质的生活之中"。[①] 可见，对于鲁迅而言，尼采不仅仅是一个思想家的存在，更是一种在精神领域的借鉴。尤其是"萨拉图斯脱拉语录"，在鲁迅心中，它不只是尼采对于自己哲学思想的阐释，更提供了一种刚性的、掷地有声的并且远高于现实物质生活的精神形式。所以，孙伏园所谓的"鲁迅先生确不像一个哲学家那样，也不像一个领导者那样，为了别人了解与服从起见，一定要将学说组成一个系统，有意的避免种种矛盾，不使有一点罅隙；所以他只是一个作家，学者，乃至思想家或批评家"。[②] 是中肯的，如果剥离掉围绕在鲁迅周边的重重光环，那么，最后剩余核心的部分也一定是"文学家"。

鲁迅倾心于尼采的思想，但是，文学在他对尼采的接受过程中却是第一性的。回到"文学家"这一角度，就不难理解为什么虽然鲁迅一生中对尼采的接受向度有着多次的改变，到了晚年甚至对尼采诸如"只是给与，不想取得"[③] 的观点有所批判，但是却始终对尼采在自己文章中的隐现"固守着孤高的态度"情有独钟。[④] 与其构建一个思想上的尼采，倒不如塑造一系列形象上的尼采，这一点对于鲁迅而言不但是一种精神向度，更是一种书写策略。谭桂林先生在研究国民信仰建构过程中的鲁迅和尼采之关系后指出："就一场思想文化活动的启蒙效果而言，既需要学理的思辨，更需要文学艺术的形象感染。因为学理的影响主要是在知识层，它要通过知识分子这个中介才能向社会渗透，所以它的影响是缓慢的、逐步的，而艺术形象直接诉诸社会各层面的读者，比较而言其影响则是迅速的、穿透性的，并且在潜移默化中具有

---

① 孙伏园：《鲁迅先生逝世五周年杂感二则》，《鲁迅先生二三事》，作家书屋 1944 年版，第 72 页。

② 同上书，第 73 页。

③ 鲁迅：《拿来主义》，《鲁迅全集·第 6 卷》，人民文学出版社 2005 年版，第 39 页。

④ 增田涉：《鲁迅的印象》，鲁迅博物馆、鲁迅研究室、《鲁迅研究月刊》选编《鲁迅回忆录（专著）》（下册），北京出版社 1999 年版，第 1412 页。

持续性的特征。由此可见，正是因为鲁迅精心营构了一系列尼采式的艺术形象，所以他在五四时期进行尼采主义介绍和宣传的效果，乃是同时代的学者和文化批评家们难以比肩的，他也就理所当然地被称为‘中国的尼采’。”[①]身为文学家的鲁迅无力也无意像尼采一样，完成一个宏大的哲学体系，塑造一个宗教人物式的抽象形象。对于鲁迅而言，将尼采内化并以文学作品的形式反刍给读者才是其所重点注意的。在对国民进行启蒙的同时，鲁迅还面对着一个十分重要的启蒙对象，那就是自己。事实上，在 1920 年前后，这种“剪辫子”带来的痛感对于鲁迅来说是十分强烈的，从会馆走向公寓的他曾经一度陷入了一种时空的错置之中。从 1920 年起，鲁迅改变了他之前所惯用的以干支纪年的日记，换成了以“日记第 X”为题，[②] 这在很大程度上可以视作鲁迅决心冲出由传统时间观念构成的网罗的一个标志。而在收入《呐喊》集的时候，鲁迅的多篇作于 1919 年的作品都出现了时间上的错位，[③] 这对于每天有记录日记习惯的鲁迅而言，是不正常的。这显然不是一个巧合，这种时空错置之下，是刚刚走出会馆的鲁迅对于一种新的社会组织形式的不适应，象征着传统乡土的干支被象征着现代都市的数字所冲破，对此时作为启蒙者的鲁迅而言，他本身也需要一种启蒙来解决上文所及的问题。

鲁迅曾在《莽原》杂志上刊登了一篇文章，题为《怎么写》，其中心论点则在于“写什么是一个问题，怎么写又是一个问题。”在文中，鲁迅提及了尼采爱看“血写的书”，而在鲁迅看来，当时中国的语境下，“血写的文章，怕未必有罢。文章总是墨写的，血写的倒不过是血迹。它比文章自然更惊心动魄，更直截分明，然而容易变色，容易消磨”。所以，鲁迅在这里关于“怎么写”这一问题显然是说了反话：“能不写自然更快活，倘非写不可，我想，就是随便写写罢，横竖也只能如此。这些都应该和时光一同消逝，假使会比血迹永远鲜活，也只足证明文人是侥幸者，是乖角儿”。而鲁迅对于“血写的

---

① 谭桂林：《国民信仰建构中的鲁迅与尼采》，《江苏师范大学学报》（哲学社会科学版）2013 年第 1 期。

② 鲁迅：《鲁迅全集·第 15 卷》，人民文学出版社 2005 年版。

③ 主要指《明天》和《一件小事》两篇，所注明时间均在实际创作时间的基础上向后推迟了一年。

文章”还是有所呼唤的，但前提是，那要是“真的血写的书”，[①] 即一种和作者内在生命息息相关的书。鲁迅本人在创作中一直将自己的生命与文本紧密地捆绑在了一起，以他本人在晚年所修的《〈自选集〉自序》中提到的《呐喊》《彷徨》和《野草》为例，[②] 在《呐喊》自序中，鲁迅称自己“本以为现在是已经并非一个切迫而不能已于言的人了，但或者也还未能忘怀于当日自己的寂寞的悲哀罢，所以有时候仍不免呐喊几声，聊以慰藉那在寂寞里奔驰的猛士，使他不惮于前驱。至于我的喊声是勇猛或是悲哀，是可憎或是可笑，那倒是不暇顾及的”；[③]《彷徨》没有序言，而是用屈原的“朝发轫于苍梧兮，夕余至乎县圃；欲少留此灵琐兮，日忽忽其将暮。吾令羲和弭节兮，望崦嵫而勿迫；路漫漫其修远兮，吾将上下而求索”作为题记；[④]《野草》的题辞中，鲁迅也数次声称自己“坦然，欣然。我将大笑，我将歌唱”。[⑤] 从三部文集的序言或题记中可以看出，鲁迅创作的出发点就在于抒己之情、求己之索，文字出自于作者的内在生命；在《朝花夕拾》中鲁迅声称那些记忆“也许要哄骗我一生，使我时时反顾”，[⑥]《故事新编》中，鲁迅也声称这本书是其“回忆在心里出土”后的产物，[⑦] 不难看出，这种在情感上的内在指向性之于鲁迅而言，是一条一以贯之的线索。

因此，刊登于《新潮》杂志上的《察拉图斯忒拉的序言》虽然是鲁迅关于这一作品译介的最终形式，但并不是其心中满意的形式，鲁迅在权衡文本接受者的时候，选择了白话的形式，但这并不代表他对于这一形式就是满意的。通晓德语的鲁迅自然是知道尼采想要说什么，而且，对于《查拉图斯特拉如是说》来说，语言形式本身就是其内容的一个重要方面，有翻译家推断，“尼采大概吸收了古希腊、罗马的辩士和文章家的技巧”，“其文辞之充沛，有

---

① 鲁迅：《怎么写》，《莽原》（半月刊）1927 年第 2 卷第 18、19 期合刊。
② 鲁迅：《〈自选集〉自序》，《鲁迅全集・第 4 卷》，人民文学出版社 2005 年版，第 468 页。
③ 鲁迅：《〈呐喊〉自序》，《鲁迅全集・第 1 卷》，人民文学出版社 2005 年版，第 441 页。
④ 鲁迅：《〈彷徨〉题记》，《鲁迅全集・第 2 卷》，人民文学出版社 2005 年版，第 3 页。
⑤ 鲁迅：《〈野草〉题辞》，《鲁迅全集・第 2 卷》，人民文学出版社 2005 年版，第 163 页。
⑥ 鲁迅《〈朝花夕拾〉小引》，《鲁迅全集・第 2 卷》，人民文学出版社 2005 年版，第 236 页。
⑦ 鲁迅：《〈故事新编〉序言》，《鲁迅全集・第 2 卷》，人民文学出版社 2005 年版，第 354 页。

时真如长江大河，雄伟而又深密，实为可惊”。[①] 尼采对于语音和韵律的追求是极高的，“凡此一加朗诵，声调或刚或柔，有如按谱度曲，睦耳娱心。所以尼采自己，对这作品有‘交响乐’之称”；[②] 并感叹道：“读歌德（的作品）使人感觉温暖，读尼采，简直是灼人”；[③] 尼采也自诩其写作风格的技艺是“用文字，也包括文字的韵律，表述一种状态，一种充满激情的内在的紧张——这就是一切风格的意义”，他是用德语在完成一种“人们不知道”的“事业”，用“伟大韵律的技艺，圆周句艺术的伟大风格，表现一种超凡的、超人激情的大起大落”，完成精神上的“凌空翱翔”。[④] 从孙伏园对鲁迅的回忆中可以看出，鲁迅对于这一点是有着充分的认知的，并且体悟得十分到位。《察拉图斯忒拉的序言》中，鲁迅几乎是逆着其对于尼采的认知而行的，其目的就是为了让读者更贴近文本的原貌以及突出白话这种形式，在鲁迅心中，最满意的还是那个由文言译成的《察罗堵斯德罗绪言》。这个“绪言”向上承接着鲁迅在“古奥”文字和尼采语言之间建立的桥梁，向下寄托着鲁迅在1920年前后的个人遭遇，是属于鲁迅的心灵史。

3. 翻译：心灵的对话

按照常理而言，鲁迅并不需要将这段尼采与自己内心的对话公之于众，但是，在1920年前后，鲁迅已经从那个给自己带来太多束缚的山会邑馆中走出，不再满足于“麻醉自己的灵魂”。他从“钞碑”的“寂寞”中走出，走向了“做点文章”的道路，[⑤] 他将自己的情感公之于众，期望能以之“惊起了较为清醒的几个人”，以争取“毁坏这铁屋的希望”。[⑥] 如果将鲁迅未曾刊出的那份《察罗堵斯德罗绪言》看作其内指性的“钞碑”的话，《新潮》刊出的《察拉图斯忒拉的序言》在形式上则可以被看作外向性的“做点文章”，

---

① 徐梵澄：《缀言》，［德］尼采著，徐梵澄译《苏鲁支语录》，商务印书馆1992年版，第6页。

② 同上。

③ 同上。

④ ［德］尼采著：《看哪这人：尼采自述》，张念东、凌素心译，中央编译出版社2000年版，第58—59页。

⑤ 鲁迅：《〈呐喊〉自序》，《鲁迅全集·第1卷》，人民文学出版社2005年版，第440页。

⑥ 鲁迅：《〈呐喊〉自序》，《鲁迅全集·第1卷》，人民文学出版社2005年版，第441页。

这一“文章”又与鲁迅自身息息相关，故而，虽然《察拉图斯忒拉的序言》并不是鲁迅心中关于尼采文章译介的最佳版本，但却是具备了鲁迅对于自身问题的思索和对社会问题的希冀的。

在现代中国文学之中，高长虹是一个在形式上比鲁迅更加“尼采”的人物。通过鲁迅对其创作的评价，可以看出1920年之后的鲁迅对于尼采的一些态度。虽然高长虹一再撇清自己与尼采的精神渊源，但是这种辩解只不过是一种“影响的焦虑”,[①] 他自己也毫不讳言“也有朋友很怕我是一个尼采”。[②] 1925年，鲁迅在回复许广平关于《莽原》杂志作者问题的信件中对高长虹的创作有过这样的评价，“长虹确不是我，乃是我今年新认识的，意见也有一部分和我相合，而似是安那其主义者。他很能做文章，但大约因为受了尼采的作品的影响之故吧，常有太晦涩难解处，第二期登出的署着CH的，也是他的作品”。[③] 这段话看似在批评高长虹的文风，但是如果和许广平的来信两相比照的话，就会发现，鲁迅所谓“晦涩难解”实际上指的是高长虹《绵袍里的世界》一文中的内向性。许广平在读了这篇作品之后觉得：“作者揪住了朋友来开始审判，以为取了他‘思想’，‘友谊’……甚至于‘想把我当做一件机器来供你们使用’。”乃至于反观自己，“我当时十分惭愧，反省，我是否也是‘多方面掠夺者’之一？唉，虽则我不敢当是朋友，然而学生‘掠夺’先生，那还了得!”[④] 可见，在鲁迅对高长虹文章的评价中有微词之处实际上主要是为照顾许广平的情绪，其本人对于高长虹还是颇有几分赞许之意的。而再看高长虹所著的《绵袍里的世界》，全文的情节极其简单，就是一个青年去当铺当绵袍时的所见所想，所谓“绵袍里的世界”实际上指的就是自己本身。在这个文本中，剧情的意义几乎被架空，主人公的内心活动成为了主线。“脱下绵袍”这一行动可以被看作一个装置性的存在，通过卸下外在的束缚，高长

---

① ［美］哈罗德·布鲁姆：《影响的焦虑：一种诗歌理论》，徐文博译，江苏教育出版社2006年版。

② 高长虹：《曙》，山西省盂县政协《高长虹文集》编委会编《高长虹文集》（上卷），中国社会科学出版社1989年版，第499页。

③ 鲁迅、许广平：《两地书·一七》，《鲁迅全集·第11卷》，人民文学出版社2005年版，第63页。

④ 鲁迅、许广平：《两地书·一六》，《鲁迅全集·第11卷》，人民文学出版社2005年版，第59页。

虹逼视自己的内心，他审判身边的朋友、问候经过的一条狗、感叹人生，甚至极言“吃人是好的”。在文中，高长虹甚至表露了他创作本文的动机：“我为什么这样无聊呢？一件绵袍罢了，何必也要引到永久的问题上去？我始终喜欢思索永久的问题，朋友的一句假话，无关系的人的偶然的一次微笑，乃至一刹那的寂寞，都常引我到虚无里去。这是很危险的！”① 高长虹的这篇文章，其内向性是强烈的，但是，在这部作品中，内在情绪的涌动和宣泄过于强烈以至于其文字完全是由个人生存经验而流淌出来的，作为他者的读者在阅读之后可能会有所感，但却无法深度切入到作者的精神世界中去。鲁迅所指的也正是这点，他在说高长虹作品“晦涩难解”的同时，用到了“太”字，也就是说，在高长虹的文章里，内向性是有些过度的，如果将这过度加以节制，其文章必会大有长进，而在此处，鲁迅用来比照的参照系也正是他本人。

尼采的《查拉图斯特拉如是说》在每一个时代，都可以闪耀出智慧的光芒，但是其所指的确是过于宽泛。换而言之，读者通过阅读这一文本，所能获得的更多的是一种观念，而非方法。对于这种情况，连尼采本人有时也会感觉到一种茫然，他曾经感慨道：“总之，我不知道说什么更好，我到底在向谁说话，就像查拉图斯特拉所说：他要向谁叙述自己的迷呢？”② 这种茫然来自一种语境的缺失：查拉图斯特拉的言说是不需要具体对象和具体语境的，也正因为如此，它可以向每一个时代发声，但它却不能解决实践过程中的任何一个具体问题，从而失去了方法论意义上的针对性。因此，尼采只好将读者能够理解查拉图斯特拉的希望一直向后延宕，将之置于未来的无限空间内，以期望将来有人对其进行解读。他的喟叹中不乏抱怨：“谈这个问题的时机还未到来，因为我的时代也还没有到来，有几篇东西会作为遗著出版的。——也许有一天，人们生活和说教的制度就如同我们认为的那样，甚至发展到要开设讲座，讲授《查拉图斯特拉》的地步，但是，如果我今天就期待有人会听取或接受我的真理，那未免与我大相径庭。因为今天还没有人听取，还没

① 长虹：《绵袍里的世界》，《莽原》1925 年第 1 期。

② ［德］尼采：《看哪这人：尼采自述》，张念东、凌素心译，中央编译出版社 2000 年版，第 57 页。

有人懂得接受我的东西，这不仅是可以理解的，而且，在我看来也是理所应当的。我不想被人误解，因此，我也不要误解自己。”① 可以看出，对于这种高度精神化的文学样式，尼采不但觉得知音难觅，而且他本人也不认为自己可以对之进行全面的解读。对于《查拉图斯特拉如是说》，尼采能够指出读者在理解上的谬误，却无力为通往这位巨人的精神提供一个正确的路径。所以，不妨为尼采做一个悲观的推定，即查拉图斯特拉这个形象一旦被创造出来，就已经是一个不可解的存在了，其原因就在于现实指向性的缺失。

鲁迅在继承尼采精神高度的同时，对上述问题是特别留意进行回避和克服的。从鲁迅对于高长虹创作的评价中就可以看出，鲁迅认为高长虹的创作太过于宣泄情感，而疏于节制，以至于无法将四溢的情感集中于一处，从而使一个本应该有着较高精神维度的题材成为了文学青年在不得志时愤怒的叫嚣，甚至于沦为谩骂。这并不是时为《莽原》主编与领导者的鲁迅所希望看到的，在鲁迅心中，真正的尼采式的精神需要通过一定路径的疏导，才能让抬升至一定高度的精神爆发出惊人的力量，而这一路径就叫作现实。在回答《北斗》杂志记者关于“创作不振之原因及其出路”的问题时，鲁迅提到的八条建议中有以下文字：“一、留心各样的事情，多看看，不看到一点就写。二、写不出的时候不硬写。三、摸特尔不用一个一定的人，看得多了，凑合起来的。”② 也就是说，鲁迅是时刻留意着现实的，现实是其内向性的生成性因素之一，也是其内向性的归宿，他不在作品中肆意宣泄情感，而是使情绪在对现实的超克中凝聚，在对现实有明确指向性的同时，获得了一种对于时间和空间的穿透力量，使之可以与每一个时代对话，并在每一个不同的时代对它的理解之中不断被赋予新的意义。鲁迅在《新潮》上所刊出的《察拉图斯忒拉的序言》是一个开端：它一方面是鲁迅心灵独白所留下的印迹，一方面又想通过自己的文字去影响到更多的年轻读者。这样一来，留日期间作为社会问题论据的尼采逐渐开始内化，并与 20 世纪 20 年代作为自身问题

---

① ［德］尼采：《看哪这人：尼采自述》，张念东、凌素心译，中央编译出版社 2000 年版，第 51 页。

② 鲁迅：《答〈北斗〉社关于〈创作不振之原因及其出路〉问》，《北斗》1932 年第 2 卷第 1 期。

解决的尼采合二为一，同时鲁迅也将自身问题纳入了对于社会问题的整体考量之中。由此，鲁迅不仅真正继承了尼采的“超人”精神，更在20世纪中国的历史语境中完成了对尼采的超越，成为了中华民族独一无二的“民族魂”。

在鲁迅的一生中，对尼采《查拉图斯特拉如是说》在不同的时期有过两次较为集中的翻译活动，这两次翻译活动所呈现出的精神向度是不同的。身在1920年前后，鲁迅在第二次翻译这本书的时候，实际上是为了解决自己由于从会馆到公寓的空间转换而造成的内在问题。这次翻译不仅是一次对于尼采著作的译介，更是鲁迅对自己前期思想的反思，其中，将内在问题解决与社会问题揭示合二为一也成了鲁迅在现代中国语境下对尼采精神的超越之处，鲁迅在超越尼采的时候同时也超越了自我。鲁迅对尼采和自我的双重超越正代表了新文化运动的参与者与发起者对老我的否定与扬弃，新文化运动不但是一场对旧文化的宣战。还是一场对旧自我的宣战。欲新文化，必新自我，而欲新自我，则必先接受新文化，故而，对自我的重新认知和对文化的更新是一体而两面的。

第四节　经济因素与文化选择

1. 经济因素与文化选择

在新文化运动的过程中，在因诗人身份而驰名于中国文坛的郭沫若的身上发生了几次重大的变化：他从一个膜拜“女神”的“泛神论者”开始逐渐与有着明显国家主义倾向的《孤军》同人[①]接近，再到与《孤军》同人分道

① “《孤军》同人”常被称为“孤军派”，“孤军派”在史料中曾有被提及，如“听说此一团结，除政学系外，孤军社、醒狮派及其他国家主义派亦都加入”（罗夫：《湖南反革命势力的结合（湖南通信九月二十日）》，《向导周报》1925年第132期）。但是该词却更多地出自郭沫若本人之口；反观《孤军》成员内部，其对于这个称呼是不予承认的（光晟：《反共产和反革命》，《孤军》1925年第3卷第6期）。近来，有研究者认为称其为“孤军派”是不甚恰当的，而“《孤军》同人”则是一种更合适的说法（参见周文《郭沫若与“孤军派”——兼论其对国家主义的批判》，《新文学史料》2016年第2期）。

扬镳，转向接受马克思主义，这一系列的变化深刻地决定了郭沫若在之后数十年间的政治命运与文化立场。

在短短的几年中，发生在郭沫若身上的翻转式的变化是耐人寻味的，其原因可能是来自多个方面，而在种种原因当中，这一时期郭沫若的经济状况在其整个思想转向的过程中所起到的重要作用是不可忽视的。正如马克思所言："物质生活的生产方式制约着整个社会生活、政治生活和精神生活的过程。不是人们的意识决定人们的存在，相反，是人们的社会存在决定人们的意识。"① 物质生活往往决定了一个人在一定时期内的精神走向和文化选择，而对于20世纪20年代初期的郭沫若来说，其所受到的来自经济方面的制约则将"无产"一词的意味深深地刻印在了他的精神世界里，而由经济方面所引发出来的来自文化方面的"无产"感，更是弥漫在了他的生活和创作之中，以至于在这段时间里，郭沫若不得不时刻在这种氛围中求索和寻找突围的途径，这也促使他在思想上向着一名马克思主义者的方向转变。

对于郭沫若来说，诗集《女神》是他登上中国文坛的一块敲门砖，同时这部诗集也在广大的读者心中建立起了一个有关作者本人的文学形象，时年身在海外的梁实秋曾经高度评价郭沫若收在《女神》集中的篇什，读这些诗，使他"如在沉黑的夜里得见两颗明星，如在蒸热的炎天得饮两杯清水"，"如逃荒者得闻人足音之跫然"。② 而在后世的文学史书写中，此时的郭沫若也常被称为"鲁迅在本世纪初热切呼唤、终于出现的摩罗诗人，又是新中国的预言诗人"，他在诗中"热烈、执着地追求着革命理想，充满着历史的乐观主义精神"。③《女神》为读者所展示出的，是一个"大气的、有感受力的'自我'"，是对"人的主体意识的发现"。④ 对于《女神》诗集创作出版时期的郭沫若来说，这些对其人其文的评价都是准确的——在这一时期，郭沫若不但

---

① ［德］卡尔·马克思：《政治经济学批判》，［德］卡尔·马克思、弗里德里希·恩格斯《马克思恩格斯全集·第13卷》，人民出版社1962年版，第8页。

② 闻一多：《致父母亲》，闻一多著，孙党伯、袁謇正编《闻一多全集·第12卷》，湖北人民出版社1993年版，第7页。

③ 钱理群、温儒敏、吴福辉、王超冰：《中国现代文学三十年》，上海文艺出版社1987年版，第138—139页。

④ 李晓红、李斌：《经典如何激活——〈女神〉接受方式的探寻》，《郭沫若学刊》2011年第3期。

在文中塑造出了一个“大我”的形象，其本人也是意气风发，甚至对于在这数年间取得丰硕成绩的新文化运动也多有微词。此时的郭沫若几乎是抱着一种舍我其谁的信念走上了中国文坛，在一封写给田汉的信中，他说：“他来的信上说：‘新文化运动已经闹了这么久，现在国内杂志界的文艺，几乎把鼓吹的力都消尽了。我们若不急挽狂澜，将不仅那些老顽固和那些观望形势的人嚣张起来，就是一班新进亦将自己怀疑起来了。’他这个意见，我很具同感，所以创刊的建议，我也非常赞成，不消说我们创刊杂志另外还有更大的目的和使命了。”[①] 而在《女神》出版的两年之后，也就是1923年前后，这位曾经震撼了整个中国文学界的新诗人却突然委顿了下去，在他的诗中再难找寻当年的豪迈，而更多的是一种失落，曾经为之心心念念并以“女郎”称之[②]的祖国却成了“朋友们怆聚”着的“囚牢”，[③] 曾经给予诗人无限灵感的自然，此时却“矛盾万端”，[④] 不但如此，诗人还痛骂自然“厚颜无耻”，并声称要把“从前对于你的赞美”“一概取消”，[⑤] 这种发生在郭沫若身上突兀的转变不能不使人感到讶异。

如果细查郭沫若在这次转变前后的行动轨迹，就会发现，1923年是一个关键的时间点。而这也正是郭沫若从日本九州帝国大学医科毕业的一年，郭沫若身上所发生的一系列变化的起点也正好集中在他毕业归国后的一段时间之内。同时，在郭沫若此时创作的诗歌里，开始大量地出现与经济有关的词语，如“阶级”“赁家”等，甚至在一些如《歌笑在富儿们的园里》《黑魆魆的文字窟中》等诗作里，郭沫若还有意识地采用了一些简单的阶级分析的手法。显然，对于此时的郭沫若而言，经济因素是促使他发生转变的内因，而其外在触发的机簧则是他从学生到过着“笼城生活”[⑥] 的职业作家这一行为背后身份意识的转变。所谓身份，指的是“个人在社会中的位置”，也就是

① 郭沫若：《创造十年》，现代书局1932年版，第99—100页。
② 郭沫若：《炉中煤》，《时事新报·学灯》1920年2月3日。
③ 沫若：《朋友们怆聚在囚牢里》，《创造周报》1923年第8期。
④ 郭沫若：《怆恼的葡萄》，《创造日汇刊》1927年第1期。
⑤ 郭沫若：《歌笑在富儿的园里》，《前茅》，创造社出版部1928年版，第25页。
⑥ 郭沫若：《创造十年》，现代书局1932年版，第242页。

“个人在他人眼中的价值和重要性，”[1] 实际上，这个概念中，“他人”的范畴时常包含着一种反观的意味，在很多场合下，通过自己的眼睛，身份这一概念背后所蕴含着的丰富的机能性会被更加的凸显出来，并且深刻地影响到自己的行为逻辑和文化选择。之于郭沫若，则正是如此。

郭沫若赴日求学的过程并非一帆风顺，其中屡次遭遇波折和变故。从1919年起，郭沫若就开始对其所学的医学专业有了反思，他认为“自己本是爱好文学的人，受着时代潮流的影响，到日本去学习医科……在进大学后没一年功夫，我深深感觉着我自己的学医是走错了路”。[2] 但是，由于安娜的反对，郭沫若弃医从文的想法一直未能得到实现，这使他十分痛苦。虽然有成仿吾等人的劝解与开导，但是郭沫若的“烦闷并没有因而打消”，他甚至一度“狂到了连学堂都不愿意进了”，“一天到晚踞在楼上只是读文学和哲学一类的书籍”[3] 的程度。再后来，因着兴办创造社过程中的种种事宜以及各种杂务，郭沫若又数次往返上海和日本之间，屡屡耽误了学业，以至于其毕业时间要比同级的郁达夫、张资平等人要晚很多。[4] 在郭沫若眼中，他是用了“四年零七个月”的时间，把“医科大学弄毕业了”，[5] 以一个“弄”字来作为他十年旅日生涯的结尾，不难看出他对自己学生生涯的自嘲和不屑。

但即便如此，赴日留学的学生身份对于郭沫若来说仍是有着重要的意义，而这种意义则多是来自经济层面的。首先，对于郭沫若那个时代的赴日留学生来说，学生身份最显在的意义是每月四十八元的官费，虽然发生过四川经理员张麻子从中作梗的事件，但是对于当时日本“一斗米要管七块钱，两个人一个月至少也要吃十块钱的米”[6] 的消费水平来说，或许会显得有些局促，却不会断绝了留学生们的生计。再加上医科大学对于本校学生较为完善的福

---

① ［英］德波顿：《身份的焦虑》，陈广兴、南治国译，上海译文出版社2007年版，第5页。

② 郭沫若：《创造十年》，现代书局1932年版，第86—87页。

③ 同上书，第105页。

④ 参见郭沫若《创造十年》，现代书局1932年版，第254—255页。

⑤ 郭沫若：《创造十年》，现代书局1932年版，第238页。

⑥ 郭沫若：《创造十年》，现代书局1932年版，第53页。

利制度，[①] 可以说郭沫若和安娜在这段时间虽然时常为着“产婆下女”“柴米油盐”而烦心劳神，但是却未曾真正陷入经济上的绝境中去，更没有将“诗艺之女神骇到天外去”，[②] 甚至在1921—1922年，郭沫若还经历过一段时间较为悠游的生活：在往返福冈和上海的途中，郭沫若还和友人们看了《格里格里博士》的“影戏”、花钱上了金山寺的塔、在焦山吃了十块钱的“素酒”。[③] 在一封信中，郭沫若向他的父母汇报经济状况时说道：“日前奉到北京来款四百元之后，不久又奉到渝城聚兴诚汇款，并且自去年十二月起，官费复活，近来男之生活已非常富裕矣。余款尚有四百元之数现存银行，可备不时之用。二老请勿过为男虑，家中今后亦请勿再行筹费汇兑也。”[④] 可见，由学生身份所带来的一系列的官费和资助，对于郭沫若日常生活的影响是巨大的，这使得他可以不需要为生计奔波、发愁，无需过多地将注意力放在自己所喜好的文学之外。这也是为什么在1920年安娜产下博孙之后，郭沫若在“没钱请用人，一切家中的杂务是自己动手”的情况下仍是有雅兴陪同到访的田汉游玩福冈周边名胜的原因之一。[⑤] 其次，学生作为一种社会身份，其所具有的特殊属性还使得这一时期的郭沫若暂时脱离了社会分工，可以以一种“非职业”的态度投入自己所想要从事的工作中去，而不需要为了生计去从事一些无关或者有碍自己兴趣爱好的工作。

中国在晚清之后，随着社会分工的加剧，现代意义上的“职业”开始出现，而一件事情一旦成为“职业”就意味着从业者只能按照该职业的从业规则去限定自己的行为，并且从业者需要以该职业所能带来的薪酬来维持自己

① 郭沫若在致父母的信中写道：“学校自前月十八日放假后，男每日往院中去治疗耳疾，本校学生治病，不取分文。”（郭沫若：《致父母亲大人膝下（19180702）》，黄淳浩编《郭沫若书信集》上，中国社会科学出版社1992年版，第46页。）

② 郭沫若：《创造十年》，现代书局1932年版，第82页。

③ 同上书，第151—172页。

④ 郭沫若：《致父母亲大人膝下（19220111）》；黄淳浩编《郭沫若书信集》上，中国社会科学出版社1992年版，第60页。

⑤ 郭沫若：《创造十年》，现代书局1932年版，第80页。

的生计。[①] 学生身份恰恰突破了这种限制，“学生”本身就意味着一种身份上的“业余”，这就意味着郭沫若在这一时期可以有更多的自由去选择一种“志业”。所谓“志业”，“不同一般的职业、工作，而是包含着一种内在召唤，在持续不断以至‘终身’的承诺中，具有强烈的价值投入感”，[②] 反观郭沫若的生平，在1923年之前的学生时代，他数次往返于中日之间，乃至于为了创办心中的“纯文学刊物”而屡次弃学，这正是对“志业”观念的经典诠释。

在郭沫若本人的经历中，“学生”这一身份也确实给了他足够的时间和空间去完成一些与生计并不相关的事情。1921年前后，郭沫若与泰东图书局的合作正体现了这点。虽然郭沫若在许多年后一直对“泰东老板”赵南公对自己及友人们的“‘一椀饭，五羊皮’的主义”耿耿于怀，就客观事实而言，尽管受着人情的“羁縻”，但是郭沫若在泰东图书局确实是以一种“自由人”的身份来从事编辑工作的，郭沫若谈及泰东图书局时，认为自己“不曾受过他的聘，也不曾正式地受过他的月薪”，[③] 而其所谓赵南公用以“束缚”自己的“精神上的尺度”，也更多的是一种事后的叙述。[④] 反观泰东图书局方面，赵南公之所以重用郭沫若，实际上更多是因为他的学生身份，以及由于其学生身份而带来的知识结构的专业和创作时间的充沛，对于郭沫若所提及的有关剩余价值的盘剥，赵南公却很少有所考虑。

在日记中，赵南公写道：“沫若来一函，历叙到东情形。《创造》杂志大成功，或竟能出月刊；丛书简直不成功。盖杂志短篇，有时间性，可草率从事；丛书系永久性，非有实在学问不能出风头，故担任之者鲜也。其敢担任，

---

① ［德］马胡斯·韦伯：《学术与政治：韦伯的两篇演说》，冯克利译，生活·读书·新知三联书店1998年版；姜涛：《公寓里的塔：1920年代中国的文学与青年》，北京大学出版社2015年版，第24—59页。

② 姜涛：《公寓里的塔：1920年代中国的文学与青年》，北京大学出版社2015年版，第25页。

③ 郭沫若：《创造十年》，现代书局1932年版，第214页。

④ 郭沫若在《创造十年》中的其他对于赵南公的记录中，可以感觉到赵南公对郭沫若等人实际上还是颇为优待的，考虑到赵南公及泰东图书局方面的投入和产出，可以发现，其对于郭沫若等人的厚待并不完全是因为经济利益。事实上，郭沫若在文中也一再提及赵南公的细心，并且，郭沫若等人在上海时期一系列的人际交往以及工作变迁背后，都有着赵南公奔走的影迹。再加上成仿吾、郁达夫进入泰东图书局后的出走，从而可以推定，所谓“精神上的尺度”，实际上更多的是由于郭沫若个人内心情绪而造成的。

张资平有《冲击期的化石》，郁达夫有《乐园与地狱》《托尔斯太研究》《俄罗斯文艺》。前两稿均系小说，大概均在暑假着手，成功在暑假后矣，或竟不成亦未可知。”① 而且，与其使郭沫若留在泰东图书局直接从事编辑出版工作，赵南公更加看重的是郭沫若“学生”身份中所蕴含着的丰富的可能性。在赵南公看来，作为学生的郭沫若在泰东图书局的编辑行为只不过是一种业余兴趣，出于对郭沫若的前途考量，赵南公甚至更希望他可以回到日本去完成自己的学业：“沫若言仍需返福冈入医学校，再半年即卒业。现所研究者精神科与小儿科，近世文学实与此两科有密切之关系，再入医学非卒业观念，实研究学问非在学校不可。比如到沪以来，日见坠落，其明验也。以泰东关系言之，在福冈与在上海相等，信件往来不过十日。而此后对太东仍积极的相助，自觉在彼与在此无二，不过差此时间耳。”② 不难看出，在赵南公的主观意图中，非但没有想要“羁縻”郭沫若的味道，反而一再建议郭沫若并不需要以一种职业编辑的姿态投入刊物的编辑，他甚至都没有要求郭沫若从日本毕业后一定要留在泰东图书局，或者从事文学事业。赵南公记载道：“沫若言福冈同学约廿余人，拟将来集合沪上，创一医院，附设一医学专门学校，为中国医学界放一异彩。予言此非一时所能办到，统候君卒业来沪，再从长计议也。”③ 郭沫若对于这一点显然也是心知肚明的。虽然郭沫若一再声称自己在20世纪20年代初期选择文学事业的艰难，但是就其职业规划而言，在毕业后，他还是倾向于以从医为生的。也就是说，学生时代对于即将从学校走向社会的郭沫若来说，是最后可以实现自己心中抱负的一段时间了。不仅是郭沫若，就连安娜也将未来经济上的希望寄托在郭沫若毕业后从医之上。在郭沫若毕业回国的时候，安娜“好像感觉着幸福，因为你已经毕了业，以后的

---

① 陈福康：《郭沫若回忆不完全可信？——赵南公日记摘选评赏》，《中华读书报》2016年9月7日第005版。

② 陈福康：《郭沫若回忆不完全可信？——赵南公日记摘选评赏》，《中华读书报》2016年9月7日第005版（此段日记引文中“坠落”一词应为“堕落”之误，“太东”一词应为“泰东”简写，且赵南公日记中“泰东”多作“太东”）。

③ 陈福康：《郭沫若回忆不完全可信？——赵南公日记摘选评赏》，《中华读书报》2016年9月7日第005版。

生活好像是只有朝好处走的一样”。[1] 也就是说，包括郭沫若本人在内，围绕着他周边活动着的人们都认为郭沫若作为一个医学生，是不具有直接参与社会分工的资格的，其在毕业之前没有能力，同时也没有义务去担负家庭经济的重任，而也正是因为这样，郭沫若才有了更多的闲暇和余裕去从事一些与自己的兴趣和志向相关的事宜。可以说，在 1923 年从帝国大学医科毕业之前，郭沫若在文学上的投入比后来一段时期内更具纯粹性。

而在郭沫若从学校走出之后，社会身份的迅速转化使他不得不去正视文学和生计之间的关系，随之而来的经济压力也使得郭沫若难以再像之前那样以一种“业余”的态度去投入文学生产，他必须在创作和稿酬之间寻找最大的剪刀差。据郭沫若的回忆，他毕业回国的时候经济状况并非十分拮据：“那时候我已经有三个儿子，第三子的佛孙生后刚满两月。我毕业了，家里给我汇了三百块钱来，要我回四川。那三百块钱便是我唯一的财产。”[2] 正是凭着这三百块钱，郭沫若得以和郁达夫等人继续过了一段时间的“笼城生活”，“仿吾的那封介绍信不投交，我的著作契约也不缔订”，“意想把民厚南里当成首阳山”，[3] 但是这种理想化的生活方式终究是难以实现的，在刊办数期《创造周报》之后，这种经济上的压力变得明显起来。“《周报》在开始创办的时候本很有趣，因为人扣手，又都还是些生力军；但办到十几期上来的时候便觉得有点筋疲力尽了。……还有最感痛苦的便是没有钱用。泰东依然没有和我们议正式的薪水，在初我还有钱的时候是用着自己的钱；但我自己的钱因为初带家眷回上海，不免要新置些东西，用不许久就告罄了。到那时自然也跑到泰东去，十块五块地要。说起要钱，虽然是自己应得的报酬，总觉得在讨口的一样，有些可耻。十块五块的钱，在上海的几个人是用不上几天的。”[4] 郭沫若与泰东图书局之间之所以没有签订正式协议，老板赵南公所受政学系

① 郭沫若：《创造十年》，现代书局 1932 年版，第 239 页。

② 此处郭沫若记忆可能有误，因为按照成仿吾回国的先例来看，留日学生回国时可以领取一笔回国费，再加上平日里的一些零余，其手中余款应远超于 300 元。

③ 郭沫若：《创造十年》，现代书局 1932 年版，第 242 页。

④ 同上书，第 248—249 页。

政治倾向的压迫[①]和较为陈腐的“江湖式”经营策略[②]自然是很重要的一方面，但是郭沫若之前与朋友们所定下的“笼城”策略才是造成这一状况的根本原因。他们试图去坚守自己独立的文艺理想，却忽视了对抗社会分工而需要付出的代价，以及其中所包含的种种经济压力和行动束缚。故此，在不久之后，郭沫若以及创造社诸君们在生活上一再陷入困顿，以至于后来的风流云散，其原因在郭沫若等人结束学生时代之后做出文化选择时就已经埋下了伏笔。在多年之后，当郭沫若回顾自己这段时间“为写作而写作”的经历时，认为这不过只是“幼稚的梦呓而已”,[③] 学生生活的结束以及社会身份的骤然改变，使郭沫若感受着一种来自经济上的“无产”感所带来的切肤之痛，也正是因着经济上的压迫，郭沫若的目光才会由自己所塑造的“女神”身上移开，在“娟妍的蔷薇花下”“青青的田地之中”看到“荒坟”和“蛆湧”[④]。因着这样一段经历，使得郭沫若在1924年之后思想领域向着马克思主义倾斜的这一事件更多地具有了一种生存论层面上的意味。

2. 变动中的人际关系

虽然早在写作《女神》的时期，郭沫若就已经对马克思主义有所耳闻，也曾对列宁等马克思主义的实践者有过一些通识性的了解，但是，真正使他在思想领域接触到马克思主义的，却是《孤军》同人中的何公敢和林灵光等人。

活跃在20世纪20年代初期的《孤军》同人们的思想驳杂，甚至成员之间在思想与行动上也多有龃龉，然而，其中不少成员对于马克思主义的理论却是赞赏有加的，郭沫若对于马克思主义的接触的契机也来自林灵光等人。[⑤]

---

① 张勇、魏建：《泰东图书局与创造社》，《郭沫若学刊》2004年第4期。

② 郑伯奇著，郑延顺编：《忆创造社及其他》，生活·读书·新知三联书店1982年版，第104页。

③ 郭沫若：《〈盲肠炎〉题记》，群益出版社1947年版，第6页。

④ 郭沫若：《怆恼的葡萄》，《创造日汇刊》1927年第1期。

⑤ 郭沫若曾经在文章中写道：“我对于马克思主义，借过灵光先生的书来研究过一下（我翻译河上肇的《社会组织和社会革命》一书的原本，是灵光先生借给我的）。”（沫若：《共产与共管》，《洪水》1925年第1卷第5期。）

但是，对于大多数《孤军》同人而言，马克思主义只是一种理论，是一种工具，之于其内在逻辑以及精神内涵而言，《孤军》同人更看重其在形式上能够为之所用。正如郭沫若所分析的那样，“孤军社的人则归之于法，以为日本的法律严明，宪法早就颁布，人人都有法以为皈依，故国事容易上轨道。满清末年漫无法纪，民国成立以来虽有约法，但屡经毁弃，等是弁髦。这便是中国之所以不长进，故而他们极力主张恢复约法。只要约法一恢复了，在他们看来，中国的布尔乔治德谟克拉西便可以建立起来，中国便可以顺畅地走上日本所走过的路”。[①] 在郭沫若的眼中，“‘孤军派’的国家主义，如说得更切实一点，是国家社会主义”。[②] 也就是说，虽然在《孤军》同人中不乏日本社会主义经济学家河上肇的高足，但是在他们眼中，“社会主义”只是一个幌子，其根本还在于把社会改造的希望寄托于执政中的北洋政府对于《中华民国临时约法》的所谓“法统”的恢复和遵守，如此一来，《孤军》同人所持的那一套行事准则就和在这一阶段正期待着在“静安寺路的马道中央，终会有剧烈的火山爆喷”[③] 的郭沫若之间就产生了明显的分歧。这种分歧产生的根源则在于《孤军》同人和郭沫若在相同历史语境下所处的不同社会经济地位之间所存在的矛盾。

如果细查《孤军》同人中主要人物的家庭出身就会发现，这群看似与当时民国政局格格不入的青年人的背后，实际上是一个个或是豪富，或是权贵的家庭。以曾经与郭沫若有着直接笔墨官司的林灵光为例，其四伯父是在晚清时担任过云贵总督和翰林院编修的林绍年，并任过可以说林灵光是出身于官宦之家的。不仅如此，早在1912年，21岁的林灵光就曾亲自见到过宋教仁和孙中山等人，虽然提出的“拿政权同袁世凯交换经济权和教育权”的意见

---

① 郭沫若：《创造十年续篇》，北新书局1946年版，第159页。

② 郭沫若：《创造十年续篇》，北新书局1946年版，第158—159页。这里的“国家社会主义”和后来希特勒所提出的“国家社会主义”其内涵并不相同，后者更合理的称呼应是“民族社会主义”。（参见宋钟璜、方生《国家社会主义，还是民族社会主义——从〈辞海〉关于国家社会主义的词条谈起》，《人民日报》1982年1月12日第005版。）

③ 郭沫若：《上海的清晨》，《创造周报》1926年第2期。

被宋教仁笑话说“小孩子懂得什么”,[①] 但是能够与当时位高权重的宋教仁、孙中山等人直接谈论时局，也足见林灵光身份的不凡。[②] 作为《孤军》杂志实际掌门人的何公敢，其身世也颇为显赫，其四伯父何咸德为光绪元年的恩科进士，其五伯父则任苏州知州，并在辛亥革命时率苏州合城起义支持共和;[③] 1920 年，时年 32 岁的何公敢便“帮助陈嘉庚先生创立厦门大学”，又“应商务印书馆编译所所长高梦旦先生的邀请，加入了编译所”[④] ——陈嘉庚在当时已经是一位身家巨万的实业家了；高梦旦此时已年近五十，而且因着其在编译出版方面的建设和成就，在当时文化界颇有盛名，连郭沫若见到高梦旦都觉得是“好象汉光武访问严子陵，或者是象亚烈山得大王访问皮匠”。[⑤] 何公敢能够受到陈嘉庚、高梦旦等人的垂青，一方面是由于其能力，而另一方面，也说明其身份要远过于当时一般的知识分子。

作为《孤军》“准同人”，郭沫若的家庭情况则与这些《孤军》主将们颇为不同。在郭沫若对自己家庭的认知中，“母亲就是那样的一个零落了的宦家的女儿，所以她一点也没有沾染着甚么习气”，而其父系一脉更是“两个麻布起家的客籍人”，一直到其祖父一代才出了一个秀才。虽然在郭沫若童年时期，郭家经过其父亲的多年经营，“已经是一个中等地主”，但毕竟身处“偏僻的乡窝里”，在地方上尚属富裕，“土地好像并不那么多”。[⑥] 此外，郭沫若的家庭出身和林灵光、何公敢等人还有着一点很大的不同，就是在林灵光和何公敢的生活环境中，对于下层社会的接触是比较少的。在林灵光对于其少

---

① 参见林植夫《林植夫自述》，中国人民政治协商会议福建省委员会文史资料研究委员会编《福建文史资料 · 第 13 辑》，福建人民出版社 1988 年版，第 7—10 页。

② 据林灵光自己回忆，在 1926 年之后，因其父亲重病，以至于家道中落，而在这以前，虽然林灵光一再投资失败，但是其经济上尚未出现太大压力，可见其家底之殷实（参见林植夫《林植夫自述》，中国人民政治协商会议福建省委员会文史资料研究委员会编《福建文史资料 · 第 13 辑》，福建人民出版社 1988 年版，第 11—13 页）。

③ 虽然何刚德在起义的过程中有着种种被迫和不得已，而且其背后有着何公敢等人的精心策划，然而何公敢的策反计划之所以能够顺利施行，其本人的默许也是不可忽视的重要条件，并且就这一行为本身而言，其进步性是不言而喻的。

④ 何公敢：《忆〈孤军〉》，中国人民政治协商会议福建省委员会文史资料研究委员会编《福建文史资料 · 第 13 辑》，福建人民出版社 1986 年版，第 130 页。

⑤ 郭沫若：《创造十年》，现代书局 1932 年版，第 173 页。

⑥ 参见郭沫若《我的幼年》，光华书局 1929 年版，第 19—22 页。

年时代的回忆里，更多出现的是其随四伯父转任四川、贵州、广西等地，以及林次薇先生对其进行的民族意识的启迪；家中长辈对他的期待，“只是想栽培出一个同洋人一样本事的工程师”。[①] 这样一来，那些受压迫的和被奴役的劳动者以及无产阶级自然是不会进入林灵光的视域之内的。而由于出身底层乡绅家庭，郭沫若对于劳作和底层人民是并不陌生的，在留学日本之前，他所生活的环境实际上是被劳动群众所包围着的。虽然由于出身相对优渥，少年郭沫若不曾深度介入劳动群众的集体当中，但是他对于这一群体的生活状态和生存境遇的耳濡目染却使得他对劳动群众始终抱着一种理解之同情。将《孤军》同人与郭沫若的家庭状况做一对比，不难发现，两者虽然在一段时间内有过较为紧密的接触，但是作为处于不同社会经济地位层面上的主体，《孤军》同人与郭沫若两方面对于当下社会现象的体验和认知都多有不同。

虽然在此时郭沫若被《孤军》方面引为“准同人”，但是在他看来，《孤军》同人的议论“总是有点迂阔”，故而他一向采取“好意中立”的策略。[②] 也就是说，虽然郭沫若曾经出于种种原因为《孤军》高呼过“进！进！进！”[③] 但就其本意而言，却是与《孤军》同人们颇有离隙的，以至于在其为《孤军》杂志创作的《黄河与扬子江的对话》在刊登之时，《孤军》同人们在文后需要加上一条“同人附注”，提醒读者“这篇文稿系旧友郭沫若先生特为‘推倒军阀专号’惠寄本社的文字。……文字里面虽有鼓吹革命的地方，一见似乎与《孤军》护法的意思有些出入，然仔细考察起来。沫若先生所谓革命单指扑灭军阀而言，非调约法也可抛弃，读者切勿‘以辞害意’”！[④] 这首诗发表在《孤军》杂志 1923 年的第四、第五期的合刊上，如果将这一期中其他《孤军》同人所刊发的文字与之加以对比，就会发现郭沫若与《孤军》同人之间对于时下中国现实的认知差距。

在郭沫若眼中，改变时下中国社会的唯一途径是发起一场暴力革命，他

① 参见林植夫《林植夫自述》，中国人民政治协商会议福建省委员会文史资料研究委员会编《福建文史资料 · 第 13 辑》，福建人民出版社 1988 年版，第 7—8 页。

② 郭沫若：《创造十年》，现代书局 1932 年版，第 202 页。

③ 若：《孤军行》，《孤军》1922 年创刊号。

④ 沫若：《黄河与扬子江的对话》，《孤军》1923 年第 1 卷第 4、5 期合刊。

借由黄河和扬子江之口说道："人们哟！醒！醒！醒！你们非如北美独立战争一样，自行独立，拒税抗粮；你们非如法兰西大革命一样，男女老幼各取直接行动，把一大群的路易十四弄到断头台上；你们非如俄罗斯产业大革命一样，把一切的陈根旧蒂合盘推翻，另外在人类史上吐放一片新光。人们哟，中华大陆的人们哟！你们永莫有翻身的希望！"① 在其他《孤军》同人的眼中，诸如北美独立战争、法兰西大革命、俄罗斯产业大革命这样的流血革命则是远不足取的，他们认为解决中国动乱的根源在于推倒军阀，他们也为推倒军阀制订了一些具体的方法。同人中的阮肃清认为："我国今日扰乱不安的大病根，在乎军阀的互斗，军阀之所以能够如此作恶，在乎拥有无知无识，可恶而又可怜的兵。所以想求社会秩序之安宁，不得不先推倒军阀，而想推倒军阀，又不可不先从裁兵入手。这种主张凡稍为留心时事的人没有不异口同声一致赞成。"② 除此之外，《孤军》同人内部还有另一种观点，这种观点来自范寿康："所以我们现在要想将权力从军阀的手中移到人民的掌上，我以为总非我们人民先有实力不可，人民的实力既大，不怕军阀不将权力奉还我们，即使他们不肯奉还，我们那时候就可用我们的实力去强制他们奉还。"③ 乍看上去，这两种观点之间似乎存在很大差异，但是仔细比照之后，就会发现，这两种观点的内在逻辑是同出一辙的，即推倒军阀的真正目的在于维持一种稳定的秩序，他们对直接革命的方式向来是不主张的，而是寄希望于裁军，即军阀内部的一种自觉性的改变；而所谓人民需要拥有的"实力"，究其本质而言，只不过是一种最后自卫性的东西，只不过是用来制衡军阀势力的砝码，而非一种彻底改变这种状况的武器。这也就是为什么范寿康在文章结尾处会写有"至于具体的办法请读《推倒军阀的具体方法》"④ 字样的原因了。

不难看出，无论是阮肃清还是范寿康的眼中，推倒军阀和裁兵只是一种具体的方法和外在的表现形式，想要解决当时中国社会中存在的一切问题的

---

① 沫若：《黄河与扬子江的对话》，《孤军》1923 年第 1 卷第 4、5 期合刊。
② 肃清：《推倒军阀的具体办法》，《孤军》1923 年第 1 卷第 4、5 期合刊。
③ 寿康：《什么是军阀，怎样倒军阀》，《孤军》1923 年第 1 卷第 4、5 期合刊。
④ 同上。

根本方法在于维持民国初期所建立的“法统”，正如《孤军》同人中的主导人物何公敢后来所总结的那样。“《孤军》最简单、最鲜明的目标，集中在‘打倒军阀’（《孤军》第一卷第四、五期合刊，出版了‘推倒军阀’专号）；最后的希望，不外是最起码的法治。因此，我们主张拥护辛亥前后多少志士抛头颅、洒热血才换得的‘中华民国约法’。这正是当时《孤军》同人所公认的‘孤军主将’陈慎侯先生的主张。”① 在《孤军》创刊号上发表的陈慎侯署名为“说难”的遗作中，集中展现了《孤军》同人的整体理想与政治旨趣：“‘当事派’和‘旁观派’的态度，——我们的立脚地，——黎元洪辞职问题，——冯国璋代理问题，——黎元洪任期的解释，——孙中山与非常会议，——八年国会的根据，——正在集会的北京国会。我们现在要讨论的问题就是：合法的大总统，到底是黎元洪还是孙中山，或者他两个都不是？合法的国会，到底是六年的国会（民国六年黎元洪所解散的），还是八年的国会（民国八年在广州集会的），或者两个都不是？”其在长篇大论之后得出的结论则是：“我们再把总统国会两个问题合拢起来下个断语。就是：北方和南方的总统俱不合法。北方和南方的国会议员要想成立的正式国会俱未成立。就是：中华民国的合法国家机关，目下尚不存在，但是还有发生的可能性。这个责任，是在他们议员身上！”② 作为《孤军》同人的“主脑”和召集人，陈慎侯的观点是颇能代表《孤军》杂志的整体意见的，而“议员”则是其所要依靠的主要力量；对于《孤军》同人而言，他们的目光更多的是集中在国家机关建构的合法性上，很少将视线往下移，去真正关注那些挣扎在不合法的政府之下的普通民众的生活。虽然这种情况在调查江浙间齐燮元、卢永祥兵乱的前后有所改观，甚至还出现了诸如周佛海等人所作的数篇宣扬阶级斗争的论文，③ 但是对包括周佛海在内的大多数的《孤军》同人来说，承认和宣扬阶级斗争的根本目的还是为推倒军阀做出舆论上的准备，其关注点并不在阶级

---

① 何公敢：《忆〈孤军〉》，中国人民政治协商会议福建省委员会文史资料研究委员会编《福建文史资料·第13辑》，福建人民出版社1986年版，第131页。

② 说难：《南北国会和南北总统那一个是合法的》，《孤军》1922年创刊号。

③ 如周佛海《国民革命中之阶级问题》，《孤军》1925年第3卷第2期。

本身。对他们来说，由河上肇等人处学习引进而来的马克思主义理论，也只不过是一种便于使用的工具而已，他们对这种理论的借鉴，大多停留在一些简单词汇的移植上，而对其内在所包含的有关阶级斗争的看法，《孤军》同人却有意识地进行了摒弃。就整体而言，“法统”一词，是《孤军》同人自始至终苦苦追寻的理想，也是其所要维护的根本；郭沫若所提倡的直接而暴力的革命行动，在他们看来，则从根本上违背了“法统”精神，及至后来，《孤军》同人心中的“法统”的概念开始向着“国家”的概念转化，自然就会带有一些国家主义的色彩，他们与以曾琦为代表的“中国青年党”人有着精神上的相通之处也就顺理成章了。[①] 正如何公敢事后所回忆的那样，《孤军》同人“虽然承认两大阶级的存在，……大多数则自命超阶级，自己为最公正。实际上。他们并不曾丢掉实行资产阶级民主政治的幻想”，[②] 他们竭力要维护“法统”，从根源上来说，还在于维护自己所处阶级的利益。郭沫若虽然在人事方面与其多有往来，但是就其阶级属性而言，他们却是有着天壤之别。故而，在1922—1925年这段时间里，郭沫若虽然与《孤军》同人们有着较为紧密的联系，但在精神上却始终是貌合神离的。

关于郭沫若与林灵光、曾琦等一众旧友之间的决裂，郭沫若本人有着自己的一套说辞。但是事实情况却并不像郭沫若所认为的那样，仅仅是简单的思想上的难以互容，其背后还隐藏着一些有关身份认同的因素。这些因素在此时郭沫若的种种行动中发挥着重要作用，以至于影响到其未来数十年的文化选择和政治命运，这与其对河上肇的《社会组织与社会革命》一书的翻译是密切相关的。

1924年五六月间，郭沫若因着经济上的压力开始翻译河上肇的《社会组织与社会革命》，在翻译这本书之后，郭沫若“前期的糊涂的思想澄清了”，

---

① 何公敢在回忆中提到自己“曾把郭沫若在《到宜兴去》一文中所表露的经济主张摘录下来，以‘国家资本主义的提倡’为题，署上郭沫若的名字，发表在第三卷第三期上”（何公敢《忆〈孤军〉》，中国人民政治协商会议福建省委员会文史资料研究委员会编《福建文史资料·第13辑》，福建人民出版社1986年版，第136页）。可见，对于《孤军》同人而言，在“法统”或者后来的“国家”观念的统御之下，任何资源都可以被断章取义地拿来使用。

② 何公敢：《忆〈孤军〉》，中国人民政治协商会议福建省委员会文史资料研究委员会编《福建文史资料·第13辑》，福建人民出版社1986年版，第138—139页。

其世界观也“初步转向马克思主义方面来”,[①] 虽然有研究者指出郭沫若在此处叙述中有着言过其实的成分，认为“一个人的思想不太可能因为一本书而发生质变”,[②] 但是郭沫若通过翻译《社会组织与社会革命》一书，将自己原本混沌的阶级意识和无产阶级思想进行了系统性的整合，这一事实却是客观存在着的。与自诩受到河上肇亲炙的《孤军》同人们不同，郭沫若对于河上肇的马克思主义思想的理解和接受并不仅限于看似高深的术语和名词的搬弄，而是进行了进一步的思考。同时，他也发现了河上肇著作中存在着的重大缺陷，即“原作者只强调社会变革底经济一方面的物质条件，而把政治一方面的问题付诸等闲了”。郭沫若认为这一问题的实质是类似于“只讲基础医学而不谈临床医学”，即仅研究理论而不考虑事实情况，这“于人类的实际是毫无用处的”。基于这一点，郭沫若还致信河上肇，并得到了他的亲自回信。[③] 而《孤军》同人们，却沉迷于对河上肇的亦步亦趋和对马克思主义断章取义的拿来主义当中，直到多年后，才蓦然醒悟，不由喟叹：“要之，当时我对列宁主义毫无理解，只是跟着人走，这些人认为列宁主义不是马克思主义，而他们所谓的马克思主义，又完全是机械论。至少我所跟着走的何公敢是这样，尽管他是河上肇的徒弟，而当时的河上肇，就不是一个辩证唯物论者啊！”[④] 通过在译书过程中对马克思主义的消化和吸收，郭沫若渐渐地找到了自己的精神归宿，找到了一种能够解释自己精神上的困惑的方法论。这样一来，本来因着社会经济地位不同而与《孤军》同人们同床异梦的郭沫若，此时在思想上就与何公敢、林灵光等人渐行渐远了。

郭沫若与林灵光、曾埼等人最早的接触是因为互为同学的关系。在《孤军》杂志最初的发起人中，何公敢、林植夫、萨孟武、郭心崧、范寿康、周佛海等人都有过所谓的“大高”经历。所谓“大”，指的是日本当时的几个

---

① 郭沫若：《郭沫若同志答青年问》，王训昭、卢正言、邵华等编著《郭沫若研究资料》（上），知识产权出版社 2010 年版，第 343 页。

② 彭冠龙：《〈社会组织与社会革命〉的翻译与郭沫若思想转变》，“走向世界的郭沫若与郭沫若研究”学术会议论文集，2014 年，中国贵州贵阳。

③ 参见郭沫若《创造十年续篇》，北新书局 1946 年版，第 29—30 页。

④ 林植夫：《林植夫自述》，中国人民政治协商会议福建省委员会文史资料研究委员会编《福建文史资料·第 13 辑》，福建人民出版社 1988 年版，第 12 页。

帝国大学；而所谓“高”，指的是日本官立的高等学校。据何公敢回忆，正是“大高同学”之间的同学友谊维系了《孤军》杂志，“形成了《孤军》的基本队伍”。[①] 郭沫若因着其在九州帝国大学的求学经历，自然也成为了这所谓“大高同学俱乐部”[②] 中的一员，《孤军》杂志得以在泰东图书局顺利出版，更是因着何公敢等人与郭沫若有同学之谊的缘故。[③]

曾琦与郭沫若之间的同学关系建立就更早了。虽然郭沫若一再声称与曾琦不甚相熟，“在成都只和他会过一两面，没有打招呼”，[④] 但是同为四川人的郭沫若和曾琦早在四川高等学堂的分设中学时就是上下级的同学，因此也称得上是“旧友”。[⑤] 虽然郭沫若同这些人有着同学友情，《孤军》同人和曾琦也常常对刚刚走出校园的郭沫若施以援手，但是这种友情的建立却是基于共同的理想和兴趣爱好之上，是缺乏共同的经济基础作为支撑的；一旦走出校园，在不同的社会分工之下，这种友情的基础将面临极大的考验。对于郭沫若来说，当初选择“笼城生活”就意味着在经济上终将与《孤军》同人和曾琦等人分道扬镳。在郭沫若和郁达夫、成仿吾等人苦苦坚守“纯”文学理想而在经济方面屡屡陷入困顿的几年中，《孤军》同人则集中于当时效益比较好的商务印书馆，他们较为优越的家世、相对发达的人脉关系以及工作的性质使他们在上海的文化话语场域中获得了一席之地；[⑥] 而曾琦在离开四川之后，更是遍游列国，积累了丰富的政治经验和人脉关系，在上海文化界，尤其是四川人较多的领域颇有一些影响力。这样一来，《孤军》同人和曾琦与郭沫若之间在经济和社会地位上的差距就被凸显了出来。

---

① 何公敢：《忆〈孤军〉》，中国人民政治协商会议福建省委员会文史资料研究委员会编《福建文史资料·第13辑》，福建人民出版社1986年版，第134页。

② 郭沫若：《创造十年》，现代书局1932年版，第44页。

③ 何公敢：《忆〈孤军〉》，中国人民政治协商会议福建省委员会文史资料研究委员会编《福建文史资料·第13辑》，福建人民出版社1986年版，第134页。

④ 郭沫若：《反正前后》，现代书局1929年版，第78页。

⑤ 参见郭沫若《创造十年续篇》，北新书局1946年版，第50页。

⑥ 参见林植夫《林植夫自述》，中国人民政治协商会议福建省委员会文史资料研究委员会编《福建文史资料·第13辑》，福建人民出版社1988年版；何公敢《忆〈孤军〉》，中国人民政治协商会议福建省委员会文史资料研究委员会编《福建文史资料·第13辑》，福建人民出版社1986年版，第134页。

虽然郭沫若对曾琦的“近于病态的矜持和把真正爱国的人当成‘国贼’的所谓‘国家主义’”[①] 不能认同，并对《孤军》同人的政治立场始终保持一定的警惕和怀疑，但是不可忽视的是，在这一时期郭沫若的活动轨迹中，这些人的身影一再出现，并且他们对于郭沫若1923年之后的经济方面，也有着较大的帮助。对于敏感的郭沫若来说，由于社会经济地位的悬殊，这种帮助很容易就会被看作一种“拉拢”。曾琦向郭沫若的约稿，本来只是一次正常的举动，被郭沫若怀疑“不知道是诚心还是客气”；[②] 而在其对郭沫若所撰写的《中华全国艺术协会宣言》提出慎重修改的意见之后，此宣言第二日果然无法顺利见报的事件，郭沫若也颇觉得曾琦有在其中作梗之嫌。[③] 如果查考郭沫若与林灵光的文字官司，就会发现在这其中存在更为明显的郭沫若个人的情感因素，甚至连郭沫若本人也承认身为学艺大学教师的自己对于身为学艺大学董事的林灵光的文章本意做出了故意的误读：在与郭沫若论战的《读了〈穷汉的穷谈〉并〈共产与共管〉以后质郭沫若先生并质共产党人》一文中“董事灵光说：‘一个人每月坐拿一百五十元的薪水，怕也不配说是“穷汉”罢。’这话如译得通俗一点，便是：我董事老爷每月赏你百五十块的大洋，你这不识抬举的小瘪三还要吵‘穷’吗！言外之意是：妈的，你给我滚蛋！是，是，董事老爷，我就滚蛋！正在苦于脱不了身的我，真是得到了一个天来的救星”[④]。但是就几次论证文章的客观内容上来看，善于分析理论的林灵光对于郭沫若的嘲讽很可能只是借着郭沫若领取一百五十元工资的事情来攻击其“穷汉”的理论和在《穷汉的穷谈》一文中的自诩，而未必有什么弦外之音；而对郭沫若有些“赤化”的言论表示要慎重修改的曾琦也未必有这样通天的手眼，能够使此“宣言”在上海滩的文场上无处存身。

正如后来邓择生对郭沫若“感情家”[⑤] 的评价一样，作为一位曾经的“摩罗诗人”，郭沫若无疑一向是感情充沛而流溢的，这也意味着他对于事情

---

① 郭沫若：《创造十年续篇》，北新书局1946年版，第50—51页。
② 同上书，第157页。
③ 同上书，第149页。
④ 同上书，第106—107页。
⑤ 郭沫若：《北伐途次（十一续）》，《宇宙风》1932年第32期。

的判断往往是出于自己的情感。在其思想向着马克思主义转变的过程中，阶级因素作为一个重要的判断标准，也自然而然地被郭沫若纳入其感情的衡量指标之内，这样一来，很容易就可以还原郭沫若与林灵光及曾琦等人决裂的事实真相了：在这一时期，由于社会分工的不同以及对马克思主义的“政治经济学认同”,[①] 郭沫若与《孤军》同人和曾琦在思想上的差距渐渐拉大。但是就郭沫若本人而言，仅凭着一本《女神》和几期《创造》周报在上海滩的文场上是无法顺利地打开局面，因此，郭沫若一时间在经济和文学活动方面却又离不开这些人的帮助和扶植，这对天性“凡事都想出人头地，凡事都不肯输给别人”[②] 的郭沫若而言，自然是一种折磨和压制。在这种个人境遇当中，马克思主义关于阶级分析的理论与客观的生存现状在这位“感情家”的内心世界中进行了交融，使其感受到了文化领域里“阶级斗争”的存在以及为自身带来的切肤之痛。

与林灵光、曾琦等人的决裂，意味着郭沫若在上海的文化领域内可活动的空间大大减小。郭沫若的名字从与《孤军》杂志以及曾琦有关的刊物的言论阵营的名单中被删去之后，他在一段时间内陷入了一种文化危机当中。此时的郭沫若在文章发表、出版以及工作领域都出现了不小的困难以至于在经济上即将捉襟见肘。郭沫若离开上海学艺大学，曾与他在出版方面有着紧密联系的商务印书馆自然无法再继续成为其经济上的后盾，而林灵光与曾琦等人在上海滩文场的复杂人脉关系也使得郭沫若在上海的文学或文化活动显得十分掣肘：自 1925 年 11 月从上海学艺大学辞职到次年 3 月的南下广州，在这数月间，纵观郭沫若发表文章的刊物，也只有与其渊源颇深的《洪水》和《创造月刊》。按照郭沫若的回忆：“那一九二六年的初头，就因为脱离了学艺大学的羁绊，生活虽然苦得一点，但在精神上却是自由的时期。在那时代的自己的思想之变迁是有点近于突变的。其前，其实也差不多是风雅之士。就因为有旧日的风雅作为保护色，故我说话作文都两得其自由。说话的机会是

① 李怡：《国家与革命——大文学视野下的郭沫若思想转变》，《学术月刊》2015 年第 2 期。

② 郭沫若：《黑猫》，郭沫若著，郭沫若著作编辑出版委员会编《郭沫若全集 · 文学编 · 第 11 卷》，人民文学出版社 1992 年版，第 294 页。初版未见此句。

相当多的。"①

但是，相对郭沫若之前与《孤军》同人合作的精神"不自由"的时期，这"相当多"的说话的机会却几乎不能在正式出版物上与读者见面，而只得采取演讲的形式，言论阵地的真空也让他切身地体验到了一种广泛存在于文艺领域的资本运作和盘剥，在经济"无产感"之外更体会到了一种文化上的"无产感"。关于这种"无产感"，郭沫若借郁达夫之口喟叹说："自己没有独立的机关，处处都要受人继燕式的虐待"，旋即又自我分析道："那是有点难怪的。在被定性为半封建的中国社会里，大抵的人都跳不出个人崇拜或行帮意识的那个圈子。所谓文化人——其实是尤其厉害的：因为文化便是意识的表现也。"② 虽然这段记载属于事后多年的补叙，但是其中所蕴含着的阶级分析方法，却是郭沫若在 1925 年前后所刚刚接触并付诸实践了的。经济上的"无产感"与文化上的"无产感"在此时的郭沫若身上相互交织，进而使其更加确认了之前所理解的那套关于文学和革命关系的看法，即文学领域亦需要一种革命来打破当下的局面，这种革命不会是一种平心静气的理论性的探讨，而是一种具有一定暴力性质的文化领域的破坏与重建。这样一来，与林灵光和曾琦等人的决裂则可以被看作郭沫若自觉实践着自己新的世界观的第一次行动。

正如有研究者所言：1926 年南下革命圣地广州，是郭沫若"正式完成了从思考到行动的转变"③ 的重要标志，这代表了郭沫若对于马克思主义的自觉追随。在这一行动的背后，是郭沫若 1923—1925 年所做出的文化选择。在这一过程中，体验和实践那种来自经济与文化上的双重"无产感"对于郭沫若本人文化选择的意义是显而易见的，它促使思想动荡中的郭沫若对自己包括翻译河上肇著作在内的一系列行动进行了系统性的思考，并将这种思考有机地融合进他所独具的精神气质当中，从而在生存论意义上确立了他对马克思

① 郭沫若：《创造十年续篇》，北新书局 1946 年版，第 171 页。"继燕"《郭沫若全集》中作"继母"，原版应为编辑错误。

② 郭沫若：《创造十年续篇》，北新书局 1946 年版，第 186 页。

③ 刘奎：《郭沫若的翻译及对马克思主义的接受（1924—1926）》，《现代中文学刊》2012 年第 5 期。

主义的选择和信仰。可以说，1923—1925年郭沫若通过双重“无产”而形成的一套世界观是其未来几十年行动和抉择的基石。

在新文化运动期间，郭沫若的思想发生了数次较大的变动。在这一时期，郭沫若从一个崇拜“女神”的泛神论者转向了认同以《孤军》同人和曾琦为代表的国家主义，又在不久之后转向了对共产主义的信仰。这一系列变化对郭沫若此后数十年的政治命运和文化立场所产生的影响是深远的。在郭沫若这一时期思想上反转式的变化背后，是他深切体验着的一种“无产”感，这种“无产”感不仅是源自经济领域，更是在文化层面上的。这种对于“无产”的体验促使了郭沫若不断地反思自己在当时文化场域下的境遇和位置，并在很大程度上影响着郭沫若此后的思想走向。郭沫若身上存在着的问题同时也存在于新文化运动的其他发起者与参与者身上，新文化运动的过程中，经济因素对这些具体生活在历史文化语境下的个人的影响是巨大的，有些时候甚至足以影响到他们在文化方面的选择。

本章小结

人的社会性质导致了人必须生活在一定社会关系所构成的场域之中。长久以来，这种关系的产生和维持所依靠的都是一种自动的、未经过理论阐释过的力量。这种力量源自个人与个人之间那种与生俱来的、带有动物性色彩的张力。在20世纪10—20年代的中国，不断涌入的新文化使更多的青年人认识到了以往中国社会赖以正常运行的人际关系中存在着的种种问题，他们义无反顾地逃离由这种人际关系网络构成的文化空间，从而导致了个人与个人之间的固有的链接方式被打断，进而以一种新的形式被重新组合，形成了一种新的人际关系结构模式，而这种结构模式相对于之前而言，显然具有一种“断裂”的姿态。从作家们的日记或书信等材料中可以看出，大多数作家对于能够拥有这种新人际关系形态而高兴，他们尝试着用这种新的人际关系来面对身边的一切，更多的人认识到了自身与家庭并不是束缚于某一种礼教或者礼教的延伸之上的，而是一种更加单子化、更加自由的个体，自身只需要对自身去负责，作为与自身同质异构的现代民族国家，对自身负责就意味着已经承担了很大一部分在现代民族国家中的责任。

人与人之间的关系到了最后总要作用于自己。作家书信和日记中关于自我的定位是十分重要的，作家对自己的定位、作家对自己作品的定位、作家对自己与其他人之间关系的思考和反思，都可以映射出一些与新文化运动发生有关的内容。对于自身的反思也正与新文化运动的主旨相符，两者之间存在的内在联系也是值得探讨的。很多时候，作家的创作与其对自身文化身份的认知是一体两面的，作家的创作和现代民族国家密不可分，创作本身也是其反思自身的一种方式，两者相结合，作家在创作中就能够将自身这个个体放置在现代民族国家的序列中进行反思，从而在变化的时代中找到自己的位置，切断与旧式人际关系网络的联系。

但是，由于经济基础才是思想意识的根本，新文化运动的参与者在参与这场运动的时候往往还都比较年轻，在经济上尚不能完全独立；即使是那些在经济上已经独立了的新文化运动的发起者们，也无法完全斩断与旧时家庭、朋友以及地方性人际关系网络的一切联结。所以在很多时候，表现在他们身上的是一种犹豫，他们在理智方面认识到自己应该摆脱来自封建礼教的束缚，但情感方面的因素又使其无法毕其功于一役。这些心理上的波澜最终会以一种实践的形式呈现在他们的作品和行动中，这也是新文化运动带来的独特的文化景观之一。

第四章　建构中的新文化运动

新文化运动是一个不断生成和建构中的过程，以新文化运动先驱们的书信和日记为中心，来对其生成过程中的一些具体问题加以考量可以更细节化地贴近历史的表层。在新文化运动的建构过程中，首先是一种态度或者情绪上的考量，新文化运动从发生前到发生，从发生到发生之后，其中伴随着一种时代情绪的波动。或是悲观，或是乐观，新文化运动先驱们所持的态度对这场运动的发展实际上有着非常重要的作用。而情绪是会互相影响的，研究新文化运动前后参与者们的情绪应该会对研究新文化运动本身有所帮助。其次，是一种道和术的制衡，新文化运动中，如双簧信事件及新文化运动的悍化都传达出了一种倾向，即新文化运动除了道之外，还有所谓的“术”，这种“术”，即一种权谋和设计，从产生到发展，以及其内部的变化和被“道”的制衡和批判都会对新文化运动有所影响。再次是从思想上的新文化运动到后来成为社会实践的五四运动，在这期间参与者们的思想发生了什么变化，其书信、日记中有着较明显的展示，通过对书信、日记进行一种历史性的考察，以期使研究的整体脉络更加清晰。最后还可以通过参与者事后在书信、日记里对新文化运动发生时期的一些追述来重新审视其发生。通过新文化运动的发起者和参与者的夫子自道来审视这场运动发生过程中的一些事件，可以视作对宏观研究的一些补充。

第一节 “道”与“术”：新文化刊物的办刊策略

1. 最初的来信

在《青年杂志》第一卷创刊号上刊登了两封“读者通信”，一封署名王庸工，另一封署名章文治，这可以被看作《新青年》与“新青年”的第一次互动，在新文化运动的研究领域中有着一定的意义。由于《青年杂志》在正式出刊之前所打出的广告中并没有关于开设“读者通信”栏以及编辑部地址的确切信息，① 这样一来，所刊登出的这两封信件则一定为陈独秀的“组稿”，其来源则颇具可阐释性，而对在创刊号上刊登出的这两封来信的作者考释的重要性也被凸显了出来。在这两封信中，第一封信的作者“王庸工”的身份实际上是有进一步研究的价值的。正是由于王庸工寄给《青年杂志》的信刊登在刊物的第一卷创刊号上，有研究者怀疑这个未曾见诸经传的年轻读者就是主编陈独秀的化名，“王庸工”本人在现实生活中存在的真实性是值得质疑的，他们认为这与其说是一封仰慕陈独秀的青年写给陈独秀的真实的来信，倒不如说是陈独秀为了刊发《青年杂志》而采取的具有策略性意义的手段，“为了保证对《新青年》杂志方向准确、到位的引领，陈独秀采取了一明一暗、一软一硬的两手策略。就‘暗’和‘硬’而言，‘读者论坛’就是陈独秀为自己坐稳主撰位置而精心设置的一个暗哨。创刊号上的王庸工和章文治可以说是子虚乌有的暗哨，纯粹是为了挑起路标的‘故纵’”。②

其实，这种怀疑大可不必，原因有以下四点：第一，王庸工并非只给《青年杂志》寄来过这一封信，在《青年杂志》改名为《新青年》之后，在第二卷第二号上，还刊登了一封王庸工的信件，信的全部内容如下：“记者足

---

① 参见《甲寅》1915 年第 1 卷第 9 号。

② 张宝明：《“主撰”对〈新青年〉文化方向的引领》，《中国现代文学研究丛刊》2008 年第 2 期。

下：读贵报增益青年知识匪浅，前见第二号达噶尔译诗注中，言达噶尔氏曾受Nobel赏金，不审此种赏金，出自何国何人，是何制度？乞有以见示，敬颂撰安。王庸工白。”① 从信的内容上看，第二封信与第一封信之间并没有什么联系，第二封信就达噶尔（泰戈尔）或Nobel（诺贝尔）赏金一事向编辑提问的内容属于基本知识的范畴，是读者在阅读中产生问题时向编辑者的正常提问。这和陈独秀在办刊之初所为“通信”一门定下的“质析疑难，发抒意见”的功用是相符合的，而作为编辑的陈独秀对王庸工来信的细致答复也正应了他在创刊号说所许下的“凡青年诸君对于物情学理有所怀疑，或有所阐发，皆可以直缄惠示本志。当尽其所知，用以奉答。庶可启发心思，增益神志”② 的承诺。然而，就“主撰”对于刊物办刊方向的引领而言，这封来自王庸工的信件却并未造成什么影响，陈独秀完全没有必要用这样一个笔名来提出这样一个基础性的问题。此时陈独秀的名声早已远扬在外，其周边已经聚集了诸如胡适等新文化运动的主要参与者们，《青年杂志》的“读者通信”一栏也早成气候，完全不缺乏读者来信的稿件，陈独秀没有必要给自己写这样一封信。第二，陈独秀虽然有过诸多的笔名和化名，据统计，至少有三十七个，③ 然而遍查陈独秀所使用过的笔名与化名，多与其姓氏的发音、故乡的风物以及此时此地的境遇有关，并未见“王庸工”一名出现，而且，之于陈独秀1915年之前的种种境遇而言，也很难与“王庸工”产生什么联系，故此，王庸工一名并非为陈独秀所使用。第三，通过对1915年前后各主要刊物发表文章的查考，并没有发现以“王庸工”或“庸工”为笔名的篇什，故此可以推定，“王庸工”一名应并非笔名，再结合此人与陈独秀相识的事实，将“王庸工”判定为相识之人互致书信时所署的名字则更为准确。陈独秀早年间不但积极参与文化活动，参与或兴办《甲寅》《安徽俗话报》等刊物，还直接参加了辛亥革命，在安徽组织岳王会，其人际关系极其复杂，认识的人也

---

① 王庸工：《致记者》，《青年杂志》1915年第1卷创刊号。

② 社告：《青年杂志》1915年第1卷创刊号。

③ 任建树：《陈独秀字号笔名化名考释》，《民国档案》1986年第4期。而据其他研究者统计，陈独秀的笔名、化名等应超过四十个（参见吴稚甫《〈陈独秀字号笔名化名考释〉质疑》，《民国档案》1991年第3期）。

比较多，得知陈独秀要刊办《青年杂志》的人的数量也不少，出现一个对其办刊有热情的青年并不是意料之外的事情。第四，大量证据表明，陈独秀在《青年杂志》刊出之时并未对刊物的发展有着长足的计划，他仅仅凭着自己的一腔热情和陈子寿、陈子沛兄弟的资金支持发行了这份刊物。鉴于此，虽然陈独秀对“读者通信”一栏的具体内容和来信形式是有所安排和计划的，但是如果认为陈独秀伪造读者来信，其可能性也不大，此时的陈独秀没有必要，也没有心思去伪造一封来信来阐明自己的办刊思路。

王庸工寄给《青年杂志》的信件全文如下：“记者足下：别后闻在沪主持《青年杂志》，必有崇论闳议，唤醒青年。惟近有惊人之事，则北京杨度诸人发起筹安会，讨论国体问题是也。以共和国之人民，讨论共和国体之是否适当，其违法多事，姑且不论。倘讨论之结果，国体竟至变更，则何以答友邦承认民国之好意？何以慰清帝逊位之心？何以处今总统迭次向国民之宣誓？更可惧者，此邦官民，对于吾国国体变更，莫不欣欣然有喜色。口中虽不以为然，心中则以此为彼国取得利益莫大之机会。几如欧战发生时同一度态，此诚令吾人不寒而栗者也。切望大志著论警告国人，勿为宵小所误。国民幸甚，国家幸甚。（后略）王庸工白。”① 由此信件内容可以得出以下几点信息：第一，王庸工本人和陈独秀在《青年杂志》正式排版出刊之前已经相识。第二，王庸工对陈独秀将要出版《青年杂志》之事以及其办刊的大致思路是有所了解的。据汪原放回忆，其叔父汪孟邹在日记中曾经有写过：“七月五日，星期一，晴。子寿来，告以‘青年’事已定夺云云。”② 这样看来，陈独秀将《青年杂志》的出版之事真正安排停当，应是在 1915 年 7 月 5 日之前；同年 9 月 15 日，《青年杂志》第一卷的创刊号正式出刊。也就是说，王庸工与陈独秀的相识，应是在 7 月 5 日之前，就信中的第一句话和陈独秀当时的行状来推测，其与陈独秀见面的地点应该在上海。正是在这段时间内，陈独秀因为兴办《青年杂志》一事在亚东图书馆、群益书社以及其他各处往返交涉，其中所涉及的人事极为复杂，需要就杂志约稿及出版发售期间的许多事宜进行

---

① 王庸工：《致记者》，《青年杂志》1915 年第 1 卷创刊号。

② 汪原放：《回忆亚东图书馆》，学林出版社 1983 年版，第 31 页。

沟通。所以，王庸工与陈独秀相识的场合，应该就是在其奔走办刊的过程当中。两人思想上的交流，使王庸工得知了陈独秀编辑刊物的确切的通信地址，也使其能够在刊物将要正式出版的时候，寄去第一封信。

不过正如那些怀疑王庸工就是陈独秀本人的研究者所说的，陈独秀在《青年杂志》第一期中安排刊发王庸工的信件可能确实有着一些自己的考虑在其中。王庸工的来信明显沿用的是“甲寅体”，信件中提出“切望大志著论警告国人，勿为宵小所误”，而陈独秀在回信中对该要求进行了回绝，并认为“尊欲本志著论非之，则雅非所愿。盖改造青年之思想，辅导青年之修养，为本志之天职。批评时政，非其旨也。国人思想，倘未有根本之觉悟，直无非难执政之理由。年来政象所趋，无一非遵守中国之法，先王之教，以保存国粹而受非难。难乎其为政府矣。欲以邻国之志警告国民耶？吾国民雅不愿与闻政治。日本之哀的美敦书，曾不足以警之，何有于本志一文？”① 从通信中可以得知王庸工对章秋桐所办的《甲寅》杂志是十分熟悉的，而《甲寅》杂志的办刊特点就是对史事时势经常进行高谈宏论。但是，在1915年的时代背景下，陈独秀已经清楚地认识到了《甲寅》杂志这种由传统士大夫点评时势的做法已经过时，过于名士风和专业性的议论性内容也使得这份杂志始终是一份属于中上层知识分子的刊物，青年人很难置喙其中，也导致《甲寅》很难在青年人群体中产生较大的影响。再则，陈独秀刊行《青年杂志》的时候，《甲寅》杂志虽屡遭查封，但是仍然广泛地发行于市面上，陈独秀再办一个新的杂志其言下之意就是不愿意成为第二份《甲寅》，或者《甲寅》杂志的子弟刊。在这一事件背后，可能有着一些陈独秀与王庸工关于读者来信内容及体例的策划，这对研究陈独秀在《青年杂志》创刊时期与青年人之间的互动可能会有一定的启发意义。

《青年杂志》的创刊号上另一封来信是来自一名叫“章文治”的青年的，与王庸工的来信相比，章文治的信件则更接近于陈独秀对刊物“读者通信”一栏中所要收录来信内容的设想：“记者足下：皖省自二次革命后，学校全

---

① 记者答言：《青年杂志》1915年第1卷创刊号。

毁，韩使来稍规复十之一二。今韩去李来，学界又恐此残喘难保。青年学子，怅无所之。沪上学校如林，何者最优？希示一二，即当负笈往游也。余续白。章文治白。"[①] 相比王庸工的来信，章文治的来信更加落在实处，也更符合陈独秀对《青年杂志》"读者通信"一栏收录信件的希望。陈独秀在"记者答言"中也针对章文治的来信内容进行了较为详尽的解答，推荐了诸如"德人之同济学校""美人之约翰书院""法人之震旦学院"[②] 等多所沪上名校。《青年杂志》在创刊号上收录王庸工和章文治的两封读者来信在客观上形成了一种对比，以较为直观的方式告诉青年读者杂志在之后的办刊中需要什么样的来信，将做出如何的回答。作为名重一时的文化界名人，陈独秀能在杂志上直接与青年人通信、对话，这对那些渴望在信件中得到思想交通的青年人来说，无疑是一种很大的鼓励，在很大程度上拉近了主编与读者由于知识积累和文化程度不同而造成的代沟。这也刺激着青年人从更多方面、更多角度阅读新文化刊物、接触新文化，不断拓展自己的视野。

《新青年》杂志的读者通信一栏中许多来信人的身份相关背景信息较少，如第一卷第四号中署名为"穗"的青年其身份或者思想已不可确考，但是，同时存在着一些如王庸工、章文治等这样的读者，其身份或者思想尚有迹可循。通过对这些埋没在历史叙述背后的青年人的思想进行重新发掘，可以为新文化运动的研究提供一个更全面的角度，使研究者不仅能够走进著名的作家、思想家的精神世界，也可以对那个时代的普通青年人有更多的了解，这样才能立体地再现新文化运动初期各刊在办刊过程中所面临的问题及应对策略，找寻"青年"作为这场运动的主体以及启蒙对象，其本身在这场运动中发挥出的重要作用。同时，从《青年杂志》创刊号上选择王庸工和章文治的两封有着强烈比照意义的来信可以看出，陈独秀在《青年杂志》出刊之前应该已经策划了一次由青年人写信给自己的行动，利用其在安徽、上海时积累下来的人脉关系发动了一些不同背景、不同文化程度的青年向这份尚未诞生的刊物写信，以形成第一期的"读者通信"。至于具体写什么，陈独秀应该并

---

① 章文治：《致记者》，《青年杂志》1915 年第 1 卷创刊号。

② 记者答言：《青年杂志》1915 年第 1 卷创刊号。

没有一个明确的计划，之所以选择王庸工和章文治两人的信件，其很大原因在于王庸工和章文治的信件在内容上分别代表了《青年杂志》脱身而出的《甲寅》的风格和陈独秀所希望看到的《青年杂志》的风格。虽然陈独秀在《青年杂志》第一次的“读者通信”组稿过程中运用了一些策略，但是其目的是带领读者更好地切入一份新生的刊物。一些研究者所认为的“读者通信”一栏只不过是陈独秀为了拓展市场而采用的一个“阴谋”，其中夹杂着太多陈独秀个人的私欲和利益的说法[①]也是不足为取的。

作为主编，陈独秀确实没有必要将办刊的细节完全公之于众，况且以当时陈独秀和《青年杂志》的处境而言，他们也确实无“众”可“公”。据当时和陈独秀往来密切的汪孟邹回忆，“民国二年（1913 年），仲甫亡命到上海来，他没有事，常要到我们店里来。他想出一本杂志，说只要十年、八年的功夫，一定会发生很大的影响，叫我认真想法。我实在没有力量做，后来才介绍他给群益书社的陈子沛、子寿兄弟”。“如果介绍到群益，又不同意接受，那么，仲翁想出的‘只要十年、八年的功夫，一定会发生很大的影响’的一个杂志，就决不能在‘民国四年（1915 年）九月十五日’问世了”。[②] 可见，陈独秀在办刊之初，处境是十分“隔绝”的。由于辛亥革命之后安徽省内的政界斗争，陈独秀此时的身份是一名流亡外省的政治人物，需要不断隐藏自己的行迹，虽然在 1915 年前后其人身安全得到了保证，但是从这一时期陈独秀行迹资料的阙如[③]就可以看出他对于包括筹办刊物在内的一切活动还是相当谨慎和秘密的。况且，除了和陈独秀有着同乡之宜的汪孟邹、汪原放叔侄以及对陈独秀办刊思路有着一定了解的陈子寿、陈子沛兄弟，陈独秀并无他人可以商议办刊，连主要撰稿人都要启用自己族内的侄子陈嘏。事实上，在陈独秀主编《新青年》的过程中，不时会遇到种种困难，其中“不足为外人道”的情况还有很多次，而像《青年杂志》创刊号“读者通信”一栏语焉不详的情况也并非孤例。《青年杂志》在刊行了第一卷之后，由于从封面设计到

---

① 参见张耀杰《北大教授与〈新青年〉》，新星出版社 2014 年版。
② 汪原放：《回忆亚东图书馆》，学林出版社 1983 年版，第 31—32 页。
③ 参见唐宝林《陈独秀全传》，社会科学文献出版社 2013 年版。

刊物名称上多套用了当时上海基督教青年会机关刊物《上海青年》周报的版式，引起了基督教教会方面的不满，教会与群益书社进行了交涉，《青年杂志》被迫改名。汪原放回忆："我的大叔说过，是群益书社接到上海青年会的一封信，说群益的《青年》杂志和他们的《上海青年》（周报）名字雷同，应该及早更名，省得犯冒名的错误。"[①] 故而，在《新青年》第一卷和第二卷之间，存在着一段较长的空档期，此时，与陈独秀及胡适都有着颇深渊源的汪孟邹已经向远在美国的胡适约稿，称"将来撰稿有需于吾兄者甚多，当求竭力相助。蒙许刻短篇小说，至为感谢无涯"。并承诺将胡适所译作的《决斗》一诗交付由陈独秀主持的《青年杂志》出版，称"《决斗》一首，鍊与群益交谊极深，定无异词"[②]。由于长时间没有刊登与否的消息，且长时间没有见到新的一期《青年杂志》的出版，于是胡适写信给陈独秀询问这件事情："二月三日，曾有一书奉寄，附所译《决斗》一稿，想已达览。久未见《青年》，不知尚继续出版否？今日偶翻阅旧寄之贵报，重读足下所论文学变迁之说，颇有鄙见，欲就大雅质正之。……即祝撰安。"[③]

从胡适来信的语气中不难看出，陈独秀迟迟未将其译作发表一事已经使其极大不快，来信末尾"即祝撰安"四字则表明了胡适兴师问罪之意，在他心中，《青年杂志》仍是在按时出版着的，只不过是汪孟邹与陈独秀不录用自己的稿件并且没有给出任何的解释和回音罢了。这让陈独秀不得不迅速对胡适的信件做出回应，除了刊登《决斗》一文、胡适来信以及对胡适来信中有关文学改革的部分做了公开回应之外，陈独秀还另外寄给了胡适一封私信，信中多有赔礼道歉的意味："适之先生左右：奉读惠书，久未作复，罪甚罪甚。《青年》以战事延刊多日，兹已拟仍续刊。依发行者之意，已改名《新青年》，本月内可以出版。大作《决斗》迟至今始登出，甚愧甚愧。尊论改造新文学意见，甚佩甚佩。足下功课之暇，尚求为《青年》多译短篇名著若《决

① 汪原放：《回忆亚东图书馆》，学林出版社 1983 年版，第 32 页。

② 汪孟邹：《致胡适 19160519》，耿云志、欧阳哲生编《胡适书信集·上卷》，北京大学出版社 1996 年版，第 2 页。

③ 胡适：《致陈独秀先生足下》，《新青年》第 2 卷第 2 期。

斗》者，以为改良文学之先导。弟意此时华人之著述，宜多译不宜创作，文学且如此，他何待言。”① 对于胡适这样一个在当时青年群体中颇有影响的青年作者，陈独秀作为《青年杂志》这样一份在当时影响力十分有限的刊物的主编，一旦将之纳入自己的撰稿人群体中，自然是不愿意轻易失去的。然而，《青年杂志》更名为《新青年》以及《新青年》迟迟不见出版的原因涉及了太多的行业秘辛，这些都是身为撰稿人的胡适所没必要知道的，也是其所不应该知道的，故而，陈独秀将刊物不能按时出版的原因全归结于国内混乱的局势，这一方面能为刊物的延期做出一个较为合理的解释，另一方面又能在最大限度上团结胡适这样一个能够起到重要作用的撰稿人，还能避免将涉及出版社内部的复杂人事公之于众。在陈独秀一公一私回复胡适的两封信中，可以说作为主编的他是颇费了一番心思的，其对于胡适的解释也颇有搪塞之嫌，但是，陈独秀这样做却不是出于私心，也不是为了推卸责任，而是为了使刊物更好地发展，从陈独秀办刊所采用的策略中，可以体会到其为新文化打开一片天地时的筚路蓝缕。

2. “双簧信”：道与术的权衡

在《新青年》办刊历史上，另一次较为突出的采取策略的事件则是著名的“双簧信”事件。按照文学史的经典表述，这次事件的过程是这样的：“文学革命的主张，在思想禁锢的‘无声的中国’一时还没有引起广泛的社会反响，发难者们甚至有点寂寞。于是钱玄同和刘半农在《新青年》上发表了‘双簧信’，即由钱化名王敬轩给《新青年》写信，模仿旧文人口吻，将他们反对新文学与白话文的种种观点、言论加以汇集，然后由刘半农写复信，逐一辩驳，因而引起广泛的注意”。② 事实上，当时《新青年》所面临的情况远不止“有点寂寞”这么简单。在一封写给许寿裳的信件中，鲁迅写道：“《新青年》以不能广行，书肆拟中止；独秀辈与之交涉，已允续刊，定于本月十

---

① 陈独秀：《致胡适 19160813》，耿云志、欧阳哲生编《胡适书信集·上卷》，北京大学出版社 1996 年版，第 3 页。

② 钱理群、温儒敏、吴福辉：《中国现代文学三十年》，北京大学出版社 1998 年版，第 7 页。

五出版云。"① 此时的《新青年》已经出版了四期，在三年多的运营过程中，虽然销量一再扩大，但是其无法拓展学生市场以外的利润空间也成为了这份杂志从诞生之初就一直无法克服的硬伤。1918 年前后，群益书社由于商务印书馆的竞争，主持这个出版机构的陈子寿、陈子沛兄弟感觉到了很大的经济压力，故此，群益书社方面曾经一度想停掉这个虽然名声远扬但是却无法为其带来太多商业价值的刊物。这使当时作为《新青年》轮值编辑的钱玄同、刘半农等人不得不另辟蹊径，采用一种较为具有策略性的手段来故意挑起读者与编辑之间的矛盾，通过激化读者群体之间的关系来进一步获得销量，以一种炒作的效应来使杂志冲出学生群体的固定阅读圈子。但是这次"双簧信"事件给《新青年》带来的不仅仅是销量的扩大，其负面效应也是不少。

最大的负面效应来自读者，在刘半农回复"王敬轩"的信件中，也许是由于要故意造势，刘半农前所未有地对这封读者来信展开了全方位的批驳，而在结尾处，刘半农对王敬轩的攻击近乎针对人身的谩骂："来信已逐句答毕，还有几句骂人话，——如'见披发于伊川，知百年之将戎'等，——均不必置辩。但有一语，忠告先生：先生既不喜新，似乎在旧学上，功夫还缺乏一点；倘能用上十年功，到《新青年》出到第二十四卷的时候，再写书信来与记者谈谈；记者一定'刮目相看'！否则记者等就要把'不学无术，顽固胡闹'八个字送给先生'生为考语，死作墓铭!'（这两句，是南社里的出品；因为先生喜欢对句，所以特向专门制造这等对句的名厂里，借来奉敬，想亦先生之所乐闻也!）"② 陈独秀在创刊号中曾经声称设立读者通信栏的目的在于"改造青年之思想，辅导青年之修养"，在达到这个目的的过程中，对一些与《新青年》办刊思路或者宗旨相差太远的青年来信有选择地进行刊登，并加以规劝和批驳，自然是无可厚非的，然而，刘半农"生为考语，死作墓铭"的说法无异于在诅咒王敬轩早日归西，而"到《新青年》出到二十四卷"的论断更是对王敬轩本人极尽嘲讽，这无疑向读者表明了《新青年》编

① 鲁迅：《致许寿裳（180104）》，《鲁迅全集·第 11 卷》，人民文学出版社 2005 年版，第 357 页。
② 记者（半农）：《致王敬轩》，《新青年》1918 年第 4 卷第 3 期。

辑们的专制，在他们的刊物上，是不允许其他和自己相违背的思想发出声音的。对于青年而言，《新青年》曾经是在《甲寅》之后他们唯一可以互相对话、交通思想，并借由编辑们的回信解决自己心中疑惑的公共场域，但是，在刘半农回复王敬轩信件之后，《新青年》读者通信一栏已经显示出了拒斥对话的倾向，这使得青年人十分不满，甚至一些青年人主动站到了王敬轩的一侧。

在之后不久的《新青年》第4卷第6期上，就有一名读者以“崇拜王敬轩先生者”直接致信主编陈独秀，称“读《新青年》，见奇怪之言论，每欲通信辩驳，而苦于词不达意，今见王敬轩先生所论，不禁浮一大白。王先生之崇论宏议，鄙人极为佩服；贵志记者对于王君议论，肆口侮骂，自由讨论学理，固应又是乎?”① 从来信内容看，此信的作者应该并不是对王敬轩的言论有多么的认可，事实上，在《新青年》读者来信中，王敬轩并不是唯一支持旧文学的人，往期也有张永言等青年读者②对推行新文化的方式、速度以及适当与否提出过商榷的意见，王敬轩相对他们而言只是著述篇幅较长而已，并无太多创见，青年读者对其也没有必要称为“崇拜”，而且从这封来信的内容上来看，也并没有为王敬轩所言说的内容辩护。这位读者对王敬轩极尽赞美的目的是为了批评《新青年》编辑对王敬轩来信的不容辩驳的态度。陈独秀却回信说：“本志自发刊以来，对于反对之言论，非不欢迎；而答词之敬慢，略分三等：立论精到，足以正社论之失者，记者理应虚心受教。其次则是非未定者，苟反对者能言之成理，记者虽未敢苟同，亦必尊重讨论学理之自由虚心请益。其不屑辩者，则为世界学者业已公同辩明之常识，妄人尚复闭眼胡说，则唯有痛骂一法。讨论学理之自由，乃神圣之自由也；倘对于毫无学理毫无常识之妄言，而滥用此神圣自由，致是非不明，真理隐晦，是曰‘学愿’；‘学愿’者，真理之贼也”③。从陈独秀的“答言”中，很容易看出，陈独秀对“崇拜王敬轩先生者”为什么会给《新青年》编辑寄出这样一

① 崇拜王敬轩先生者：《致独秀先生》，《新青年》1918年第4卷第6期。

② 参见《青年杂志》1916年第1卷第6期。

③ 独秀：《答言》，《新青年》1918年第4卷第6期。

封信是心知肚明的。然而，他却将责任完全推卸到了“王敬轩”一方，并进一步称王敬轩为“妄人”“学愿”“真理之贼”。尤其是“学愿”一句，化用儒教根本经典《论语》中“乡愿，德之贼也”的说法，不但攻击了王敬轩，而且对所谓“崇拜王敬轩先生者”也颇有影射之意，这就进一步激化了《新青年》编者和读者之间的矛盾。

在数期之后，又有署名“戴主一”的读者来信，就辱骂王敬轩一事质问《新青年》诸编辑：“大志以灌输青年智识为前提，无任钦佩。列‘通信’一门，以为辩难学术，发舒意见之用，更属难得。尚有一事，请为诸君言之：通信既以辩论为总，则非辩论之言，自当一切吐弃；乃诸君好议论人长短，妄是非正法，胡言乱语，时见于字里行间，其去宗旨远矣。诸君此种行为已屡屡矣；而以四卷三号半农君复王敬轩君之言，则尤为狂妄。夫王君所言，发舒意见而已，本为贵志特许；若以其言为谬，记者以学理证明之可也；而大放厥词，肆意而骂之，何哉？考其事虽出王君之反动，亦足见记者度量之隘矣。窃以为骂与诸君辩驳之人且不可，而况不与诸君辩驳者乎。若曾国藩则沉埋地下，不知几年矣，与诸君何忤，而亦以‘顽固’加之？诸君之自视何尊？视人何卑？无乃肆无忌惮乎？是则诸君直狂徒耳；而以‘新青年’自居，颜之厚矣。愿诸君此后稍杀其锋，能不河汉吾言，则幸甚。”① 相比“崇拜王敬轩先生者”的含蓄，戴主一的来信明显显得更为直豁，不仅如此，戴主一的信中绵里藏针，先扬后抑地将《新青年》编辑们批评了一通，其信中层次分明且层层递进，最后使得执笔回信的钱玄同竟无法找到合适的反驳之语，只能揪着戴主一信中提到的曾国藩来做文章，称“独至说了曾国藩为‘顽固’，乃深为足下所不许”，② 不但色厉而内荏，而且颇有些无理取闹之嫌。再到后来，这场争论在一名署名“Y. Z.”的读者来信中被平息了，Y. Z. 在来信中直接就点出了《新青年》在办刊时所存在的问题。“贵志的通信栏，不过一个雄辩场罢了，没有一些商榷的事情。我想我们中国正有无数青年男女，要与诸君商榷种种要事；你们可以新辟一栏么？”Y. Z. 无疑是支持《新

① 戴主一：《致〈新青年〉诸君》，《新青年》1918 年第 5 卷第 1 期。

② 记者（玄同）：《答言》，《新青年》1918 年第 5 卷第 1 期。

青年》及其诸编辑的，他不但认为“贵记者对于此间的谬论，驳得清楚，骂得爽快；尚且有糊涂的崇拜王敬轩者等出现，实在奇怪得很。愿你们再加努力，使这种人不再做梦”。而且还斥责《新青年》在宣传白话文和革命思想的时候不够大胆，不够“专诚”。[①] 但就是这样一位青年，对于“双簧信”事件之后的《新青年》“读者通信”栏仍是颇有微词，认为其自由民主的气氛不够，不如另辟一栏。代为做答的刘半农在回信中谈及有关王敬轩的事情也隐藏了之前的锋芒，只是随笔带过地写道：“先有王敬轩后有崇拜王敬轩者及戴主一一流人，正是中国的‘脸谱’上注定的常事，何尝有什么奇怪？我们把他驳，把他骂，正是一般人心目中视为最奇怪的‘捣乱分子’！”而关于“读者通信”一栏，刘半农的回答也显得颇为“王顾左右而言他”，他说：“本志的通信栏，本来是‘商榷’性质，并不专是‘雄辩’。来信所说新闻一栏，似乎可以不必：因为通信栏，固然可以交换意见；便是具体的论文，也可在‘读者论坛’中发表。”[②] 至此，由王敬轩引发的《新青年》“读者通信”栏的危机算是解除，《新青年》编辑们在市场上似乎赢得了新的读者和新的销量，但是其“读者通信”栏却失去了一部分读者的心，也使得这份刊物越来越同人化，再到后来，所谓“读者通信”也就沦为了正文部分的延伸和补充，失去了其独立的特殊价值。

在来自读者方面的危机解除的同时，《新青年》编辑同人中也出现了分裂的征兆，胡适从一开始就不赞成钱玄同和刘半农搞“双簧信”这一套，在王敬轩的名字刚一出现的时候，胡适便写信给朋友任鸿隽，告诉他这个人是一个子虚乌有的人物，但由于《新青年》在青年人群中良好的声誉以及真诚的态度，竟导致任鸿隽不相信老朋友的话，称：“王敬轩之信，隽不信为伪造者。一以为‘君等无暇作此’，二则以为为保《新青年》信用计，亦不宜出此。莎菲曾云此为对外军略，亦似无妨。然使外间知《新青年》中之来信有伪造者，其后即有真正好信，谁复信之？又君等文字之价值虽能如旧，而信

① Y. Z.：《致记者》，《新青年》1918 年第 5 卷第 3 期。

② 记者（半农）：《答言》，《新青年》1918 年第 5 卷第 3 期。

用必且因之减省，此可为改良文学前途危者也（隽已戒经农、莎菲勿张扬其事）。”① 不难看出，胡适在得知王敬轩为虚构的时候，其情绪也是颇为复杂的，在《新青年》编辑部中，胡适也并不认为再有什么值得信赖的人物，以致他不得不写信给远方可以信赖的友人任鸿隽、陈衡哲以及朱经农倾诉心中的痛苦，朋友们虽然表示理解，但是同时也提醒胡适，这种有损《新青年》信用的事情以后是万万做不得的。面对日益“悍”化的《新青年》杂志，② 胡适对钱玄同等人的不满最终化为了一种情结，在钱玄同再次对来信的读者张缪子出言不逊之后，胡适气愤地写信给钱玄同，说：“至于老兄以为若我看得起张缪子，老兄便要脱离《新青年》，也未免太生气了。……我请他做文章，也不过是替我自己找做文的材料。我以为这种材料，无论如何，总比凭空闭户造出一个王敬轩的材料要值得辩论些。老兄肯造王敬轩，却不许我找张缪子做文章，未免太不公了。老兄请想想我这话对不对。”③ 钱玄同在回信中也自认理亏，没有正面回应王敬轩一事，只是说：“老兄的思想，我原是很佩服的。然而我却有一点不以为然之处：即对于千年积腐的旧社会，未免太同他周旋了。老兄可知道外面骂胡适之的人很多吗？你无论如何敷衍他们，他们还是很骂你，又何必低首下心，去受他们的气呢？”④ 胡适在回信中称：“我所有的主张，目的并不止于‘主张’，乃在‘实行这主张’。故我不屑‘立异以为高’。我‘立异’并不‘以为高’。我要人知道我为什么要‘立异’。换言之，我‘立异’的目的在于使人‘同’于我的‘异’”。⑤

胡适在这里就直接明言了他与以钱玄同为代表的《新青年》编辑们在办刊思路上不同，钱玄同、陈独秀、刘半农等人给青年人提供的只是“异”，但

---

① 任鸿隽：《致胡适》，耿云志、欧阳哲生编《胡适书信集·上卷》，北京大学出版社 1996 年版，第 14 页。

② 参见胡适《新文学的建设理论》，蔡元培等《中国新文学大系导论集》，良友复兴图书公司 1940 年版，第 41 页。

③ 胡适：《致钱玄同 19190220》，耿云志、欧阳哲生编《胡适书信集·上卷》，北京大学出版社 1996 年版，第 24—25 页。

④ 钱玄同：《致胡适 191902》，耿云志、欧阳哲生编《胡适书信集·上卷》，北京大学出版社 1996 年版，第 25 页。

⑤ 胡适：《致钱玄同 191902》，耿云志、欧阳哲生编《胡适书信集·上卷》，北京大学出版社 1996 年版，第 27 页。

是并不让青年人们知道为什么要“异”，即他们只提供一种方法论，但是却不把相应的世界观带给读者，而胡适一上来就是要将世界观和方法论一起告诉读者，让读者自行选择优劣。这些严重的分歧最终也成为了胡适退出《新青年》编辑同人的重要原因。

在胡适身上，新文化运动呈现出的更多的是一种“道”的东西，“真诚”成为了胡适在宣扬其思想时的表和里；而对于陈独秀、钱玄同和刘半农等人而言，“目的”才是第一位的，其中程序和过程的正义与否，他们并不关心。造成这种情况的原因可能有很多，但胡适和陈独秀、钱玄同、刘半农等人的生活经历是一个重要的原因。虽然胡适与刘半农同岁，比钱玄同仅小三岁，但是说到底，钱玄同和刘半农却是真正投身于辛亥革命中并成长起来的一代青年，从经历上来讲，两人和陈独秀有着更多的共同之处；而胡适在 1910 年正好出国，远在美国的他并没有亲眼见识到辛亥革命及革命之后的风云诡谲。经历过辛亥风云的陈独秀、刘半农、钱玄同等人在办刊过程中更多注意的是目的的达成，为了刊物的思想能够传播，各种手段都可以采用，无怪乎陈衡哲曾经称钱玄同、刘半农的行为为“对外军略”；胡适却注意到了办刊过程和刊物传播结果，这使得他不能容忍借由传播思想为名而对读者进行的思想绑架和利用。《新青年》在办刊之时就一直向青年们宣扬“真诚”，就具体办刊过程来看，陈独秀等人在很多时候为了最终目的却常常与其宣称的精神背道而驰。相对而言，胡适的思想更接近于《新青年》所要面对的“新青年”。这也正是那个新旧杂陈的时代带给启蒙者的独特精神色彩，新的和旧的并列杂陈，无法截然分开，从陈独秀、刘半农、钱玄同等人身上，不难看到胡适在评价自己所做诗歌中“缠脚时代的血腥气”。其实，早在陈独秀与王庸工、章文治等人通信的时候，那种属于辛亥一代青年与新文化运动一代青年之间的精神分野就已经十分明显了，从立论方式到关注重点，两者都有着明显的不同，仅凭陈独秀一个人已经跟不上新出现的青年人的步伐，但是《新青年》毕竟为这些青年人提供了一个最初的公共言论空间，也正是由于这些从辛亥革命走出的青年人用他们的一半尚在黑暗中的臂膀扛住了历史的闸门，新文化运动走出的青年才能在光明中走得更远。

第二节　新文化运动的情绪化倾向

1. 情绪化的办刊倾向

在较为宏观的文学史书写中，五四文学中表现出的情绪化倾向是常常被人提及的。钱理群先生就认为“在‘五四’的‘问题小说’和‘人生派’写实小说的作者群中，起初的创作都有一种普遍的主观抒情倾向，这种倾向到后来才逐渐消退”。并称这种主观抒情的倾向是“那个富于个性与青春气息的时代，给予文学的恩惠，也是中国文人固有的抒情气质所造成的”。[①] 但是，如果回到五四文学的原点，即那个以《青年杂志》创刊为逻辑起点的新文化运动中去，就会发现，这种情绪化的倾向不仅存在于五四时期具体的文学作品中，而且还弥漫在整个新文化运动的过程之中，并对这场运动造成了很大影响。

有关新文化运动与五四运动之间的关系，学界历来有两种看法。[②] 但公允地说，五四运动确实是新文化运动的演进和发展，而作为一种普遍性的倾向，存在于五四新文学中的情绪化元素可以在新文化运动的发起阶段找到源头。可以说，新文化运动参与者的情绪以及情绪化的倾向对五四文学是有着很强的建构性作用的。

何谓情绪？按照辞书上的解释，“情绪”指“人从事某种活动时产生的兴奋心理状态”。“情绪化”则指的是受情绪支配而不能够理智地处理事情。[③] 作为发起新文化运动的第一人，陈独秀在创办《青年杂志》之初就有着很强的情绪化因素在里边。

---

① 钱理群、温儒敏、吴福辉：《中国现代文学三十年》，北京大学出版社 1998 年版，第 56 页。

② 参见高全喜《新文化运动和五四运动是两档事情》，《社会科学报》2015 年 3 月 5 日；李维武《割裂五四运动与新文化运动有违史实》，《中国社会科学报》2015 年 4 月 3 日。

③ 参见中国社会科学院语言研究所词典编辑室编《现代汉语词典》，商务印书馆 2012 年版，第 1062 页。

据主持亚东图书馆的汪孟邹的侄子汪原放回忆，陈独秀在1913年由安徽流亡上海的时候“没有事，常要到我们店里来。他想出一本杂志，说只要十年、八年的工夫，一定会发生很大的影响”。[①] 陈独秀的这一提议显然完全未曾考虑亚东图书馆的实际运营状况和汪孟邹的经济实力，他建议亚东图书馆“认真想法”，可是此时的亚东图书馆不但在其主营业务的地图出版方面不甚理想，还肩负着章秋桐主编的《甲寅》杂志的出版事宜，经济压力很大。汪孟邹常常在日记中写道“社务乏款，焦急之至”“芜（芜湖）款未至，焦灼万分”，甚至连“暂借到洋五百元”都使其“真正可感”。[②] 在写给胡适约稿的信件中，汪孟邹也说“时局如斯，百业停滞，吾业尤甚，日夕旁皇，真不知所以善其后”，[③] 甚至亚东图书馆不得不紧缩房屋、减少人手，而汪孟邹也一度兼做杂粮生意。[④] 可见，在《青年杂志》创刊伊始，陈独秀对这份新生的刊物有的只是满腔的热情，这种热情无疑来源于陈独秀作为一个革命家对刚刚诞生的中华民国以及青年国民的责任感，但是必须承认的是，陈独秀对《青年杂志》未来的发展是缺乏计划的。

主持《青年杂志》并不是陈独秀第一次仅凭着热情就去投身出版行业的行动。早在1904年，陈独秀就曾经借由芜湖科学图书社之力出版过名重一时的《安徽俗话报》，虽然这份报刊在民间反响强烈，但是陈独秀激进的办刊思路却让他的友人们颇感不安。杂志未曾出版之时，安徽仁里私立思诚两等小学堂的教师胡子承在一封写给汪孟邹的信中说道：“陈君重甫（即仲甫、独秀先生）拟办《安徽俗话报》，其仁爱其群，至为可敬、可仰；然内地风气至为阻塞，加以专制之官吏，专与学堂、报馆为仇，若无保护而行此与内地，恐后祸未可预测耳。”[⑤] 而当《安徽俗话报》刊行了一段时间之后，胡子承再次向出版方科学图书社表达了自己的担忧。“至《俗话报》出版以来，同人皆颇欢迎，而局外则多訾议。如‘自由结婚’等语，尤贻人口实。其实此时中国

① 汪原放：《回忆亚东图书馆》，学林出版社1983年版，第32页。

② 汪孟邹：《梦舟日记》，汪原放《回忆亚东图书馆》，学林出版社1983年版，第32页。

③ 汪孟邹：《致胡适19160519》，《胡适书信集·上》，北京大学出版社1996年版，第2页。

④ 汪原放：《回忆亚东图书馆》，学林出版社1983年版，第34页。

⑤ 胡晋接：《致汪孟邹》，汪原放《回忆亚东图书馆》，学林出版社1983年版，第13页。

人程度至‘自由结婚’尚不知须经几多阶级；若人误于一偏，不将‘桑濮成婚’概目为文明种子乎？”[①] 胡子承的这两封信显然是出于一番好意。1904年，陈独秀刚刚结束了在日本的流亡生涯，回国后，他也并未返回安徽，而是长期在上海协助章士钊主编《国民日报》。[②] 可以说，陈独秀对此时安徽省内的政治文化语境是比较陌生的，在这种情况下，他将在海外以及上海看到的新的文化、新的思想译介至尚未接受新文化、思想的安徽内地，这一举动显然是十分危险的，胡子承的担心也并非危言耸听。胡子承希望陈独秀在办刊思路上能够与负责《安徽俗话报》的科学出版社“诸同志”商议，以“更图改良，立定宗旨”，[③] 但是就《安徽俗话报》的出版来看，这一建议显然没有获得陈独秀的认可，陈独秀还是以其一腔热血在这份划时代的刊物上常为惊世骇俗之语，[④] 以至于到后来胡子承只能无奈地说：“重甫兄血性过人，于社事尤为关照，凡是请与酌行也。”[⑤]

陈独秀对于主持刊物的情绪化，不但反映在激进的办刊思想上，还表现在对刊物存亡的态度上。陈独秀的“血性”来自其对在中国大地上出现一个现代民族国家的渴望，在这种渴望的驱使下，陈独秀对于刊物的存亡显得并不是那么在乎。这使得交往甚密的汪孟邹颇为不解，他曾经与汪原放谈及此事，说：“仲甫的脾气真古怪哩。《安徽俗话报》再出一期，就是二十四期，就是一足年。无论怎么和他商量，说好说歹，只再办一期，他始终不答应，一定要教书去了。”[⑥] 可见，出版刊物并不是陈独秀的理想。在1904年前后，由于尚未到革命的时机，兴办《安徽俗话报》只是陈独秀由日本回国后“蛰伏”的一个表现。在当时的历史条件下，他只能通过传播新思想来延续其革

---

① 胡晋接：《致科学出版社（1）》，汪原放《回忆亚东图书馆》，学林出版社1983年版，第16页。

② 参见唐宝林、林茂生《陈独秀年谱》，上海人民出版社1988年版。

③ 胡晋接：《致汪孟邹》《致科学出版社（1）》，汪原放《回忆亚东图书馆》，学林出版社1983年版，第13、16页。

④ 参见唐宝林《陈独秀全传》，社会科学文献出版社2013年版。

⑤ 胡晋接：《致科学出版社（2）》，汪原放《回忆亚东图书馆》，学林出版社1983年版，第17页。

⑥ 汪原放：《回忆亚东图书馆》，学林出版社1983年版，第17页。

命的行动，一旦有了革命的机会，陈独秀就会立即抛弃手中的刊物去投身具体的革命之中去。1905 年，当李光炯的安徽公学迁至安徽并集聚了一大批革命人物的时候，陈独秀就毅然决然地放弃了已经打开局面的《安徽俗话报》，转而在安徽公学主持暴力革命组织“岳王会”。[①] 从陈独秀对待其主持刊物的态度上，不难看出，陈独秀对于革命只是有一个相对确定的目标，而对其过程，陈独秀显然是缺乏计划的，这也正是其情绪化的表现。

《青年杂志》的办刊在很大程度上可以视作《安徽俗话报》的继续。在《安徽俗话报》的发刊词中，陈独秀说：“人生在世，糊里糊涂的过去，一项学问也不懂得，一样事体也不知道，其不可耻吗?”并认为办刊的主要目的就是“要把各处的事体说给我们安徽人听，免得大家睡在鼓里，外边事体一件都不知道”以及“把各项浅近的学问，用通行的俗话讲演出来，好叫我们安徽人，无钱多读书的，看了这‘俗话报’，也可以长点见识”;[②] 而在《青年杂志》刊登于《甲寅》上的一则广告中，陈独秀写道“本杂志之主义”就是“与诸君共同研究商榷解决”“在国中人格居何等”“在世界青年中处何地位”“事功学业应遵若何途径”“自策自励之方法”等问题，并“解释平昔疑难而增进其知识”。[③] 对比以上两段具有纲领性质的办刊文字，不难发现，从《安徽俗话报》到《青年杂志》，陈独秀的办刊思路是一致的，而他重结果、轻过程的办刊局限也显示得十分明显，他在早期办刊过程中对刊物是缺乏明确的定位的，很多事宜都是在摸索中前行。在一些寄给胡适的信中，这个问题表现得十分明显：1916 年 8 月，胡适来信询问《青年杂志》第一卷后迟迟不见出刊一事，陈独秀用“以战事延刊多日”来搪塞过去，并向胡适约稿，称“弟意此时华人之著述，宜多译不宜创作，文学且如此，他何待言。日本人兴学四十余年，其国人自著之书尚不足观也。译文学本极难，况中西文并录，此举乃弟之大错。……足下所译摆伦诗，拟载之《青年》，可乎?”[④] 言下之

---

① 参见唐宝林《陈独秀全传》，社会科学文献出版社 2013 年版。

② 三爱：《开办〈安徽俗话报〉的缘故》，《安徽俗话报》1904 年第 1 期。

③ 《广告》，《甲寅》1915 年第 1 卷第 9 期。

④ 陈独秀：《致胡适 19160813》，《胡适书信集·上》，北京大学出版社 1996 年版，第 3—4 页。

意是让胡适多为杂志提供翻译稿件；但是在不久之后的10月，陈独秀在另一封信中又说："文学改革，为吾国目前切要之事。此非戏言，更非空言，如何如何？《青年》文艺栏意在改革文艺，而实无办法。吾国无写实诗文以为模范，译西文又未能直接唤起国人写实主义之观念，此事务求足下赐以所作写实文字，切实作一改良文学论文，寄登《青年》，均所至盼。"[①] 对比两封信，可以看出，后一封信在很大程度上否定了前一封信的观点，也就是说，在短短的不到两个月的时间里，陈独秀对如何通过文学在中国传播思想、启人心智的观点已经发生了很大的变化，这种变化的根源在于陈独秀主持刊物时更多地注目于"唤起国人写实主义之观念"这样一个总目标，而对于如何实现这个目标，他的思路则是始终随着对时势的理解变化着的。

这种不断变化着的办刊思路在后来也成为了陈独秀与负责刊行《新青年》的群益书社走向分裂的重要原因。汪原放回忆，1920年陈独秀为了刊行《新青年》的"劳动节纪念号"，与负责群益书社的陈子沛、陈子寿兄弟发生了激烈的争执，陈独秀认为"《新青年》第七卷第六号'劳动节专号'（1920年5月1日出版）虽然比平时的页数要多得多，群益也实在不应该加价"，但是群益书社方面则认为"本期又有锌板，又有表格，排工贵得多，用纸也多得多，如果不加价，亏本太多"。[②] 然而，出版方认为是重中之重的问题对陈独秀来说根本不值得一提。革命家的热情再次使陈独秀只看到了远方目标的召唤而无暇顾及脚下的路径，陈独秀执意要出版这期纪念专号的后果则是从群益书社中分裂出了"新青年社"，代价则是陈独秀在出版方面失去了一个长期合作的伙伴以及一个有着丰富出版经验的倚靠，以致这样一份提倡"劳工神圣"的刊物却一度因"闹工资"而陷入停业。[③] 这种颇具戏剧性的现象背后，是陈独秀情绪化的办刊方式与现代出版业运作方式之间的矛盾。

有研究者认为"《青年杂志》没有成熟的办刊思想，从第1号到第4号，《青年杂志》的面目极不清晰，刊发的文章内容散乱芜杂，没有形成明确的办

---

① 陈独秀：《致胡适19161005》，《胡适书信集·上》，北京大学出版社1996年版，第5页。
② 汪原放：《回忆亚东图书馆》，学林出版社1983年版，第54页。
③ 同上书，第55页。

刊宗旨和主导言论，也没有找到与青年对话的共鸣点”。这种观点是符合客观事实的，但是认为“这反映出陈独秀创办《青年杂志》极为急促，没有思想上的充分酝酿与准备，更没有成熟的办刊思想”，[①] 却是值得商榷的。陈独秀在创办这份后来在中国思想文化领域产生绝大影响的刊物时，与其说是“没准备”或者“不成熟”，倒不如说是他将目光投射得太远，以至于被一种激越的情绪所牵绊；然而，情绪化的办刊特点给《青年杂志》带来的也不仅仅是负面的影响，作为新文化运动的主要刊物之一，从产生伊始就带有的浓重情绪化色彩也恰恰成为了这份杂志能和青年人保持共鸣的重要因素。

有研究者注意到“《新青年》为现代中国奉献了两个重要的东西：一个是倡导启蒙文化运动，一个是倡导青春文化运动”，并认为“这个杂志创刊初期，其关键词并不是‘德先生’，更不是‘赛先生’，而是‘青年’或‘青春’”[②]，这个判断是准确的，正是“青春”使得本来可能会面临很大问题的情绪化的办刊理路得到了青年人群的欢迎。

翻阅《青年杂志》及《新青年》中所收录的读者来信，不难发现，很多读者都是抱着满腔热情写信给陈独秀的。这里边包括了询问何处有良师益友的，如“穗欲习拳术，但未得良师。想沪上定有名人，恳示一二，并告姓氏地址为祷”[③]“鄙人实久欲研究哲学者，然自民国元年毕业于师范学校以来，服务于乡间，因问津之无从，竟数载于兹而未遂就学之志。足下信热心指导之士，必能大发同情者”；[④] 以激扬文字在书信中指点江山的，如“青年学子，偶一不慎，辄为诲淫诲盗之说部所毒害，文字之祸人诚有甚于毒蛇猛兽”[⑤]“近日邪说横行，妖气充塞，青年学子，茫茫然如坠大海”[⑥] 等。在青年的来信中，还有很大一部分是对自身的能力以及《青年杂志》这样一份在当时发行量并不是很大的刊物的过高估计，有人认为《青年杂志》可以使青

---

① 庄森：《飞扬跋扈为谁雄：作为文学社团的新青年研究》，东方出版中心 2006 年版，第 14 页。
② 魏建、毕绪龙：《〈新青年〉与“新青年”》，《文学评论》2007 年第 4 期。
③ 穗：《致记者》，《青年杂志》1915 年第 1 卷第 4 号。
④ 何世侠：《致记者》，《新青年》1916 年第 2 卷第 1 号。
⑤ 李平：《致记者》，《青年杂志》1915 年第 1 卷第 3 号。
⑥ 李大魁：《致记者》，《青年杂志》1915 年第 1 卷第 3 号。

年人“得出陈陈相因醉生梦死之魔境，而觉悟青年人之责任，及修养身心之方法，以改良个人者改良社会，并改良一切”。[①] 有人提议《青年杂志》“著论警告国人，勿为宵小所误”。[②] 甚至有些青年还认为自己能够“勉力毅进，一洗今世之颓风。务继足下之后，使真正之人权，渐次还诸于个人”。[③] 自己的著作“他日刊布吾国，必能唤醒一般醉心军国主义、功利主义者之迷梦”。[④]

这些青年的满腔热情显然是不符合当时社会历史语境的，也是不实际的，但是就其本质而言，他们的豪言壮语和陈独秀主持《青年杂志》时的内在动因是一致的，即一种情绪化的驱使。《青年杂志》读者群的“青春”性质就意味着他们的思想尚未完全成熟，较容易被同样思想和志向的声音所吸引。正如当时虽然身在日本却与国内新文化界声气相通的郭沫若诗中所说，其所寻找的是“与我的振动数相同的人”“与我的燃烧点相等的人”。在那个新的传媒方式尚未真正介入文化传播的年代里，《青年杂志》的“读者通信”栏可谓独此一份，在这种语境下，青年人更愿意通过这样一个媒介来互相敞开心扉，正如郭沫若所说，愿意把自己“公开”。[⑤] 虽然这些公开了的“心迹”很多显得幼稚而不合时宜，但是，这正是这种青春的情绪在这本颇为情绪化的刊物上找到了共鸣。事实上，不仅《青年杂志》在陈独秀的主持下呈现出的情绪化的办刊倾向没有受到青年人的排斥，反而在《新青年》改为六编辑协同办刊后，许多青年倒开始抱怨这份刊物太过理性了。1918 年，在日本留学的张资平就曾经在和郭沫若的对话中涉及了这个问题：“——‘中国真没有一部可读的杂志。’——‘《新青年》怎样呢?’——‘还差强人意，但都是一些启蒙的普通文章，一篇文字的密圈胖点和字数比较起来还要多。’”[⑥] 这次讨论的结果是郭沫若、张资平等人决心要创办一份纯文学的刊物。这也说明了在 1918 年前后，当《新青年》已经成为了青年精神界的一座地标的时

① 毕云程：《致记者》，《新青年》1916 年第 2 卷第 1 号。

② 王庸工：《致记者》，《青年杂志》1915 年第 1 卷第 1 号。

③ 何世侯：《致记者》，《新青年》1916 年第 2 卷第 1 号。

④ 李平：《致记者》，《青年杂志》1915 年第 1 卷第 2 号。

⑤ 郭沫若：《序诗》，《郭沫若全集 · 文学编 · 第 1 卷》，人民文学出版社 1982 年版，第 3 页。

⑥ 郭沫若：《创造十年》，《郭沫若全集 · 文学编 · 第 12 卷》，人民文学出版社 1982 年版，第 46 页。

候，接受了启蒙的青年们再也不满足于思想上的突破，而开始要向更加自我、更加私人化的情感领域找寻解放的途径了。

1920 年前后，郭沫若、田汉、宗白华三人将其近一段时间来的通信整合在一起，结集出版了《三叶集》，在一封封的信件中，读者不难体会到三名青年压抑不住的情绪，并且与之产生共鸣。田汉在《三叶集》的序言中说道："此中所收诸信，前后联合，譬如一卷 Werther' s Leiden，Goethe 发表此书后，德国青年中，Werther fieber 大兴！Kleebaltt 出后，吾国青年中，必有 Kleeblatt fieber 大兴哩！"[①] 可见，田汉对三人通信的期许是非常之高的，他认为"三叶"这种形式，即通信的这种形式，将和当年歌德出版《少年维特之烦恼》一样，引发社会上青年人的效仿和热潮。事实上，在这之后不久，以郁达夫等人为代表作家的自叙传小说和书信体小说的兴起也证明了田汉的预言。田汉显然是察觉到了是什么才使得青年人会对三人结集后的书信有如此高的期许，而宗白华所撰写的序言则解答了这个问题，他说"诸君！我们为什么要发行这本小册子？我们刊行这本小书的动机，并不是想贡献诸君一本文艺的娱乐品，做诸君酒余茶后的消遣。也不是资助诸君一本学理的参考品，做诸君解决疑问的资料。我们乃是提出一个重大而且急迫的社会和道德问题，请求诸君作公开的讨论和公开的判决！"[②] 可见，《三叶集》所要解决的问题和这一时期在思想界广泛被讨论的新旧文学之争以及通常意义上的学问没有什么关系了，在很大程度上，他们三人希望自己的讨论从理性化的剖析中跳出，只去听取其他青年发自内心的声音。就像当年歌德笔下的少年维特一样，郭沫若、田汉、宗白华等三人更希望看到的是青年互相敞开心扉，以这种书信的形式来彼此分享各自的痛苦和喜乐。虽然此时郭沫若等人有关诗歌创作的讨论仍然是在现代民族国家意识的统御之下，但是，在三人的通信中，带有理性主义色彩的"国家""民族"等词语已经非常淡化，取而代之的是一

---

① 田汉：《田汉序》，田寿昌、宗白华、郭沫若《三叶集》，《郭沫若全集·文学编·第 15 卷》，人民文学出版社 1982 年版，第 3 页。

② 宗白华：《宗白华序》，田寿昌、宗白华、郭沫若《三叶集》，《郭沫若全集·文学编·第 15 卷》，人民文学出版社 1982 年版，第 5 页。

些更为情绪化、更为感性的东西。

与胡适在和陈独秀通信中提到的“尝谓今日文学之腐败极矣”“综观文学堕落之因，盖可以‘文胜质’一语包之”“年来思虑观察所得，以为今日欲言文学革命，须从八事入手”等[①]相比，郭沫若等人在通信中有关文学的文字就显得更为情绪化，“我想我们的诗只要是我们心中的诗意诗境底纯真的表现，命泉中流出来的 Strain，心琴上弹出来的 Melody，生底颤动，灵底喊叫；那便是真诗，好诗，便是我们人类底欢乐底源泉，陶醉底美酿，慰安底天国。我每逢遇着这样的诗，无论是新体的或旧体的，今人的或古人的，我国的或外国的，我总恨不得连书带纸地把他吞了下去，我总恨不得连筋带骨地把他融了下去”。[②] 胡适认为，文学的内容是第一性的，文学的形式则承载着内容，如果文学要有所革新，则必将是以新的形式来带动新的内容，进而才能传达出新的思想；而郭沫若则认为，文学的形式或者内容根本就不成为一个问题，他甚至回避开了一切与思想有关的内容，单单地去谈论文学中的情感问题。再则胡适和陈独秀等人讨论的内容显然是经过“年来”这样较长的一段时间来深思熟虑过的，而在郭沫若写给宗白华的信中，显然其所言及的内容都是其瞬间的想法。郭沫若将这种想法付诸诗化的语言，在很大程度上，郭沫若对其心中诗的理解和他有关诗的言说风格是一致的，这在新文化运动中是难能可贵的。

2. 两代“青年”人的不同情绪

作为新文化运动的领导者和参与者，陈独秀和胡适身上存在着一个很明显的悖论，即相对于文学理论和文学改良或革命的思想而言，他们在文学创作方面的成绩则显得十分不足。鲁迅曾经总结道：“凡是关心现代中国文学的人，谁都知道《新青年》是提倡‘文学改良’，后来更进一步而号召‘文学革命’的发难者。但当一九一五年九月中在上海开始出版的时候，却全部是

① 胡适：《致陈独秀》，《新青年》1916 年第 2 卷第 2 号。

② 郭沫若：《致宗白华》，田寿昌、宗白华、郭沫若《三叶集》，《郭沫若全集·文学编·第 15 卷》，人民文学出版社 1982 年版，第 13—14 页。

文言的。苏曼殊的创作小说，陈嘏和刘半农的翻译小说，都是文言。到第二年胡适的《文学改良刍议》发表了，作品也只有胡适的诗文和小说是白话。后来白话作者逐渐多了起来，但又因为《新青年》其实是一个论议的刊物，所以创作并不怎样著重，比较旺盛的只有白话诗；至于戏曲和小说，也依然大抵是翻译。在这里发表了创作的短篇小说的，是鲁迅。从一九一八年五月起，《狂人日记》，《孔乙己》，《药》等，陆续的出现了，算是显示了'文学革命'的实绩，又因那时的认为'表现的深切和格式的特别'，颇激动了一部分青年的心。然而这激动，却是向来怠慢了绍介欧洲大陆文学的缘故。"①

从鲁迅的言辞中可以发现，作为新文化运动的重要参与者，他对于这场运动在小说方面的成就是不甚满意的，他认为胡适等人虽然有深思熟虑，甚至分步骤进行的文学主张，但是没有"实绩"却是他们的硬伤。同时，鲁迅敏锐地察觉到，正是一种难以被置之于理性范畴的东西导致了青年人对自己初期小说创作的"激动"，"表现的深切"一词中本身就蕴含着一种主观的成分，而这种所谓"表现"，则是对陈独秀、胡适等人在参与杂志文章写作过程中过于倚重理性化的"论议"的一种反正和调节。

对于此时的青年人来说，他们更希望看到的是一种可以与自己内心直接产生联系的东西，而并非一种需要通过理性分析才可以得出的答案。宗白华在给郭沫若的信件中说："你是由文学渐渐的入于哲学，我恐怕要从哲学渐渐的结束在文学了。因我已从哲学中觉得宇宙的真相最好是用艺术表现，不是纯粹的名言所能写出的，所以我认将来最真确的哲学就是一首'宇宙诗'，我将来的事业也就是尽力加入做这首诗的一部分罢了（我看我们三人的道路都相同）。"② 可见，无论是郭沫若还是宗白华，都将感性的文学看作比理性的哲学更加重要的东西。在此时，对于这些被文学感召了的青年人们而言，其最大的理想就是能够用文学艺术的形式来揭示宇宙的真相，使自己的生命与

---

① 鲁迅：《小说二集导言》，《中国新文学大系·导言集》，上海良友图书印刷公司 1935 年版，第 125 页。

② 宗白华：《致郭沫若》，田寿昌、宗白华、郭沫若《三叶集》，《郭沫若全集·文学编·第 15 卷》，人民文学出版社 1982 年版，第 5 页。

万物互通。这显然并非纯粹用某种文学理论以至于文学思想就可以概括和总结的，它更多的是一种情绪，是需要一种感性的因素来驱动的。

新文化运动办刊时期的情绪化和新文化运动所发起的这一代青年人的情绪化之间实际上是有着很大的关联的。1919 年年初，陈独秀在《新青年》上刊发了《本誌罪案之答辩书》一文，声称："本誌同人本来无罪，只因为拥护那德莫克拉西（Democracy）和赛因斯（Science）两位先生，才犯了这几条滔天的大罪。……西洋人因为拥护德、赛两先生，闹了多少事，流了多少血，德、赛两先生才渐渐从黑暗中把他们救出，引到光明世界。我们现在认定，只有这两位先生可以救治中国政治上、道德上、学术上、思想上的一切黑暗。"① 把这段话看作对此前五卷的《新青年》思想的总结自然是不错的，但是这种总结却存在后设和反观的成分太强的问题。如果回到《青年杂志》创刊的语境中去，就会发现，陈独秀在办刊伊始，并没有特意去提倡民主与科学，甚至还有意回避与现实政治直接发生关联。在《青年杂志》的创刊号中，刊登了旧日与陈独秀相识的王庸工寄来的一封信，信中希望陈独秀能够对当时的袁世凯政府筹划复辟、破坏民国一事进行评论，王庸工说："北京杨度诸人发起筹安会，讨论国体问题是也。以共和国之人民，讨论共和国体之是否适当，其违法多事，姑且不论。倘讨论之结果，国体竟至变更，则何以答友邦承认民国之好意？何以慰清帝逊位之心？何以处今总统迭次向国民之宣誓？更可惧者，此邦官民，对于吾国国体变更，莫不欣欣然有喜色。口中虽不以为然，心中则以此为彼国取得利益莫大之机会，几如欧战发生时同一态度，此诚令吾人不寒而栗者也。"② 可以说，王庸工对袁世凯政府"筹安"以及"筹安"之后会发生什么认识得十分深刻，不但如此，他还挖掘出了深植于中华民国国民精神深处的自私自利的通性。面对这样一封有着一定深度的读者来信，陈独秀居然不为其所动，在回信中答复到："尊欲本誌著论非之，则雅非所愿。盖改造青年之思想，辅导青年之修养，为本誌之天职。批评时政，

---

① 陈独秀：《本誌罪案之答辩书》，《新青年》1919 年第 6 卷第 1 号。

② 王庸工：《致记者》，《青年杂志》1915 年第 1 卷第 1 号。

非其旨也。国人思想，倘未有根本之觉悟，直无非难执政之理由”。[①] 陈独秀之所以对袁世凯称帝一事不予置评，很大程度上还是由于其情绪化的办刊思路决定的。此时的陈独秀认为只要延续他在《安徽俗话报》时期的办刊理路，以丰富的知识来启发民众的心智，就可以达到警醒国民的效果。陈独秀的想法显然是固执且不合实际的，这种想法实际上是把参与辛亥革命的经验和思路平行移植到了新文化运动中去，却忽视了《青年杂志》和《安徽俗话报》所面对的不同的时代语境：《安徽俗话报》办刊之时，作为一个现代民族国家的中国尚未形成，陈独秀启发民智在很大程度上是在创造一个新的语境，新语境与旧语境之间的对比使民众很容易看出孰优孰劣；而《青年杂志》办刊的时候，中华民国作为一个现代民族国家已经诞生数年，民众已经生活在这样一个现代民族国家的语境当中，再以曾经的方式来启发民智，对具体的事件而言，其功效显然不会特别显著。与其平淡的、博物式的译介西方思想资源，此时的青年们更希望看到的是一些有血性的文字，来从内部巩固业已形成的现代民族国家的社会语境。陈独秀办刊的情绪化显然没有跟上涌动着的民族主义情绪。这也正解释了为什么《青年杂志》在陈独秀主笔期间一直没法很好地打开青年市场：陈独秀固执地将辛亥革命一代青年的想法带入新文化运动发生时的青年身上，产生于现代民族国家之前的思路已经不能很好地跟上青年要求对现实世界中种种政治文化事件进行阐释的要求。

在新文化运动开始兴起的年代，北京、上海乃至海外留学生聚集的城市作为政治文化中心的意义已经被凸显出来，大批外来的知识青年涌入其中。“内地风气至为阻塞”的现象也随着交通的发展和地域的融合被打破，五光十色的新世界使得杂志这样一种受到篇幅和文字限制的媒体再也不能像之前发挥那么大的作用了。面对这样一些闻所未闻，见所未见的新生事物，青年更想知道的是这些都是什么，该怎么使用；而面对随之而来的种种意料之外的事件，青年在得到正确价值观指引之前，也更需要的是一种方法论意义上的指导。

---

① 陈独秀：《记者答言》，《青年杂志》1915 年第 1 卷第 1 号。

1918 年，闻一多在写给弟弟的信件中提到了“清华第七周年纪念会，园内陈设布置，极精丽华膴之至。有各种成绩展览，有各种演操，有音乐会，有教育研究会，有化妆游戏，有活动电影”[①]。可以看到，对于此时刚从湖北来到经济政治文化中心的北京的闻一多而言，上述的种种活动无疑都使其充满了好奇和兴趣，但是不久之后，当闻一多看到了《黑衣盗》《毒手盗》等宣传低级趣味的电影在清华校园里播放之后，他义愤填膺地在《清华周刊》上发表文章，说：“好片子，多谢你输入无量的新财宝到我们智囊里来了。若不是你的泓赐，这些财宝，我们除非钻进地狱，那能找的这样齐备？我们整星期囚在这‘水木清华’的，但是平淡的世界里，多亏你常常饷以‘五花十色，光怪陆离’的地狱底风光，我们的眼福不小。”[②] 闻一多作为同届青年之中的翘楚，尚不能很好地分辨 20 世纪先进科技带来的善和恶，更何况那些以“赶时髦”为乐趣的一般青年。同一时期游学上海的胡适也为十里洋场的繁华所吸引，在日记中，他常有如下的记载：“今日君墨建议，言蜀中每月初二、十六二日常醵赀会饮，今日十六矣，岁莫客怀，无以排遣，遂与李继尧，李永清，徐子端，仲实，亮孙等七人饮于雅叙园。余素不叫局，同席者乃怂恿仲实令以所叫伎曰赵春阁者转荐于余，此余叫局之第二次也。”[③] 虽然胡适也偶有“壮志随年逝，乡思逐岁添”[④] 的感慨，但是就其在上海游学期间所记下的日记来看，其志多在冶游。即便是之前在蜀中颇有豪言壮语的郭沫若到了东京之后不久贪恋于房州的山水及海水浴，久久不提学业之事。[⑤] 可见，无论是在北京、上海还是海外的大城市，20 世纪初叶纷至沓来的物质生活给莘莘学子的冲击是十分巨大的，他们被眼前物质繁荣昌盛的景象遮蔽了眼睛，很难判断

① 闻一多：《致闻家驷》，闻立雕、闻铭、王克私整理《闻一多全集 · 第 12 卷》，湖北人民出版社 1993 年版，第 7 页。

② 闻一多：《黄纸条告》，孙党伯整理《闻一多全集 · 第 2 卷》，湖北人民出版社 1993 年版，第 26 页。

③ 胡适：《日记己酉年十二月十六日》，曹伯言整理《胡适日记全编 · 第 1 卷》，安徽教育出版社 2001 年版，第 5—6 页。

④ 胡适：《日记己酉年十二月三十日》，曹伯言整理《胡适日记全编 · 第 1 卷》，安徽教育出版社 2001 年版，第 12 页。

⑤ 参见郭沫若《致父母（1914 年 7 月 28 日）》，郭沫若著，郭平英、秦川编注《敝帚集与游学家书》，中国社会科学出版社 2012 年版，第 190 页。

自己将要之于何处，一不留神就会随波逐流。这时，那些尚还清醒的青年人更需要的是一种内心的共鸣，找到可以一直为伍的同志之辈，无论是文学、哲学或是其他学问，他们需要的不是学理化的探讨，而是需要个人化的争鸣；他们不想对万物的义理做艰深的追究，而是更倾向于将视线投向身边正在发生的事情，从中寻找解决自己问题的路径。

陈独秀显然也意识到了这个问题。《新青年》发行多期之后，虽然“每期出版后，在北大即销售一空”，[①] 但是其市场却无法进一步发展，再加上物价的飞涨，在1918年前后，看似兴旺蓬勃的《新青年》杂志却由于经费短缺而几乎陷入了停刊的境地。一直无法很好地拓展市场的现实让陈独秀意识到了自己坚持的办刊思路与时代语境之间的隔阂，从1918年《新青年》改为六编辑轮流审稿之后所录的篇目就可以看出，曾经较为多见的诸如《法兰西人与近代文明》《卡内基传》之类的介绍性文字以及《青年论》《新旧问题》《妇人观》等大而化之的论说性文章逐渐减少，取而代之的是更加紧扣时代的《和平会议的根本错误》和更加贴近青年人心理的《对于梁巨川先生自杀之感想》等文章。这使《新青年》这样一份以青年人为主要读者的刊物真正开始从陈独秀心中所认为的青年中走出，开始向生活在时代里的青年的生活靠拢。从《自杀论》等篇目可以看出，从自身情绪化办刊思维中走出的陈独秀也开始更多地注意到青年人在这个时代中的普遍化的情绪，深入青年人的内心深处，成为青年人群真正的良师益友。这种由情绪入手感染青年人，再通过理性阐释引起青年人的共鸣的做法也成为了《新青年》能在当时的新文化刊物中一直保持领军地位的重要原因之一。

在新文化运动发起和进行的过程中，理性精神的烛照和启蒙主义的光辉自然是不可被抹杀的，但是仍然要注意到，在理性和启蒙之下，无论是发起者还是具体的参与者，其内心深处情绪化、非理性的成分对这场运动的影响也是巨大的。然而，新文化运动从一开始就瞄准了“青年”这样一个理性与情绪的矛盾体，正是在青年身上，新文化运动的主将们才能看到个人精神与

① 张国焘：《我的回忆·第一册》，东方出版社1980年版，第40页。

时代语境之间的共鸣或龃龉，这使得新文化运动始终在不断拓展着自己探索的边界，成为了一个丰富、驳杂而又有着明确方向的独特存在。也正是由于这种情绪化和青春倾向，才使得新文化运动的参与者们身上，始终保持着一种对压抑自己个性发展的旧时代的冲创意志以及一种酣畅淋漓的元气，新文化运动不仅仅解放了人们的思想，更对刚诞生不久的中华民国的文化品格和精神取向有着强大的塑造作用。

第三节　对文学功用的认知

1. 作为现实缓冲地带的文学

自晚清诗界、小说界、文界三界革命开始，“文学”作为一个曾经有之，而又随着20世纪中国乃至世界民族主义思潮为中国所重新发现的存在，其在这场民族主义思潮中的价值和作用一直是这场革命的发起者所重点思考的问题之一。倡导诗界革命的黄遵宪就曾经设想过一种可以在社会结构上向下传递普及思想和文化的文体形式，他认为：“文字者，语言之所从出也。……变更一文体，为适用于今、通行于俗者……欲令天下之农工商贾，妇女幼稚，皆能通文字之用；”① 而倡导小说界革命的梁启超对文学功用的设想则更加功利化，他认为：“小说有不可思议之力支配人道”，与黄遵宪相比，梁启超与其说看重的是文体的“新”，倒不如说更看重的是一种文体本身所固有的能力，梁启超发现小说“其浅而易解”“其乐而多趣”故而“人类之普通性”“嗜他书不如其嗜小说”“故今日欲改良群治，必自小说界革命始；欲新民，必自新小说始”。相比较之下，黄遵宪对诗界革命的认知显然要比梁启超对小说界革命的设想要“开明”得多：在黄遵宪的设想里，诗歌作为文学的重要组成部分，其改革后所要达到的效果并不是在思想或者行动上绑架阅读的民

① （清）黄遵宪撰，王宝平主编《日本国志·学术志二·卷三十三》，上海古籍出版社2001年版，第810—811页。

众，而是要让民众自己在对文学作品的阅读中熟悉文字和语言，进而在本民族语言文字的基础上形成一种对民族国家新的认知；而梁启超则不同，他通过文学对民众进行的启蒙几乎是强制性的，他站在接受学的视角上意识到了在“人类之普通性”中有着对阅读小说的渴求，故而试图以绑架小说题材来控制民众对小说的阅读选择，进而以小说足以“支配人道”的“不可思议之力”来操控民众。梁启超有关“欲新一国之民，不可不先新一国之小说。故欲新道德，必新小说；欲新宗教，必新小说；欲新政治，必新小说；欲新风俗，必新小说；欲新学艺，必新小说；乃至欲新人心，欲新人格，必新小说”① 的论断其实是寄希望于意识形态的“新”之上的，梁启超与黄遵宪不同，他并不相信民众有自我学习、自我更新的能力，所以普通民众是否能读懂他理想中的文学作品并没有纳入他考虑的范畴之内，其在小说界革命中的主张，更多的是为执政者考虑的。在梁启超的眼中，所谓文学，和政治其实是一体两面的，其对文学的重视实际上是其政治抱负不得抒展的一种代偿。自戊戌变法失败之后，梁启超远遁日本，文学则成为了他与国内清政府政权互动的唯一方式，故而，文学之“用”成为了他重点思考的问题，这不只关系着中国政治的兴衰，还关系着梁启超本人的命运。

然而，在两者动机相异的表象之下，黄遵宪和梁启超在一个方面却是互通的，即无论是两者中的任何一个，都把文学看作革命的起点。站在文学史“后设”的角度来看，这一点似乎是顺理成章的，但是如果回到当时语境中来看，这只是问题的“然”，而不是“所以然”。为什么革命的起点会是文学，这个问题也同样存在于新文化运动的发生动因中，通过作家的书信、日记来对这个问题进行梳理，可以在最大程度上还原在革命对文学这一特殊的社会活动形式的选择背后的真实。

按照形式主义的观点来看，“文学作品的灵魂不是别的，而是它的形式……文学作品的内容（也包括灵魂）等同于它文体手法的总和”，“艺术永远是独立于生活的，它的颜色从不反映飘扬在城堡上空的旗帜的颜色”②。也

---

① 梁启超：《论小说与群治之关系》，《新小说》1902 年第 1 期。

② 刘象愚主编：《外国文论简史》，北京大学出版社 2005 年版，第 261 页。

就是说，对文学作品来说，故事和现实之间存在着一定的区别的，这个区别的实质就在于艺术自身的规律。这一观点虽然有效地在艺术的自律范围内解决了文学与现实之间的区别问题，但是它却回避了文学与现实之间的联系；以艾布拉姆斯为代表的后来者则将这一问题纳入了思考范围，他们认为文学中四个要素“世界”“作者”“读者”和“作品”之间的关系并不是直接联系着的，“作品”是一个中保，而“世界”“读者”和“作者”是通过这个中保有机地联系在一起的。① 如果结合二者来看，就会发现，出于某种原因，作者会意识到文学作品不能直接表现真实，在这种情况下，作者就不得不在文学的某一个要素上采用陌生化的手段来实现创作计划的初衷，这样一来，就不得不对文学在情节上采用陌生化的手段。

对现代中国文学的发展而言，这种情况也是明显存在的。文学提供了一个可以使作者脱离由于批判现实而带来的政治和人身风险的艺术空间，在这个空间里，作者可以通过其想象，和读者在精神上达到最快捷的互通，从而回避由于直接干预现实而产生的种种问题。在中国文学的发展史上，对这种手段的选择和使用可以说是有一定的传统的，孔子认为“《诗》可以兴，可以观，可以群，可以怨”，② 春秋战国时期诸子百家中诸如庄子、韩非子等许多流派也多以文学性的故事来讽喻现实政治，自晋代干宝始创“搜神”一类的文体，以传说、故事来指代现实的文学传统就一直流传下来；到了清代，这种文学传统在清中期盛行的文字狱的背景下被进一步放大，在政治禁忌的压迫之下，文学从现实中遁入了想象里，此时的一些作品，如《镜花缘》《聊斋志异》等，都倾向于将现实中所看到的牛鬼蛇神借由一种诡诞玄奇的手法来表现出来。可以说，清末民初起源于梁启超等人倡导的“三界革命”而产生的种种文学，正是继承了这种政治讽喻传统。在当时的很多所谓“政治小说”中，都可以看到这种言说方式，即：“话表孔子降生后二千五百一十三年，即西历二千零六年，岁次壬寅，正月初一日，正系我中国全国人民举行维新五

---

① ［美］M. H. 艾布拉姆斯：《镜与灯：浪漫主义文论及批评传统》，郦稚牛、张照进、童庆生译，北京大学出版社 2004 年版，第 2 页。

② 语出《论语 · 阳货》。

十年大祝典之日。”[1] 或者是“话说亚细亚洲东半部温带之中，有一处地方，叫作自由村，那村中聚族而居，人口比别的村庄多上几倍，却推姓黄的族分最大。村前村后，分枝布叶，大都是黄氏子孙”。[2] 再或就是“这人来历，说也奇怪，听见他母亲并未曾嫁过丈夫，到了七十多岁，忽然发了一个梦，梦见看了一部甚么蟹行鸟书的册子和一幅甚么倚剑美人的图画，看了一会，那画中美人蓦地一扑，扑到他身上，便不见了，谁知梦醒起来，身体发病，腹中渐动，过了十个月零十五日，忽然生下一个孩子”。[3] 这些小说在叙述上都采用了一种回避现实的策略，要不就是在时间上往很久之后的未来延展，要不就是在空间上虚构一个缥缈遥远的地方，再者就是借虚构古今传奇来讽喻清朝政府，总而言之，他们都在刻意地回避国家政治层面的内容，试图以一种想象空间的虚构来代替对意识形态的直接干预。

这种现象可以看作一种“传统”，传统在形成后必然倾向于稳定，从晚清到民国，这种传统并不会由于政体的更迭而一下子消失。相反的，在新文化运动的起始阶段，这种对国家意识形态回避的现象依然十分明显。例如，鲁迅在早期就常常翻译西方科幻小说，其《狂人日记》也以一种“狂人”的视角来进行叙事和言说；到了郁达夫那里，虽然已经有不少声音表示文学要“为人生”，但是他还是有不少托古人故事以喻今的作品。这背后的原因不但是一种传统，还和这些作家在登上文坛前与国家之间的关系有着很大的关联。

曾经于1920年前后在中国诗坛掀起一阵“女神”浪潮的诗人郭沫若，其小说创作与诗歌创作的起始时间几乎是同步的。1918年，在九州帝国大学医学部解剖室的“奇怪的氛围气中”，郭沫若“最初的创作欲活动了起来”。[4]

---

① 梁启超：《新中国未来记》，阿英编《晚清文学丛钞·小说一卷·上册》，中华书局1960年版，第3页。

② 颐琐：《黄绣球》，阿英编《晚清文学丛钞·小说一卷·上册》，中华书局1960年版，第167页。

③ 岭南羽衣女士：《东欧女豪杰》，阿英编《晚清文学丛钞·小说一卷·上册》，中华书局1960年版，第85页。

④ 郭沫若：《创造十年》，《郭沫若全集·文学编·第12卷》，人民文学出版社1982年版，第57页。

1919年，郭沫若在《新中国》杂志上发表了他的第一篇小说《牧羊哀话》，耐人寻味的是，此时在诗歌中情绪高昂并叫喊着要做“二十世纪底亚坡罗”的“运转手”的郭沫若，[①]小说中的情绪却显得十分低徊婉转。这篇小说以日本吞并李朝之后的朝鲜为故事背景，由小姐闵佩荑牧羊这一事件将闵佩荑和尹子英的悲剧性的爱情与朝鲜亡国的遗恨交织在一起。按照郭沫若公开的说法，他“只利用了我在一九一四年的除夕由北京乘京奉铁路渡日本时，途中经过朝鲜的一段经验，便借朝鲜为舞台，把排日的感情移到了朝鲜人的心里”。小说的“全部情节只是我幻想出来的，那几首牧羊歌和一首《怨日行》，都是我自己的大作”，“那小说里面所写的背景，完全是出于想象”。[②]这番话大体上是客观的，在郭沫若留学日本的路途中，确实有经过朝鲜的一段经历，在火车上，郭沫若还目睹了朝鲜的贫穷以及阶级的分化：“令人惊异的是汉城的人家有一大半是茅屋。原来朝鲜的旧制要有官职的人才能盖瓦屋，不然便尽管富裕都只得用茅屋。”[③]然而，对于《牧羊哀话》这篇小说的创作来说，距离这件“本事”的发生已经过去了五六年的时间，是什么让郭沫若又重新拾起这段旧事，并以之为题材开始了小说的创作呢？

在郭沫若回忆自己经由朝鲜远赴日本的文字中，经常有日本人欺压、歧视中国人的描述，如“男的用我所听不懂的日本话在和同车的日本人打招呼。次瑜愤恨地附耳对我说：——‘这家伙可恶，他在骂我们，说有讨厌的支那人同车，请别的日本人照应他的老婆’”。[④]“原来日本的头二等车，每个车厢都有茶房的，有经验的乘客，一上车便要把三五块钱的外水给他们，他们便招呼得很周到。我不用说是没有经验的，而且又是中国人，自然就不免要小小地受他们的欺负。”[⑤]在郭沫若的言辞之中，对日本人的厌恶溢于言表。但是，《初出夔门》一篇文章创作于1935年，此时距离郭沫若途径朝鲜已经过

① 郭沫若：《日出》，《〈女神〉及佚诗》，人民文学出版社2008年版，第55页。

② 郭沫若：《创造十年》，《郭沫若全集·文学编·第12卷》，人民文学出版社1982年版，第61—63页。文中1914年实为1913年末。

③ 郭沫若：《初出夔门》，《郭沫若全集·文学编·第11卷》，人民文学出版社1982年版，第358页。

④ 同上书，第357页。

⑤ 同上书，第361页。

去了20余年，时过境迁，即使郭沫若在文中的回忆全部属实，其对中日关系的看法和情感取向也势必会产生很大的变化，要在回忆中完全复制郭沫若此情此景的心态实属强人所难。郭沫若在《初出夔门》中也说道："我现在却可以说：'象我这样的一个无产者，要想进'王道乐土'，是难于一个锈了的针要想穿进钢板。'然而我真是可以自豪，在二十几年前初来日本时，竟偶尔取了陆上路线，得到了一个机会在火车上穿过了一次'王道'以前的'乐土'。"① 这更是明言了郭沫若在创作这篇回忆性文章的时候是包含着明显的民族情绪的。那么，想要还原郭沫若在创作《牧羊哀话》时的心理状态，就需要查考郭沫若1913年赴朝鲜时和1919年创作这篇小说时的共时性材料。

在登上去朝鲜的列车之前，郭沫若寄给家中一封书信，信中写道："大哥决计命男东渡，兹已定明日搭京奉晚车，同张君次瑜（大哥同学），由南满、朝鲜漫游赴日。"② 虽然之后有数月时间未见有书信往来，但是从到日本以后的信件文字中，郭沫若并没有表现出对日本出自民族情绪的敌意，相反的，对于这一片以前从未到达过的土地，郭沫若表现出非常浓厚的兴趣乃至好感。类似于"春风送暖，斗柄回寅，景物翻新，而男之吸纳扶桑风水，不觉岁更月易矣。……此邦俗尚勤俭淡泊，清洁可风。男居此月余，学业行修虽无增益，努力餐饭，自觉体魄顽健，精神爽活，仅此差足以慰答慈念。独恨隔在天涯，定省不能，奋飞无翼，遥想玉体康宁，杖履洽吉为祷"。③ 这样的文字也经常出现在郭沫若的家书之中。可以看出，对于刚到日本的郭沫若来说，日本的风物习俗是有着颇多可取之处的。不但如此，来到日本以后，郭沫若认为其在饮食和运动方面都较之国内要强很多，而且他也明显感到自己无论是从身体上还是从精神上都变得好了起来，乃至"日日在海边浴沐，已能浮水至五六丈远。风吹日晒，身体全黑，……精神健旺，体魄蛮强，饭食每膳

① 郭沫若：《初出夔门》，《郭沫若全集·文学编·第11卷》，人民文学出版社1982年版，第353页。

② 郭沫若：《致父母（1913年12月25日）》，郭沫若著，郭平英、秦川编著《敝帚集与游学家书》，中国社会科学出版社2012年版，第179页。

③ 郭沫若：《致父母（1914年2月13日）》，郭沫若著，郭平英、秦川编著《敝帚集与游学家书》，中国社会科学出版社2012年版，第181页。

六七碗，比从前甚有可观也”。[①] 虽然到了1914年的下半年，由于日本与德国交恶出兵山东半岛，郭沫若一度称其为“鬼国”，[②] 但是当得知中国并不会因为此事向日本宣战的时候，郭沫若又称“中日两国将来可告无事。男居此间，别无他虑也”[③]。

从这些信件的文字中不难看出，如其自传中所言的那种对日本人的厌恶实际上对已经来到日本有一段时间的郭沫若而言是并不存在的，相反的，在郭沫若眼中，日本是一片比清末民初的中国更加适合生存和更加有生机活力的地方，他不但慢慢适应了日本的学习生活，在精神上慢慢变得有所余裕，而且还给家中写信，力劝弟弟郭开运也来日本学习。他建议郭开运“今岁毕业后，可急行东渡。如腊初毕业，腊中旬即须起身，家中亦不可少为留连。以限半年，须考得官费。早一日来东，于语言上得多一分闻见也（同学中如志愿相同，不妨约作同行最佳）。考上官费，便是好算盘，国内无此便宜，而学科不良，校风确劣无论矣”。[④] “元弟今年毕业，即速来东，休自误也。”[⑤] 甚至郭沫若还对父母说过“元弟可许容再出门读书否？……元弟天性笃厚，尊重自持，苟志于学，学无不成。比男之轻浮无力，实为远甚。父母如不忍割慈，则男颇有以身易元弟出门读书”。[⑥] 可见，郭沫若对日本的文化和学术氛围还是颇为倾心的。不仅如此，如果细读郭沫若与父母及郭开运谈及赴日留学的信件，还能发现郭沫若在劝自己的弟弟东往的时候着重提到了一个问题，那就是官费。

在郭沫若留学日本的时候，曾经作为家族中重要经济支柱之一的大哥郭

---

① 郭沫若：《致父母（1914年9月6日）》，郭沫若著，郭平英、秦川编著《敝帚集与游学家书》，中国社会科学出版社2012年版，第194页。

② 郭沫若：《致父母（1914年8月29日）》，郭沫若著，郭平英、秦川编著《敝帚集与游学家书》，中国社会科学出版社2012年版，第193页。

③ 郭沫若：《致父母（1914年9月6日）》，郭沫若著，郭平英、秦川编著《敝帚集与游学家书》，中国社会科学出版社2012年版，第194页。

④ 郭沫若：《致父母（1914年7月28日）》，郭沫若著，郭平英、秦川编著《敝帚集与游学家书》，中国社会科学出版社2012年版，第190页。

⑤ 同上书，第191页。

⑥ 郭沫若：《致父母（1916年12月27日）》，郭沫若著，郭平英、秦川编著《敝帚集与游学家书》，中国社会科学出版社2012年版，第236页。

开文因为上司尹昌衡“一败涂地，几乎有宣布死刑之说”，[1] 而失去了工作；郭沫若留学日本期间，家中还发生了很多事情，以至于经济一度拮据，郭开文还曾经因为“家中、手中均甚枯窘”[2] 的缘故，打算推迟女儿的婚事。在这种情况下，官费的意义就显得十分重要，郭沫若在给郭开运的信件中，就数次提到“考取官费”是赴日留学的必要条件。而且，在后来的一些具体事件中，“官费生”和“私费生”的表现是截然不同的。

1915 年，日本向袁世凯政府提出了丧权辱国的“二十一条”，交涉期间，中日关系一度跌至低谷。在这种外交背景下，许多留日学生纷纷回国，而郭沫若则按兵不动，并在给父母的信件中提及了其没有回国的原因，即“吾川地僻，消息不宁，想传闻溢实，必更加一层喧骚骇异也。男居此邦，日内仍依然上课。留学界虽有络绎归国者，然多属私费生，至官费学生，则并未曾动也”。[3] 对于官费学生来说，留学事宜涉及国家层面上的问题，其心态要比私费学生有恃无恐，但是，也正是由于涉及国家层面，官费学生在处理一些问题的时候显得比私费学生要拘谨，涉及发表文字的问题则更是如此。《牧羊哀话》本就是一篇具有反日情绪的小说，郭沫若谈及其创作背景时提到了“一九一九年。绵延了五年的世界大战告了终结，从正月起，在巴黎正开着分赃的和平会议，因而‘山东问题’又闹得甚嚣且尘上来了”。[4] 据研究者考证，这篇文章中的“悲恋”主题还涉及了朝鲜李王朝世子李垠与朝鲜贵族女性闵甲完、日本皇族女性梨本宫方子之间的爱情悲剧与政治婚姻。[5] 在这种国际政治背景下，中日关系又趋于紧张，中国国内反日呼声高涨，而此时，以官费留学生身份留在日本的郭沫若自然不能直接碰触敏感话题，同时，由于

---

① 郭沫若：《致父母（1914 年 3 月 14 日）》，郭沫若著，郭平英、秦川编著《敝帚集与游学家书》，中国社会科学出版社 2012 年版，第 185 页。

② 郭沫若：《致父母（1914 年 6 月 21 日）》，郭沫若著，郭平英、秦川编著《敝帚集与游学家书》，中国社会科学出版社 2012 年版，第 188 页。

③ 郭沫若：《致父母（1915 年 3 月 17 日）》，郭沫若著，郭平英、秦川编著《敝帚集与游学家书》，中国社会科学出版社 2012 年版，第 208 页。

④ 郭沫若：《创造十年》，《郭沫若全集・文学编・第 12 卷》，人民文学出版社 1982 年版，第 62 页。

⑤ ［日］藤田梨那：《关于郭沫若〈牧羊哀话〉的背景及创作意图之考察梗概》，《郭沫若学刊》2003 年第 1 期。

在时间上恰逢其时，此时的郭沫若还在力劝家中晚辈赴日读书，认为此时是郭开运赴日学习的最后时机，“鹿苹于九月内还要来的，来时令元弟带同宗仁、宗益及张侄来留学，甚为妥当也。元弟能来，不消如男一样再进大学，只须进高等专门，为时甚快，至多只要四五年便可毕业，正可与男同路归国也”。[①] 这就使他更加不能直接抨击日本政府了。

纵观郭沫若此时的创作，不难发现，此时的他并非是一个会将自己情感深藏的人。在同一时期写给宗白华讨论有关诗歌形式的信中，郭沫若认为“这种诗底波澜，有他自然的周期，振幅（Rhythm;），不容你写诗的人有一毫的造作，一刹那的犹豫，硬如哥德所说连摆正纸位的时间也都不许你有”；[②] 而在其同一时期创作的诗作中，这种情感的外溢则更为明显。从以上分析中不难看出，对于“二十一条”事件，身在日本的郭沫若是不可能不为之所动的，而他的留学生身份又大大限制了情感在文学上的发挥，所以这种情感必须以一种其他形式流露出来，而朝鲜李氏王朝后裔与日本皇室女子的政治婚姻正好给了郭沫若一个契机，使他能够以讽喻的形式将心中的郁结排遣出去。

在 20 世纪初期的中国，文学成为一个可以投射政治的镜子，通过文学来作用于政治，可以在最大程度上避免作家与国家意识形态发生正面冲突，可以说，此时的文学在作家政治理想与国家现实之间形成了一个缓冲地带，平衡着由于理想和现实之间差距而导致的种种矛盾。

本尼迪克特·安德森认为“民族”一词“是一个不可能享有专利权的发明”，“它变得能够被广泛而多样的，有时候未曾预期的人所盗用”。[③] 也就是说，现代民族国家在构建的过程中，各项元素都是可以做多种解释的，这种解释有时甚至会把现代民族国家的建设推向了反面，而一旦出现这种情况，如果直接作用于现实政治领域，后果必将是严重的。民元以来所发生的种种“复辟”事件就是这种反向作用危害的体现。如果站在现代民族国家的立场

---

① 郭沫若：《致父母（1919 年 3 月 31 日）》，郭沫若著，郭平英、秦川编著《敝帚集与游学家书》，中国社会科学出版社 2012 年版，第 256 页。

② 田寿昌、宗白华、郭沫若：《三叶集》，亚东图书馆 1920 年版，第 8 页。

③ ［美］本尼迪克特·安德森：《想象的共同体：民族主义的起源与散布》，吴叡人译，人民出版社 2003 年版，第 81 页。

上，文学还可以被视作是一个试验场，种种关于民族国家建设的想象都可以在这个试验场上得到运行，相比于直接作用于国家的生产生活领域，在文学领域内的民族国家想象显得成本低廉，最重要的是，它不会带来任何政治风险，所以文学在这一时期成了各类人物所纷纷关注的对象。

2. 作为政治实验空间的文学

1919 年，胡适出版了其具有划时代意义的诗集《尝试集》，在为诗集序言做结论时，胡适说道："'尝试成功自古无！'放翁这话未必是。我今为下一转语：'自古成功在尝试！'"并称"我生求师二十年，今得'尝试'两个字。作诗做事要如此，虽未能到颇有志。作'尝试歌'颂吾师，愿大家都来尝试"[①]。不难看出，胡适对于自己开创的新诗是非常自豪的。在这部诗集的再版自序中，胡适又说："不料居然有一种守旧的批评家一面夸奖《尝试集》第一编的诗，一面嘲笑第二编的诗；说《中秋》《江上》《寒江》，……等诗是诗，第二编最后的一些诗不是诗；又说，'胡适之上了钱玄同的当，全国少年又上了胡适之的当！'"[②] 以上胡适提到的几首诗皆为旧体诗歌，格律较为整饬，而第二编中的诗歌多为新诗。胡适在肯定自己为中国现代文学的新诗作出开创性贡献的同时，也承认自己的局限，即他后来所说的"年年的鞋样上总还带着缠脚时代的血腥气"。[③] 对胡适而言，《尝试集》中所收录的诗歌已经是其在这一时期对白话文或者新诗领域进行探索的极限，但是这种极限不仅在其反对者那里被认为是失败的，是"受了骗"，在其支持者那里也是被质疑的。

在收到胡适的《尝试集》后，钱玄同在日记中写道："适之之《尝试集》寄到。适之此集是他白话诗的成绩，而我看了觉得还不甚满意，总嫌他太文

① 胡适：《〈尝试集〉自序》，欧阳哲生主编《胡适文集·第 9 卷》，北京大学出版社 1998 年版，第 83 页。

② 胡适：《〈尝试集〉再版自序》，欧阳哲生主编《胡适文集·第 9 卷》，北京大学出版社 1998 年版，第 85 页。

③ 胡适：《〈尝试集〉四版自序》，欧阳哲生主编《胡适文集·第 9 卷》，北京大学出版社 1998 年版，第 91 页。

点，其中有几首简直没有白话的影子。我曾劝他既有革新文艺的宏愿，便该尽量用白话去做才是，此时初做，宁失之俗，毋失之文。”① 在给胡适的信件中，钱玄同也说：“惟玄同对于先生之白话诗，窃以为犹未能脱尽文言窠臼。”② 对比钱玄同的书信和日记，不难看出，由于“同抱文学革命之志”，钱玄同对胡适“非敢于尊作故意吹求”，③ 在钱玄同自己看来，胡适的《尝试集》二编里那些工于平仄的文字已经不属于白话诗的范畴，胡适收录了这些诗，就等于背离了文学革命，向那些旧文学的势力低头。在为《新青年》审稿的过程中，钱玄同的这一观点则显示得更加明显：“略检青年诸稿，有刘延陵论文学二篇，笔杂已甚。又有某氏之论理学稿，推说论理学之名可包名学、因明、Logic，而L不足以尽论理学。这是什么理，真是胡说乱道。还有一篇文章是论近世文学的，文理不通、别字满纸，这种文章也要登《新青年》，那么《新青年》竟成了毛厕外面的墙头，可以随便给什么人来贴招纸了。哈哈！这真可笑极了。”④ 从钱玄同的言谈中可以看出，他对于新文化运动以及《新青年》的期许是颇高的，同时，这也导致了他对白话文改革的态度比胡适要更加激进。按照钱玄同的思路，废弃文言文和旧体诗是一件可以通过坚决的态度来实现的事情，他认为“我近日想这汉文实在是要不得的东西。论其本质，为象形字之末流，为单音语之记号。其难易巧拙已不可与欧洲文字同年而语矣”。即使不能毕其功于一役，通过“对于汉文限制字数，改变文语，以专读新编之教科书”等具体行动，也可以在最大程度上限制文言文的发展。

虽然钱玄同对白话革命的设想有一定的合理性，但是如果站在民族国家的角度来看，这种设想在实践上是不现实的：首先，语言承载着思维，它可以被看作民族精神的外在呈现形式，并不是通过强制干预就可以一下子改变的，钱玄同的语言改革思路在后续的历史中也被不断地反思。早在新文化运

---

① 钱玄同：《日记（19191022）》，杨天石主编《钱玄同日记·上》，北京大学出版社2014年版，第324页。

② 钱玄同：《致胡适（19170702）》，《新青年》1917年第3卷第6号。

③ 同上。

④ 钱玄同：《日记（19180102）》，杨天石主编《钱玄同日记·上》，北京大学出版社2014年版，第326页。

动取得“实绩”不久的1923年，在这场运动中成长起来的青年瞿秋白一语点破新文学中存在的语言问题，即现实性和民族性的问题。瞿秋白认为由这种语言形式构成的现代中国文学无疑是失败的，看似成果颇丰的中国文坛实际上只是一片“无边无际的荒凉的沙漠”，其作品实在乏善可陈，“鲁迅先生虽然独自‘呐喊’着，只有空阔里的回音；周作人先生的‘自己的园地’，也只长出几株异卉，那里舍得给骆驼吃？”瞿秋白敏锐地看到对于刚刚诞生的中国新文学而言，这种繁荣背后的颓败其根本原因在于文学革命的路径出了问题：“文学革命的胜利，好一似武昌的革命军旗；革命胜利了，军旗便隐藏在军营里去了，——反而是圣皇神武的朝衣黼黻和着元妙真人的五方定向之青黄赤白黑的旗帜，招展在市侩的门庭。文学革命政府继五千年牛鬼蛇神的象形字政策之后，建设也真不容易。‘文学的白话，白话的文学’都还没有着落。‘民族国家运动’在西欧和俄国都曾有民族文学的先声，他是民族统一的精神所寄。‘中国的拉丁文’废了，中国的现代文还没有成就。”① 在瞿秋白看来，限制中国新文学发展的关键问题就在于语言，中国文学做出与文言文彻底告别的姿态的同时，也失去了本民族独有的精神。如果没有内在的民族精神作为支撑，语言的背后就会是空洞无物的，更遑论那种为中华民族所共通的情感和思想了，而情感和思想对文学而言是至关重要的。其次，在钱玄同大力倡导语言革命的年代，中华民国作为一个诞生还不及十年的新生现代民族国家，其所面临的内忧外患是极其严重的。来自语言方面的断裂式革命，无疑会给本来就不甚稳固的中华民国的政治基础以沉重的一击。在1923年前后，新文化运动的种种努力也如其倡导者所意料的终于获得了来自官方的回声，可以看到以下条例，即按照课程标准的规定：“（二）第一学年选文：语体文居十之六七，文言文居十之三四。（三）第二学年选文：语体，文言各半。（四）第三学年选文：文言文居十之六七，语体文居十之三四。（五）第一学年语体文法，以一学年为一圆周：授简易词性，简易句法，及简易标点符号。（六）第二学年文法，以一学年为一圆周，仍以语体为主；但比上学年

① 陶畏巨：《荒漠里——一九二三年之中国文学》，《新青年》（季刊）1923年第2期。

加详；并随时用文言举例参照。”[①] 这种课程标准的设置虽然从根本上确立了语体文在教学领域的主体性地位，以官方的力量将胡适等人提出的“文学的国语”设想推行下去，但是在形式上对文言文存在的合理性方面也有着较大程度的让步。其原因就在于如果一下子就从语言上改变中华民国国民对世界的认知方式，那么，其带来的一系列变化将是不可预知的，这对于刚成立不久的国家来说显然是其不想面对也无力承担的。

在这种情况下，文学作为现实世界的投射，以其可塑性和可假设性成为了现实政治最好的试验场所，它可以在假设的世界里以一种“尝试”的态度来介入现实生活中的一些具体事件，从而使读者在现实生活中找到一种确据和方向。

1915 年，身在美国波士顿的胡适在日记中记载了他与友人讨论“意中之舆论家”的结果，其中包括以下几项：“须能文，须有能抒意又能动人之笔力”“须深知吾国史事时势”“须深知世界史事时势。至少须知何处可以得此种知识，须能用参考书”“须具远识”等。[②] 如果对比后来胡适的《文学改良刍议》中有关文学的认识，就会发现，其在日记中所言各项与后来所提到的文学改良“八事”有着很大的关联，尤其是其“第八事”——不避俗字俗语，胡适上征唐宋，认为“吾国言文之背驰久矣”，下引元明，认为“中国文学当以元代最盛”，并远接“但丁、路得”等西方方言文学改良者的事迹，[③] 言下之意和之前日记中所提到的“远识”“深知史事时势”对应。胡适认为文学是培养发现自己“意中之舆论家”的最好方式：其一，通过对文学的书写，可以促进作者们对于“史事时势”的了解，为“舆论家”的出现做好了知识上的准备；其二，通过建立文学与现实之间的关系，作者们可以自发地通过文学来干预现实，将文学中的理想引入现实政治文化层面，从而对社会起到干预作用；其三，通过言文一致可以使更多的读者接收到作者的思想，

① 《新订初级中学各科课程标准：初级中学国文科课程大纲》，《教育丛刊》1923 年第 3 卷第 7、8 集。

② 胡适：《日记 19150127》，曹伯言整理《胡适日记全编 · 第 2 卷》，安徽教育出版社 2001 年版，第 14 页。

③ 胡适：《文学改良刍议》，《新青年》1917 年第 2 卷第 5 号。

从而使“舆论家”的“舆论”得以更广泛地传播，使文学获得更广泛的社会效应。不难看出，胡适也在试图通过文学在理想与现实之间建立一个缓冲地带，使两者不会因为直接接触而导致剧烈的冲突。

胡适不仅是这种文学思想的倡导者，还是其重要的执行者。当面对重大政治事件的时候，胡适的第一反应往往就是拿起笔来，创作一些论说类文字来阐明自己的立场。1915 年日本侵占山东，胡适在日记中写道：“自中日最近交涉之起，吾国学子纷纷建议，余无能逐诸少年之后，作骇人之壮语，但能斥驳一二不堪入耳之舆论，为‘执笔报国’之计，如斯而已矣。”① 虽然胡适在此处并未明言，但是可以明显看出，胡适对于那些空放豪言壮语的青年是十分不屑的，与那些试图直接干预政治的言论相比，胡适更重视的是文学的间接舆论导向性，即用一些更实际的文字去潜移默化地影响民众，乃至影响政治。正如胡适在同一时期写给美国《新共和国周报》的信中所言：“贵刊记者对于中国国民自治和自我发展能力之估计偏执一端……然余亦要提醒该君，像中国这样一个泱泱大国，其改革决不会是一蹴而就的。……辛亥革命发生于公元 1911 年 10 月，创立共和国至今还不足三载，岂能说已绝无希望！岂能说‘以一先进国家之标准来衡量中国，是完全不够格的’？又岂能说‘中国不具备自我发展之能力’？”② 胡适本人对文学的这种功用所产生的效果也是颇为乐观的，他说：“吾所投 The New Republic 之书，乃为 Syracuse Post - Standard 引作社论，则吾书未尝无影响也。”③ 不难看出，胡适的文学主张和实践正是向着其心中“舆论家”的目标去的，新文学的倡导者和参与者比旧文学的作家们更加明白文学能达到的社会功用，同时也更清楚地了解文学的局限，因此在胡适等人眼中，社会改造和思想改造应该也必将从文学开始，而文学则应该以一种富有机能性的面貌参与社会改造和思想改造，以晚清的

① 胡适：《日记 19150301》，曹伯言整理《胡适日记全编 · 第 2 卷》，安徽教育出版社 2001 年版，第 67 页。

② 胡适：《日记 19150227》，曹伯言整理《胡适日记全编 · 第 2 卷》，安徽教育出版社 2001 年版，第 71 页。

③ 胡适：《日记 19150301》，曹伯言整理《胡适日记全编 · 第 2 卷》，安徽教育出版社 2001 年版，第 77 页。

那样一种口号式的姿态出现的文学已经不适应这个时代了，故而在文学的新功用的促使下，一场新的文学运动也将发生。

从郭沫若与胡适对于文学功用的认知可以看出，新文学与旧文学的很大一点不同还在于文学家们开始对文学的边界有了新的认知。在他们心中，文学已经不完全是一件抒发个人情绪的事情，而是要建立在现代民族国家的基础之上。文学在很大程度上为作家们提供了一个想象民族国家构建形式和发展过程的空间。在这个空间内，有关民族国家的事宜可以被充分的讨论和实验。从这个角度来说，新文化运动是这一时期知识分子所必然选择的道路，同时也是现代民族国家发展所必然选择的道路。新文化运动与中国现代民族国家的构建是一体两面的，两者互相影响并互相促进。

本章小结

20 世纪 10—20 年代，在产业革命的推动下，世界经济、政治格局不断地发生变化。之于中华民国而言，本身就不甚成熟的政治体系在民众日渐成熟的现代民族国家意识面前不断地显示出落后和保守的一面。新文化运动原本旨在维持和弘扬中华民国以及民国体制之下所宣传的政治理念及国家构思。但是当这场运动如火如荼地进行时，其参与者和发起者却发现中华民国这样一个政治、经济、文化的共同体已经走向了新文化的反面，原本的宗旨已经不足以满足新文化的内在要求。新文化运动的参与者在宣传新文化的过程中逐渐将自己有关民族、文化乃至国家的个人化构思添加进去，同时，这也成为了由他们掌控的新文化刊物所要面对的必然选择。

在《新青年》的办刊过程中，陈独秀等编辑的种种策略和调整是颇能代表新文化运动先驱们在面对风云变幻时的反应的。在新文化运动起初阶段，参与者们能够较为严格地恪守其在刊物发行之初所许下的承诺，但是作为启蒙者的编辑们和作为启蒙对象的读者们毕竟不是同一代人，年龄的差别以及由此带来的经济状况和社会地位的不同，使得两者在面对同样的社会现实时往往会做出不同的反应。这时候，作为一份公开发表的刊物，编辑们不得不考虑到在保证思想性的同时，使用一些市场营销乃至舆论导向的策略来增加其刊物的影响力。当青年读者的阅读需求和对世界的认知已经溢出刊物编辑的预期时，固守老路注定是死路一条，而变革则意味着新生。不过，在刊物随着时代不断改变的过程中，现代化的市场营销手段中那些不甚光明磊落的元素也往往会被带入刊物编辑的过程中。这本是无可厚非的，但是之于以真诚为重要元素的刊物而言，引起编辑群体内部乃至读者的不满也是可以料见的。新文化运动在不断建构过程中所体现出的“道”与“术”实际上都是其内在精神的侧面，作为一场旨在改变国民性的文化运动，其变与常都是为了完成这场运动在发起时所定下的目标。那些不变的“道”正是新文化运动最为宝贵的东西；而胡适和陈独秀等人纷纷打破他们在新文化运动初期关于文化与政治的关系的承诺，逐渐地用一种近乎“术”的方式来介入现实领域，则显示了新文化运动一经发生，就不再是个固化的、既定的范畴，它是与时俱进的，时刻与新的政治文化语境产生对话，爆发出新的生机与活力。也正是在不断地实践和探索之中，新文化运动才能始终保持能动性，启迪一批又一批的青年从象牙塔走向十字街头，推动着中国社会的发展。

结　论

在现代中国文学研究的领域内，文学史的史观在一定程度上起着线索性的重要作用，通过不同史观统御下的文学史而梳理出的文学现象或文学景观，其面貌和意义都会有着较大的差别。有时候，这种差别甚至使得研究者对一部作品或一个文学现象的评论呈现出完全相悖的多重向度。自新时期以来，在中国现代文学的研究领域中，“现代性”一直是一个具有很强启发性的概念范畴，一方面，“现代性”在很大程度上纠正了曾经一度风行的以政治概念图解文学的文学研究范式，将文学史的研究和价值评判标准还原到了文学本身；另一方面，过于庞大、冗杂的“现代性”观念及理论又将一种新的宏大叙事带入了文学研究领域当中，而这显然又是后续的文学史研究应该着重注意的问题。

从现代性文学史观的视角去看，自启蒙开始，一切文学写作都被赋予了现代性的意义。在其提倡者那里，“现代性”并不仅仅是一个哲学上的概念，其所提供的一系列所指极为发散的宏大范畴，将文学发展的终点延伸进未来的无限空间之中。从现代性的视角去看，新文化运动唯一的中心就成为了救亡和启蒙，这种认知显然是充满了后设色彩的。基于现代性史观而形成的文学史著作往往也会将注意力放在种种文学现象上，这样的写作侧重导致了对于文学史上的各种实验性现象和作品的评价基于“现代性”标准而被抬得过高，抬高这些作品就意味着对其他样貌的文学作品价值的压缩。在启蒙的姿态下，多种对话的可能性消失，成为了现代性与启蒙的二重奏。“现代性”本身就是一个去中心的、对话性的范畴，其中应包含着多元的主体，是一个“很复杂的问题”[①]。事实上，如果还原到新文化运动发生时的历史文化语境中去，许多在今天看来极富现代性的文学作品和文学思潮，在当时的影响力是十分有限的，如果将这些现今看起来十分“进化”的内容看作文学史发展的线索，那么，就难免忽视掉一些虽然没有那么“进化”，但是却深刻地影响着中国现代文学史发展的内容。现代性史观统摄下的文学史书写有着明显的进化论维度，站在目前进化的末端向前看去，那些无益于“进化”的成分往往会被过滤掉，从而忽视了现代中国文学在发展过程中丰富而多元的一面。

文学是人的创造，最终表现的也是人的生活。在现代性统御下的文学史写作中，构想了这样一条“二十世纪中国文学”的研究线索，即“走向‘世界文学’的中国文学”“以‘悲凉’为基本核心的现代美感特征”“由文学语言结构表现出来的艺术思维的现代化进程”,[②] 不难发现，这些线索虽然极大地推动了中国现代文学研究的步伐，但是过于注重文学审美特质的研究策略却使历史中真正“人”活动的痕迹被湮没了。正如“悲凉”，现代性文学史观主要强调的是文学作品中体现的那种具有时代气息的感觉，而作为具体的“人”的悲凉则往往被其忽略。“人”的维度始终在文学史写作中是缺席的。现代民族国家建构对于现代中国文学的重要性即使是对于文学现代性来说也是不可回避的。但在现代性文学史观的指导下，现代民族国家建构和想象并没有被提到一个决定性的地位上去，这就使得文学本身在现代性上的追求湮没了文本的生成语境，思潮的意义大于作品的意义，“人”的形象还是一个抽象的符号，并没有真正地凸显出其价值和主体地位。而实际上，在历史中具体的“人”的活动更“能够明确表示出中国现代文学的本质规定，它可成为中国现代文学的象征符号，同时能够投射到中国现代文学的差异互见的各种形态的表层与深层，成为研究主体进行发现和阐释的重要依据和理性坐标”。[③]

---

① 汪晖:《我们如何成为“现代的”?》,《中国现代文学研究丛刊》1996 年第 1 期。

② 黄子平、陈平原、钱理群:《论“二十世纪中国文学”》,《文学评论》1985 年第 5 期。

③ 朱德发:《现代文学史观的探索及其意义》,《现代文学史书写的理论探索》，山东人民出版社 2010 年版，第 182 页。

换句话说，今天的文学史研究既然站在了现代性文学史观和20世纪中国文学所夯实了的坚实基础上，就应当在其中反思“人”是如何参与这场文学和文化的大变革之中的。

21世纪以来，一种新的历史观越来越为人们所重视，这种新的史学重新定义了时间，将地理时间、社会时间和个人时间同时纳入了研究视野。其中，研究者们更重视的是“个人时间”，即在历史大潮中的一种个人化的体验对于整个历史的意义。个人化视野下的叙事和在公众面前表现出的具有表演和自居性质的叙事两相比较下来，前者所具有的真实性和史料价值自然要高出后者很多。以人民文学出版社和大象出版社为代表，出版界也不失时机地出版或重版了一批人物日记、自叙、口述传记或以人物的个人化的叙事为主体结构起来的文学掌故或书话性质的材料，掀起了一场口述历史和传记文学写作的热潮，也让这种个人化的叙事重新走进了研究者的视野。

这种个人化的视野正是对于之前的那种“大写”姿态下“宏大叙事”的一种补充，高屋建瓴地把握全局自然是不可缺少的，但是文学史对于这一时期的文学生态的描述也同样需要一种将镜头拉近后的微视角观察，挖掘活生生的人在历史的建构过程中所起到的作用，还原一种个人和时代之间的生成性互动关系。人毕竟是一切社会关系的总和，其在历史中的活动是复杂的。本书的写作目的正是试图通过对新文化运动发生前后作家个人在时代大潮中的活动来进行细节化的研究，以期为这一时期文学生态作一些有益的补充，同时也希望能将文学活动和文学史事件真正还原为人的活动，用参与者个人的视角来梳理新文化运动时期个人、国家、文学三者之间的复杂关系。从作家书信、日记中，可以更多地看到一个个活生生的个人在历史语境中的挣扎与选择，也会发现这些在后来被看作新文化运动先锋的青年在做出一些重大选择和决定时的含混与不纯粹。但是，这种是与非、正与反、纯粹与混杂、高尚与阴谋乃至信仰与怀疑都是新文化运动中不可缺少的重要组成部分。这些元素中有些甚至是逆新文化运动的大潮而行的，但是，它们也绝不像有些研究者所提出的，构成了质疑和否定新文化运动的成分。相反的，正是由于这些异质性因素的存在，新文化运动才更显得其“真”。在那个晦暗不明的时代里，没有人能预测历史的进程，他们做出的决定和选择都是真诚的，而“真诚”，也正是新文化运动最可贵的精神之一。

再者，从作家的书信、日记中可以看出，新文化运动发生之前到新文化运动蔚然成风的过程中，“实践”作为一个重要的议题，时常出现在参与者们的叙述当中。新文化运动之所以以“文化”为名，很大程度上是由于其最初并没有直接干预现实生活和政治的意图，这场运动之所以在后来越来越对生活本身和政治文化起到了强大的干预和引导作用，并最终以五四运动这样一种社会活动的方式达到了顶峰，与其参与者此时此地的心态和不断变化着的对文化、文学以及社会的认知都是有着极大关系的。若要对这些问题进行研究，以书信、日记为载体，更为直接、真实地切入参与者们的生活中去是一条很好的路径。一个人的性格以及由性格、境遇导致的文化选择并不是一成不变的，新文化运动的“新”，也正在于它是随着时代的潮流而不断变化着的。参与者需要在不断变幻的时代中始终保持一种与现实积极对话的机能性，这也是新文化运动能够在很长一段时间内引领中国文化和文学风潮的重要原因，而要捕捉这些参与者们由刹那或者偶然引发的思考，书信和日记则成为了一种很好的切入途径。

总的来说，以作家书信、日记为线索和主要研究对象，来研究新文化运动的发生是一项比较有意义的工作。虽然作为现代中国文化、文学起源的这一时期内一些资料比较欠缺，但总体而言其可行性和合理性还都是比较高的。随着现代中国文学不断地走向成熟，文学研究中对史料的重视也成了现代中国文学研究的一个共识，本书也希望能够通过作家书信、日记来进行一种文学史观上的建构，以期在文学史“宏大叙事”之外，以一种更为微观和个人化的方式来对本已硕果累累的现代中国文学研究做一些有益的补充。

参考文献

一　专著类

［加］阿尔维托·曼古埃尔：《阅读史》，吴昌杰译，商务印书馆 2002 年版。

［美］阿尔文·古尔德纳：《新阶级与知识分子的未来》，杜维真等译，人民文学出版社 2001 年版。

阿英：《阿英全集》，安徽教育出版社 2003 年版。

阿英：《阿英日记》，山西教育出版社 1997 年版。

阿英：《日记文学丛谈》，上海南强书局 1933 年版。

阿英编：《晚清文学丛钞》，中华书局 1960 年版。

［德］埃里希·奥尔巴赫：《摹仿论——西方文学中所描绘的现实》，吴麟绶、周新建、高艳婷译，百花文艺出版社 2002 年版。

［德］埃利亚斯·卡内提：《群众与权力》，冯文光、刘敏、张毅译，中央编译出版社 2003 年版。

［英］埃里克·霍布斯鲍姆：《民族与民族主义》，李金梅译，上海人民出版社 2000 年版。

［美］爱德华·W. 萨义德：《东方主义》，王宇根译，生活·读书·新知三联书店 2010 年版。

［美］爱德华·W. 萨义德：《知识分子论》，单德兴译，陆建德校，生

活·读书·新知三联书店2002年版。

［英］安东尼·吉登斯：《社会的构成：结构化理论大纲》，李康、李猛译，王铭铭校，生活·读书·新知三联书店1998年版。

巴金：《巴金全集》，人民文学出版社1994年版。

［美］本尼迪克特·安德森：《想象的共同体——民族主义的起源与散布》，吴叡人译，上海人民出版社2005年版。

［日］柄谷行人：《日本现代文学的起源》，赵京华译，生活·读书·新知三联书店2003年版。

［法］布瓦洛：《诗的艺术》，任典译，人民文学出版社2009年版。

蔡元培等：《中国新文学大系导论集》，良友复兴图书公司1940年版。

曹伯言、季维龙编：《胡适年谱》，安徽教育出版社1986年版。

曹伯言整理：《胡适日记全编（1910—1914）》，安徽教育出版社2001年版。

曹操、曹丕、曹植著，宋效勇点校：《三曹集》（魏武帝集·魏文帝集·陈思王集），岳麓书社1992年版。

曹凑贵：《生态学概论》，高等教育出版社2002年版。

曹聚仁：《鲁迅评传》，复旦大学出版社2006年版。

查国华：《茅盾年谱》，长江文艺出版社1985年版。

陈独秀：《独秀文存》，安徽人民出版社1987年版。

陈方竞：《鲁迅与浙东文化》，吉林大学出版社1998年版。

陈坚、陈奇佳：《夏衍传》，中国戏剧出版社2015年版。

陈建守：《德/赛先生：五四运动研究书目》，中华新文化发展协会2011年版。

陈明远：《何以为生：文化名人的经济背景》，新华出版社2007年版。

陈明远：《知识分子与人民币时代》，文汇出版社2006年版。

陈平原、郑勇编：《追忆蔡元培》，中国广播电视出版社1997年版。

陈平原：《中国小说叙事模式的转变》，上海人民出版社1988年版。

陈学明、吴松、远东编：《社会水泥——阿多诺、马尔库塞、本杰明论大众文化》，云南人民出版社 1998 年版。

陈益民、江沛主编:《老新闻》，天津人民出版社 2003 年版。

陈寅恪:《陈寅恪全集》，生活 · 读书 · 新知三联书店 2009 年版。

陈源:《西滢闲话》，河北教育出版社 1994 年版。

［美］戴维 · 米勒:《开放的思想和社会——波普尔思想精粹》，张之沧译，江苏人民出版社 2000 年版。

戴季陶:《三民主义之哲学的基础》，国民政府军事委员会 1938 年版。

［英］道格拉斯 · W. 贝斯黑莱姆:《偏见心理学》，邹海燕、郑佳明译，湖南人民出版社 1989 年版。

［英］德波顿:《身份的焦虑》，陈广兴、南治国译，上海译文出版社 2007 年版。

丁玲著，张炯主编，蒋祖林、王中忱副主编:《丁玲全集》，河北人民出版社 2001 年版。

丁易:《中国现代文学史略》，作家出版社 1955 年版。

［美］杜赞奇:《从民族国家拯救历史：民族主义话语与中国现代史研究》，王宪明译，社会科学文献出版社 2003 年版。

［德］恩格斯:《家庭、私有制和国家的起源》，中共中央马恩列斯著作编译局译，人民出版社 2003 年版。

范伯群主编:《中国现代通俗文学史》，高等教育出版社 2000 年版。

方铭编:《蒋光慈研究资料》，宁夏人民出版社 1983 年版。

［法］菲力浦 · 勒热讷:《自传契约》，杨国政译，生活 · 读书 · 新知三联书店 2001 年版。

丰子义:《马克思主义社会发展理论研究》，北京师范大学出版社 2012 年版。

［奥］弗洛伊德:《爱情心理学》，林克明译，作家出版社 1986 年版。

［奥］弗洛伊德:《释梦》，孙名之译，高等教育出版社 1996 年版。

［奥］弗洛伊德著，车文博主编:《弗洛伊德文集》，长春出版社 2004 年版。

［法］弗朗索瓦·多斯：《碎片化的历史学：从〈年鉴〉到“新史学”》，马胜利译，北京大学出版社 2008 年版。

［美］弗雷德里克·詹姆逊：《政治无意识——作为社会象征行为的叙事》，王逢振、陈永国译，中国社会科学出版社 1999 年版。

［英］弗雷泽：《金枝》，徐育新等译，大众文艺出版社 1998 年版。

［法］伏尔泰：《哲学辞典》，王燕生译，高等教育出版社 1991 年版。

［日］冈泽秀虎：《苏俄文学理论》，陈望道译，开明书店 1933 年版。

高长虹著，山西盂县政协《高长虹文集》编委会编：《高长虹文集》，中国社会科学出版社 1989 年版。

［意］葛兰西：《葛兰西文选》，国际共运史研究所编译，人民出版社 1992 年版。

耿云志、欧阳哲生编：《胡适书信集》，北京大学出版社 1996 年版。

耿云志、欧阳哲生整理：《胡适全集》，安徽教育出版社 2003 年版。

古农主编：《日记漫谈》，人民日报出版社 2012 年版。

古农主编：《日记品读》，人民日报出版社 2012 年版。

古农主编：《日记闲话》，人民日报出版社 2012 年版。

古农主编：《日记序跋》，人民日报出版社 2012 年版。

顾随：《顾随全集》，河北教育出版社 2000 年版。

郭沫若：《〈女神〉及佚诗》，人民文学出版社 2008 年版。

郭沫若：《创造十年》，现代书局 1932 年版。

郭沫若：《创造十年续篇》，北新书局 1946 年版。

郭沫若：《反正前后》，现代书局 1929 年版。

郭沫若：《郭沫若全集》，人民文学出版社 1982 年版。

郭沫若：《盲肠炎》，群益出版社 1947 年版。

郭沫若：《前茅》，创造社出版部 1928 年版。

郭沫若：《我的幼年》，光华书局 1929 年版。

郭沫若著，郭平英、秦川编注：《敝帚集与游学家书》，中国社会科学出版社 2012 年版。

郭沫若著，王继权、姚国华、徐培军等编：《郭沫若旧体诗词系年注释》，黑龙江人民出版社 1984 年版。

［德］哈贝马斯：《公共领域的结构转型》，曹卫东、王晓珏、刘北城、宋伟杰译，学林出版社 1999 年版。

［德］哈贝马斯：《交往与社会进化》，张博树译，重庆出版社 1989 年版。

［美］哈罗德·布鲁姆：《影响的焦虑：一种诗歌理论》，徐文博译，江苏教育出版社 2006 年版。

［德］海德格尔：《人，诗意地安居》，郜元宝译，张汝伦校，广西师范大学出版社 2000 年版。

［德］黑格尔：《法哲学原理》，杨东柱、尹建军，王哲编译，北京出版社 2007 年版。

胡也频著，茅盾主编、新文学选集编辑委员会编辑：《胡也频选集》，开明书店 1951 年版。

（清）黄遵宪撰，王宝平主编：《日本国志》，上海古籍出版社 2001 年版。

黄淳浩编：《郭沫若书信集》，中国社会科学出版社 1992 年版。

黄永年：《古籍版本学》，凤凰出版传媒集团 2005 年版。

黄永年：《古籍整理概论》，上海书店出版社 2001 年版。

［美］加布里埃尔·A. 阿尔蒙德、小 G. 宾厄姆·鲍威尔：《比较政治学——体系、过程和政策》，曹沛霖、郑世平、公婷、陈峰译，上海译文出版社 1987 年版。

姜涛：《公寓里的塔：1920 年代中国的文学与青年》，北京大学出版社 2015 年版。

蒋光慈：《蒋光慈文集》，上海文艺出版社 1988 年版。

［美］金介甫：《沈从文传》，符家钦译，时事出版社 1990 年版。

金观涛、刘青峰：《观念史研究：中国现代重要政治术语的形成》，法律出版社 2005 年版。

金宏宇：《中国现代长篇小说名作版本校评》，人民文学出版社 2004 年版。

金耀基：《从传统到现代》，中国人民大学出版社 1999 年版。

景宋、巴人等：《鲁迅的创作方法及其他》，新中国文艺社 1939 年版。

［德］卡尔·曼海姆：《意识形态与乌托邦》，黎鸣、李书崇译，周纪荣、周琪校，商务印书馆 2000 年版。

［德］克劳塞维茨：《战争论》，中国人民解放军军事科学院译，高等教育出版社 1978 年版。

［美］克利福德·吉尔兹：《地方性知识——阐释人类学论文集》，王海龙、张家瑄译，中央编译出版社 2000 年版。

［英］克莱尔·科勒布鲁克：《导读德勒兹》，廖鸿飞译，重庆大学出版社 2014 年版。

［英］克莱夫·贝尔：《艺术》，薛华译，江苏教育出版社 2005 年版。

［美］肯尼思·N. 华尔兹：《人、国家与战争》，倪世雄、林致敏、王建伟译，上海译文出版社 1991 年版。

来新夏：《近三百年人物年谱知见录》，中华书局 2010 年版。

老舍：《老舍自传》，京华出版社 2005 年版。

乐山市文管所编：《郭沫若少年诗稿》，四川人民出版社 1979 年版。

［美］雷·韦勒克、奥·沃伦：《文学理论》，刘象愚、邢培明、陈圣生、李哲明译，生活·读书·新知三联书店 1984 年版。

［英］雷蒙德·威廉斯：《文化与社会》，吴松江、张文定译，北京大学出版社 1991 年版。

李辉主编：《丁玲自述》，大象出版社 2006 年版。

李田意编注：《中国共产党文献选读》，耶鲁大学远东出版社 1974 年版。

李文海主编：《民国时期社会调查丛编·宗教民俗卷》，福建教育出版社 2004 年版。

李宗刚：《父权缺失与五四文学的发生》，人民出版社 2016 年版。

李宗刚：《新式教育与五四文学的发生》，齐鲁书社 2006 年版。

李宗刚：《中国现代文学史论》，山东人民出版社 2015 年版。

梁寒冰编著：《中国现代革命史教学参考提纲》，天津通俗出版社 1955

年版。

梁启超:《饮冰室专集》,中华书局1972年版。

[美]林毓生:《中国意识的危机——“五四”时期激烈的反传统主义》,穆善培译,苏国勋、崔之元校,贵州人民出版社1986年版。

(明)刘侗、于奕正、周损:《帝京景物略》,上海古籍出版社2001年版。

刘北成编著:《福柯思想肖像》,北京师范大学出版社1995年版。

刘树发主编:《陈毅年谱》,人民出版社1995年版。

刘象愚主编:《外国文论简史》,北京大学出版社2005年版。

刘衍文、艾以主编:《现代作家书信集珍》,汉语大词典出版社1999年版。

刘增杰:《中国现代文学史料学》,中西书局2012年版。

《鲁迅研究资料·第四辑》,天津人民出版社1980年版。

鲁迅:《鲁迅全集》,人民文学出版社2005年版。

鲁迅博物馆、鲁迅研究室、《鲁迅研究月刊》选编:《鲁迅回忆录》,北京出版社1999年版。

鲁迅博物馆藏:《周作人日记(影印本)》,大象出版社1996年版。

鲁迅大辞典编纂组:《鲁迅佚文集》,四川人民出版社1979年版。

栾梅健:《二十世纪中国文学发生论》,广西师范大学出版社2006年版。

[波兰]罗曼·英加登:《论文学作品》,张振辉译,河南大学出版社2008年版。

[法]罗兰·巴特:《文之悦》,屠友祥译,上海人民出版社2009年版。

[美]罗伯特·芮德菲尔德:《农民社会与文化:人类学对文明的一种诠释》,王莹译,中国社会科学出版社2013年版。

[英]罗伯特·奥迪主编:《剑桥哲学辞典(第二版)》,剑桥大学出版社1999年版。

[美]M. H. 艾布拉姆斯:《镜与灯——浪漫主义文论及批评传统》,郦稚牛、张照进、童庆生译,北京大学出版社2004年版。

[德]马克斯·霍克海默:《批判理论》,李小兵等译,重庆出版社1989

年版。

［德］马克斯·韦伯：《学术与政治：韦伯的两篇演说》，冯克利译，生活·读书·新知三联书店1998年版。

［德］马克斯·韦伯著，甘阳等选编：《民族国家与经济政策》，甘阳等译，生活·读书·新知三联书店1997年版。

［美］马克·赫特尔：《变动中的家庭——跨文化的透视》，宋践、李茹等编译，浙江人民出版社1988年版。

［美］马克斯·韦伯：《学术与政治》，冯克利译，生活·读书·新知三联书店1999年版。

［美］马斯洛：《马斯洛人本哲学》，成明编译，九州出版社2003年版。

［美］马泰·卡林内斯库：《现代性的五副面孔》，顾爱彬、李瑞华译，高等教育出版社2002年版。

《马克思恩格斯全集》，中共中央马克思恩格斯列宁斯大林著作编译局译，人民出版社1962年版。

马新国主编：《西方文论史》，高等教育出版社2004年版。

［美］迈克尔·E. 罗洛夫：《人际传播：社会交换论》，王江龙译，上海译文出版社1991年版。

《毛泽东选集》，人民出版社1991年版。

茅盾：《茅盾全集》，人民文学出版社1984年版。

［法］米歇尔·福柯：《知识考古学》，谢强、马月译，生活·读书·新知三联书店1998年版。

南帆：《关系与结构》，吉林出版集团有限责任公司2009年版。

南沙徐枕亚：《雪鸿泪史》，清华书局1916年版。

［德］尼采：《查拉图斯特拉如是说》（详注本），钱春绮译，生活·读书·新知三联书店2007年版。

［德］尼采：《看哪这人：尼采自述》，张念东、凌素心译，中央编译出版社2000年版。

［德］尼采：《苏鲁支语录》，徐梵澄译，高等教育出版社1992年版。

［美］诺姆·乔姆斯基：《乔姆斯基语言学文集》，宁春岩等译注，湖南教育出版社 2006 年版。

［美］欧·奥尔特曼、马·切默斯：《文化与环境》，骆林生、王静译，东方出版社 1991 年版。

欧阳哲生编：《胡适文集》，北京大学出版社 1998 年版。

潘光旦：《中国之家庭问题》，新月书店 1929 年版。

平江不肖生：《留东外史》，华侨出版社 1998 年版。

《钱玄同文集》，中国人民大学出版社 2000 年版。

钱谷融：《论“文学是人学”》，人民文学出版社 1981 年版。

钱谷融：《论“文学是人学”》，人民文学出版社 1981 年版。

钱理群、温儒敏、吴福辉：《中国现代文学三十年》，北京大学出版社 1998 年版。

钱理群：《1948：天地玄黄》，山东教育出版社 2002 年版。

钱玄同：《钱玄同日记（影印本）》，福建教育出版社 2002 年版。

丘权政、杜春和主编：《辛亥革命史料选辑》，湖南人民出版社 1983 年版。

人民文学出版社编辑部编：《鲁迅译文集》，人民文学出版社 1958 年版。

［法］萨特：《萨特文论选》，施康强选译，人民文学出版社 1991 年版。

山东聊城师院现代文学研究室编：《林纾年谱及著译（征求意见本）》，聊城：自印，1981 年版。

沈从文：《沈从文全集》，北岳文艺出版社 2005 年版。

沈霞：《延安四年》，大象出版社 2005 年版。

沈永宝编：《钱玄同五四时期言论集》，东方出版中心 1998 年版。

石中扬：《江上几峰青——寻找手迹中的陈独秀》，人民出版社 2015 年版。

苏州市政协文史委员会编：《苏州近现代人物·第二辑》，古吴轩出版社 2008 年版。

孙伏园：《鲁迅先生二三事》，作家书屋 1944 年版。

孙儒泳：《基础生态学》，高等教育出版社 2008 年版。

谭继和主编，刘平中、张彦副主编：《尹昌衡研究概览》，四川人民出版社 2013 年版。

唐宝林、林茂生：《陈独秀年谱》，上海人民出版社 1988 年版。

唐宝林：《陈独秀全传》，社会科学文献出版社 2013 年版。

唐明中、黄高斌编著：《樱花书简》，四川人民出版社 1981 年版。

唐小兵主编：《再解读：大众文艺与意识形态》，北京大学出版社 2007 年版。

［英］特雷·伊格尔顿：《二十世纪西方文学理论》，伍晓明译，陕西师范大学出版社 1987 年版。

田汉：《田汉文集》，中国戏剧出版社 1986 年版。

田寿昌、宗白华、郭沫若：《三叶集》，亚东图书馆 1920 年版。

汪原放：《回忆亚东图书馆》，学林出版社 1983 年版。

［美］王德威：《被压抑的现代性——晚清小说新论》，宋伟杰译，北京大学出版社 2005 年版。

王富仁：《中国反封建思想革命的一面镜子：〈呐喊〉〈彷徨〉综论》，北京师范大学出版社 1986 年版。

王国维撰，叶长海导读：《宋元戏曲史》，上海古籍出版社 1998 年版。

王宏志：《重释“信达雅”：二十世纪中国翻译》，东方出版中心 1999 年版。

王建开：《五四以来我国英美文学作品译介史》，上海外语教育出版社 2003 年版。

王树棣、强重华、杨淑娟、李学文编：《陈独秀评论选编》，河南人民出版社 1983 年版。

王晓明主编，罗岗、倪伟、倪文尖、薛毅编选：《二十世纪中国文学史论》，东方出版中心 2003 年版。

王训昭、卢正言、邵华等编著：《郭沫若研究资料》，知识产权出版社 2010 年版。

王瑶：《王瑶全集》，河北教育出版社 2000 年版。

王聿均访问，谢文孙记录，郭廷以校阅：《莫纪彭先生访问记录》，中央研究院近代史研究所 1997 年版。

［美］威廉・H. 布兰查德：《革命道德：关于革命者的精神分析》，戴长征译，中央编译出版社 2004 年版。

温儒敏：《新文学现实主义的流变》，北京大学出版社 1988 年版。

闻一多著，闻立雕、闻铭、王克私整理：《闻一多全集》，湖北人民出版社 1993 年版。

吴宓：《吴宓日记》，生活・读书・新知三联书店 1987 年版。

夏衍：《懒寻旧梦录》，生活・读书・新知三联书店 2006 年版。

谢觉哉：《谢觉哉日记》，人民出版社 1984 年版。

谢泳：《逝去的年代——中国自由知识分子的命运》，文化艺术出版社 1999 年版。

邢照华：《黄埔军校生活史 1924—1927》，高等教育出版社 2014 年版。

（清）徐珂：《清稗类抄选录》，大通书局 1984 年版。

徐伏钢：《荡起命运的双桨：徐伏钢新闻特写选》，八方文化创作室 2008 年版。

徐开垒：《巴金传》，上海文艺出版社 2003 年版。

许嘉璐、路甬祥、任继愈、戴逸、袁贵仁主编：《中华人民共和国日史》，四川人民出版社 2003 年版。

许钦文：《许钦文散文选集》，百花文艺出版社 2009 年版。

［英］亚当・斯威夫特：《政治哲学导论》，佘江涛译，江苏人民出版社 2008 年版。

阎云翔：《私人生活的变革：一个中国村庄里的爱情、家庭与亲密关系：1949—1999》，龚晓夏译，上海书店出版社 2006 年版。

杨念群、黄兴涛、毛丹主编：《新史学——多学科对话的图景》，中国人民大学出版社 2003 年版。

杨天石：《蒋介石日记解读》，山西人民出版社 2008 年版。

杨天石主编：《钱玄同日记》，北京大学出版社 2014 年版。

杨亚林：《文学现代形态的修复与重建——论现代作家对新中国文学的审美期待》，华中师范大学出版社 2013 年版。

杨早：《清末民初北京舆论环境与新文化的登场》，北京大学出版社 2008 年版。

叶青：《三民主义底哲学基础（上、下）》，时代思潮社 1939 年版。

叶圣陶：《叶圣陶集》，江苏教育出版社 2004 年版。

［日］永田圭介：《竞雄女侠传：秋瑾》，群言出版社 2007 年版。

余世存编：《非常道：1840——1999 的中国话语》，社会科学文献出版社 2005 年版。

虞坤林：《二十世纪日记知见录》，国家图书馆出版社 2013 年版。

郁达夫著，吴秀明主编：《郁达夫全集》，浙江大学出版社 2007 年版。

袁良骏编：《丁玲研究资料》，天津人民出版社 1982 年版。

［美］约翰·菲斯克：《解读大众文化》，杨全强译，南京大学出版社 2001 年版。

岳凯华：《五四激进主义的缘起与中国新文学的发生》，岳麓书社 2006 年版。

［美］詹明信：《晚期资本主义的文化逻辑》，陈清侨译，生活·读书·新知三联书店 1997 年版。

张高杰：《中国现代作家日记研究——以鲁迅、胡适、吴宓、郁达夫为中心》，中国社会科学出版社 2014 年版。

张国焘：《我的回忆》，东方出版社 1980 年版。

张闻天著，中央党史研究室张闻天选集传记组编：《张闻天文集》，中共党史出版社 1993 年版。

张向华编：《田汉年谱》，中国戏剧出版社 1992 年版。

张耀会、岑德彰编：《中华民国宪法史料》，文海出版社 1981 年版。

张耀杰：《北大教授与〈新青年〉》，新星出版社 2014 年版。

张允侯、殷叙彝、洪清祥、王云开编：《五四时期的社团》，生活·读书·新知三联书店1979年版。

张正春、王勋陵、安黎哲:《中国生态学》，兰州大学出版社2003年版。

赵帝江、姚锡佩编:《柔石日记》，山西教育出版社1998年版。

赵清、郑城编:《吴虞集》，四川人民出版社1985年版。

赵稀方:《翻译现代性:晚清至五四的翻译研究》，南开大学出版社2012年版。

《郑伯奇文集》编委会编:《郑伯奇文集》，陕西人民出版社1988年版。

《中国新文学大系·导言集》，上海良友图书印刷公司1935年版。

《中国新文学大系导言集》，天津人民出版社2009年版。

中共“一大”会址纪念馆、上海革命历史博物馆筹备处编:《上海革命史资料与研究·第10辑》，上海古籍出版社2010年版。

中国革命博物馆整理，荣孟源审校:《吴虞日记》，四川人民出版社1984年版。

中国人民政治协商会议福建省委员会文史资料研究委员会编:《福建文史资料·第13辑》，福建人民出版社1988年版。

中国社会科学院近代史研究所中华民国史组编:《胡适来往书信选》，中华书局1979年版。

中国社会科学院科研局编选:《周扬集》，中国社会科学出版社2000年版。

中国社会科学院语言研究所词典编辑室编:《现代汉语词典》，高等教育出版社2012年版。

中国社科院上海经济研究所编:《上海解放前后物价资料汇编1921年—1957年》，上海人民出版社1958年版。

中央文献研究室著，逄先知、金冲及主编:《毛泽东传》，中央文献出版社2011年版。

钟叔河编:《周作人文类编》，湖南文艺出版社1998年版。

《周扬文集》，人民文学出版社1984年版。

周策纵等:《五四与中国》，时报文化出版事业有限公司1979年版。

周晓明:《中国现代电影文学史》，高等教育出版社 1987 年版。

周作人著，止庵校订:《过去的工作》，河北教育出版社 2002 年版。

周作人著，止庵校订:《鲁迅小说里的人物》，河北教育出版社 2002 年版。

朱德发、魏建主编:《现代中国文学通鉴（1900——2010）》，人民出版社 2012 年版。

朱德发:《现代文学史书写的理论探索》，山东人民出版社 2010 年版。

朱德发:《中国五四文学史》，山东文艺出版社 1986 年版。

朱金顺:《新文学资料引论》，北京语言大学出版社 1986 年版。

朱晓进:《非文学的世纪：20 世纪中国文学与政治文化关系史论》，南京师范大学出版社 2004 年版。

朱自清:《朱自清全集》，江苏教育出版社 1998 年版。

［日］竹内好著，靳丛林编著:《“绝望”开始》，生活·读书·新知三联书店 2013 年版。

庄森:《飞扬跋扈为谁雄：作为文学社团的新青年研究》，东方出版中心 2006 年版。

二　期刊类

《新青年》(《青年杂志》)

《甲寅》

《清议报》

《申报》

《宇宙风》

《顺天时报》

《少年中国》

《战国策》

《清华周刊》

《新小说》

《小说丛报》

《洪水》

《京报副刊》

《共进半月刊》

《晨报副刊》

《小说月报》

《现代》

《每周评论》

《中国白话报》

《安徽俗话报》

《国学季刊》

《北京大学日刊》

《民国日报·觉悟》

《星期评论》

《创造周报》

《新潮》

《河南》

《浙江潮》

《大公报》

《莽原》

《北斗》

《向导周报》

《孤军》

《时事新报·学灯》

《创造周报》

《创造日汇刊》

《新小说》

三 论文类

白晨曦：《天人合一：从哲学到建筑》，博士学位论文，中国社会科学院，2003 年。

白雪：《叶圣陶日记中的语文教育思想研究》，硕士学位论文，东北师范大学，2013 年。

陈方竞：《对五四新文化、新文学运动发生根基的再认识（上、下）》，《海南师范大学学报》（社会科学版）2003 年第 5、6 期。

陈福康：《郭沫若回忆不完全可信？——赵南公日记摘选评赏》，《中华读书报》2016 年 9 月 7 日第 005 版。

陈晖：《我国尼采译介萌芽阶段的〈查拉图斯特拉如是说〉译本分析——以埃文—佐哈尔多元系统论为支撑》，《湖南师范大学社会科学学报》2013 年第 3 期。

陈思和：《重新审视 50 年代初中国文学的几种倾向》，《山东社会科学》2000 年第 2 期。

陈廷湘：《重释五四运动发生的观念基础》，《中国现代社会心理和社会思潮学术研讨会论文集》2004 年。

程韶荣：《中国日记研究百年》，《文教资料》2000 年第 2 期。

邓渝平：《五四文学家日记研究》，硕士学位论文，山东师范大学，2009 年。

丁帆：《新旧文学的分水岭——寻找被中国现代文学史遗忘和遮蔽了的七年（1912—1919）》，《当代文坛》2011 年第 s1 期。

樊骏：《这是一项宏大的系统工程——关于中国现代文学史料工作的总体考察》（上、下），《新文学史料》1989 年第 1、2 期。

方继孝：《陈梦家往来书札谈》，《收藏家》2003 年第 5 期。

房福贤：《百年历史视野中的中国抗战文学——有关抗战文学问题的再认识》，《文艺争鸣》2013 年第 8 期。

甘智钢：《鲁迅日常生活考证：鲁迅借贷情况考》，《鲁迅研究月刊》

2006 年第 8 期。

高全喜:《新文化运动和五四运动是两档事情》,《社会科学报》2015 年 3 月 5 日。

韩文萍:《鲁迅的“大家庭”梦——由八道湾家庭的建立及崩溃看鲁迅的代父情结》,《湖北大学学报》(哲学社会科学版) 2006 年第 7 期。

何海燕:《晚清人口问题与对策略论》,《光明日报》2007 年 7 月 13 日。

何扬鸣:《论浙江留日学生》,《浙江月刊》1998 年第 3 期。

黄乔生:《鲁迅在北京——绍兴会馆与绍兴人》,《北京纪事》2013 年第 1 期。

黄子平、陈平原、钱理群:《论“二十世纪中国文学”》,《文学评论》1985 年第 5 期。

姜涛:《“菜园”体验与五四时期文学“志业”观念的发生——叶圣陶的小说〈苦菜〉及其他》,《励耘学刊(文学卷)》2010 年第 2 期。

姜涛:《从会馆到公寓:空间转移中的文学认同——沈从文早年经历的社会学再考察》,《中国现代文学丛刊》2008 年第 3 期。

姜涛:《沈从文与 20 世纪 20 年代北京的文化消费空间》,《都市文化研究》2012 年第 1 期。

姜异新:《翻译自主与现代性自觉——以北京时期的鲁迅为例》,《鲁迅研究月刊》2012 年第 3 期。

金宏宇:《新文学作品的异题》,《新文学史料》2002 年第 7 期。

旷新年:《民族国家想象与中国现代文学》,《文学评论》2003 年第 1 期。

赖继年:《南京临时政府北迁之因新探》,《理论月刊》2011 年第 10 期。

赖贤传:《书信、日记魅力管窥》,《嘉应学院学报》2001 年第 2 期。

李冬木:《留学生周树人周边的“尼采”及其周边》,《东岳论丛》2014 年第 3 期。

李全生:《布迪厄场域理论简析》,《烟台大学学报》(哲学社会科学版) 2002 年第 4 期。

李维武:《割裂五四运动与新文化运动有违史实》,《中国社会科学报》

2015 年 4 月 3 日。

李晓红、李斌：《经典如何激活——〈女神〉接受方式的探寻》，《郭沫若学刊》2011 年第 3 期。

李怡：《国家与革命——大文学视野下的郭沫若思想转变》，《学术月刊》2015 年第 2 期。

李宗刚：《父权缺失与五四文学的发生》，《文史哲》2014 年第 5 期。

李宗刚：《精神导师与五四文学的发生》，《中山大学学报》（社会科学版）2015 年第 2 期。

李宗刚：《在战争语境规范下发生的五四文学》，《东方论坛》2006 年第 4 期。

刘克敌：《从蔡元培日记看其人际交往与新文化运动发生之关系》，《海南师范大学学报》（社会科学版）2013 年第 6 期。

刘奎：《郭沫若的翻译及对马克思主义的接受（1924—1926）》，《现代中文学刊》2012 年第 5 期。

刘玲玲：《民国时期教授的生活研究——以〈吴宓日记〉为个案》，硕士学位论文，东北师范大学，2009 年。

刘增杰：《论现代作家日记的文学史价值》，《文史哲》2013 年第 1 期。

鲁迅：《庆祝沪宁克复的那一边》，《中山大学学报》（社会科学版）1975 年第 3 期。

马良春：《关于建立现代史料学的建议》，《中国现代文学研究丛刊》1985 年第 1 期。

马勇：《袁世凯帝制自为的心路历程》，《学术界》2004 年第 2 期。

孟文博：《郭沫若〈文艺论集〉汇校本补正》，《山东师范大学学报》（人文社会科学版）2012 年第 6 期。

牛继华：《近百年来私人书信中称呼语的社会语言学考察（1919——2006）》，硕士学位论文，暨南大学，2006 年。

彭冠龙：《〈社会组织与社会革命〉的翻译与郭沫若思想转变》，《“走向世界的郭沫若与郭沫若研究”学术会议论文集》，2014 年，中国贵州贵阳。

钱念孙：《论日记和日记体文学》，《学术界》2002年第3期。

任建树：《陈独秀字号笔名化名考释》，《民国档案》1986年第4期。

桑兵：《近代中国学术的地缘与流派》，《历史研究》1999年第3期。

沈瓞民：《回忆鲁迅早年在弘文学院的片段》，《文汇报》1961年9月23日。

宋钟璜、方生：《国家社会主义，还是民族社会主义——从〈辞海〉关于国家社会主义的词条谈起》，《人民日报》1982年1月12日第005版。

孙伏园：《五四运动和鲁迅先生的〈狂人日记〉》，《新建设》1951年第4卷第2期。

谭桂林：《〈新青年〉的信仰观念与五四新文学传统建构》，《中国现代文学研究丛刊》2016年第7期。

谭桂林：《国民信仰建构中的鲁迅与尼采》，《江苏师范大学学报》（哲学社会科学版）2013年第1期。

［日］藤田梨那：《关于郭沫若〈牧羊哀话〉的背景及创作意图之考察梗概》，《郭沫若学刊》2003年第1期。

万宇：《中国现代学人论学书信研究》，硕士学位论文，南京师范大学，2007年。

汪晖：《我们如何成为"现代的"?》，《中国现代文学研究丛刊》1996年第1期。

汪卫东：《鲁迅的又一个原点——1923年的鲁迅》，《文学评论》2005年第1期。

汪卫东：《十年隐默的鲁迅：论鲁迅的第一次绝望》，《理论学刊》2009年第12期。

汪卫东：《十年隐默的鲁迅》，《理论学刊》2009年第12期。

王仁兴：《春卷的由来》，《中国食品》1984年第1期。

王日根：《晚清民国会馆的信息汇聚与传播》，《史学月刊》2013年第8期。

魏建、毕绪龙：《〈新青年〉与"新青年"》，《文学评论》2007年第

4 期。

魏建：《〈创造〉季刊的正本清源》，《文学评论》2014 年第 4 期。

吴辰：《从会馆走出的狂人——从日记看鲁迅与浙东人际关系网络》，《鲁迅研究月刊》2015 年第 6 期。

吴源：《第一人称叙事：书信体与非书信体》，硕士学位论文，黑龙江大学，2004 年。

吴稚甫：《〈陈独秀字号笔名化名考释〉质疑》，《民国档案》1991 年第 3 期。

熊玉文：《巴黎和会、谣言与五四运动的发生》，《民国档案》2012 年第 4 期。

许纪霖：《近代中国公共领域：形态、功能与自我理解》，《史林》2003 年第 2 期。

许世玮：《关于许铭伯先生》，《鲁迅研究月刊》1998 年第 4 期。

严昌洪：《北京临时政府的组建过程》，《历史教学》2004 年第 7 期。

言行：《高长虹晚年的“萎缩”》，《新文学史料》1996 年第 4 期。

杨琥：《章士钊与中国近代报刊“通信”栏的创设——以〈甲寅〉杂志为核心》，《安徽大学学报》（哲学社会科学版）2012 年第 4 期。。

杨华丽：《〈青年杂志〉改名原因：误读与重释》，《湘潭大学学报》（哲学社会科学版）2016 年第 6 期。

杨绪敏：《明代经世致用思潮的兴起及对学术研究的影响》，《江苏社会科学》2010 年第 1 期。

姚丹：《“事实契约”与“虚构契约”：从作者角度谈〈林海雪原〉与“历史真实”》，《中国现代文学研究丛刊》2003 年第 3 期。

叶淑穗：《对〈一篇新发现的鲁迅手稿〉一文的质疑》，《鲁迅研究月刊》2012 年第 4 期。

张宝明：《“主撰”对〈新青年〉文化方向的引领》，《中国现代文学研究丛刊》2008 年第 2 期。

张冀：《晚清民初尚武思潮的缘起与五四激进主义发生》，《华中科技大学学报》(社会科学版)2010年第4期。

张梦阳:《五四新文学发生背景的理性透视》,《中华读书报》2000年10月25日第011版。

张勇、魏建:《泰东图书局与创造社》,《郭沫若学刊》2004年第4期。

张钊贻:《早期鲁迅的尼采考——兼论鲁迅有没有读过勃兰兑斯的〈尼采导论〉》,《鲁迅研究月刊》1997年第6期。

张兆和整理记录:《沈从文先生自订年表》,《吉首大学学报》(社会科学版)1998年第2期。

赵宪章:《日记的私语言说与解构》,《文艺理论研究》2005年第3期。

赵园:《沈从文构筑的"湘西世界"》,《文学评论》1986年第6期。

郑绩:《想象的自我》,《浙江学刊》2007年第2期。

周伦佑:《五四新文学发生史的一种理解——意象主义诗歌的中国源头及其对五四新文学的反哺式影响》,《暨南学报》(哲学社会科学版)2016年第5期。

周楠本:《一篇新发现的鲁迅手稿:〈新青年〉编辑部与上海发行部重订条件》,《鲁迅研究月刊》2011年第12期。

周仁政:《情感表现与五四文学——中国现代文学发生史研究》,《文学评论》2010年第3期。

周文:《郭沫若〈樱花书简〉研究》,硕士学位论文,山东师范大学,2012年。

周文:《郭沫若与"孤军派"——兼论其对国家主义的批判》,《新文学史料》2016年第2期。

周文:《文艺转向与"革命文学"生成——郭沫若赴广东大学考》,《四川大学学报》(哲学社会科学版)2016年第4期。

周作人:《周作人日记(1917年1月1日—12月31日)》,《新文学史料》1983年第3期。

朱斌凤:《沈从文书信(1949—1988)研究》,硕士学位论文,华东师范大学,2010年。

朱鸿召:《在人的旗帜下——论五四文学的背景、发生和发展》,《社会科学研究》1992 年第 5 期。

邹振环:《作为〈新青年〉赞助者的群益书社》,《史学月刊》2016 年第 4 期。